Anke König

Interaktionsprozesse zwischen ErzieherInnen und Kindern

VS RESEARCH

Anke König

Interaktionsprozesse zwischen ErzieherInnen und Kindern

Eine Videostudie aus dem Kindergartenalltag

Mit einem Geleitwort von Prof. Dr. Lilian Fried

VS RESEARCH

Bibliografische Information der Deutschen Nationalbibliothek
Die Deutsche Nationalbibliothek verzeichnet diese Publikation in der
Deutschen Nationalbibliografie; detaillierte bibliografische Daten sind im Internet über
<http://dnb.d-nb.de> abrufbar.

Dissertation Universität Dortmund, 2007

1. Auflage 2009

Alle Rechte vorbehalten
© VS Verlag für Sozialwissenschaften | GWV Fachverlage GmbH, Wiesbaden 2009

Lektorat: Christina M. Brian / Dr. Tatjana Rollnik-Manke

VS Verlag für Sozialwissenschaften ist Teil der Fachverlagsgruppe
Springer Science+Business Media.
www.vs-verlag.de

Umschlaggestaltung: KünkelLopka Medienentwicklung, Heidelberg
Gedruckt auf säurefreiem und chlorfrei gebleichtem Papier
Printed in Germany

ISBN 978-3-531-16134-1

Geleitwort

Die vorliegende Forschungsarbeit greift ein Thema auf, das im Zentrum der internationalen Diskussion zur Bildungsarbeit im Elementarbereich steht: die Prozessqualität der Bildungsarbeit in Kitas. Hintergrund dieser Diskussion ist die Erkenntnis, dass die Wirkung von Bildungsangeboten entscheidend durch die Art und Weise mit bestimmt wird, wie genau diese ermöglicht bzw. vermittelt werden. In Deutschland ist dies bislang nur ansatzweise erforscht. Noch dazu gehen die vereinzelten Ansätze nicht weit genug, um orientierende Antworten auf drängende politische Fragen geben zu können. Deshalb ist es zu begrüßen, dass in der hier vorgelegten Arbeit tiefer als bislang der Fall ausgelotet wird, wie es um die Prozessqualität der Bildungsarbeit in deutschen Kitas bestellt ist. Die Antwort darauf wird unter Zuhilfenahme des internationalen Erkenntnisstands gegeben. Damit soll ein Beitrag geleistet werden, die deutsche Kita-Forschung international anschlussfähiger zu machen.

Eingangs geht es um die Frage, ob und wieweit einschlägige Theorien „Rekonstruktionsmaterial", also Grundkategorien für die theoretische Fundierung der eigenen empirischen Studie bereitzustellen vermögen. Als besonders fruchtbar erweisen sich sozialkonstruktivistische Bildungs-, frühpädagogische Qualitätssowie institutionelle Interaktionsansätze.

In Bezug auf die Bildungsforschung wird nach einem kurzen Rekurs auf Fröbel herausgearbeitet, wie sich gegenwärtige bildungstheoretische Vorstellungen im Verlauf des gesellschaftlichen Wandels und damit einhergehenden Bildungsreformen schrittweise aus historischen Vorstellungen heraus entwickelt haben, so dass sie in der Praxis auf Akzeptanz stoßen. Hinsichtlich der Qualitätsforschung wird insbesondere aufgezeigt, dass zwar grundsätzlich Anschluss deutscher zu internationalen Entwicklungen besteht; dass aber noch erhebliche Forschungslücken vorhanden sind, wenn es um die Frage der pädagogischen Prozessqualität geht. In der Auseinandersetzung mit interaktionstheoretischen Vorstellungen wird schließlich deutlich, dass sich Grundkategorien der deutschen kritischen Erziehungswissenschaft nutzen lassen, um eine vorläufige „pädagogische Instruktionstheorie" zu rekonstruieren, auf deren Basis die pädagogischen Prozesse im Rahmen der Bildungsarbeit in Kitas theoriegeleitet erforscht werden können.

Insgesamt wird bei der kritischen Würdigung der Einzelbefunde deutlich, dass diese in Relation zum komplexen Gesamtbild gesehen werden müssen, wenn es gelingen soll, die aktuelle Bildungsarbeit in Kitas angemessen einzuordnen bzw. zu orientieren.

Vor diesem Theoriehintergrund wird der einschlägige Forschungsstand nach für das eigene Forschungsinteresse nutzbaren empirischen Konstrukten, Methoden und Instrumenten durchkämmt. Insbesondere der durch die englische Längsschnittstudie EPPE (Sylva et al. 2003) eingeführte Interaktionsbegriff „sustained shared thinking" erweist sich insofern als fruchtbar, als damit Schritt für Schritt das ganze Bedeutungsspektrum „pädagogischer Instruktion" empirisch aufgeschlossen werden kann. Durch die Auseinandersetzung mit weiteren Ansätzen wird die Grundkategorie „bewusst dialogisch-entwickelnde Denkprozesse" gewonnen.

Daran schließt sich die Darstellung der eigenen empirischen Studien an.

Es wird überzeugend dargelegt, dass dem Forschungsinteresse sowie der theoretischen Rahmung vor allem ein qualitativer Forschungszugang (mit quantitativen Zwischenschritten) am adäquatesten ist. Dieser zeichnet sich dadurch aus, dass Ausschnitte des Alltags quasi unter der Lupe betrachtet und dabei immer schärfer eingestellt bzw. immer differenzierter auf das jeweils ermittelte Muster fokussiert werden. Der Verlauf der eigenen empirischen Studien wird sukzessiv dargestellt, so dass gut nachvollzogen werden kann, wie sich ein Forschungsschritt aus dem anderen ergeben hat.

Die auf die jeweiligen Forschungsinteressen abgestimmten Beobachtungs- bzw. Analyseraster werden schrittweise eingeführt. Dabei werden Auswahl, Gewichtung bzw. Konstruktions- und Modifikationsschritte transparent gemacht. Insgesamt beeindruckt, mit welch umfassender Kenntnis bzw. in welch enger Abstimmung mit dem internationalen Forschungsstand die Schritte vollzogen wurden.

Der Analysegang folgt dem Prinzip „vom Groben zum Feinen". Zunächst wird ein international vielfach erprobtes Analyseraster [CIS], daran anschließend ein feiner ausgearbeitetes Analyseraster eingesetzt. Die Kategorien (Haupt- und Subkategorien) dieses Instrumentariums sind klar umrissen und trennscharf.

Der letzte Analyseschritt fokussiert auf die zentralen theoretischen Grundkategorien. In dieser Phase kommt eine computergestützte Inhaltsanalyse zum Einsatz. Die damit erzielten Befunde sind der eigentliche Kern bzw. die herausragende Leistung dieser Arbeit, denn sie geben den Blick auf erkenntnis- und praxisrelevante Mikromuster frei, die bislang in der deutschen Kita-Forschung noch nie empirisch ausgeleuchtet worden sind.

Die so ermittelten Ergebnisse werden vor dem Hintergrund des internationalen Erkenntnisstandes gedeutet. Dabei wird expliziert, dass die pädagogische Prozessqualität in deutschen Kitas noch nicht so entwickelt ist, wie es die aktuelle Diskussion nahe legt bzw. die dabei vermittelten fachlichen Standards eigentlich voraussetzen. Diese Kluft zwischen Anspruch und Wirklichkeit kann mit Hilfe der gewonnenen Feinkategorien sehr genau gekennzeichnet werden. Dabei wird sichtbar, wie genau die pädagogische Prozessqualität in Kitas weiter entwickelt werden könnte oder sollte.

Mit der vorliegenden Arbeit konnte somit ein bedeutender Beitrag geleistet werden zur Weiterentwicklung des deutschen Theorie- und Forschungsstands in der Pädagogik der frühen Kindheit.

Prof. Dr. Lilian Fried

Vorwort

Ich bedanke mich herzlich bei allen, die sich an der Studie beteiligt haben, für ihre Offenheit gegenüber dem Forschungsprojekt und ihre Unterstützung. Nur durch das Mitwirken der Kinder und PädagogInnen wurde es mir ermöglicht, mein Forschungsvorhaben umzusetzen. Diese Einblicke in den Kindergartenalltag, die ich dadurch gewinnen konnte, sowie die positiven Erfahrungen und kritischen Auseinandersetzungen mit den PädagogInnen im Kindergarten beeinflussen meine Forschungsarbeiten nachhaltig.

Frau Prof. Dr. Lilian Fried und Herrn Prof. Dr. Bernhard Wolf danke ich insbesondere dafür, dass Sie mir Zugänge in die Wissenschaft eröffneten, die es mir ermöglicht haben, mich professionell weiterzuentwickeln.

Besonderen Dank gilt all denen, die in mir die Faszination für das Forschungsfeld Pädagogik der frühen Kindheit ausgelöst haben und mir immer wieder neue Dimensionen eröffnen:

Aaron, Annika, Clemens, Franziska, Johanna, Julie, Klara Marie, Katharina, Mareike, Max, Madeleine, Morten, Paul, Raphael, Ursula und viele andere.

Anke König

Inhaltsverzeichnis

0. Einleitung.. 15

1. Bildungsdiskussion... 23

1.1 Dominierende Einflüsse ab 1970............................... 26

1.2 Dominierende Einflüsse ab 1980............................... 34

1.3 Dominierende Einflüsse ab 1990............................... 38

1.4 Resümee.. 47

2. Qualitätsdiskussion... 49

2.1 Qualitätsbegriff... 51

2.2 Qualitätskriterien.. 54

2.3 Gegenwärtige Strömungen in der Qualitätsdiskussion........... 56

2.4 Resümee... 64

3. Interaktionstheorien... 67

3.1 Historisch-systematische Ansätze............................ 70

3.2 Handlungstheorien..   **73**
  3.2.1 Kommunikative Pädagogik.....................................   74
  3.2.2 Erziehungsstilkonzepte..   78
  3.2.3 Theorie der Instruktion.......................................   87
  3.2.4 Theorie der Didaktik...   93

3.3 Resümee..   **97**

4. Interaktionsforschung.......................................   99

4.1 Nicht-professionelle Interaktion...............................   **100**
  4.1.1 Eltern-Kind-Interaktion.......................................   101
  4.1.2 Peerinteraktion...   106

4.2 Professionelle Interaktion......................................   **110**
  4.2.1 ErzieherIn-Kind-Interaktion...................................   112
  4.2.2 Instruktion..   120
  4.2.3 Allgemeine Kindergartenpraxis.................................   122

4.3 Resümee..   **124**

5. Konstruktivistische Lern-Lehrformen...........   127

5.1 Konstruktivistische Theorieansätze............................   **128**
  5.1.1 Sozialer Konstruktivismus....................................   130
  5.1.2 Neurobiologische Erkenntnisse................................   131

5.2 Konstruktivistische Interaktionstheorien........................   **132**

5.3 Resümee..   **141**

6. Zusammenfassung des Theorieteils und Fazit...........   143

7. Erkundungsstudie.. 151

7.1 Forschungsproblem.. 151

7.2 Forschungsdesign.. 157
7.2.1 Forschungsmethodisches Vorgehen........................... 157
7.2.2 Mikroanalyse... 163
7.2.3 Durchführung der Videostudie............................... 184
7.2.4 Probleme bei der Durchführung.............................. 188

8. Auswertung... 191

8.1 Stichprobe.. 191

8.2 Datenauswertung Mikroanalyse............................... 201
8.2.1 Erste Analyse: Caregiver Interaction Scale................... 202
8.2.2 Zweite Analyse: Time-/Eventsampling....................... 206
8.2.3 Dritte Analyse: Beobachtungskriterien...................... 216
8.2.4 Vierte Analyse: Inhaltsanalyse............................... 239

9. Diskussion und Perspektiven............................... 253

9.1 Diskussion der Forschungsergebnisse......................... 253

9.2 Forschungsdesiderate... 269

10. Literatur... 277

0. Einleitung

"The key to construction knowledge is interaction."
(Williams 1994, 158)

Der Kindergarten steht heute vor der Aufgabe, seine informelle Bildungs- und Erziehungsarbeit durch eine strukturierte Lernumwelt zu ergänzen. Insbesondere durch die internationalen Vergleichsstudien (OECD; PISA) wurde der Druck auf die Einrichtungen verschärft, bewusst Lern- und Bildungsprozesse der Kinder in den Mittelpunkt der pädagogischen Arbeit zu stellen. Diese Forderung ist gekoppelt an die internationalen Entwicklungen und Befunde aus der Bildungs- und Qualitätsdiskussion in der Pädagogik der frühen Kindheit. Im Zuge dieser Debatten kristallisiert sich die „Interaktion zwischen ErzieherIn und Kind(-ern)" als Schlüsselvariable heraus (Sylva et al. 2003; Tietze et al. 1998; Kontos & Dunn 1993), die hohen Einfluss auf die Lern- und Bildungsprozesse hat. Der Hintergrundbericht der OECD-Studie (2004) legt nahe, dass eine auf Interaktionsprozessen zwischen ErzieherIn und Kind aufbauende Lernumwelt derzeit nicht im Zentrum der Erziehungs- und Bildungsarbeit im Kindergarten steht: „Möglichkeiten der systematischen Anregung und Begleitung der Bildung von Kindern, die auf der Vorstellung von Dialog und Ko-Konstruktion zwischen Kindern und Erwachsenen beruhen, müssen erst noch entwickelt und erprobt werden" (OECD 2004). An dieses Problemfeld knüpft die vorliegende Arbeit mit ihrer Interaktionsstudie an.

Mit der OECD-Studie „Starting Strong" (2001) wurden die vorschulischen Bildungssysteme von 12 Ländern miteinander verglichen[1]. In diesem Report ging es vor allem darum, strukturelle Daten zu erfassen und daraus Rückschlüsse auf den Stellenwert der vorschulischen Erziehung und Bildung in den einzelnen Ländern zu ziehen. Im Mittelpunkt standen die finanzielle Unterstützung der Einrichtungen, ihre Qualität und die Ausbildung der Fachkräfte. Als Konsequenz dieser internationalen Bemühungen gelten die Bildungspläne, die in den letzten Jahren für den Elementarbereich in den einzelnen Bundesländern in Deutschland ausgearbeitet wurden. Damit wird versucht, Anschluss an die internationalen Entwicklungen zu finden. International dreht sich die Diskussion vor allem um die Etablierung verschiedener Bildungsbereiche (wie z. B. Sprache, Naturwissen-

---

[1] Für diesen Bericht (OECD 2001) wurden keine Daten in der Bundesrepublik Deutschland erhoben.

schaft, Musik, Bewegung etc.), die für die vorschulische Bildung als zentral angesehen werden. Generell werden diese Bildungsbereiche als Teil eines offenen oder flexiblen Rahmencurriculums betrachtet. Lernprozesse in der frühen Kindheit werden als ganzheitlich interpretiert und richten sich an sozialkonstruktivistischen Lernansätzen aus (Bertram & Pascal 2002). Die Bildungspläne bzw. Curricula orientieren sich politisch an der Forderung, eine Lernkultur zu etablieren, die das „lebenslange Lernen" als Motor versteht, sich den Herausforderungen der Zukunft zu stellen.

Aufgrund dieser Entwicklung kann heute von einer Neubewertung des Stellenwerts der frühkindlichen Bildung gesprochen werden, d. h., dass den Lernprozessen in der frühen Kindheit eine große Bedeutung für die zukünftige Entwicklung der Individuen zugeschrieben wird. Aus den Berichten lässt sich auch ablesen, dass eine bewusste Unterstützung der Lern- und Bildungsprozesse der Kinder eine wesentliche Rolle spielt. Bisher fehlt es jedoch an einer pädagogischen oder professionellen Handlungsdidaktik, die es den PraktikerInnen ermöglicht, die an sie gestellten Forderungen auch angemessen umzusetzen (vgl. Fthenakis 2005; OECD 2004).

Die Forderung nach einer bewussten Begleitung der Kinder bei ihren Lernprozessen lässt sich zurückführen auf die Befunde aus der Qualitätsdiskussion, die in den letzten Jahren die prozessualen Faktoren, u. a. die „Interaktion zwischen ErzieherIn und Kind", ins Zentrum gerückt haben. Diese Befunde verweisen auf den großen Einfluss der prozessualen Faktoren in Bezug auf die Effektivität der Einrichtungen (Sylva et al. 2003; Tietze et al. 1998) bzw. auf die Lern- und Entwicklungsprozesse der Kinder. Neben den Befunden aus der Qualitätsdiskussion führt auch die gegenwärtige Bildungsdiskussion bzw. deren Ausrichtung an sozialkonstruktivistischen Bildungs- und Lerntheorien dazu, den Interaktionsprozessen zwischen ErzieherIn und Kind verstärkt Beachtung zu schenken. Diese Theorien gehen davon aus, dass Subjekte ihre Entwicklung vorantreiben über die wechselseitigen Interaktionsprozesse mit ihrer sozialen Umwelt bzw. durch die damit verbundenen subjektiven Erfahrungsprozesse. Mit Hilfe dieser Erfahrungen konstruiert sich das Subjekt seine eigenen Vorstellungen über die Welt, welche sich in Abhängigkeit von weiteren Erfahrungsprozessen revidieren und weiterentwickeln können.

Die vorliegende Arbeit nimmt die aktuellen Entwicklungen der Bildungs- und Qualitätsdiskussion (siehe Kapitel: „Bildungsdiskussion" und „Qualitätsdiskussion") zum Anlass, die konkreten Interaktionsprozesse zwischen ErzieherIn und Kind(-ern) im Kindergartenalltag zu untersuchen. Insbesondere durch die Längsschnittuntersuchung von Sylva et al. (2003; Siraj-Blatchford et al. 2002) wurde bestätigt, dass bestimmte Interaktionsformen die Lern- und Bildungsprozesse der Kinder effektiver unterstützen als andere. Sylva et al. (2003; Siraj-Blatchford et al. 2002) verweisen dabei auf Interaktionsprozesse, die auf dem Prinzip des „*sus-*

tained shared thinking" basieren. Durch dieses Interaktionsprinzip können Lernprozesse der Kinder günstig herausgefordert und Gedankengänge weiterentwickelt werden. Diese Interaktionsform orientiert sich an der Theorie der „Ko-Konstruktion" und an dem Prinzip der „symmetrischen" und „komplementären Reziprozität" (Siraj-Blatchford et al. 2002) (siehe Kapitel: „Konstruktivistische Interaktionstheorien"). Verschiedene internationale Studien belegen heute, dass diesen wechselseitigen Austauschprozessen zwischen den Subjekten eine besondere Bedeutung für die Lern- und Bildungsprozesse der Einzelnen zukommt (siehe Kapitel: „Interaktionsforschung").

Obwohl davon ausgegangen wird, dass der Interaktionsprozess zwischen Erziehenden und zu Erziehenden konstitutiv ist für die Qualität der Erziehung und Bildung (vgl. Fthenakis 2003; Kontos & Dunn 1993; Kontos & Wilcox-Herzog 2002), liegen international nur wenige Studien vor, die sich differenziert mit der Gestaltung des Interaktionsprozesses zwischen PädagogIn und Kind im Kindergarten befassen. Wilcox-Herzog und Ward (2002) fordern daher für zukünftige Untersuchungen die direkte Auseinandersetzung mit der Interaktion zwischen ErzieherIn und Kind.

Mit der vorliegenden Studie soll dieser Forderung entsprochen werden. Im Mittelpunkt steht, als Teilaspekt der Prozessqualität, die Interaktion zwischen PädagogIn und Kind(-ern) im Kindergartenalltag (Tietze et al. 1998). Um prozessuale Strukturen im Kindergarten zu erfassen, stehen derzeit zwei Messinstrumente zur Verfügung: die *„Early Childhood Environment Rating Scale"* [ECERS] und die *„Caregiver Interaction Scale"* [CIS]. Mit der *„Early Childhood Environment Rating Scale"* wird die Prozessqualität auf sehr breiter Ebene erfasst. Um konkrete Aussagen zur „ErzieherIn-Kind-Interaktion" zu treffen, bietet das Instrument aber zu wenige Anhaltspunkte, um für die vorliegende Untersuchung weiterführend sein zu können. Die *„Caregiver Interaction Scale"* misst die Interaktionsqualität zwischen ErzieherIn und Kind im sozial-emotionalen Bereich. Dieses Instrument ist für die vorliegende Studie hilfreich, denn aus der Interaktionsforschung (siehe Kapitel: „Interaktionsforschung"), aber auch aus der Lehr-Lernforschung (siehe Kapitel: „Theorie der Didaktik") ist bekannt, dass für einen anregungsreichen Lernprozess eine positive soziale Lernatmosphäre unerlässlich ist. Dennoch ist dieser Ansatz nur als erster Schritt für eine differenzierte Erfassung der ErzieherIn-Kind-Interaktion zu verstehen, denn neben der Betrachtung sozial-emotionaler Faktoren gilt es insbesondere bei der Analyse pädagogischer Interaktionen Faktoren des instrumentellen Handelns zu berücksichtigen. Deshalb werden für eine differenzierte Erfassung des Interaktionsprozesses noch feiner abgestimmte Beobachtungskriterien gebraucht, die sich an den Befunden der Interaktionsforschung und an den derzeit viel diskutierten sozialkonstruktivistischen Bildungsvorstellungen ausrichten.

Bislang liegt aber noch kein spezifisches Messinstrument vor, mit dem eine genaue Erfassung der Mikrostruktur der ErzieherIn-Kind-Interaktion möglich wäre. Daher ist es unumgänglich, für die Bearbeitung des hier interessierenden Forschungsproblems ein an dem gegenwärtigen Erkenntnisstand ausgerichtetes eigens entwickeltes Beobachtungsraster zu nutzen (siehe Kapitel: „Mikroanalyse").

Mit der vorliegenden Studie soll der Stellenwert der Interaktion im Alltag von ErzieherIn und Kind erfasst werden. Der Kindergartenalltag schließt sowohl bewusst geplante Aktivitäten, das Freispiel, Essenszeiten, Stuhlkreis als auch die sich dadurch ergebenden Übergangssituationen wie z. B. das Aufräumen und Anziehen mit ein, die zwischen den einzelnen didaktischen Phasen des Kindergartenalltags liegen. Die Studie von Tietze et al. (1998) machte deutlich, dass die von der ErzieherIn bewusst geplanten Aktionen 13 % des Beobachtungszeitraums in Anspruch nehmen, ein ähnlicher Wert konnte in der Untersuchung für den Zeitanteil an Übergangssituationen (15 %) ermittelt werden. Demgegenüber beansprucht das Freispiel 58 % des Zeitanteils. Die wenigen Beobachtungsstudien, die in Deutschland Einblick in den Kindergartenalltag geben (vgl. Fried et al. 1992), lassen vermuten, dass die direkte Interaktion zwischen ErzieherIn und Kind nicht oder zu selten bewusst genutzt wird, um Kinder in ihrer Entwicklung anzuregen und zu unterstützen (vgl. Fried 2003; Barres 1973; Neubauer 1980; Nickel 1985; Röchner 1985; 1987; Brandt & Wolf 1985; Wolf 1987). Tietze et al. (1998) weisen darauf hin, dass nur 5 % der Interaktionszeit dafür verwendet werden, um Kinder bewusst zu fördern.

Für die vorliegende Studie wurde ein ethnographisches Design gewählt. Diese Vorgehensweise soll mehr darüber in Erfahrung bringen, welche Bedeutung der Interaktion zwischen ErzieherIn und Kind(-ern) im Kindergartenalltag zukommt.

> One of the main purpose or ethnography in educational research is to reveal what is inside the „black boxes" of ordinary life in educational settings by identifying and documenting the process by which educational outcomes are produced (Erickson 1998).

Diese Methode eignet sich besonders gut zur Analyse von Handlungsmustern. Hilfreich sind dafür videounterstützte Verfahren, die den Forschenden ermöglichen, Interaktionen differenziert aufzuschlüsseln (Bales 1975). Videomaterial ist iterierbar, d. h., dass das Datenmaterial wiederholt unter verschiedenen Aspekten analysiert und ausgewertet werden kann. Damit gelingt es, sich der Komplexität des Alltags schrittweise zu nähern. Die Datenauswertung wurde durch eine Mikroanalyse vorgenommen, um in Teilschritten differenzierte Aussagen über den Interaktionsprozess zwischen ErzieherIn und Kind zu gewinnen (siehe Abbildung 1).

1. Analyse - „Caregiver Interaction Scale" (volle Aufnahmezeit)

2. Analyse - Time-/Eventsampling (1-min. Intervall)

3. Analyse - Eigens entwickeltes Beobachtungsraster

4. Analyse - Inhaltsanalyse

Abbildung 1: Mikroanalyse

Die vorliegende Videostudie wurde in zwei Bundesländern (Baden-Württemberg und Nordrhein-Westfalen) (N=61) durchgeführt. Für die Untersuchung wurde angestrebt, ErzieherInnen über eine Dauer von 60 Minuten während des Kindergartenalltags zu videographieren.

Neben der konkreten Interaktion wurde auch der Kontext der Interaktion über folgende Kategorien erfasst:

- Handlungsform (Rollenspiel, Regelspiel, pflegerische Tätigkeiten, Buchbetrachtungen etc.),
- Sozialform (Gesamtgruppe, Kleingruppe oder Dyade),
- Themen (spezielle Bildungsbereiche).

Ziel der Studie ist es, einen deskriptiven Einblick in das Alltagsgeschehen im Kindergarten zu geben. Dabei sollen die Interaktion und der Kontext der Interaktion im Kindergartenalltag möglichst genau untersucht werden, um daraus Rückschlüsse auf den Stellenwert der pädagogischen Interaktion im Kindergartenalltag ziehen zu können.

Der damit kurz umrissene Zweck der Arbeit wird in zwei großen Schritten umzusetzen versucht. Im Theorieteil werden die Hintergründe für eine detaillierte

Erforschung der Interaktion zwischen ErzieherIn und Kind(-ern) herausgearbeitet und es wird aufgezeigt, welche Interaktionsformen heute den sozialkonstruktivistischen Bildungs- und Lerntheorien gerecht werden und den Weg zu einer Handlungsdidaktik für die pädagogische Arbeit im Kindergarten weisen können.

Eingangs gibt das Kapitel „**Bildungsdiskussion**" einen Einblick in die Reformbewegungen, die den Kindergarten seit seiner Erhebung zum Elementarbereich des Bildungssystems in den letzten 30 Jahren beeinflusst haben. Dabei fällt der Blick auf die verschiedenen Bildungskonzepte bzw. -programme, die in den letzten Jahren als Rahmen für die Arbeit in den Einrichtungen gedient haben. Hervorzuheben sind dabei vor allem die kompensatorische Erziehung und das Curriculum „Soziales Lernen". Dieses Curriculum hat sich unter dem Begriff „Situationsansatz" in der Kindergartenarbeit etabliert. Die mit diesem Programmansatz verbundenen Probleme und die gegenwärtige Bildungsdiskussion geben Anlass, sich verstärkt mit einer bewussten Handlungsdidaktik bzw. mit der Bedeutung der „Interaktion zwischen ErzieherIn und Kind(-ern)" im Kindergarten auseinanderzusetzen.

An diese Ausführungen schließt das Kapitel „**Qualitätsdiskussion**" an. Qualitätsdiskussionen bestimmen in den letzten Jahren zunehmend die Bildungspolitik. Trotz der mit dieser Entwicklung verbundenen Kritik kann nicht übersehen werden, dass dadurch auch neue Perspektiven eröffnet wurden, das Bildungssystem zu hinterfragen. Eine große Chance besteht vor allem darin, durch Qualitätskonzepte Kriterien herauszuarbeiten, mit deren Hilfe das pädagogische Handeln erfasst und der Blick für die Qualität pädagogischer Prozesse geschärft werden kann. Die Qualitätskriterien dienen dazu, die pädagogische Arbeit zu reflektieren und detailliert an ihrer Weiterentwicklung zu arbeiten. Durch die Qualitätsdiskussion wurde in den letzten Jahren die Bedeutung der prozessualen Strukturen für den Lern- und Bildungsprozess der Kinder herausgestellt. Diese Befunde geben Anlass dazu, die Interaktionsprozesse zwischen ErzieherIn und Kind(-ern) differenziert zu untersuchen und zu reflektieren.

Als nächstes wird im Kapitel „**Interaktionstheorien**" auf die Bedeutung des Begriffs der „Interaktion" in historisch-systematischen Ansätzen eingegangen und die Entwicklungslinie herausgearbeitet, die in der Pädagogik zu den handlungsorientierten Theorieansätzen geführt hat. Im Zentrum stehen dabei die Ansätze der „Kommunikativen Pädagogik" und der „Erziehungsstilkonzepte". Diese Theorierichtungen gelten als wegweisend für eine detaillierte Erforschung von Interaktionsprozessen. Des Weiteren werden die Theorien „Instruktion" und „Didaktik" aufgegriffen, die heute in der Pädagogik zu jenen Ansätzen zählen, die sich mit dem direkten Erziehungsprozess, d. h. der wechselseitigen Beeinflussung der Subjekte, auseinandersetzen.

Das Kapitel „**Interaktionsforschung**" analysiert verschiedene Untersuchungen, die die Bedeutung der Interaktion für die Entwicklung des Kindes belegen. Dabei wird sowohl auf die frühkindlichen Interaktionserfahrungen als auch auf Untersuchungen zur Peerinteraktion eingegangen, um die Bedeutung der sozialen Interaktion für das Individuum zu erfassen. Im Mittelpunkt dieser Interaktionsstudien stehen dabei vor allem die Konstrukte von „Sensitivität" und „Reziprozität" für den Aufbau einer Beziehung. Durch die Studien zur ErzieherIn-Kind-Interaktion wurde versucht, diese wesentlichen Kriterien für eine positive Interaktionsbeziehung im Kontext der professionellen Interaktion weiter zu differenzieren. Um dem Anspruch an eine genaue Einschätzung des Interaktionshandelns im Kindergarten gerecht zu werden, wurde auch auf Untersuchungen zur allgemeinen „Kindergartenpraxis" und „Instruktion" zurückgegriffen. Die kritische Auseinandersetzung mit Studien zur Interaktionsforschung dient dazu, Kriterien für den Interaktionsprozess zwischen ErzieherIn und Kind im Kontext einer förderlichen Lernumwelt zu identifizieren. Diese Kriterien gelten als Ausgangspunkt einer Konstruktion der Beobachtungskategorien für die vorliegende Interaktionsstudie.

Im Kapitel „**Konstruktivistische Lern-Lehrformen**" wird die theoretische Auseinandersetzung zugespitzt. Die Ansprüche einer konstruktivistischen Bildungstheorie werden mit der Frage nach der Gestaltung eines angemessenen Interaktionsprozesses zwischen ErzieherIn und Kind im Kindergarten verbunden. Dabei geht es darum, sowohl „instruktive" als auch „konstruktive" Momente für eine angemessene Handlungsdidaktik in einer Interaktionsform zu verbinden. In der vorliegenden Arbeit wird von „dialogisch-entwickelnden Interaktionsprozessen" ausgegangen, die das „Involvement" der Subjekte und die „Reziprozität" der Interaktionsprozesse betonen (siehe Kapitel: „Anknüpfungspunkte für eine konstruktivistische Handlungsdidaktik: Dialogisch-entwickelnde Interaktionsprozesse"). In der Interaktionsform „bewusst dialogisch-entwickelnde Denkprozesse" vereinen sich sowohl „instruktive" als auch „konstruktive" Momente der Interaktion (siehe Kapitel: „Bewusst dialogisch-entwickelnde Denkprozesse"). Diese Interaktionsform ermöglicht es, gemeinsam Gedanken zu entwickeln und diese „bewusst" von Seiten der ErzieherIn fortzuführen. Dadurch wird es möglich, Lernprozesse bei Kindern unter den Prinzipien sozialkonstruktivistischer Bildungs- und Lerntheorien herauszufordern und zu unterstützen. Nach den Befunden der Längsschnittstudie von Sylva et al. (2003; Siraj-Blatchford et al. 2002) kann davon ausgegangen werden, dass solche Interaktionsprozesse die Entwicklungs- und Lernprozesse der Kinder positiv beeinflussen.

1. Bildungsdiskussion

An Bildungsdiskussionen ist die Hoffnung geknüpft, Reformkonzepte zu entwerfen und zu etablieren. Die Befunde der internationalen Vergleichsstudien wie TIMSS und PISA legen derzeit eine Reform des Bildungswesens in Deutschland nahe. Insbesondere die vorschulische Erziehung und Bildung soll dabei reformiert werden (Fthenakis 2003). Im Folgenden sollen daher die sich über verschiedene Bildungsdiskussionen herauskristallisierenden Ansprüche an die Arbeit im Kindergarten näher beleuchtet werden, um ein differenziertes Verständnis für die Kindergartenpraxis zu entwickeln.

Als Konsequenz der Bildungsdiskussion in den 1970er Jahren gilt die Etablierung des Kindergartens als Elementarbereich des Bildungssystems. Ausgehend von den Entwicklungen der 1970er Jahre sollen hier die wichtigsten Einflüsse auf die Erziehungs- und Bildungsarbeit im Kindergarten diskutiert werden, um die Stärken und Schwächen des vorschulischen Bildungssystems abzuwägen. Dabei gilt es insbesondere die Konsequenzen einer erfolgreichen Umsetzung der gegenwärtigen Bildungsansprüche für die Kindergartenpraxis herauszuarbeiten. Daran knüpft die vorliegende Interaktionsstudie an.

Auch wenn der Kindergarten erst mit der Bildungsdiskussion in den 1970er Jahren als Bildungsbereich offiziell anerkannt wurde, darf nicht übersehen werden, dass die Idee des „Kindergartens" seit seinen Anfängen an den Bildungsgedanken geknüpft ist.

Mit der Konzeption des Fröbelschen Kindergartens wurde zum ersten Mal in der Geschichte das Ziel verfolgt, die familiäre Erziehung durch vorschulische Einrichtungen bewusst zu ergänzen[2]. Die Kinderbewahranstalten und Kleinkinderschulen dieser Zeit galten in der Gesellschaft als vorübergehende Erscheinun-

---

2 Der erste Kindergarten wurde von Fröbel (1782-1852) 1840 in Blankenburg gegründet. Bereits 1851 verbot der Erziehungsminister Karl von Raumer den Fröbelschen Kindergarten in Preußen. Erst 1860 wurde das Verbot wieder aufgehoben. Nach dem Tod von Fröbel wurde die Idee des Kindergartens vor allem von Berta von Mahrenholz und andern Frauen aus dem Bürgertum fortgesetzt. Diese Frauen machten den Gedanken der Fröbelschen Erziehung schon während des Verbots in Preußen im Ausland publik. Berta von Mahrenholz gründete 1873 in Dresden ein Kindergärtnerinnenseminar für Frauen aus den oberen und mittleren sozialen Schichten. Mahrenholz vertrat die Auffassung, dass nur Kinder aus dem Bürgertum einen Kindergarten besuchten sollten. Mit dieser politischen Einstellung widerspricht Mahrenholz der Bildungstheorie Fröbels, welcher in seinen Einrichtungen Frauen und Kinder unabhängig von ihrer sozialen Herkunft bilden wollte (Fried 2001; Reyer 2001).

gen (Reyer 2001). Sie standen dem bürgerlichen Ideal „der Mutter-Kind-
Beziehung und [...] der primo-loco-Zuständigkeit der Familie für die Primärso-
zialisation des Kindes" (Reyer 2001, 24) entgegen. Das Fröbelsche Modell einer
Ausbildungsstätte für Kinder, Kindergärtnerinnen und Eltern kann demnach als
erstes Reformprojekt der vorschulischen Institutionen gelten.

> Den weimarischen Unterrichtsminister Herrn v. Wydenbruch zu tätiger Hilfe für Fröbels Kin-
> dergarten zu gewinnen, bemühte sich Frau v. Mahrenholz-Bülow in Tischgesprächen, die Ein-
> wände beredt zu zerstreuen, die dem Minister bisher zugetragen worden waren. Sie sprach von
> der Freiheit, zu der die Menschen durch Fröbels Methode erzogen wurden. Der Minister schien
> geneigt, solche Möglichkeiten zu glauben, aber die Freiheit selbst schien ihm nicht wün-
> schenswert, das Wort sogar schon ist gefährlich (Bernfeld 1976, 7).

Fröbels[3] Kindergarten steht mit seiner Bildungsphilosophie im Kontrast zu den
Bewahranstalten und Kleinkinderschulen seiner Zeit. Der vorschulische Erziehungsanspruch ist demnach von Anfang an sowohl an Bildungstheorien als auch
an sozialpädagogische Fürsorgeansprüche gekoppelt (vgl. Fried 2003; 2001;
Dippelhofer-Stiem 2002). Auf der Reichsschulkonferenz von 1920 wurde der
Kindergarten dem Sozial- und Wohlfahrtssystem zugeordnet. Seither schwanken
die Institutionen zwischen Bewahrpädagogik und der Frage, wie dem Bildungsanspruch in den Einrichtungen am besten entsprochen werden kann. Diese Dop-
pelstruktur blieb auch nach 1970 erhalten, als die Vorschulpädagogik durch den
Strukturplan des deutschen Bildungsrates zum Elementarbereich des Bildungs-
systems erhoben wurde. Erst seit den 70er Jahren ist der Kindergarten folglich
formal als Bildungsinstitution mit eigenständigem Bildungsanspruch anerkannt.
Dies bezog sich aber nur auf die Betreuung drei- und vierjähriger Kinder. Für die
Fünfjährigen galt das spielorientierte Rahmenprogramm des Kindergartens als
Unterforderung (vgl. Deutscher Bildungsrat 1973) (siehe Kapitel: „Dominierende
Einflüsse ab 1970"). Dieses gesellschaftliche Umdenken ist an die damaligen
Diskussionen in den USA gekoppelt (siehe Kapitel: „Dominierende Einflüsse ab
1970"), die seit den 60er Jahren des letzten Jahrhunderts dazu führten, zum ersten
Mal ernsthaft über eine frühe Förderung von unter Sechsjährigen zu diskutieren
(vgl. Fried et al. 1992). Die Bildungsdiskussion der 60er/70er Jahre implizierte
zwei konkurrierende Bildungsansprüche für den vorschulischen Bildungsbereich.
Dabei stand auf der einen Seite der Funktionsansatz (vgl. Fried 2002), der vor

---

3 Bereits vor der Gründung des ersten Kindergartens durch Friedrich Fröbel (1782-1852) wurde die
Bedeutung frühkindlicher Bildung von Comenius (1592-1670), aber auch von Jean Paul (1763-1825)
hervorgehoben. Gemeinsam ist den Altvorderen, dass sie die intensive Mutter-Kind-Bindung als
Grundlage ihrer Bildungsgedanken verstehen. Erst Montessori (1870-1952) prägte darüber hinaus ein
Bild vom Kind, welches vor allem die besondere Lernkompetenz des Kindes hervorhebt, wie es sich
in dem von ihr geprägten Begriff „Polarisation der Aufmerksamkeit" oder auch ihrem didaktischen
Anspruch „hilf mir, es selbst zu tun" widerspiegelt.

allem versuchte, über spezielle Trainingsprogramme die Intelligenzleistungen der
Kinder zu verbessern, auf der anderen Seite standen sozialisatorische und situationsorientierte Programme, die Kinder im Vorschulalter über das Primat des sozialen Lernens zu erziehen versuchten. Diese beiden Ausrichtungen entsprachen
dem damaligen Forschungsstand, der zunächst stark auf die kognitive Förderung
der Kinder ausgerichtet war und erst im Laufe der Zeit den Zusammenhang zwischen sozialen und emotionalen Faktoren und der kognitiven Entwicklung der
Kinder (Nickel 1985; Brandt & Wolf 1985; 1987) herausstellte. Durch den Strukturplan wurden die schulvorbereitenden Aspekte der Vorschulpädagogik betont.
Diese Tendenz manifestierte sich in dem Vorschlag, Vorklassen für Fünfjährige
zu etablieren und diese damit ganz aus den vorschulischen Einrichtungen zu
nehmen. Die BefürworterInnen des Kindergartens sahen sich dadurch gezwun-
gen, der vorzeitigen Verschulung eine sozialpädagogische Ausrichtung entge-
genzustellen. Für den Verbleib der Fünfjährigen im Kindergarten sprachen vor
allem zwei Argumente (vgl. Nickel 1985):

- die größere pädagogische Freiheit, d. h. ein geringerer Zwang,
- die Bedeutung der altersgemischten Gruppe für die vorschulische Sozialisation.

Durch die sozialpädagogische Ausrichtung wird den sozialisatorischen und situa-
tionsorientierten Programmen der Weg bereitet, die ab den 1980er Jahren die
Kindergartenpädagogik bis in die Gegenwart hinein dominieren (siehe Kapitel:
„Dominierende Einflüsse ab 1980").

Im Folgenden werden zunächst die dominierenden Einflüsse auf die Vorschulpädagogik in den 1970er Jahren herausgestellt (siehe Kapitel: „Dominierende Einflüsse ab 1970"), um die damalige Diskussion nachzuvollziehen. Dabei
werden vor allem Forschungsarbeiten zur kompensatorischen Erziehung erläutert
und die Entwicklung, die zu der Durchsetzung situationsorientierter Programme
führte, aufgezeigt. Mit dem Kapitel „Dominierende Einflüsse ab 1980" wird der
Situationsansatz als leitendes Bildungsprogramm im Kindergarten diskutiert. Das
Kapitel „Dominierende Einflüsse ab 1990" setzt sich mit der Evaluation des
Situationsansatzes und der wachsenden Unzufriedenheit mit den situationsorientierten Programmen in der Vorschulpädagogik auseinander. Zuletzt werden gegenwärtig diskutierte Bildungs- und Lerncurricula (siehe Kapitel: „Gegenwärtige
Bildungs- und Lerncurricula") zur Diskussion gestellt, die heute den Reformpro-
zess der Elementarpädagogik im Wesentlichen bestimmen.

1.1 Dominierende Einflüsse ab 1970

Der Begriff „Vorschulpädagogik" wurde mit der Bildungsdiskussion in den 60er/70er Jahren des letzten Jahrhunderts eingeführt. Diese Neuordnung, den Kindergarten als erste Bildungsstufe zu etablieren, ist an die Befunde aus den USA gekoppelt, durch welche nachgewiesen werden konnte, dass Kinder, die eine vorschulische Einrichtung besucht hatten, besser in der Schule zurechtkamen als Kinder, denen diese Möglichkeit nicht offenstand (Iben 1974; Weikart 1975). Hierbei war es ein Ziel, den Kindergarten in der breiten Öffentlichkeit als Bildungseinrichtung bekannt zu machen. Tatsächlich fand ein gesellschaftliches Umdenken statt. Während 1970 erst ein Drittel der Kinder eine vorschulische Einrichtung besuchte, gehört heute der Besuch eines Kindergartens[4] in der Bundesrepublik Deutschland zur „Normalbiographie" eines Kindes (vgl. Fried 2003).

Die Bildungsdiskussion der 70er Jahre wurde begleitet von einer empirischen Grundlage an Studien, Programmen und Untersuchungen mit der Zielsetzung, Kinder in ihrer Entwicklung zu fördern und zu unterstützen. Bezüglich der Studien lassen sich grob drei Schwerpunkte unterscheiden (vgl. Fried et al. 1992):

- Studien zur allgemeinen Schulfähigkeit und zu kognitiven Trainingsprogrammen,
- Studien zur Schuleingangsstufe vs. Verbleib der Fünfjährigen im Kindergarten,
- Studien zur Entwicklung spezieller Curricula für den Elementarbereich.

Der damalige Forschungsstand und die sich daraus entwickelnden Ansätze müssen als zentral angesehen werden, um neue Erkenntnisse und Gedankenansätze angemessen abzuwägen und Veränderungen zu bewirken.

Als Motor dieser Bildungsdiskussion, die vor allem eine Reform der institutionellen Vorschulerziehung ins Auge fasste, gilt heute die gesellschaftliche Irritation nach dem Sputnik-Schock[5] (vgl. Winkelmann 1977; Weinert 1983). Unterstützt wurde die gesellschaftliche Desorientierung durch internationale Vergleichsstudien, die belegten, dass in der Bundesrepublik Deutschland weit weniger Menschen das Abitur erwarben, als es dem internationalen Durchschnitt und

---

4 In der Lebensphase zwischen drei und sechs Jahren. Bei den unter Dreijährigen liegt die Versorgungsquote weit hinter dem Bedarf. Im Jahr 2000 besuchten nur 9.2 % der unter Dreijährigen eine vorschulische Einrichtung (Statistisches Bundesamt 2001).
5 Der Begriff „Sputnik-Schock" bezieht sich auf die Situation, dass es der UdSSR 1957 vor einer westlichen Industrienation gelang, den ersten Satelliten ins Weltall zu schießen. In Zeiten des Kalten Krieges wurde dieses Ereignis als Versagen des Kapitalismus gegenüber dem sozialistischen Gesellschaftssystem gedeutet. Im Zusammenhang mit der Bildungsdiskussion wurde daraus abgeleitet, dass es der UdSSR gelungen war, bessere Bildungsbedingungen zu etablieren.

den Prognosen für hoch entwickelte Industrieländer entsprach. Die Statistik zeigte u. a., dass die Bundesrepublik Deutschland weniger in ihr Bildungssystem investierte als vergleichbare Industrienationen. Die Frage, wie die Bildungsreserven für die Zukunft gesichert werden könnten, führte zu der Forderung nach größerer „Chancengerechtigkeit" in der Gesellschaft und gab den Anstoß dazu, Kinder aus bildungsfernen Schichten höher zu qualifizieren. Durch eine kompensatorische Früherziehung[6] sollte dieses Manko behoben werden. Die wissenschaftliche Diskussion kann dabei nur als Legitimation des gesellschaftlichen Verlangens nach „Chancengerechtigkeit" gesehen werden. Winkelmann (1977) erwähnt, dass die Bildungsdiskussion etwa um 50 Jahre zu spät komme, denn bereits in den 1920er Jahren sei bewusst geworden, welche Bedeutung der frühen Kindheit für die Intelligenzentwicklung beizumessen sei. Die im Zusammenhang mit der Bildungsdiskussion der 60er/70er Jahre häufig genannte These von Bloom gilt als Katalysator dieser Bewegung. Bloom stellte 1964 die provokante These auf, dass bis zum Alter von vier Jahren bereits 50 % der potentiellen Intelligenz eines Individuums festgelegt seien. Danach sei es nur noch möglich, maximal weitere 50 % der potentiellen Intelligenz zu nutzen. Nach dieser Theorie kommt der Förderung bereits sehr junger Kinder eine ausgesprochen große Bedeutung zu. Auch das 1961 erschienene Buch „Intelligence and Experience" von Hunt sorgte dafür, dass reifungstheoretische Ansätze von umwelttheoretischen Ansätzen in den Hintergrund gedrängt wurden (Weinert 1983). Weinert (1983) weist darauf hin, dass Hunt wichtige Hypothesen aufstellt, jedoch nicht auf bereits ermittelte Befunde zurückgreife, was dazu führe, dass „abstrakte Hoffnungen" zu „konkreten Erwartungen" geworden seien.

Neben den Intelligenzmodellen führten in den 60/70er Jahren auch verschiedene Phasenkonzepte (z. B. die Freud'sche Phasenlehre) dazu, dass der vorschulischen Erziehung großes Interesse entgegengebracht wurde. Diese Konzepte weisen auf sensible bzw. kritische Phasen höchster Lernintensität hin (vgl. Fried 1985). In der Pädagogik wurde in dieser Zeit insbesondere auf dynamische Begabungskonzepte verwiesen, die die Bedeutung der frühen Kindheit herausstellten (vgl. Fried 1985). Roth sprach in diesem Zusammenhang davon, „daß Kinder nicht begabt seien, sondern daß man sie begaben müsse" (Schmidt-Denter 1978, 815).

Die kompensatorische Früherziehung wurde in der Bundesrepublik Deutschland hauptsächlich über systematisch aufgebaute und stark strukturierte Trainingsprogramme auf den Weg gebracht. Die Bildung im Kindergarten sollte sich an den neu gewonnenen Befunden zur Intelligenzentwicklung orientieren und

---

6 „Kompensatorische Erziehung soll bisher Benachteiligte befähigen, sich ihrer Lage bewusst zu werden, ihren Gleichheitsanspruch aktiv durchzusetzen und so am Abbau der Ursachen sozialer Ungleichheit mitzuwirken" (Iben 1974, 14).

einer kompensatorischen Erziehung gerecht werden. Insbesondere die Frühlesebewegung prägte diesen Ansatz. Die starke öffentliche Wirksamkeit dieser Strö-
mung wird an den einschlägigen Zeitdokumenten deutlich. Exemplarisch hierfür
ist die reduktionistische Behauptung Glenn Domans von 1962, dass das Lesen-
lernen nach dem zweiten Lebensjahr immer schwieriger würde, oder auch die
Aufforderung der „Bild"-Zeitung von 1967 an ihre LeserInnen, mit ihren zwei-
bis sechsjährigen Kindern an einem Leseexperiment teilzunehmen (Weinert
1983). In der Bundesrepublik sind vor allem die Namen Correll und Lückert mit
der Frühlesebewegung verbunden.

Die Lernprogramme der kompensatorischen Erziehung werden vielfach be-
anstandet. Zum einem bemerkt Rüppel (1978) kritisch zu den einzelnen Lern-
programmen, dass sich diese auf unterschiedliche Lehr-Lerntheorien stützten und
dadurch zu einem vagen Verständnis über Lehr-Lernprozesse in der frühen
Kindheit geführt hätten (Winkelmann 1977; Fried 1985). Zum anderen wird
bemängelt, dass die komplexen theoretischen Überlegungen nur unzureichend
umgesetzt worden seien. Beispielhaft ist hierfür die Sozialisationstheorie des
englischen Linguisten Bernstein, die dazu benutzt wurde, reduktionistische Wort-
schatztrainings für Kinder aus bildungsfernen Schichten anzubieten, um die
Sprachkompetenz bzw. Intelligenzleistungen zu verbessern. Diese vereinfachte
Methode werde der Vielschichtigkeit der Theorie keineswegs gerecht. Sprache
sei damit zu „ritualisiertem Sprechen" degradiert worden (vgl. Winkelmann
1977).

Es zeigte sich, dass die kompensatorischen Programme nicht den an sie ge-
knüpften Erwartungen gerecht werden konnten. Die z. B. in Sprachtrainings,
Frühleseprogrammen, Wahrnehmungstrainings etc. intendierte Steigerung der
Intelligenzleistung konnte nicht eindeutig auf die Programme zurückgeführt
werden. Häufig blieb unklar, welchen Einfluss dabei entwicklungsbedingte und
strukturelle Faktoren auf den Fördereffekt haben (Schmidt-Denter 1987). Bei den
Frühleseprogrammen zeigte sich ein kurzfristiger Erfolg des Trainings, die Kon-
trollgruppe holte den Vorsprung der FrühleserInnen jedoch innerhalb der ersten
Schuljahre auf (Schmidt-Denter 1987; Fried 1985). Der Einfluss der Sprachprog-
ramme auf die Intelligenzleistungen der Kinder wurde generell als nicht signifikant eingeschätzt. Als wesentlicher Einflussfaktor, der zum Erfolg der Trainingsprogramme führte, erwiesen sich weniger das Programm an sich als vielmehr die
ModeratorInnen, die dieses durchführten (Schmidt-Denter 1987; Weikart 1975).
Auch aktuelle Studien weisen darauf hin, dass isolierte Trainingseinheiten zwar
zu einem kurzfristigen Anstieg der Intelligenzleistungen führen können, jedoch
damit nicht unmittelbar verbunden ist, dass die Kinder auch in der Schule Erfolg
haben. Stern und Schuhmacher (2004) weisen darauf hin, dass Kinder nicht un-
spezifisch trainiert werden können, sondern dass für den Aufbau komplexer
Denkstrukturen der jeweilige Wissenskontext entscheidend ist. Weikart (vgl.

Pettinger & Süßmuth 1983) kritisiert die isolierte Ausrichtung der Programme der kompensatorischen Erziehung auf die Intelligenzleistungen der Kinder. Seiner Ansicht nach werde durch die Engführung der Programme auf die Steigerung des Intelligenzquotienten übersehen, dass zu einer erfolgreichen Integration in die Gesellschaftsstrukturen mehr gehöre als ein hoher IQ-Wert. Schon früh kamen daher diese vorschulischen Programme in Misskredit. Dafür war nicht nur die fehlende Erfolgsbestätigung entscheidend, diskutiert wurde auch, dass diese Programme eher von engagierten Mittelschichtmüttern aufgenommen wurden, um ihre Kinder zu fördern, als dass dadurch einer kompensatorischen Erziehung genüge getan worden wäre (Iben 1974).

Komplizierter stellt sich die Situation der institutionellen Zuordnung der Fünfjährigen im Bildungsbereich dar. Der Deutsche Bildungsrat hat im Strukturplan von 1970 vorgesehen, dass die drei- und vierjährigen Kinder im Kindergarten, die Fünfjährigen jedoch zukünftig im Primarbereich (Eingangsstufe) gefördert werden sollten.

> Für Fünfjährige dürfte auch bei Berücksichtigung individueller Entwicklungsunterschiede als gesichert gelten, dass die meisten dieser Kinder in einem nur an rein spielerischen Tätigkeiten orientierten Kindergarten unterfordert sind und schon anspruchsvolle Aufgaben, auch solche die das Kind längere Zeit beschäftigen, allein oder gemeinsam mit anderen Kindern bewältigen können (Deutscher Bildungsrat 1973, 40).

Für die Umsetzung wurde eine Übergangszeit von 10 Jahren angestrebt (Deutsches Jugendinstitut 1974, 35). Dabei ging es nicht darum, das schulische Lernen in den Kindergarten vorzuverlegen, sondern „allgemeine Voraussetzungen für das schulische Lernen zu schaffen" (Deutscher Bildungsrat 1973, 46). In der Folgezeit haben sich drei Modelle etabliert, die sich mit der institutionellen Zuordnung der Fünfjährigen befassten.

- Zweijährige Eingangsstufe: Eingangsstufe für die Fünfjährigen und 1. Grundschuljahr bilden hier eine Einheit. In dem zweijährigen Zug werden die Kinder vom spielorientierten zum schulischen Lernen geführt.
- Vorklasse: Die Vorklasse für die Fünfjährigen ist dem 1. Grundschuljahr vorgeschaltet und der Schule angegliedert.
- Kindergartenmodell: Verbleib der Fünfjährigen in der altersgemischten Gruppe im Kindergarten. Die Einschulung erfolgt wie gehabt nach der Vollendung des 6. Lebensjahrs.

Die Interpretation der Ergebnisse der einzelnen Modellversuche weist aufgrund der unterschiedlichen Rahmenbedingungen große Mängel auf. So wurden häufig die Untersuchungs- und Vergleichsgruppen nicht sorgfältig genug ausgewählt, d. h., es wurde nicht erhoben, welchen Bildungshintergrund die Kinder hatten, welche Ausbildung die MitarbeiterInnen aufwiesen oder wie strukturelle Faktoren die Qualität der Einrichtungen unterstützten (vgl. Fried et al. 1992). Exemplarisch sei hier auf die in Nordrhein-Westfalen durchgeführte Längsschnittuntersuchung verwiesen, die unter empirischen Gesichtspunkten als relativ reliabel gilt. An dem Modellversuch in Nordrhein-Westfalen haben N=550 Kinder teilgenommen. Im Laufe seiner fünfjährigen Dauer wurden 12 Vorklassen und 12 Modellkindergärten untersucht. Am Ende des 4. Schuljahres wurden die Leistungen der Kinder auf kognitiv-intellektuelle und schulbezogene Faktoren hin gemessen. Die Ergebnisse zeigten kurzfristige positive Effekte der Schuleingangsstufen bezüglich der Schulleistungen. Grundsätzlich zeigte sich durch die vorschulische Förderung ein positiver Einfluss auf den Schulerfolg (Fried et al. 1992). Letztlich verblieben jedoch die Fünfjährigen auch weiterhin im Elementarbereich, wofür der gesellschaftliche Druck verantwortlich gemacht wird. Bei den in 70er Jahren durchgeführten Modellversuchen wurde allerdings zu wenig berücksichtigt, dass nicht prinzipiell der Kindergarten die Kinder besser auf die Schule vorbereitet, sondern die konstatierten Fördereffekte vielmehr fast ausschließlich auf die speziellen Vorklassen und Eingangsstufen zurückzuführen waren (vgl. Fried et al. 1992).

In den USA wurde das Scheitern der ersten Phase der frühkindlichen Förderprogramme nach der Auswertung der Programmergebnisse durch Bronfenbrenner in eine zweite Phase überführt (Pettinger & Süßmuth 1983). Mit diesen Programmen wurde eine umfassendere vorschulische Förderung angestrebt und neben den Förderbereichen auch auf eine günstige strukturelle Einbettung der Maßnahmen etwa in das familiäre Umfeld geachtet (*Home Start, Child and Family Resource Program, Parent-Child Development Centers, Parent-Child-Centers*). Diese wichtigen Erkenntnisse konnten dabei u. a. aus der Studie von Bronfenbrenner gewonnen werden, der die Bedeutung der Familie für die Entwicklung der Kinder herausstellte (Weinert 1983). Trotz dieser sehr erfolgreichen Programme darf nicht übersehen werden, dass die Qualität der vorschulischen Betreuungsangebote in den USA bis heute weit weniger professionell ausgebaut ist als z. B. in den europäischen Ländern, d. h., dass es einen großen Qualitätsunterschied zwischen den einzelnen Einrichtungen gibt (New 2004). Diese Diskrepanz ist u. a. auf das unterschiedliche Ausbildungsniveau der PädagogInnen zurückzuführen, welches vom Universitätsabschluss bis hin zu nicht professionell ausgebildeten BetreuerInnen reicht. Die in der zweiten Phase der kompensatorischen Erziehung etablierten Fördermaßnahmen weisen auf den langfristigen positiven Einfluss der Programme auf die kindlichen Lernprozesse hin. Vor allem die Begleitforschungen zu den Interventionsprogrammen im Rahmen der

„Head-Start"-Bewegung[7] belegen heute den Erfolg dieser Maßnahmen. Beispielhaft ist dafür das *„High/Scope Preschool"*-Curriculum von Weikart (vgl.
Schweinhart & Weikart 1997). Grundsätzlich kann über die Förderprogramme
der USA bzw. des angloamerikanischen Raums geurteilt werden, dass diese
durchaus wirksame Maßnahmen zur Förderung der frühkindlichen Entwicklung
darstellen (Pettinger & Süßmuth 1983). Anhand der verschiedenen Phasen der
kompensatorischen Erziehung ist zu erkennen, dass kurzfristige Projekte von nur
kurzer Dauer (8 Wochen) kaum Fördereffekte erzielen, wohingegen Ganzjahres-
projekte als besonders effektiv eingestuft werden können (vgl. Schmidt-Denter
1987). Weikart stellt grundsätzlich in Frage, ob Kinder mit kompensatorischem
Förderbedarf mehr von stark strukturierten als von weniger strukturierten Programmen profitieren. Er verweist in diesem Zusammenhang vielmehr auf die
subjektiven Strukturierungsmaßnahmen der ErzieherInnen bzw. die Art und
Weise, wie ErzieherInnen das Lernen des Kindes systematisch unterstützen
(Brandt & Wolf 1985). Auch Katz (1996) weist darauf hin, dass nicht kurzfristige
Förderangebote oder Projekte die Entwicklung des Kindes angemessen zu unterstützen vermögen, sondern vor allem die zur Routine gewordenen Aktivitäten
hohen Einfluss auf die Entwicklung der Kinder haben. Dies wird durch die Untersuchung von Iben (vgl. 1974; Schmidt-Denter 1987) bestätigt. Danach zeichnen sich besonders erfolgreiche Programme durch folgende Faktoren aus:

- Sorgfältige Planung und Definierung der Ziele,
- Schulung der Lehrer in den verwendeten Methoden,
- Kleine individuelle Gruppen,
- Art des Unterrichts und Materials entsprechen den Bildungszielen,
- Einbeziehung der Eltern,
- Intensive Arbeit mit den Kindern (vgl. Schmidt-Denter 1987, 840).

Diese Erfahrungswerte spiegeln wider, dass den Kindern erst durch das Einbeziehen vielfältiger Faktoren eine erfolgreiche Unterstützung geboten werden
kann. Die in den 1970er Jahren in der Bundesrepublik gestarteten Projekte zur

---

7 Unter dem Begriff *„Head-Start"* wird eine Vielfalt von kompensatorischen Förderprogrammen
subsumiert, die es sich zur Aufgabe gemacht haben, den „Teufelskreis der Armut" in den USA zu
durchbrechen. Durch die frühen Fördermaßnahmen soll den Kindern aus bildungsfernen Familien die
Anschlussfähigkeit an die schulischen Anforderungen erleichtert werden. Damit ist bis heute die
Hoffnung verbunden, den Kindern zu besseren Ausbildungsmöglichkeiten und damit zu einem erfolgreichen Start ins Berufsleben zu verhelfen. Die Programme sind vor allem auf drei- bis fünfjährige
Kinder ausgerichtet. Mit den Programmen unter dem Begriff *„Early Head Start"* wurde in den 1990er
Jahren des 20. Jahrhunderts aufgrund neurobiologischer Befunde eine Förderwelle der unter Dreijäh-
rigen in den USA eingeleitet.

vorzeitigen Einschulung der Kindergartenkinder in Vorschulklassen vernachlässigen diese Einflussfaktoren zum großen Teil.

Die Bemühungen um Trainingsprogramme wurden von einer umfassenden Curriculumsdiskussion begleitet. Ziel war es, dadurch eine erhöhte Wissenschaftlichkeit im Elementar-, aber auch im Primarbereich zu erreichen (vgl. Einsiedler 2003). Dabei sollten die bisherigen vorschulischen Konzepte durch Curricula ersetzt werden, die einen engeren Zusammenhang zwischen Lernziel-, Lerninhalt- und Lernorganisationsentscheidungen zeigen. Grob lassen sich vier Curriculumskategorien am Grad ihrer Strukturiertheit und der Aktivität der zu Erziehenden bzw. der Erziehenden unterscheiden (Weikart 1975): das kindzentrierte, das offene, das stark strukturierte und das behütend-bewahrende Curriculum[8]. Welche Curriculumskategorie nun am ehesten geeignet ist, Kindern optimale Entwicklungsbedingungen zu bieten, lässt sich nachweislich nicht auf einen einzigen Curriculumsansatz zurückführen. Vielmehr scheint es der Realität zu entsprechen, dass keinem spezifischen Curriculum diese Wirksamkeit allein zugesprochen werden kann (Weikart 1975). Diese Befunde werden heute auch durch die Lernpsychologie bestätigt. Sylva et al. (2003) erwähnen, dass eine Mischform von strukturierten Lernaktivitäten und frei gewähltem Spiel eine besonders günstige Lernumwelt für das Kind darstellt.

Ausgelöst wurde die Diskussion um neue Curricula im Bildungssystem der Bundesrepublik durch den Erziehungswissenschaftler Saul B. Robinsohn (1967). Er stellte den Curriculumsbegriff dem traditionellen Lehrplan gegenüber. An den Lehrplänen kritisierte er, dass es ausschließlich Lernstoffsammlungen seien, die jedoch keine übergeordneten Ziele, Planungen und Lernkontrollen einschlössen. Vom Deutschen Bildungsrat wurden 1975 vier unterschiedliche curriculare Ansätze unterschieden (vgl. Aden-Grossmann 2002):

▪ Der funktionsorientierte Ansatz orientiert sich an den psychischen Funktionen und Fertigkeiten des Menschen, unabhängig von soziokulturellen Bedingungen. Er setzt sich mit der Frage auseinander, welche Fähig- und Fertigkeiten Kinder erlernen müssen, um den gesellschaftlichen Ansprüchen gewachsen zu sein.

▪ Der situationsorientierte Ansatz geht vom Auffinden und Bearbeiten bestimmter Lebenssituationen der Kinder aus. Bildungsziel ist es, die Kinder zu autonomem und kompetentem Handeln zu erziehen. Der Situationsansatz stellt das soziale vor das fachwissenschaftliche Lernen. Über spezielle

---

8 Die Kategorien sind als stark vereinfachte, ideale Modelle der Wirklichkeit zu verstehen und dienen zur groben Einschätzung eines Curriculums.

Schlüsselsituationen sollen Lernen und Erfahrung stärker an die Lebenssituationen der Individuen angepasst werden

■ Der sozialisationsorientierte Ansatz orientiert sich speziell am Erwerb von Kompetenzen des sozialen Handelns, wie z. B. Normenflexibilität, Rollendistanz, Rollenflexibilität, Bedürfnisrepräsentation, Frustrationstoleranz und Empathie.

■ Dieser Ansatz geht davon aus, dass wissenschaftliche Disziplinen und fächerorientierte Aufgabenfelder Ausgangspunkte für alles Lernen in der Gesellschaft sind. Für Kinder gilt der frühe Zugang zu den Bezugswissenschaften als wesentliche Orientierung, um Begriffe, Methoden und Theorien systematisch zu ordnen.

Die ersten drei Ansätze spielen für den Kindergartenbereich eine wesentliche Rolle. Während sich unter dem Begriff des Funktionsansatzes vor allem die verschiedenen Trainingsprogramme subsumieren lassen, richtet der wissenschaftsorientierte Ansatz das Augenmerk auf sachlogisches Wissen. Das wissenschaftsorientierte Curriculum hat bisher keinen wesentlichen Einfluss auf den vorschulischen Bildungsbereich (siehe Kapitel: „Dominierende Einflüsse ab 1990"). Der Bildungsanspruch an den Kindergarten orientierte sich im Zeitraum der frühen 60er bis Anfang der 70er Jahre an der kompensatorischen Erziehung bzw. an Lern- und Trainingsprogrammen. Schon bald wurde mit dem Funktionsansatz eine vorzeitige Intellektualisierung bzw. eine Verschulung des Elementarbereichs verbunden. Von unterschiedlicher Seite wird heute jedoch in Frage gestellt, ob der Funktionsansatz überhaupt Teil der Kindergartenpraxis war (Barres 1973). Die anfängliche Euphorie, die mit der Hoffung verbunden war, die Intelligenzleistungen der Kinder durch Trainingsprogramme zu fördern, relativierte sich mit dem Ausbleiben einschlägiger Erfolge, was zu einer Abkehr von schulvorbereitenden Aktivitäten im Kindergarten führte. Mitte der 70er Jahre wendete sich der Blick daher eindeutig in Richtung sozialisatorische und situationsorientierte Bildungsprogramme, die die Lebenssituationen der Kinder in den Mittelpunkt stellen und sie vor allem befähigen sollen, kompetent und autonom ihr Leben zu gestalten. Diese beiden Bildungsprogramme lassen sich in ihrer pädagogischen Konsequenz kaum voneinander unterscheiden. Da für den frühpädagogischen Bildungsbereich der Begriff des Situationsansatzes prägend wurde, soll im Folgenden vereinfacht von situationsorientierten Programmen gesprochen werden. Diese gelten als offene Rahmencurricula, die vor allem soziale und sachbezogene Themen zum Anlass der pädagogischen Arbeit nehmen. Zur Planung der Aktivitäten im Kindergarten werden Arbeitspläne oder Rahmenrichtlinien verwendet. Es stehen Materialien zu dem Schwerpunktthema der Sozialerziehung, aber auch zu bereichsbezogenen Themen wie z. B. der ästhetischen Erziehung und spezielle Trainingsmaterialien zur kognitiven Entwicklung oder auch Wahrnehmungstrainings, u. a. von Frostig (vgl. Fried et al. 1992), zur Verfügung. Bei der Einführung dieser situationsorientierten Programme wurde eine empirische Evaluation im Anfangsstadium vernachlässigt. Vielfach wurde auf prozessorientierte Begleitforschung bzw. Handlungsforschung gesetzt, die eher zur Umsetzung des Ansatzes in der Praxis, als zur Evaluation des Programms diente (vgl. Fried et al. 1992). Prinzipiell fehlte es daher an detaillierten Befunden bezüglich der Auswirkungen dieser Curricula auf die Entwicklung der Kinder. Erst Ende der 90er Jahre wurde der Situationsansatz empirisch evaluiert (siehe Kapitel: „Dominierende Einflüsse ab 1990").

1.2 Dominierende Einflüsse ab 1980

Der Situationsansatz ging als Reformprojekt aus der Bildungsdiskussion der 1970er Jahre hervor. In den 1980er Jahren avancierte er endgültig zum leitenden Curriculum in den vorschulischen Einrichtungen und gilt bis heute als „dominierender konzeptioneller Rahmen" für Kindergärten (vgl. Colberg-Schrader 1999; Fthenakis & Textor 2000). Die Entwicklung dieses Ansatzes ist an folgende Orientierungen gekoppelt (vgl. Colberg-Schrader 1994):

■ Curriculumtheorie: Sie ging von der Forderung aus, dass Lernziele ständig überprüft und an die gegenwärtige Lebenssituation angepasst werden sollen. Der Situationsansatz hat diesen Gedanken weitergeführt, indem Lernziele nicht konkret festgelegt, sondern prinzipiell unter ErzieherInnen, Eltern und Kindern ausgehandelt werden sollen.
■ Elterninitiativen der Studentenbewegung: Diese Bewegung stellte der traditionellen Vorschulerziehung alternative Erziehungskonzepte entgegen. Im Mittelpunkt stand die Partizipation der Kinder an den strukturellen und prozessorientierten Faktoren im Kindergarten.
■ Der „Streit um die Fünfjährigen", d. h. darüber, ob die Schule oder der Kindergarten die Kinder besser zu fördern vermag, führte zur Ausrichtung des Kindergartens an einem eindeutig sozialpädagogischen Förderkonzept als Alternative zu den altershomogenen Schulklassen. Dies stellte der Situationsansatz mit seinem Primat des sozialen Lernens und seiner Orientierung an der Lebenssituation der Kinder bereit.

Im Folgenden soll der Situationsansatz kurz umrissen und die Kritik aufgezeigt werden, die die Entwicklungen in den 1990er Jahren wesentlich beeinflusste und letztlich zur Qualitätsdiskussion in der Vorschulpädagogik führte.

Unter dem Begriff „Situationsansatz" werden, wie oben bereits erwähnt, verschiedene Entwicklungen bzw. Programme subsumiert. Bekannt geworden ist vor allem das von einer Arbeitsgruppe des Deutschen Jugendinstituts in München unter Leitung von Jürgen Zimmer in elf Modellkindergärten erprobte Programm. Dessen Ausgangspunkt war das Curriculum „Soziales Lernen", welches Kinder unterschiedlicher Herkunft und mit unterschiedlichen Lernerfahrungen befähigt, in verschiedenen Situationen ihres gegenwärtigen und künftigen Lebens autonom und kompetent zu handeln (vgl. Aden-Grossmann 2002). Mit der Curriculumsentwicklung sollte der Versuch unternommen werden, „Bildungsprozesse stärker auf die gesellschaftliche Praxis zu beziehen" (Zimmer 1973, 31). Das Curriculum „Soziales Lernen" und die Erstellung der Didaktischen Einheiten gelten als Teil der fünf Projekte, die 1977 im Rahmen der OECD-Studie in Paris vorgestellt wurden. Die Projekte umfassten folgende Aufgaben, um die Bedingung der frühkindlichen Betreuung und Erziehung zu verbessern:

- Ausbau der öffentlichen Kinderbetreuungseinrichtungen in den beteiligten Staaten,
- Ausrichtung der Bildungsangebote an der kindlichen Entwicklung und der sozialen und kulturellen Lebenswelt der Kinder,
- Keine direkten schulvorbereitenden Maßnahmen.
- Der Schwerpunkt liegt auf einer ganzheitlichen, sozialen, kognitiven und körperlichen Förderung der Kinder.

Der Situationsansatz orientiert sich an der Curriculumstheorie von Robinson und der „Pädagogik der Unterdrückten" von Freiere (OECD 2004). Diese Ausrichtung beinhaltet einen gesellschaftskritischen Diskurs. Robinson stellt in seiner situationsorientierten Didaktik den fachwissenschaftlichen Diskurs in den Kontext des Lebensweltbezugs. Aufgabe der Wissenschaft sei es nicht nur, die Welt zu deuten, sondern vielmehr auch, für die damit zusammenhängenden sozialen Konsequenzen zu sensibilisieren. Wissen spielt innerhalb dieser Theorie eine Rolle hinsichtlich der Qualität der Lebenshaltung und dient dazu, das Subjekt zu emanzipieren und zu einem unabhängigen Urteil zu befähigen. Robinson stellt den fachwissenschaftlichen Bezug in den direkten Zusammenhang mit der Lebenssituation der Lernenden. Die Arbeitsgruppe des Deutschen Jugendinstituts in München unter Leitung von Jürgen Zimmer bezieht sich mit dem Begriff „Soziales Lernen" auf den hier beschriebenen Rückzug des instrumentellen Lernens auf soziale Kontexte. Der situationsorientierte Ansatz nimmt Bezug auf die Kritische Erziehungswissenschaft, die eine Fundierung der Bildungstheorie als Gesellschaftskritik zu etablieren versuchte.

Der Situationsansatz gilt als offenes Curriculum. Seine wesentlichen Merkmale sind (vgl. Aden-Großmann 2002):

- der Bezug zur Lebenssituation der Kinder,
- das Lernen in Erfahrungszusammenhängen,
- das Lernen in der altersgemischten Gruppe,
- das Mitwirken der Eltern an der pädagogischen Arbeit,
- die enge Verbindung von Kindergarteneinrichtung und Gemeinwesen.

Als Stärke des Situationsansatzes gilt, dass die aktuelle Lebenssituation der Kinder zum Ansatzpunkt für die pädagogische Arbeit genommen wird. Die jeweiligen Lernsituationen werden adaptiv auf die „Schlüsselsituationen" der Kinder bezogen. Damit werden Situationen bezeichnet, die für die Kinder zu einem bestimmten Zeitpunkt als besonders bedeutungsvoll eingeschätzt werden. Solche Schlüsselsituationen sollen mit Hilfe einer Situationsanalyse erschlossen werden. Schlüsselsituationen führen zu neuen Themen im Kindergartenalltag, an die der Anspruch gestellt wird, Kindern und Erwachsenen neue Erfahrungen zu ermöglichen. Fach- und sachbezogenes Lernen wird dem sozialen und kommunikativen Lernen untergeordnet. Aufgabe des Situationsansatzes ist es, wie oben bereits erwähnt, auch das Gemeinwesen in die Arbeit einzubinden und so auch auf strukturelle Bedingungen Einfluss zu nehmen. Der Situationsansatz versucht die Komplexität, in der die Kinder aufwachsen, zu erfassen und Erziehung und Bildung gesellschaftskritisch zu verwirklichen. Mit den Erziehungszielen Autonomie, Solidarität und Kompetenz (Priebe & Wolf 2003) orientiert sich der Situationsansatz an demokratischen und gesellschaftlichen Grundwerten.

Kritik wird heute am Situationsansatz von verschiedener Seite geübt. Vor allem die große Offenheit des Ansatzes führte in den letzten Jahren zu Unzufriedenheit. Dabei wird dem Ansatz u. a. vorgeworfen, kein konkretes Bildungsverständnis entwickelt zu haben, so dass es in den einzelnen Einrichtungen zu unterschiedlichen Interpretationen kommen konnte (vgl. Colberg-Schrader 1999; Netz 1998). Insbesondere als sich 1990 die Aufgabe stellte, in den Bundesländern im Osten Deutschlands[9], die bisher mit einem geschlossenen Rahmencurriculum arbeiteten, das offene Rahmencurriculum des Situationsansatzes zu vermitteln, wurden die Umsetzungsschwierigkeiten konkret, denn präzise Hilfen zum pädagogischen Handeln werden den ErzieherInnen dabei nicht vermittelt (vgl. Fried 2003). Die in dem Programm vorgeschlagene „Situationsanalyse" kann zwar über die Schritte „Beobachtung", „Auswahl", „Planung" und „Reflexion" zu einer Strukturierung des Handelns beitragen, doch bleibt dabei unklar, was unter dem Begriff „Situation" letztlich gefasst werden soll bzw. wann der Anlass für

---

9 Bis 1990 war in der DDR der Kindergarten nicht dem Jugendhilfesystem, sondern dem Bildungssystem zugeordnet. Grundlage der professionellen Arbeit war ein geschlossenes Curriculum. Zur Orientierung diente den ErzieherInnen der Bildungs- und Erziehungsplan für Kindergärten in der DDR.

eine „Schlüsselsituation" gegeben scheint (Zimmer 2000). Die beiden Evaluationsstudien, die über den Ansatz durchgeführt wurden, weisen darauf hin, dass seine Wirksamkeit weit hinter seinen Zielen zurückbleibt. Nachdenklich macht dabei das Ergebnis der internen Evaluation, dass Einrichtungen, die nach dem Situationsansatz arbeiten, häufig nicht von jenen zu unterscheiden sind, die sich nicht konkret an diesem Ansatz orientieren. Etwas weniger kritisch fällt dagegen die Externe Empirische Evaluation des Situationsansatzes der Landauer ForscherInnengruppe innerhalb des Modellprojekts „Kindersituationen" aus: „Es existieren deutliche Hinweise dafür, dass das Modellvorhaben ,Kindersituationen' nachweisbare pädagogische Wirkungen erzielt hat (Wolf et al. 1999, 9)". Aber auch hier werden die Schwachstellen des Ansatzes darin gesehen, dass es über weite Teile der pädagogischen Arbeit keinen Unterschied macht, ob nach dem Situationsansatz gearbeitet wird oder nicht.

Der Hintergrundbericht zur OECD-Studie (Early Childhood Policy and Review 2002-2004, 2004) schlussfolgert über den gegenwärtigen Stand der Vorschulpädagogik: „So führt eine Eigen- und Fremdeinschätzung, ob eine jeweilige Tageseinrichtung mehr dieser oder jener Richtung zuneigt oder wie sie ihre pädagogische Arbeit konzeptionell bezeichnet, meist nicht zu mehr Klarheit" (OECD 2004, 53). Prinzipiell könne aber von einem Grundkanon der Einrichtungen ausgegangen werden, dessen Leitbild das sich „ganzheitlich entwickelnde Kind" (OECD 2004, 53) ist.

Durch die erste Bildungs- und Kindergartenreform scheint es nicht gelungen zu sein, ein Bildungsprogramm zu entwerfen, welches die Lern- und Bildungsprozesse bzw. das Neugierverhalten, Interesse und die Lernlust der Kinder in den Mittelpunkt stellt. Dabei zeigt sich insbesondere durch die Diskussion in den 60er/70er Jahren, dass die Wirksamkeit gezielter Förderung in Deutschland auf lange Sicht unterschätzt wurde. Während in den USA eine zweite Phase der kompensatorischen Erziehung eingeleitet und die Ergebnisse aus der ersten Phase genutzt und weiterentwickelt wurden, wurde in der Bundesrepublik Deutschland auf ein offenes Rahmencurriculum gesetzt. Der hier maßgebende Situationsansatz orientiert sich am Kind als kompetentem und „autonomem" Individuum. Durch dieses Ideal bleiben den Kindern aber u. U. wichtige Erfahrungsräume verschlossen, wenn sie nicht von selbst den Zugang dazu finden (vgl. Fried 2003). Ausgangspunkt für die pädagogische Arbeit nach dem Situationsansatz sind „Schlüsselsituationen" der Kinder, welche sich an der Lebenswelt des Gemeinwesens orientieren. Der präventive Aspekt der Kindergartenarbeit wird entsprechend vernachlässigt, d. h., das Konzept beinhaltet keine Maßnahmen, um die Entwicklung der Kinder aktiv zu fördern und zu unterstützen und dabei der dyadischen Interaktion zwischen ErzieherIn und Kind hinreichend Rechnung zu tragen. Dass dies aber ein wesentlicher Bestandteil der pädagogischen Arbeit im Kindergarten sein sollte, belegen heute nicht nur die Erfahrungen aus der zweiten

Phase der kompensatorischen Erziehung in den USA, sondern insbesondere Studien, die den Zusammenhang von Interaktionsverhalten und der Entwicklung der Kinder herausstellen (siehe auch Kapitel: „Qualitätsdiskussion" und „Interaktionsforschung"). Infolge der Pluralisierung der heutigen Lebensverhältnisse sehen sich ErzieherInnen ebenso wie LehrerInnen im Primarbereich[10] mit einer zunehmenden Heterogenität konfrontiert. Diese äußert sich in den ganz unterschiedlichen Aufwachs-, Bildungs- und Spracherfahrungen der Kinder, welche die Einrichtungen besuchen. Die PädagogInnen müssen sich auf diese heterogenen Erfahrungen der Kinder einstellen (OECD 2004) und ihr Handeln entsprechend adaptiv ausrichten. Theorien werden dabei häufig als unterkomplex empfunden, da sie den PädagogInnen keine hinreichend differenzierten Handlungsalternativen bereitstellen (vgl. Fried 2003). Dies führt dazu, dass sich ErzieherInnen von den theoretischen Konzepten distanzieren und ihren subjektiven Alltagstheorien eine größere Bedeutung für das konkrete Handeln zuschreiben (vgl. Netz 1998). „Denn Programme können immer nur ausgewählte Momente von Bildungsangeboten festlegen. Die Situation, in der ein Angebot dann konkretisiert wird und gegebenenfalls bei einem Kind Bildungsprozesse auslöst, ist dann weitaus komplexer" (vgl. Fried 2003, 62). Die derzeit an konstruktivistischen Bildungstheorien ausgerichteten Reformbewegungen für die vorschulische Erziehung orientieren sich stärker als die bisherigen Programme für den Kindergarten am Lernprozess des Individuums (Bertram & Pascal 2002). Der Einfluss dieser Bildungsansätze wird im Folgenden detailliert diskutiert.

1.3 Dominierende Einflüsse ab 1990

Seit den 1990er Jahren setzt sich international ein an konstruktivistischen Theorien orientiertes Bildungsverständnis für den frühpädagogischen Bereich durch (vgl. Bertram & Pascal 2002). Konstruktivistische Ansätze knüpfen an Piaget an, dessen Lerntheorie vor allem im angloamerikanischen Sprachraum die Kindergartenpädagogik stark beeinflusst hat (Penn 2004). Sie gehen von dem Verständnis aus, dass sich Lern- und Entwicklungsprozesse durch die aktive Auseinandersetzung des Individuums mit seiner Umwelt vollziehen. Um Lernprozesse auszulösen und zu fördern, gilt es danach für die PädagogInnen als unabdingbar, ihr Handeln am Subjekt auszurichten und so an dessen gegebenem Erfahrungschatz anzuknüpfen. Heute tragen die neurobiologischen Begründungszusammenhänge

---

10 Gegenüber den weiterführenden Schulen (Haupt-, Realschulen und Gymnasien), die noch immer vom Prinzip der Selektion geprägt sind, findet sich im Elementar- und Primarbereich am ehesten der Gedanke der „Einheitsschule" realisiert. Deutlich wird dies heute insbesondere im Integrationsgedanken, der vor allem im Elementarbereich, aber auch im Primarbereich verwirklicht ist.

und die Befunde aus der Interaktionsforschung zwischen Peers sowie Erwachsenen und Kindern entscheidend dazu bei, die Bedeutung der konstruktivistischen Theorien, insbesondere der soziokulturellen Lerntheorien z. B. von Vygotsky (Anning et al. 2004), für den individuell ausgerichteten Lernprozess in der frühen Kindheit zu untermauern (vgl. Kapitel: „Konstruktivistische Lern-Lehrformen"). Um die Entwicklung von Kindern zu unterstützen, ist es demnach notwendig, „konstruktivistische Lernumwelten" bereitzuhalten. Bisher jedoch fehlt es an geeigneten systematischen Anregungen, „die auf der Vorstellung von Dialog und Ko-Konstruktion von Kindern und Erwachsenen" (OECD 2004, 124) aufbauen. Die vorliegende Arbeit knüpft hieran an und versucht in den nachfolgenden Kapiteln, die Interaktionsprozesse zwischen Bezugspersonen und Kindern zum Ausgangspunkt zu nehmen, um Bedingungen für eine konstruktivistische Lernumwelt im Kindergarten zu untersuchen.

Derzeit wird in den einzelnen Bundesländern an der Ausformulierung von Bildungsplänen bzw. Bildungsvereinbarungen für den vorschulischen Bildungsbereich gearbeitet. Diese Bildungspläne gelten als Konsequenz aus den Befunden der PISA-Studie[11]. Ihre Modalitäten fallen aufgrund der föderalen Struktur in den einzelnen Bundesländern unterschiedlich aus. Gemeinsam sind ihnen die Ausrichtung auf die „Selbstbildung" des Subjekts sowie der Bezug zu konstruktivistischen Lerntheorien und zu den einzelnen Bildungsbereichen, mit denen Kinder im Vorschulalter konfrontiert werden sollen. Welche Implikationen an diese Bildungsreform gebunden sind, wird ausführlich im Kapitel „Konstruktivistische Lern-Lehrformen" diskutiert.

Gegenwärtige Bildungs- und Lerncurricula

Die Besonderheit der deutschen Bildungsdiskussion besteht darin, dass – anders als im angloamerikanischen Raum, wo unter dem Begriff „*education*" sowohl Erziehungstheorien als auch Teilbereiche der Bildungstheorien subsumiert sind – zwischen Konzepten der Bildung und Theorien des Lernens sowie der Erziehung differenziert wird. In Deutschland wird die Diskussion um eine Neuorientierung der Elementarpädagogik demnach nicht nur über die Lerntheorie geführt, sondern gilt es auch eine Bildungstheorie für Kinder im Vorschulalter zu entwickeln. Bedeutend sind in diesem Zusammenhang die Auseinandersetzungen von Schä-

---

11 Programme for International Student Assessment (PISA). Die PISA-Studie gilt als internationale Leistungsvergleichsstudie. Darin wurde der Leistungsstand 15-jähriger SchülerInnen aus 26 Ländern miteinander verglichen. Siehe auch: http://www.mpib-berlin.mpg.de/pisa/ 27.02.2006.

fer zur „Selbstbildung" (1999) und das von Laewen und Andres begleitete Mo-
dellprojekt zum Bildungsauftrag im Kindergarten (2002).

Laewen und Andres (2002) orientieren sich dabei an dem Bildungsbegriff
von Humboldt und betrachten Bildung als „Aneignung der Welt". Kinder werden
als Subjekte wahrgenommen, die ihre Bildung selbst vorantreiben. Dieses Verständnis orientiert sich auch an dem von Liegle (Fthenakis 2005) in diesem Zusammenhang eingeführten Begriff der Autopoiesis. Die Einflussmöglichkeiten
der Erziehenden auf die zu Erziehenden begrenzen sich hierbei darauf, Anregungen zu geben. Eigenständige Fördermaßnahmen oder Bildungsziele werden
durch dieses Bildungsverständnis ausgeschlossen. Auch Schäfer (1999) rekurriert
mit seinem Bildungsbegriff für die frühe Kindheit auf die „Selbstbildung". Er
orientiert sich an der konstruktivistischen Entwicklungspsychologie (Fthenakis
2005) und greift insbesondere auf die Theorie Piagets als Erklärungsansatz zurück. Auch durch dieses Verständnis wird die Eigenständigkeit des kindlichen
Bildungsprozesses betont.

Beide Ansätze gehen somit davon aus, dass subjektive Erfahrungen dazu füh-
ren, eigene Vorstellungen über die Welt aufzubauen, welche die Entwicklung des
Individuums bestimmen. Wie in der klassischen Bildungstheorie bei Benner oder
Jaspers wird auch hier Bildung als ein ganzheitlicher Prozess aufgefasst.

> „Bildung bringt den einzelnen durch sein eigenes Sein in die Mitwissenschaft des Ganzen. ... der
> Mensch vermag um so entschiedener er selbst zu werden, je klarer und erfüllter die Welt ist, mit
> der seine eigene Wirklichkeit eins wird" (Jaspers 1931, 92 ff.) (Merkens 2006, 9).

Die Rolle der Erziehenden bleibt in den Erklärungsansätzen von Laewen und
Schäfer relativ unklar. Fthenakis (2005) stellt diesen an der „Selbstbildung"
orientierten Bildungsbegriffen einen, angelehnt an angloamerikanische Ansätze,
„sozialkonstruktivistischen" Erklärungsansatz entgegen. Dieses Verständnis mit
seiner innerhalb der frühkindlichen Pädagogik soziokulturell ausgerichteten
Lerntheorie (vgl. Anning et al. 2004) geht davon aus, dass sich das Kind in
Wechselwirkung mit seinen Bezugspersonen entwickelt. Der sozialen Umwelt
wird unter dieser Perspektive eine besondere Rolle zugeschrieben. Die Interakti-
ons- und Ko-Konstruktionsprozesse mit Peers und erwachsenen Bezugspersonen
sind demnach für den Wissensaufbau des Individuums von entscheidender Bedeutung. Dieser pädagogische Ansatz macht es möglich, den Erziehenden eine
aktive Rolle für den Entwicklungsprozess des Kindes zuzusprechen. Er postuliert
das Wissen um die je eigenen Vorstellungswelten der Individuen und setzt auf
ein dynamisches Handlungsvermögen, welches in der hauptsächlich durch Programme (vgl. Wolfram 1995) gesteuerten Kindergartenkultur im deutschen
Sprachraum bislang eher vernachlässigt wurde. Dieses Handeln soll durch gegenseitige Annäherung der Vorstellungen zu einem größeren beiderseitigen Ver-

ständnis führen, welches für einen anregenden Entwicklungsprozess unerlässlich ist. Erziehungs- und Bildungstheorien orientieren sich heute folglich an einem kompetenten Kind, das sich als „AkteurIn seiner Entwicklung" aktiv mit seiner physischen und sozialen Umwelt auseinandersetzt. Untersuchungen zur *Theory of Mind* bzw. Metakognition (Frye & Moore 1991; Pramling 1996) sind ausschlaggebend dafür, dass diesen subjektiven Erkenntnisprozessen heute ein solch großer Einfluss auf die kindliche Entwicklung zugeschrieben wird.

Die aktuelle Bildungsdiskussion ist mit der Frage nach der Qualität der Kindergarteneinrichtungen eng verbunden, die derzeit auf dem Prüfstand steht. International wird versucht, die pädagogische Qualität in vorschulischen Einrichtungen über Bildungs- und Lerncurricula zu standardisieren (vgl. Bertram & Pascal 2002). Mit der Nationalen Qualitätsinitiative[12], die im Jahr 2000 vom Bundesministerium für Familien, Senioren, Frauen und Jugend in Auftrag gegeben wurde, ist das Vorhaben verbunden, geeignete Feststellungsverfahren zu entwickeln (siehe Kapitel: „Qualitätsdiskussion"), um so die Qualität der Einrichtungen überprüfen zu können.

Seit kurzem liegen in Deutschland für die einzelnen Bundesländer Bildungs- und Orientierungspläne bzw. Curricula für den vorschulischen Bildungsbereich zur Erprobung in der Praxis vor[13]. Diese Curricula dienen dazu, Domänen zu identifizieren, um die Bildungs- und Lernprozesse junger Kinder besser differenzieren zu können. Als Bildungsbereiche gelten z. B. sprachliche Bildung, Musik, bildnerisches Gestalten, mathematische Grunderfahrungen, Bewegungserziehung, Natur und kulturelle Umwelten. Je nach Bundesland wurde für die einzelnen Bereiche mehr oder weniger umfangreiches Material zur Verfügung gestellt, das es den PädagogInnen erleichtern soll, den Alltag im Kindergarten anregender zu gestalten. Die Bildungs- und Orientierungspläne gehen so über die bisherigen offenen Rahmencurricula oder einfachen Rahmenrichtlinien hinaus, indem sie bestimmte Bildungsangebote und damit in Zukunft eine „formelle Bildungskul-

---

12 Die Nationale Qualitätsinitiative gliedert sich in fünf Teilprojekte zur Ermittlung geeigneter Kriterien und Entwicklung von Feststellungsverfahren:
Teilprojekt I/II: Entwicklung von Kriterien zur Erfassung der pädagogischen Qualität in Kindertageseinrichtungen für Kinder unter drei Jahren und für Kinder von drei bis sechs Jahren sowie Erarbeitung und Erprobung eines handhabbaren Feststellungsverfahrens.
Teilprojekt III: Entwicklung von Kriterien zur Erfassung der Qualität der Arbeit mit Kindern über sechs Jahren sowie Erarbeitung und Erprobung eines handhabbaren Feststellungsverfahrens.
Teilprojekt IV: Entwicklung von Kriterien zur Erfassung der Qualität der Arbeit in Tageseinrichtungen für Kinder auf der Basis des Situationsansatzes sowie Erarbeitung und Erprobung von Instrumenten zur internen und externen Evaluation.
Teilprojekt V: Entwicklung von Kriterien zur Erfassung der Qualität der Arbeit von Trägern sowie Erarbeitung und Erprobung eines handhabbaren Feststellungsverfahrens.
13 Für detaillierte Einblicke siehe Bildungsserver:
http://www.bildungsserver.de/zeigen.html?seite=2027 30.03.2006

tur" in der Vorschulpädagogik zu etablieren versuchen. Neben der vorrangigen
Orientierung an den genannten Bildungsbereichen findet auch das "Selbstbil-
dungs"-Potenzial des Individuums zumindest teilweise Berücksichtigung. Die
Frage nach dem didaktischen Handeln bleibt jedoch relativ offen. „Der Bayerische Erziehungs- und Bildungsplan für Kinder in Tageseinrichtungen bis zur
Einschulung" (2006), der derzeit als einer der differenziertesten Bildungspläne
gilt, beschreibt das Menschenbild und die Prinzipien, die ihm zugrunde liegen,
auf knapp vierzehn Seiten. Dabei finden sich über das „Lernen im Kindesalter"
nur wenige differenzierte Aussagen. Angeführt wird die Bedeutung der sozialen
Beziehung für den Aufbau eines Vertrauensverhältnisses zwischen ErzieherIn
und Kind: Lernen soll in einer gemeinsamen Lernaktivität mit anderen stattfinden
und dem Anspruch nach Ganzheitlichkeit Rechnung tragen sowie einen Kontextbezug aufweisen – grundsätzlich soll das Lernen im Kindergarten spielerisch
ausgerichtet sein. Auch hier wird explizit auf das „eigenaktive" und „selbsttäti-
ge" Lernen des Kindes verwiesen, welches als aktive Beteiligung der Kinder am
Lernprozess beschrieben wird und sich durch das Involvement der Kinder auszeichnet. Der Bildungsplan verweist auch auf das entdeckende Lernen der Kinder, welches auf Versuch und Irrtum basiert und „eigenaktiv" bzw. in Kooperation mit anderen zu Lösungswegen führt. Von großer Bedeutung ist der Hinweis,
dass sich Phasen des freien Spiels mit angeleiteten Situationen im Tagesablauf
abwechseln sollen. Ausdrücklich verweist der Bildungsplan auf seine Orientierung an einem ko-konstruktiven Lernansatz und die Bedeutung der Erwachsenen
innerhalb dieses Interaktionsgeschehens. Dabei steht das Interesse der Erwachsenen an den Lernprozessen der Kinder im Mittelpunkt. Leider wird aber nicht
erläutert, wodurch sich die Unterstützung der Erwachsenen innerhalb des Interaktionsprozesses mit dem Kind auszeichnen soll (Der Bayerische Erziehungs- und
Bildungsplan für Kinder in Tageseinrichtungen bis zur Einschulung 2006, 22-
36). Prinzipiell aber weisen die Bildungspläne in Deutschland mit ihrer Orientierung an soziokulturellen Lerntheorien, die den Erziehenden eine aktive Rolle im
Lernprozess zuschreiben, eine den angloamerikanischen Ansätzen vergleichbare
Tendenz auf. Im angloamerikanischen Raum führt die Orientierung an soziokulturellen Theorien in der Pädagogik der frühen Kindheit dazu, durch Beobachtungsverfahren PraktikerInnen zu einem stärkeren gemeinsamen Austausch über
die Lernprozesse des Kindes zu führen (Anning et al. 2004).

Auch in Deutschland wird derzeit in dieser Richtung gearbeitet. Insbesondere
durch so genannte Feststellungsmaßnahmen zur Erfassung der Qualität der Einrichtungen, wie z. B. durch das Teilprojekt I/II der „Nationalen Qualitätsinitiative". Diese Feststellungsverfahren können dann als Verbindungsstück zwischen
Bildungs- und Qualitätsdiskussion gesehen werden, wenn die PädagogInnen
daraus Informationen ziehen können, welche Einfluss auf ihr pädagogisches
Handeln nehmen (Anning et al. 2004). Erste Ansatzpunkte dafür bieten Assess-

mentverfahren (Einschätzinstrumente, Beobachtungsbogen, Checklisten etc.), die es der pädagogischen Praxis ermöglichen, die Bildungs- und Lernprozesse der Kinder genauer zu erfassen. International gewinnt diese Form von Beobachtungsverfahren an Bedeutung, um eine kindzentrierte Perspektive zum Ausgangspunkt des pädagogischen Handelns zu machen (Anning et al. 2004). Das Nutzen der Beobachtung für den pädagogischen Handlungsprozess ist in der Pädagogik kein neues Verfahren. Bereits Fröbel (Fröbel 1986) oder auch Isaac (Nutbrown 2006) verweisen auf die Beobachtung als wichtige Handlungskompetenz der KindergärtnerInnen. Mit der Einführung von Assessments soll die Beobachtung stärker als bisher differenziert werden und der Alltagsbeobachtung durch das Nutzen von standardisierten Verfahren zu mehr Objektivität und Reflexion verholfen werden. Diese Verfahren werden für unterschiedliche Zwecke entwickelt und können sowohl auf den Lern- und Entwicklungsprozess (Tätigkeitsmuster) von Kindern ausgerichtet sein als auch auf bereichsspezifische Kompetenzen.[14] Nach Cowie und Carr (Anning et al. 2004) soll die Einführung von Assessmentverfahren in der Praxis mit drei Zielen verbunden sein.[15] Neben dem Aufbau einer Lerngemeinschaft zwischen Peers, PädagogInnen und Eltern geht es darum, die Kompetenzen der Lernenden durch eine genaue Beobachtung bewusst wahrzunehmen. Der kontinuierlichen Dokumentation der Beobachtungen kommt dabei eine besondere Bedeutung zu, um die bereits erworbenen Kompetenzen der Lernenden herauszustellen, so dass die PädagogInnen weiterführende Lernprozesse für das Kind herausfordern und unterstützen können (Nutbrown 2006). Exemplarisch wird hier auf drei Verfahren verwiesen, die derzeit im Mittelpunkt der Bildungsdiskussion in Deutschland stehen. Zum einen die im Zuge des Bildungsprojekts (2002) entwickelten, relativ offenen Beobachtungsbogen, zum anderen die international diskutierten Verfahren von Carr und Laevers. Die Besonderheit des Verfahrens von Carr liegt darin, dass es ausschließlich den Lernprozess der Kinder in den Mittelpunkt stellt. Sowohl das von Carr (2002) in Neuseeland entwickelte Assessmentverfahren als auch die von Leavers in Belgien entwickelte Leuvener Engagiertheitsskala (Leavers 1997) versuchen über verschiedene Kategorien, die Auseinandersetzung des Kindes mit dem Gegenstand einzuschätzen, so die Komplexität des Lernprozesses aufzuschlüsseln und damit zugleich den Blick der Erziehenden zu schärfen. Während Carr auf die verschiedenen Lernschritte des Individuums im Laufe des Lernpro-

---

14 Nutbrown (2006) unterscheidet zum Beispiel drei verschiedene Formen von Assessments in der Pädagogik der frühen Kindheit im angloamerikanischen Raum: Assessments, die auf die Lern- und Entwicklungsprozesse der Kinder ausgerichtet sind; Assessments zur Erfassung bestimmter Leistungen und Assessments, die innerhalb eines Forschungsprozesses eingesetzt werden und auf bestimmte Forschungsfragen ausgerichtet sind.
15 Diese Ziele werden in der angloamerikanischen Literatur mit den 3 Cs beschrieben: *„community"*, *„competence"* und *„continuity"*.

zesses verweist, orientiert sich Laevers an unterschiedlichen Kriterien, die ihm als Indikatoren für Involvement und Engagiertheit des Kindes gelten.

Am Deutschen Jugendinstitut wird derzeit an einem Dokumentationsverfahren zur Umsetzung des Bildungsauftrags im Kindergarten gearbeitet. Dabei orientiert sich die ForscherInnengruppe an den oben bereits erwähnten „Bildungs- und Lerngeschichten (*Learning Stories*)", die Margret Carr für die neuseeländische Bildungsarbeit im Kindergarten entwickelt hat. Das von Carr vorgelegte Assessmentverfahren geht von individuellen Lerndispositionen aus und stellt dabei vor allem den dynamischen Lernprozess in den Mittelpunkt. Unter Lerndispositionen versteht Carr die Bereitschaft des Individuums, sich mit Anforderungen aktiv auseinanderzusetzen. Das Projekt des Deutschen Jugendinstituts integriert neben den dynamischen Lernprozessen auch die Bedeutung von Wissen für die Bildungsarbeit mit den Kindern. Auch Carr betrachtet Wissen als Lerndisposition, bezieht dieses aber nicht in ihr Assessmentverfahren mit ein. In diesem Kontext steht die Expertise von Fried (2005), die versucht „Wissen als wesentliche Konstituente der Lerndisposition junger Kinder" zu erschließen. Diese Expertise stellt eine Verbindung her zwischen den Wissenskomponenten und den dynamischen Lernvoraussetzungen.

Während über Jahrzehnte die Kontroverse um schulorientierte Ansätze einerseits und spielbasierte Ansätze andererseits den internationalen Diskurs in der Pädagogik der frühen Kindheit bestimmt haben, nähern sich in den letzten Jahren die gegensätzlichen Positionen durch die gemeinsame Perspektive auf den Lernprozess des Kindes aneinander an. Ein kindzentrierter Ansatz bzw. ein am Subjekt orientierter Lernansatz gilt heute international als günstige Lernumwelt. Im Folgenden soll der Ansatz des „*Developmentally Appropriate Practice*" [DAP] vorgestellt werden, der in den letzten Jahren in den US-amerikanischen Ländern u. a. die Auseinandersetzung mit kindzentrierten Ansätzen bestimmt hat. Damit soll der Blick auf die Entwicklungsprozesse des Kindes verschärft und das Handeln der Erziehenden auf die „Zone der nächsten Entwicklung" (Vygotsky) ausgerichtet werden. Der Ansatz des „*Developmentally Appropriate Practice*" gilt als Qualitätsansatz und wurde bereits mehrfach untersucht. Da die dort verwirklichte Praxis durch die Orientierung an der Theorie Vygotskys sehr stark an interaktionistisch-konstruktivistischen Lernumwelten ausgerichtet ist, soll hier ein kurzer Einblick in dieses Konzept gegeben werden, um seine möglichen Stärken und Schwächen in die Diskussion um interaktionistisch-konstruktivistische Lernumwelten einzubeziehen. Durch diese Auseinandersetzung können Ansatzpunkte für eine bewusste Gestaltung des Interaktionsprozesses zwischen ErzieherIn und Kind aufgespürt werden, die für die gegenwärtige Reform der Elementarpädagogik wichtige Hinweise liefern können.

Developmentally Appropriate Practice [DAP]

Der Ansatz des „*Developmentally Appropriate Practice*" [DAP] (vgl. Bredekamp & Copple 1997) geht im Sinne Vygotskys vom Kind als „AkteurIn seiner Entwicklung" aus und hat das Handeln in der „Zone der nächsten Entwicklung" zum Ziel. Dieser Ansatz versucht über die pädagogische Interaktion Entwicklungs- und Lernprozesse zu stimulieren und eine Ausgewogenheit zwischen der Selbstbestimmung des Kindes und der Förderung und Unterstützung durch die Erwachsenen zu erreichen (vgl. Siraj-Blatchford 1999). Dabei spielt sowohl eine anregungsreiche Umgebung als auch die pädagogische Interaktion zwischen ErzieherIn und Kind eine wesentliche Rolle für den pädagogischen Prozess (Bredekamp 1997; Siraj-Blatchford 1999). Als günstige Handlungsformen gelten zum einen Fragen, die das Kind zu weiteren Auseinandersetzungen anregen, und zum anderen die Beobachtung des Kindes bei seinen Spielprozessen (Siraj-Blatchford 1999). Der Ansatz des „*Developmentally Appropriate Practice*" [DAP] betont die Bedeutung des kindlichen Spiels für die Entwicklung der Kinder im Vorschulalter und distanziert sich damit von akademischen Lehrinhalten für die vorschulische Erziehung (New 2004).

International wird der Ansatz des „*Developmentally Appropriate Practice*" (Bredekamp 1987; 1997) als Grundsatz für das pädagogische Handeln in vorschulischen Einrichtungen betrachtet. Große Schwierigkeiten ergeben sich allerdings bei der Umsetzung des pädagogischen Konstrukts der „entwicklungsangemessenen Erziehung" (vgl. Winsler & Charlton 2003; Siraj-Blatchford 1999). Katz (Nutbrown 2006) verweist darauf, dass das, was gelernt wird bzw. wie es am besten gelernt werden kann, davon abhängig ist, was wir über den Entwicklungsstand der Lernenden sowie über die Beziehung zwischen Erfahrungen und den daraus resultierenden Entwicklungen des Individuums wissen. Daraus werden auch die mit dem Ansatz am häufigsten verbundenen Fragen ersichtlich: Wie wissen Erziehende, was gelernt werden soll? Wie werden die Entscheidungen getroffen, was als Nächstes gelernt wird? Und wie können die Erziehenden einen Zusammenhang erkennen zwischen den Erfahrungen, die den zu Erziehenden ermöglicht werden, und deren Entwicklungsprozess? Die zwölf Schlüsselprinzipien, die die „*National Association for Education of Young Children*" [NAEYC] zum „*Developmentally Appropriate Practice*" 1997 von Bredekamp und Copple als Richtlinien differenziert hat, geben dazu nach den bisherigen Befunden zu wenig Orientierung.

1. Domains of children's development – physical, social, emotional and cognitive – are closely related. Development in one domain influences and is influenced by development in other domains.
2. Development occurs in a relatively orderly sequence, with later abilities, skills and knowledge building on those already acquired.

3. Development proceeds at varying rates from child to child as well as unevenly within different areas of each child's functioning.

4. Early experiences have both cumulative and delayed effects on individual children's development; optimal periods exist for certain types of development and learning.

5. Development proceeds in predictable directions toward greater complexity, organisation and internalisation.

6. Development and learning occur in and are influenced by multiple social and cultural contexts.

7. Children are active learners, drawing on direct physical and social experience as well as culturally transmitted knowledge to construct their own understandings of the world around them.

8. Development and learning result from interaction of biological maturation and the environment, which includes both the physical an social worlds that children live in.

9. Play is an important vehicle for children's live in.

10. Development advances when children have opportunities to practice newly acquired skills as well as when they experience a challenge just beyond the level of their present mastery.

11. Children demonstrate different modes of knowing and learning and different ways of representing what they know.

12. Children develop and learn best in the context of a community where they are safe and valued, their physical needs are met and they feel psychologically secure. (Nutbrown 2006, 24)

Obwohl die Prinzipien die Bedeutung der Förderung und Unterstützung der Kinder durch das pädagogische Handeln der ErzieherInnen betonen, zeigt sich in der Praxis, dass die ErzieherInnen den direkten Interaktionsprozess mit den Kindern nicht für eine gemeinsame Auseinandersetzung nutzen, da sie Angst haben, einen für die Entwicklung wertvollen Spielprozess zu unterbrechen (Kontos & Dunn 1993; Wilcox-Herzog & Ward 2004). Gegenwärtig entwickelt sich aufgrund dieser Befunde wachsende Unzufriedenheit mit den „kindzentrierten" Programmen. Dabei wird insbesondere das mit dem *„Developmentally Appropriate Practice"* einhergehende Kindbild dafür verantwortlich gemacht, dass das pädagogische Handeln beim Beobachtungsprozess stehen bleibt. Winsler und Charlton (2003) beschreiben das Dilemma, mit welchem sich die ErzieherInnen konfrontiert sehen, folgendermaßen: Einerseits soll die bestmögliche Unterstützung für die Kinder ermöglicht werden, andererseits ist die Autonomie des Kindes zu stärken (siehe Kapitel: „ErzieherIn-Kind-Interaktion" und „Instruktion"). Dieses Kindbild, welches vom genuin neugierigen, kompetenten und weitgehend autonomen Kind ausgeht (vgl. Siraj-Blatchford 1999), verdrängt die Tatsache, dass bereits in den vorschulischen Einrichtungen 15-30 % der Kinder mit Risiken, wie z. B. Sprachauffälligkeiten, belastet sind (vgl. Fried 2003). Insbesondere aus der Sonderpädagogik ist daher international die erste Kritik an der Theorie der „entwicklungsangemessenen Erziehung" zu vernehmen (vgl. Shore et al. 2004). Mahoney und Wheeden (1999) belegen, dass ein nur auf responsives Interaktionsverhalten ausgerichteter Erziehungsstil zwar die Aktivität der Kinder positiv beeinflusst, jedoch zeigen Kinder in direktiven Interaktionen eine höhere Aufmerksamkeit für die Aktivität an sich. Unter der Voraussetzung, dass für das

Lernen das Involvement der Kinder in die Aktivität als wesentlicher Indikator gilt, muss davon ausgegangen werden, dass ein Interaktionsstil mit hoher Responsivität und moderater Lenkung als optimal gilt (Mahoney und Wheeden 1999). William (1994) diskutiert den Ansatz im Kontext der Fragestellung, mit welchen Freiheitsgraden hier pädagogisch gehandelt wird. Er kritisiert, dass vor allem westlich orientierte Vorstellungen eines „angemessenen Handelns", welches sich an den klassischen Entwicklungstheorien ausrichtet, verwirklicht werden, die aber nicht unmittelbar auf jedes Kultursystem übertragbar sind. Auch New (2004) kritisiert die monopolare Ausrichtung des Ansatzes an der westlichen Entwicklungspsychologie, die die entwicklungsangemessene Erziehung bestimmt. Damit kann dem Anspruch einer wachsenden Pluralität in den verschiedenen Gesellschaften in keiner Weise gerecht werden (William 1994). Von großer Bedeutung wäre es daher, einen reflektierten Umgang mit dem Begriff „Angemessenheit" bzw. der damit verbundenen Erwartungen und Vorstellungen zu realisieren (New & Mallory 1994).

1.4 Resümee

Seit der Kindergarten durch den Strukturplan von 1970 als erste Stufe des Bildungssystems in Deutschland anerkannt wurde, hat sich der Bildungsanspruch an die vorschulischen Einrichtungen stark gewandelt. Während in den 60er und frühen 70er Jahren des 20. Jahrhunderts das pädagogische Bewusstsein von behavioristischen Programmen bzw. dem Funktionsansatz und der Idee der kompensatorischen Erziehung geprägt war, setzten sich Mitte der 1970er Jahre nach und nach sozialisatorische bzw. situationsorientierte Bildungsprogramme durch, die die Lebenssituation der Kinder in den Mittelpunkt stellen. Der Situationsansatz, der in den 1980er Jahren zu einem leitenden Programm des Kindergartens avancierte, hat das Ziel, Kinder vor allem zu kompetenter und autonomer Gestaltung ihres Lebens zu befähigen. Heute werden Bildungsprogramme für die Kindergartenpädagogik diskutiert, die sich an der Theorie des Konstruktivismus orientieren und damit direkt an den Erfahrungen des Individuums ansetzen. Die Auseinandersetzungen mit den situationsorientierten Ansätzen machen jedoch deutlich, dass ein Bildungskonzept, welches sich vor allem durch das Ziel der Emanzipation des Subjekts auszeichnet, zu wenig pragmatisch gedacht ist, um in der Praxis entsprechend umgesetzt werden zu können. Die Ausrichtung an der demokratischen Grundhaltung gibt für die intersubjektive Beziehung bzw. das pädagogische Handeln zu wenig Orientierung, so dass selbst der gesellschaftskritische Impuls dieser Ansätze den Alltag des Kindergartens kaum erreicht. Die hier erörterten Bildungscurricula (Bildungs- und Erziehungspläne; „*Developmen-*

tally Appropriate Practice"), die derzeit international die Kindergartenpädagogik beeinflussen, spiegeln aber auch die Schwierigkeiten wider, die mit konstruktivistischen Bildungsansätzen verbunden sind. Dass die Lernprozesse der Kinder heute als Ausgangspunkt für das pädagogische Handeln gelten müssen, scheint unbestritten. Offen bleibt dabei aber die Frage, wie Lern- und Entwicklungsprozesse konkret begünstigt werden können bzw. wie das Kind in einen anregenden Interaktionsprozess involviert werden kann (Siraj-Blatchford 1999; Kontos & Dunn 1993; Mahoney und Wheeden 1999). Über Assessment- bzw. Dokumentationsverfahren wie z. B. die Bildungs- und Lerngeschichten von Carr besteht eine Möglichkeit, ErzieherInnen für die Lern- und Entwicklungsprozesse zu sensibilisieren und dadurch das pädagogische Handeln zu professionalisieren. Mit der derzeitigen Bildungsreform ist der Anspruch einer bewussten Unterstützung der Lern- und Entwicklungsprozesse der Kinder verbunden. Für den Elementarbereich fehlt es derzeit jedoch noch an einer differenzierten Handlungsdidaktik, die den Anforderungen an konstruktivistische Bildungs- und Lerntheorien gerecht wird (vgl. Gisbert 2004). Der direkte Interaktionsprozess zwischen ErzieherIn und Kind steht demnach gegenwärtig im Zentrum der Bildungsdiskussion. Durch die Befundlage aus der Qualitätsdiskussion im Elementarbereich sollen weitere Anknüpfungspunkte aufgezeigt werden, die für eine differenzierte Untersuchung der Interaktion zwischen ErzieherIn und Kind weiterführend sind.

2. Qualitätsdiskussion

Die Qualitätsdebatte im Bereich der Kindertagesstätten wird in Deutschland seit 1996 verstärkt geführt. Dies hängt insbesondere mit dem im selben Jahr gefassten Rechtsbeschluss zusammen, der jedem Kind einen Anspruch auf einen Kindergartenplatz gewährt.[16] Die Qualitätsdiskussion im Elementarbereich befasst sich mit der institutionellen Versorgungslage und der Qualität der Erziehungs- und Bildungsangebote, wobei es vor allem um die Frage der Kriterien zur Einschätzung guter Erziehungs- und Bildungsqualität geht. Als Motor dieser Diskussion gelten sowohl fachwissenschaftliche Entwicklungen als auch gesellschaftliche Erwartungen. Prinzipiell sind Qualitätsdiskussionen im Bildungsbereich keine neue Entwicklung. Intensiv wurde über die Qualität der Bildungssysteme in Deutschland bereits im Rahmen der Bildungsdiskussion in den 70er Jahren des letzten Jahrhunderts nachgedacht. Die daran gekoppelte politische Auseinandersetzung führte u. a. zu einer Neuordnung der vorschulischen Erziehung (vgl. Kapitel: „Dominierende Einflüsse ab 1970"), die dazu führte, dass sich der Kindergarten als Elementarbereich des deutschen Bildungswesens etablierte. Neben der Bildungsaufgabe wurde dem Kindergarten durch die Betonung der kompensatorischen Erziehung aber auch die Funktion einer Fördereinrichtung (vgl. Tietze & Viernickel 2002) zugesprochen. Seit den 1970er Jahren hat der Kindergarten somit als familienergänzende Bildungseinrichtung an Bedeutung gewonnen. Dies zeigt sich u. a. auch daran, dass die Platz-Kind-Relation für junge Kinder seither zunehmend ausgebaut wurde (siehe Tabelle 1) (vgl. Tietze & Rossbach 1993, 109; Statistisches Bundesamt 2004).

---

16 Der Rechtsanspruch auf einen Kindergartenplatz gilt seit dem 01.01.1996 grundsätzlich für Kinder mit Vollendung des 3. Lebensjahres.

Tabelle 1: Platz-Kind-Relation

Jahreszahl	Platz-Kind-Relation (Drei- bis Sechsjähriger)
1970	32,9 %
1975	56,1 %
1980	67,5 %
1985	67,5 %
1989	67,7 %
2002	90,0 %

Dass mit dem quanitativen Ausbau der Einrichtungen der richtige Weg beschritten wurde, wird empirisch u. a. durch die IGLU-Studie belegt (BMFSFJ 2005). Die Ergebnisse belegen, dass Kinder, die einen Kindergarten besucht haben, sich besser in der Schule zurechtfinden als Kinder, denen diese Erfahrung fehlt.

Während in den 1970er Jahren das Augenmerk auf der Entwicklung von angemessenen pädagogischen Programmen lag und die institutionelle Versorgungslage verbessert wurde, zeigt sich in den 1980er Jahren bezüglich des quantitativen Ausbaus keine Veränderung (siehe Tabelle 1). Die Frage nach der Qualität der fachlichen Arbeit wurde zu dieser Zeit vor allem in Bezug auf ein flexibleres Betreuungssystem geführt, wie z. B. verlängerte Öffnungszeiten, Ganztagsbetreuung etc. Die Entwicklung der pädagogischen Qualität der Bildungsprogramme wurde jedoch nicht weiterverfolgt. Exemplarisch zeigt sich das daran, dass der Situationsansatz, der als leitendes Bildungsprogramm aus der Diskussion der 1970er Jahre hervorging, erst in den 1990er Jahren auf seine Effektivität hin überprüft wurde (Wolf et al. 1999; siehe auch Kapitel: „Dominierende Einflüsse ab 1980"). Mit der Zusammenführung zweier verschiedener vorschulischer Betreuungssysteme nach der „Wende" 1990 wurde die Frage nach den pädagogischen Konzepten im vorschulischen Bereich erneut verschärft. Durch gleich zwei große Qualitätsstudien, die in den 1990er Jahren durchgeführt wurden, wird belegt, dass die vorschulischen Bildungseinrichtungen insbesondere in Bezug auf die pädagogische Qualität zum großen Teil recht unbefriedigende Strukturen aufweisen (Tietze et al. 1998; Wolf et al. 1999). Dabei fiel unter anderem ein konzeptioneller Nachholbedarf für die Betreuungseinrichtungen der unter Dreijährigen in den Blick (vgl. Tietze & Viernickel 2002). Gegenwärtig wird daran gearbeitet, diesem Missstand durch die Ausarbeitung von Qualitätskonzepten und vermehrte Forschungstätigkeit im vorschulischen Bereich zu beheben. Die Qualitätsdiskussion dreht sich aktuell um die Frage, was unter „guter" Qualität oder „best practice" zu verstehen sei und wie diese entwickelt werden könne. Damit hat die Qualitätsdiskussion an Komplexität gewonnen. Qualität wird nicht mehr auf einen einzelnen Aspekt bezogen, wie z. B. den Ausbau von Betreuungsplätzen, sondern als Zusammenspiel vielfältiger Faktoren verstanden. Im Folgenden sollen daher die Grundlagen der aktuellen Qualitätsdiskussion herausgearbeitet werden, welche an dem internationalen Bestreben anknüpft, die vorschulische Bildungssituation zu verbessern (Anning et al. 2004).

2.1 Qualitätsbegriff

Der Begriff der „Qualität" ist im Bildungsbereich seit gut einem Jahrzehnt zentral. Dies manifestiert sich u. a. in den mannigfaltigen Wortschöpfungen wie z. B. „Qualitätsmanagement", „Qualitätssicherung", „Qualitätsstandards", „Qualitätskonzepte" etc., die mit dieser Entwicklung verbunden sind (Helmke et al. 2000). Diese starke Bezugnahme auf „Qualität" wird auf den Einfluss aus der Arbeitsorganisation und der Managementwissenschaft zurückgeführt (Helmke et al. 2000). Im Mittelpunkt steht dabei zum einen die Änderung der Quantitäten, d. h. bedarfsgerechter Ausbau der Bildungsinstitutionen, um mehr „Qualität" zu erreichen, und zum anderen das Bestreben, „Qualität" konkret quantitativ bestimmbar, d. h. die Effektivität des pädagogischen Handelns überprüfbar zu machen. Trotz des zentralen Stellenwerts, den der Begriff „Qualität" seit den 1990er Jahren im Bildungsbereich eingenommen hat, wurde bisher eine präzise inhaltliche Definition des Begriffs vermieden (Helmke et al. 2000). Im gegenwärtigen Qualitätsmanagement wird Qualität nach der Norm ISO 9000 wie folgt beschrieben: „Was den Anforderungen entspricht" (Kempfert & Rolff 2005, 11). Der aus dem Wirtschaftssektor entlehnte Qualitätsbegriff wird heute in der Schulentwicklungsforschung in Anlehnung an das „Total Quality Management" [TQM][17]-Konzept in drei Qualitätsbereiche unterteilt:

- den Input, den das Schulsystem über Curricula und spezielle Lernziele bereithält;
- den Prozess, welcher sich auf die Lernform und -kultur bezieht,

---

17 Der „Total Quality Management" [TQM]-Ansatz wurde in der Wirtschaftsproduktion begründet. Das Konzept geht auf Deming zurück, der dieses nach dem 2. Weltkrieg entwickelt hat, um der zunehmenden Qualitätsorientierung der KundInnen gerecht zu werden. Bezeichnend für den Ansatz ist, dass Qualitätskontrollen nicht nur am Ende der Produktionskette stattfinden, sondern den gesamten Produktionsprozess durchziehen. Dieser Ansatz gilt als prozessorientierter Qualitätsansatz, welcher sich darüber definiert, dass Qualität sich an den Erwartungen der KundInnen ausrichten muss (Seitz & Capaul 2005).

- sowie den Output, d. h. den Erfolg der Lernergebnisse (Kempfert & Rolff 2002; Seitz & Capaul 2005).

Dabei bleibt die Frage offen, was als „gute Qualität" einzuschätzen sei. In der Antike wurde als „gut" bezeichnet, wenn die Dinge ihrem Wesen, d. h. nach Aristoteles ihrer „*Entelechie*" bzw. ihrem „*Telos*", entsprachen. Den Dingen ist demnach ihre Wesensbeschaffenheit genuin zugeschrieben. „Gut" ist, was seinem Wesen entspricht. Die Wesensbeschaffenheit ist das Ziel, in dem das Ding seine Vollendung erfährt. Seit der Aufklärung findet „gut" auch im Sinne von „moralisch gut" Gebrauch. Dieses „gut sein" nimmt Bezug auf den Kategorischen Imperativ von Kant. Mit dem Adjektiv „gut" können aber auch objektive Tatbestände beschrieben werden, wobei „gut" ist, was den Qualitätsmaßstäben oder -kriterien entspricht.

Qualitätskriterien unterscheiden sich in der Regel hinsichtlich verschiedener Interessensgruppen, d. h., sie werden in Abhängigkeit von den Zielen, die die einzelnen Interessensgruppen vertreten, bestimmt. Fthenakis interpretiert Qualität als relatives, dynamisches und mehrdimensionales Konstrukt (Fthenakis 2003; Fthenakis & Eirich 1998). Im Folgenden wird auf diese Annäherung an den Begriff der „Qualität" näher eingegangen, indem der Begründungszusammenhang der Zuschreibungen „relativ", „dynamisch" und „mehrdimensional" detailliert aufgezeigt wird. Was unter dem Begriff der Qualität gefasst wird, ist „relativ", d. h. abhängig von der Perspektive, von der aus Bezug genommen wird. Katz (1996) macht dies am Beispiel der vorschulpädagogischen Einrichtungen aus fünf Perspektiven deutlich, die bei der Auseinandersetzung mit dem pädagogischen Qualitätsbegriff ins Gewicht fallen. Mit der „Oben-Unten-Perspektive" wird die Perspektive des Trägers und des Personals betont, die die Aspekte der pädagogischen Qualität mit ihrem Programm festlegen. Die „Unten-Oben-Perspektive" verweist auf die Perspektiven der in der Einrichtung betreuten Kinder, d. h. darauf, wie die Kinder die Einrichtung erleben. Eine „Außen-Innen-Perspektive" erfolgt durch die Einschätzung der Einrichtungen durch die Familien. Der „Innen-Perspektive" wird entsprochen, wenn auch das Erleben der in der Einrichtung arbeitenden MitarbeiterInnen berücksichtigt wird. Mit der „Außen-Perspektive" werden die an die vorschulischen Einrichtungen gestellten Erwartungen der Gesellschaft beschrieben. In Bezug auf die vorschulische Betreuung muss die „Unten-Oben-Perspektive", d. h. die Sicht der Kinder Priorität vor allen anderen Perspektiven haben. Walsh und Gardner (2005) weisen daraufhin, dass, im Zusammenhang mit konstruktivistischen Kindergartenprogrammen, die Qualität der Einrichtungen nicht nur durch die Outcomes der Kinder, der Lernumwelt und über die Instruktionsmethoden gemessen werden kann, sondern die „*buttom up*"-Perspektive (Katz 1996) zum wesentlichen Faktor der Qualität avancieren muss. Die Beteiligung der Kinder an der Planung und die Erfahrungsmöglichkeiten, die das Programm den Kindern eröffnet, gelten dabei als wesentliche Einflussgrößen (Walsh & Gardner 2005). Auch Heid (2000) vertritt die Auffassung, dass Qualitätskriterien sich an der Verbesserung der Lern- und Entwicklungsbedingungen für die SchülerInnen messen lassen müssen. Er sieht den Qualitätsmaßstab im Bildungssystem in der Tradition der „Pädagogik vom Kinde aus" (Heid 2000). Qualität entwickelt sich nach Heid (2000) von innen aus der Unterrichtsebene. Neben der Unterrichtsebene unterscheidet er die Schul- und Systemebene.

Die Erwartungen, die aus unterschiedlichen Perspektiven an eine Leistung gestellt werden, sind aber auch abhängig von gesellschaftlichen Veränderungen und fachwissenschaftlichen Erkenntnissen, d. h., dass Qualität als „dynamischer" Begriff aufgefasst werden muss. Qualitätskriterien werden nicht fix aufgestellt, sondern müssen stets daraufhin überprüft werden, ob sie den jeweiligen Erwartungen noch standhalten.

Neben den unterschiedlichen Perspektiven, die mit der Bestimmung der Qualität verbunden sind, gilt es, die verschiedenen Dimensionen oder Ebenen der Qualität zu unterscheiden. Der Qualitätsbegriff lässt sich in unterschiedliche Subbereiche aufteilen, die über mehrere Indikatoren näher bestimmt werden. Diskutiert werden dabei im vorschulischen Bereich vor allem die Struktur, die Orientierungs- und die Prozessqualität (Tietze et al. 1998). Die Strukturqualität nimmt Bezug auf den Betreuungsschlüssel und die Art der Einrichtung. Die Orientierungsqualität bezieht sich auf die pädagogischen Programme, Werte und Überzeugungen, an welchen sich die MitarbeiterInnen in den Einrichtungen orientieren. Die Prozessqualität umfasst die Gesamtheit der Interaktionen, in die das Kind mit der materiellen und sozialen Umwelt in der Einrichtung involviert ist. In diesem Zusammenhang gilt Qualität als „mehrdimensional".

Die Begriffsbestimmung von Fthenakis, Qualität als relatives, dynamisches und mehrdimensionales Konstrukt (Fthenakis 2003; Fthenakis & Eirich 1998) zu verstehen, gilt derzeit in der Pädagogik der frühen Kindheit als zentral. Unter dem Begriff „pädagogische Qualität" subsumieren sich allerdings ganz unterschiedliche Auffassungen (Fthenakis 2003). Auf die Problematik der in diesem Bereich fehlenden eindeutigen Begriffsbestimmung verweisen auch Helmke et al. (2000). Die Autoren sehen darin aber einen Gewinn, der sich an den durch die Auseinandersetzung um den Begriff der „Qualität" hervorgebrachten Diskursen misst.

Manche Begriffe entfalten ihre Überzeugungskraft und soziale Dynamik, gerade weil sie inhaltlich nicht wirklich präzisiert und in ihrer Bedeutung vereinheitlicht sind. Sie fungieren als semantische Klammer für eine Vielzahl von Perspektiven, Interessen, Intentionen und Konzepte. Der Begriff der „Qualität" teilt dieses Schicksal mit zahlreichen anderen Konzepten des Bildungsdiskurses wie etwa „Chancengleichheit", „Emanzipation", „Leistung", „Werte", „Wissen", „Bildung", „Professionalität", „Reform" etc. Solche zu Slogans werdenden Begriffe ent-

wickeln ihre Karriere aufgrund ihrer hohen Anmutungsqualität [sic!], die im Kern daraus resul-
tiert, dass alle überzeugt sind, dieser Begriff treffe genau die aktuell entscheidende Problem-
sicht bzw. die gegenwärtig dominierende Stimmungslage. Und als Indiz oder gar Beweis für
den allgemein anerkannten Signalcharakter solcher Leitbegriffe wird darauf verwiesen, dass alle eben diese Begriffe verwenden, alle Diskussionen hierum kreisen (Helmke et al. 2000, 10).

Um beurteilen zu können, was „gute Qualität" ist, bedarf es so genannter „Qualitätskriterien", an welchen „Qualität" gemessen werden kann.

2.2 Qualitätskriterien

Erste Schritte zur Festlegung von Qualitätskriterien sind derzeit international von
Seiten unterschiedlicher Organisationen zu beobachten (vgl. Fthenakis & Oberhuemer 2004). Exemplarisch für die Ausarbeitung von Qualitätskonzepten in der
Pädagogik der frühen Kindheit ist die Initiative der *„National Association for
Education of Young Children"* [NAEYC] (Bredekamp 1987) in den USA. Sie
entwickelten Qualitätskriterien für den vorschulischen Bildungsbereich, die unter
dem Begriff *„Developmentally Appropriate Practice"* [DAP] bekannt sind. Diese
Richtlinien stellen die Bedeutung sensibler Handlungsmuster in der Interaktion
zwischen PädagogInnen und Kind heraus und weisen auf Aktivitäten für Kinder
in unterschiedlichen Entwicklungsphasen hin (siehe Kapitel: „Gegenwärtige
Bildungs- und Lerncurricula"). Die Richtlinien wurden im Verlauf der letzten
zehn Jahren erheblich überarbeitet und gelten als anregungsreiche Orientierung
(Penn 2004). In Großbritannien werden mit dem *„Office for Standards in Education"* [OFSTED] die gleichen Interessen verfolgt. Auch der 1996 von der Europäischen Union herausgegebene Zielkatalog zur Weiterentwicklung der Kinderbetreuung in Europa versucht, mit 40 Zielpunkten erste gemeinsame Zielvorstel-
lungen zu identifizieren. In Deutschland wurden 1999 durch die Initiative des
Bundesministeriums für Familien, Senioren, Frauen und Jugend (BMFSFJ) fünf
Projekte zur pädagogischen Qualität konzeptionalisiert. Die „Nationale Qualitäts-
initiative" versucht, die pädagogische Qualität zu explizieren und Instrumente zur
Messung und Evaluation zu konstruieren (siehe unten). Die durch das „Forum
Bildung" (Fthenakis 2004) veranlassten Bemühungen um einen verpflichtenden
Bildungsplan in vorschulischen Einrichtungen machen erste Konsequenzen der
Initiative ersichtlich.

Um die Qualität der vorschulischen Einrichtungen zu erfassen, können grob
zwei verschiedene Richtungen von Qualitätsprogrammen unterschieden werden:
zum einen Programme, die die pädagogische Qualität eines bestimmten Ansatzes
oder Programms zu messen versuchen, wie die Initiative der *„National Association for Education of Young Children"* [NAEY], die sich dabei an der entwick-
lungsgemäßen Erziehung (Bredekamp 1997) orientiert, oder auch der „Kronber-

ger Kreis", der sich auf das Programm des Situationsansatzes bezieht. Die vom „Kronberger Kreis" entwickelten Qualitätsstandards verstehen sich als Orientierungen und Anregungen zur Selbstevaluation im Dialog. Demnach handelt es sich nicht um ein standardisiertes Programm, sondern um ein anhand der Theorie von Bronfenbrenner entwickeltes ökologisches Verständnis von Qualität, das stark auf der individuellen Zusammenarbeit mit den einzelnen Einrichtungen basiert. Davon unterscheiden sich Programme, die nach einer allgemeinen Auffassung von pädagogischer Qualität in den vorschulischen Einrichtungen suchen, wie z. B. die *Early Childhood Environment Rating Scale* [ECERS] sowie die deutsche Fassung des Messinstruments, die „Kindergarten-Skala" [KES] bzw. deren jeweilige revidierte Fassungen. Zu den Programmen, die allgemeine Qualitätsansätze eruieren, zählt auch der *„Total Quality Management"* [TQM]-Ansatz. Dieser Ansatz bezieht sich auf die ganzheitliche Betrachtung einer Organisation und ihrer materiellen und personellen Ressourcen. Dabei bleiben aber die fachlich-inhaltlichen Aspekte der Arbeit zunächst unberücksichtigt. Gemeinsam ist den einzelnen Ansätzen, dass sie mit ihren jeweiligen Qualitätsbeschreibungen versuchen, einer weithin verbreiteten Beliebigkeit der Qualitätseinschätzung entgegenzuwirken.

Im Folgenden soll auf die Teilprojekte I + II der „Nationalen Qualitätsinitiative" näher eingegangen werden, um exemplarisch zu zeigen, was sich hinter der derzeitigen Qualitätsinitiative verbirgt. Das Projekt wurde von der „Pädagogischen Informations-Systeme GmbH" „pädquis" in Kooperation mit der Freien Universität Berlin von 1999-2003 durchgeführt. Die Teilprojekte I + II der „Nationalen Qualitätsinitiative" befassen sich mit der Entwicklung von Kriterien zur Erfassung der pädagogischen Qualität in Kindertageseinrichtungen für Kinder unter drei Jahren und für Kinder von drei bis sechs Jahren. Mit Hilfe der Qualitätskriterien soll ein handhabbares Feststellungsverfahren zur internen und externen Evaluation erarbeitet und erprobt werden. Beabsichtigt war, die Kriterien dabei unabhängig vom jeweiligen pädagogischen Programm zu entwickeln bzw. für unterschiedliche fachlich-inhaltliche Ausrichtungen zu sammeln. Mit der Erstellung des Nationalen Qualitätskriterienkatalogs wurde der Versuch unternommen, Vorschläge und Ideen der Fachpraxis in Bezug auf die Qualität der pädagogischen Arbeit in den Einrichtungen durch eine bundesweite Befragung zusammenzutragen. Mit Hilfe des fachwissenschaftlichen Diskurses wurden aus der Fülle von Ideen und Vorschlägen Qualitätskriterien entwickelt. An der Befragung beteiligten sich 1500 pädagogische Fachkräfte. Dieses Vorgehen orientiert sich an dem derzeit vielfach praktizierten *„best practice"*-Ansatz. Der aus der angloamerikanischen Betriebswirtschaft übernommene Begriff verweist auf besonders bewährte und ökonomische Verfahren einer Organisation. Deren Ausrichtung an „*best practice*" impliziert das Bestreben, diese besonders bewährten Strategien zu übernehmen. Diese Methode betont, dass Merkmale guter Handlungskompetenz nur im Kontext der Praxis erstellt werden können. Im Rahmen dieses Projektes wurden Arbeitsmaterialien für die Fachpraxis erarbeitet. Dabei handelt es sich zum einen um den „Nationalen Kriterienkatalog", in dem die Kriterien aus der Fachpraxis zusammengestellt wurden, und zum anderen um das Handbuch „Pädagogische Qualität entwickeln", welches dazu dient, die pädagogische Arbeit in den Einrichtungen zu verbessern. Mit Hilfe des Handbuches soll es gelingen, systematisch Qualitätskriterien auf- und sicherzustellen. Dafür stehen den PraktikerInnen Analysebogen zur Selbstevaluation zur Verfügung, um gezielt einzelne Aspekte ihrer Arbeit in den unterschiedlichen Bereichen der Einrichtungen differenziert zu betrachten. Das „pädquis"-Institut bietet in diesem Zusammenhang auch Fortbildungen für die Fachkräfte an, um in das Qualitätskonzept und die Instrumentarien des Handbuchs gezielt einzuführen und in Kooperation mit den einzelnen Einrichtungen Qualitätskriterien zu entwickeln. Dabei darf nicht außer Acht gelassen werden, dass beim Erstellen solch differenzierter Instrumente stets gründlich darüber reflektiert werden muss, ob der Nutzen dieser Kriterien die damit gesetzten normativen Vorgaben tatsächlich rechtfertigt (Shore et al. 2004). Das Bemühen um Qualitätsmessinstrumente, mit denen es gelingen kann, die pädagogische Qualität in den einzelnen Einrichtungen zu verbessern, kann als Besonderheit der derzeitigen internationalen Qualitätsdebatte angesehen werden.

> Qualität lässt sich demnach stets nur aus der Perspektive der jeweils normativ gesetzten Prämissen diskutieren. Eine globale Erfassung von Qualität „unter erkenntnis- und bildungstheoretischer Perspektive [kann aber] nicht mit der Erfüllung von Merkmalskatalogen erreicht werden (Dubs 2003, 14)" (Rahm 2005, 49).

2.3 Gegenwärtige Strömungen in der Qualitätsdiskussion

In der internationalen Diskussion um die Qualitätsverbesserung der vorschulischen Einrichtungen lässt sich in den letzten Jahren ein zunehmendes Interesse an den prozessualen Faktoren der pädagogischen Interaktion konstatieren. Ausschlaggebend sind dafür die Befunde aus verschiedenen Studien, die belegen, dass die Interaktions- und Prozessqualität den Erfolg des pädagogischen Handelns (vgl. Tietze et al. 1998) im Wesentlichen moderieren. Bis jetzt wurde in Deutschland die Prozessqualität in den vorschulischen Einrichtungen nicht kontinuierlich untersucht, weshalb im Folgenden hauptsächlich auf Befunde aus der angloamerikanischen Forschung zurückgegriffen werden muss. Kontos und Wilcox (1997) weisen darauf hin, wie komplex das Handeln von ErzieherInnen sein muss, um die Entwicklung der Kinder optimal zu unterstützen. Prinzipiell wird heute das Anregungspotential der institutionellen vorschulischen Erziehung als sehr hoch eingeschätzt (Schweinhart et al. 1993; Kontos 1999; Siraj-Blatchford et al. 2002; Sylva et al. 2004; Shore et al. 2004). Das wird u. a. darauf zurückgeführt, dass Kinder, die einen Kindergarten besucht haben, in der Grundschule besser zurechtkommen als Kinder, die diese Erfahrung nicht gemacht haben (Pianta & Nimetz 1991). Insbesondere Kinder mit Entwicklungsrisiken profitieren vom Besuch der Einrichtungen (Sylva et al. 2004). Die meisten dieser Befunde wurden aus der Untersuchung von Interventionsprogrammen, wie z. B. dem *„High/Scope"* Curriculum, gezogen (Sylva et al. 2006). Bekannt ist aber auch, dass dies nur für den Besuch der Einrichtungen gilt, die eine hohe pädagogische Qualität aufweisen (Shore et al. 2004). Diese wird nicht zuletzt über das Ausbildungsniveau der ErzieherInnen bestimmt, welches hohen Einfluss auf die soziale Interaktion, die kognitive und verbale Stimulation sowie auf die Kommunikation mit den Kindern hat (Wilcox-Herzog & Ward 2004; Kontos & Wilcox-Herzog 2002; Arnett 1989; Siraj-Blatchford et al. 2002). Diese Befunde werden auch von der *„National Child Care Staffing Study"* bestätigt (Whitebook et al. 1989). Die Rolle der ErzieherIn im Interaktionsprozess mit den Kindern rückt damit ins Blickfeld der Qualitätsdiskussion und wird derzeit aus unterschiedlichen Perspektiven analysiert. Insbesondere die Längsschnittstudie *„Effective Provision of Preschool Education"* [EPPE] von Sylva et al. (2003) und die daran angeschlossene Studie *„Effective Pedagogy in Early Years"* [EPEY] verweisen auf den Einfluss pädagogischer Strategien, um die Entwicklung von Fähigkeiten, Wissen und Verhaltensweisen der Kinder zu unterstützen und so förderliche Voraussetzungen für einen guten Schulstart zu schaffen.

Demnach verlagert sich der Schwerpunkt der Qualitätsdiskussion von der Ausrichtung auf strukturelle Faktoren, die sich mehr mit der Versorgungslage beschäftigen, hin zur Prozessqualität, die das pädagogische Handeln in das Blickfeld rückt. Im Folgenden soll zunächst die Qualitätsdimension bzw. -ebene der Prozessqualität näher beschrieben werden, um das Konstrukt sowie die darin liegenden Möglichkeiten genauer zu fassen, bevor auf die Qualität der ErzieherIn-Kind-Interaktion im Detail Bezug genommen wird.

Tietze et al. (1998) definieren Prozessqualität als die Gesamtheit der Interaktionen und Erfahrungen, die das Kind in der Kindergartengruppe mit seiner sozialen und räumlich-materiellen Umwelt macht. Der pädagogischen Prozessqualität kommt eine Schlüsselfunktion zu, denn nur über sie lassen sich Entwicklungsanregungen moderieren (Tietze et al. 1998). Unter guter pädagogischer Prozessqualität fassen die AutorInnen folgende Kriterien, die gewährleisten, dass:

- die Kinder eine *sichere Betreuung* erfahren, von Erzieherinnen, die die Kinder altersmäßig angemessen beaufsichtigen, in einer Umgebung mit sicherem Spielmaterial und sicherer Ausstattung,

- eine der *Gesundheit förderliche Betreuung* gewährt ist, die Kinder Aktivitäts- und Ruhemöglichkeiten haben, hygienische Notwendigkeiten und kindliche Ernährungsbedürfnisse beachtet werden,
- die Kinder eine *entwicklungsangemessene Stimulation* erhalten mit Gelegenheiten zum Spielen und Lernen in den verschiedensten Bereichen wie Sprache, Musik, bildnerischer Ausdruck, Darstellung, Fein- und Grobmotorik, Umgebungsbewusstsein, Naturverständnis,
- ein *positives Interaktionsklima mit den Erzieherinnen* gegeben ist, in dem die Kinder Vertrauen zu den Erwachsenen haben, von ihnen lernen und den Umgang mit ihnen gern haben,
- eine *ermutigende Haltung gegenüber der individuellen emotionalen Entwicklung* des Kindes gegeben ist, die ihm unabhängiges, sicheres und kompetentes Handeln ermöglicht,
- *positive Sozialbeziehungen zu anderen Kindern* gefördert werden, indem die Umgebung und Ausstattung entsprechend ausgelegt ist und das Kind die für positive Peer-Interaktionen erforderliche Unterstützung erhält (Tietze et al. 1998, 227).

Zur Erfassung der Prozessqualität wird international derzeit vor allem auf zwei Instrumente zurückgegriffen. Die „*Early Childhood Environment Rating Scale*" [ECERS] mit der eine relativ breite Erfassung der Prozessqualität möglich ist, und die „*Caregiver Interaction Scale*" [CIS], welche vor allem die Erwachsenen-Kind-Interaktion in den Blick nimmt (Sylva et al. 2006). Die CIS erfasst die Interaktion zwischen ErzieherIn und Kind über 27 Items innerhalb einer vierstufigen Ratingskala. Dazu wird eine mehrstündige Beobachtung für eine zuverlässige Einschätzung als sinnvoll erachtet (Tietze et al. 1998). Die Auswertung der CIS ermöglicht über die Konstruktion von drei Skalen (wie z. B. wertschätzendes Eingehen/Ablehnung des einzelnen Kindes/Gehorsam und Kontrolle), sozial-emotionale Faktoren bzw. die Beziehungsqualität zwischen ErzieherIn und Kind herauszustellen. Mit der CIS kann somit in erster Linie das emotionale Klima in der Einrichtung erfasst werden. Mit der „*Early Childhood Environment Rating Scale*" [ECERS] bzw. deren deutschen Übersetzung „Kindergarten-Skala" [KES] lässt sich die Prozessqualität unabhängig von pädagogischen Konzepten auf der Gruppenebene der Kindertageseinrichtung erfassen. Dabei spielen sowohl konzeptionelle und räumlich-materielle Faktoren als auch soziale Aspekte der Interaktion eine Rolle (Tietze et al. 2006). Die sozialen Aspekte der Interaktion schließen neben der ErzieherIn-Kind-Interaktion auch die Peerinteraktion und die ErzieherInnen-Eltern-Interaktion mit ein.

Die „*Early Childhood Environment Rating Scale*" [ECERS][18] wurde 1980 zum ersten Mal veröffentlicht und gehört zu einem der ersten Assessmentverfahren, welches international eingesetzt wird, um die globale Qualität vorschulischer Einrichtungen zu erfassen (siehe oben). Sie basiert auf 43 Items, welche sieben Aspekte der vorschulischen Betreuung und Erziehung mit folgenden Subskalen

---

18 Die ECERS erschien 1997 als überarbeitete Version [ECERS-R]. Sie wurde entwickelt, um Kindergartenprogramme für Kinder im Alter zwischen 2½ und 5 Jahren auf ihre Qualität hin zu überprüfen. Die ECERS wurde in Deutschland als „Kindergarteneinschätzskala" [KES] eingeführt. Seit der überarbeiteten Version wird das Instrument als „Kindergarten-Skala" [KES-R] bezeichnet.

aufweist: Platz und Ausstattung (z. B. Innenraum, kindbezogene Ausgestaltung etc.), Betreuung und Pflege der Kinder (z. B. Begrüßung und Verabschiedung, Mahlzeiten, Ruhe- und Schlafpausen), sprachliche und kognitive Anregungen (z. B. Bücher und Bilder, Anregungen zur Kommunikation), Aktivitäten (z. B. Rollenspiel, feinmotorische Aktivitäten), Interaktionen (Beaufsichtigung/Begleitung/Anleitung bei grobmotorischen Aktivitäten, allgemeine Beaufsichtigung/Begleitung/Anleitung der Kinder, Verhaltensregeln/Disziplin, ErzieherIn-Kind-Interaktion, Kind-Kind-Interaktion), Strukturierung der pädagogischen Arbeit (z. B. Tagesablauf, Freispiel) und Eltern und ErzieherInnen (z. B. Elternarbeit, Berücksichtigung persönlicher Bedürfnisse der MitarbeiterInnen). Eine siebenstufige Ratingskala ermöglicht einen differenzierten Einsatz des Instruments. Anhand der „Kindergarten-Skala" [KES-R] wird die Prozessqualität dann hoch gewichtet, wenn das pädagogische Handeln auf das Individuum ausgerichtet ist und die Planung des Tagesablaufs eine gewisse Flexibilität erkennen lässt. Die Einschätzung basiert auf einer minimalen Beobachtungszeit der Kindergartengruppe von mindestens zwei Stunden (Sylva et al. 2006) bzw. nach Angaben in der „Kindergarten-Skala" [KES-R] „auf einer Basis von mindestens drei Stunden" (Tietze et al. 2006, 10). Durch die relativ umfangreiche Perspektive auf das Phänomen der Prozessqualität wird eine differenzierte Analyse der spezifischen Struktur der Interaktion jedoch vernachlässigt, d. h., die ErzieherInnen erfahren anhand dieses Instrument nichts über ihr Interaktionshandeln und darüber, wie es sich gegebenenfalls verbessern ließe. Dieser Problembereich der KES wird auch durch die Untersuchung von Wolf et al. (2003) offensichtlich. Hier konnte eine kurzfristige Stabilität für die nach der KES erfassten Prozessqualität festgestellt werden. Dabei zeigte sich, dass die Items mit hoher Stabilität hauptsächlich Aspekte der „Ausstattung", „Räumlichkeit" und „Routineabläufe" betreffen. Weniger stabil waren dagegen diejenigen Aspekte der Prozessqualität, welche die pädagogische Interaktion bzw. den Interaktionsprozess berücksichtigen. Um diesen besser fassen zu können, müssten noch feiner abgestimmte Instrumente entwickelt werden. Auf diesen Mangel weisen auch Sylva et al. (2006) hin. Die Forschergruppe betont vor allem, dass im Bereich des pädagogischen Prozesses auf der Ebene der kognitiven und sozialen Entwicklung der Kinder sowie beim Erfassen der kulturellen Vielfalt der Einrichtungen Probleme auftreten (Sylva et al. 2006). Sylva et al. haben daher eine erweiterte Fassung der ECERS entwickelt. Die ECERS-E ermöglicht es, speziell die Qualität akademischer Bildungsbereiche in den Einrichtungen zu erfassen (siehe unten). Andere ForscherInnen kritisieren, dass mit diesem Qualitätsmessinstrument keine spezifischen curricularen Ansätze der Einrichtungen differenziert werden können (vgl. Hagen & Roßbach 1987; vgl. Fried 2003). Die „Externe Empirischen Evaluation" [EEE] des Modellprojekts „Kindersituationen" (EEE 1999) erlaubte es z. B. nicht, mittels der „Kindergarteneinschätzskala" [KES] Einrichtungen, die nach dem Situationsansatz arbeiten, von solchen, die dies nicht tun, trennscharf zu unterscheiden (Wolf et al. 1999).

Effective Provision of Preschool Education [EPPE]

Zu einem der größten Forschungsprojekte im europäischen Raum, das versucht, die Qualität der vorschulischen Einrichtungen umfassend zu überprüfen, zählt die von Sylva, Melhuish, Sammons, Siraj-Blatchford, Taggart und Elliot (2003) vorgelegte Längsschnittstudie *„Effective Provision of Pre-School Education"* [EPPE]. Exemplarisch soll hier dieses in England durchgeführte Forschungsprojekt beschrieben werden, das nicht nur strukturelle Aussagen zur Qualität der Einrichtungen gibt, sondern auch wichtige Hinweise für eine qualitativ hochwertige pädagogische Arbeit in vorschulischen Einrichtungen liefert. Als Schlüsselvariable hat sich dabei das pädagogische Handeln der PädagogInnen herausgestellt, welches die Effektivität der Einrichtungen im Wesentlichen bestimmt (Anning et al. 2004). Die pädagogische Qualität wurde mittels der ECERS-R und der ECERS-E[19] erfasst. Die Stichprobe setzt sich aus N=3.000 Kindern im Alter von drei und vier Jahren zusammen. Die Studie ist fokussiert auf das Sozialverhalten und die kognitive Entwicklung der Kinder und trägt zahlreiche Informationen über den Entwicklungsstand der Kinder, deren Eltern und die häusliche und vorschulische Lernumwelt zusammen. Einbezogen wurden N=141 Settings aus verschiedenen vorschulischen Einrichtungen wie z. B. öffentliche und private Kindergärten, Kindertageseinrichtungen, Spielgruppen, Vorschulklassen etc. sowie eine Vergleichsgruppe von *„home children".* Diese Stichprobe diente dazu, Aussagen zu treffen bezüglich des Unterschieds im Hinblick auf den Schulerfolg von Kindern, die eine vorschulische Einrichtung besuchten und solchen, die dies nicht getan haben. Die Befunde der Studie weisen darauf hin, dass eine qualitativ hochwertige Einrichtung den Schulerfolg der Kinder wesentlich beeinflusst (Sylva et al. 2003). Keinen Einfluss hatte dabei, ob die Kinder eine Halbtags- oder Ganztagseinrichtung besucht haben. Von Bedeutung war dagegen, über welchen Zeitraum eine Einrichtung besuchte wurde. Je jünger die Kinder beim Eintritt in die Einrichtung waren, desto größer war der Einfluss auf ihre kognitive und soziale Entwicklung sowie auf Autonomie und Konzentration. Insbesondere mit so genannten Risiken belastete Kinder profitierten von der Qualität der vorschulischen Erziehung. Dies wurde konkret in Bezug auf die sprachliche Kompetenz der Kinder, die Englisch als Zweitsprache sprachen. Einrichtungen, deren päda-

---

19 Die Early Childhood Environment Rating Scale – Extension [ECERS-E] wurde von Kathy Sylva, Iram Siraj-Blatchford und Brenda Taggart (2003) entwickelt. Das Instrument misst die beobachtbare Qualität verschiedener Bildungsbereiche in vorschulischen Settings, wie Literacy, Numeracy, Naturwissenschaft und Diverses.

gogische Qualität hoch eingeschätzt wurde, unterstützen die Kinder insbesondere in ihrer Sprachkompetenz und fördern so genannte Vorläuferkompetenzen für den Schriftspracherwerb, welche den Übergang in die Schule erleichtern (Sylva et al. 2004; 2006).

Das Projekt „*Effective Pedagogy in the Early Years*" [EPEY] (Siraj-Blatchford et al. 2002) nutzt die Daten der oben beschriebenen Längsschnittstudie von Sylva et al. (2003).[20] Es wurde geplant, um besonders effektive pädagogische Strategien zu erfassen. Das Datenmaterial basiert auf detaillierten Fallstudien der Längsschnittstudie, die in besonders „effektiven" Einrichtungen durchgeführt wurden. Zwölf Settings wurden ausgewählt, die als „gute" Praxis-Beispiele gelten. Die Befunde wurden erhoben durch Beobachtung der LehrerInnen in nicht standardisierten Situationen und strukturierten Beobachtungen des Lernverhaltens der Kinder. Weitere Informationen wurden durch Interviews mit den MitarbeiterInnen, LeiterInnen der Einrichtungen und den Eltern erhoben. Durch Telefoninterviews wurde darüber hinaus bei n=46 Personen der Einfluss des „*Curriculum guidance for the foundation stage*" [CGFS] ermittelt. Für die meisten PraktikerInnen liegt der Schwerpunkt in der frühen Kindheit im Entwickeln positiver Lernvoraussetzungen, des Selbstbewusstseins und der Selbständigkeit der Kinder. Personal und Eltern betonen die Bedeutung der sozialen Entwicklung im vorschulischen Bereich. Die Befunde dieser Studie lassen vermuten, dass Settings, in denen die soziale und kognitive Entwicklung gleichermaßen gefördert werden, sich besonders effektiv auf die gemessenen „Outcomes" der Kinder auswirken.

Die Studie sollte statistische Zusammenhänge erklären, die bei der EPPE-Studie (Sylva et al. 2003) ermittelt wurden. Dabei kristallisierten sich vier Bereiche heraus, die für die vorschulische Erziehung als zentral angesehen werden:

- verbale Interaktion zwischen Erwachsenen und Kind,
- Wissen und Verständnis über Curricula und Assessments,
- Beziehung zu den Eltern und die häusliche Lernumwelt,
- Disziplin und die Unterstützung der Eltern beim Ansprechen von Konflikten.

Im Folgenden sollen insbesondere die Befunde bezüglich der verbalen Interaktion zwischen ErzieherIn und Kind herausgestellt werden, da gerade sie für die vorliegende Interaktionsstudie wichtige Anregungen beinhalten. Wird Lernen als sozialkonstruktivistischer Prozess begriffen, dann können Lernprozesse nur ange-

---

20 Der Begriff „*Pedagogy*" wurde in dieser Studie bewusst gewählt. Er steht im Zusammenhang mit den Termini Instruktion und Strategien des pädagogischen Handelns. Diese Orientierung soll die Interaktionsformen herausstellen, die Lernprozesse gezielt auszulösen vermögen.

regt werden, wenn sie die Lernenden motivieren und in einen wechselseitigen Austausch zwischen den Individuen involvieren. Dieses Phänomen der wechselseitigen Bezugnahme beschreibt der Begriff der Ko-Konstruktion. Darunter fassen Siraj-Blatchford et al. (2002):

> In the traditional constructivist account of learning new understandings are considered to be founded upon the child's prior understandings. In our analysis we emphasise the importance of that learning encounters involve processes of co-construction where each party engages with the understanding of the other. A necessary condition for this to occur is that both parties are involved and that the content should be instructive (Siraj-Blatchford 2002, 5).

Lernen knüpft an das vorhandene Wissen der Lernenden an. Nach dem Verständnis von Sylva et al. (2003; Siraj-Blatchford et al. 2002) fordert der Lernprozess eine „reflexive" Ko-Konstruktion, die dann erreicht wird, wenn sich die Beteiligten auf die unterschiedlichen Interpretationsprozesse der anderen einlassen und diese für die Entwicklung weiterer Gedankengänge nutzen. Notwendige Bedingungen hierfür sind „Involvement" in den Interaktionsprozess und eine „instruktive" Ausrichtung der Interaktion.

Als Qualitätsmerkmale der sprachlichen Interaktion zwischen ErzieherIn und Kind kristallisierte sich die Interaktionsform des *„sustained shared thinking"*[21] heraus. Der hohe Einfluss dieser Form der Interaktion auf die Entwicklung der Kinder wurde sowohl in der quantitativen als auch in der qualitativen Analyse der Daten nachgewiesen (Sylva et al. 2003; Siraj-Blatchford et al. 2002). Angelehnt an den Ko-Konstruktionsbegriff fassen die Forscherinnen unter dem Begriff *„sustained shared thinking"* eine Interaktionsform, welche sich auf die wechselseitigen Austauschprozesse zwischen Individuen bezieht, die auf gleichem Niveau, ununterbrochen mit wechselseitigem Bezug stattfinden. Alle Beteiligten müssen sich am Gedankenaustausch beteiligen und diesen weiterführen.

> **Sustained shared thinking:** An episode in which two or more individuals „work together" in an intellectual way to solve a problem, clarify a concept, evaluate activities, extend a narrative etc. Both parties must contribute to the thinking and it must develop and extend (Siraj-Blatchford et al. 2002, 8).

---

21 In der deutschen Übersetzung von Faust, G.; Götz, M.; Hacker, H. & Rossbach, H. (2004) „Anschlussfähige Bildungsprozesse im Elementar- und Primarbereich" wird *„sustained shared thinking"* mit „gemeinsam geteilte Denkprozesse" übersetzt. Diese Übersetzung lässt den Begriff *„sustained"* außen vor, welcher im englischen Sprachraum wie folgt gebraucht wird: lang andauernd, auf gleichem Niveau, aber auch als ununterbrochen bzw. synonym zu *„maintained"*. Da diese spezifische Interaktionsform auch für die vorliegende Untersuchung eine wesentliche Rolle spielt, wird hier auf die Bezeichnung im englischsprachigen Original zurückgegriffen bzw. eine Definition gewählt, die sich enger an der semantischen Aussage orientiert: „bewusst dialogisch-entwickelnde Denkprozesse" (siehe dazu ausführlich Kapitel: „Dialogisch-entwickelnde Denkprozesse").

Solche Austauschprozesse wurden vor allem beobachtet, wenn Subjekte gemeinsam versuchen, ein Problem zu lösen, sich Geschichten auszudenken, Gedankengänge zu klären oder auch wenn gemeinsame Aktivitäten abgesprochen werden. Für Austauschprozesse wird die dyadische Interaktion zwischen den Peers bzw. zwischen ErzieherIn und Kind als förderlich angesehen. Daneben wurden als einflussreiche Handlungsstrategien das emotionale Verhalten der ErzieherIn und ihre Sensibilität für die individuelle Unterstützung der Kinder identifiziert. Im Zusammenhang mit dem curricularen Wissen zeigt diese Fallstudie einen positiven Effekt, wenn ErzieherInnen in der Lage sind, curriculare Inhalte und entsprechende Lernstrategien günstig zu verknüpfen. Dies steht in unmittelbaren Zusammenhang mit der Sensibilität der ErzieherIn für die Lernprozesse der Kinder. Dabei lässt sich zeigen, dass sowohl strukturierte pädagogische Projekte als auch spielorientierte Phasen in der vorschulischen Erziehung ihre Berechtigung haben. Als besonders günstige Lernumwelt wird die Verknüpfung bzw. der Wechsel von strukturierten und spielorientierten Phasen gesehen. Dadurch wird deutlich, dass sowohl Instruktion als auch Konstruktion in der Kindergartenpädagogik ihre Berechtigung haben (siehe Kapitel: „Konstruktivistische Lern-Lehrformen"). Auch das Aufgreifen von Konflikten ist im Zusammenhang der sozialen und kognitiven Entwicklung von großem Interesse, um die Kinder für Problem-Lösungsprozesse zu sensibilisieren. Lernsituationen, die die Merkmale des *„sustained shared thinking"* aufweisen, können in der Untersuchung nur sehr selten beobachtet werden. Interaktionen zwischen ErzieherInnen und Kindern, die diese Merkmale aufweisen, finden sich signifikant häufiger in Settings, die als „gute" Praxis eingestuft wurden. Phasen von *„sustained shared thinking"* werden durch die Studien als besonders günstige Voraussetzung einer effektiven Vorschulpädagogik bestätigt. Die Effektivität des pädagogischen Handelns liegt auch darin, kindinitiierte Interaktionen zu unterstützen. Die Sensitivität der ErzieherInnen für kindinitiierte Situationen weisen Momente des *„sustained shared thinking"* auf. ErzieherInnen nutzen für diese Interaktion „offene Fragen", die die kognitive Entwicklung der Kinder stimulieren (Siraj-Blatchford et al. 2002). Offene Fragen konnten in dieser Studie nur zu einem Anteil von 5,1 % beobachtet werden. In exzellenten und guten Praxis-Einrichtungen wurde eine Balance zwischen den initiierten Aktivitäten von Kindern und Erwachsenen identifiziert. PädagogInnen mit einer höheren Qualifikation stimulieren eher akademische Kompetenzen der Kinder als Fachkräfte, die eine weniger qualifizierte Ausbildung haben. Die Ausbildungsqualität zeigt somit auch in diesen Studien einen erheblichen Einfluss auf die Effektivität der vorschulischen Pädagogik. Diese Studie konnte auch belegen, dass die Erziehungsstrategien der Eltern die Arbeit im Kindergarten beeinflussen. Eltern, die in der häuslichen Lernumwelt die pädagogisch qualitativen Interaktionsstrukturen fortführen, unterstützen dadurch maßgeblich die Entwicklung ihrer Kinder (vgl. Sylva et al. 2003). Dieser Faktor darf bei allem „pädagogischen Optimismus" nicht außer Acht gelassen werden.

2.4 Resümee

Der Gewinn der Qualitätskonzepte liegt darin, dass sie für den vorschulischen Bereich neben konkreten Rahmenbedingungen auch die Interaktionsprozesse in den Mittelpunkt stellen. Diese Kopplung macht es möglich, Bildungs- und Präventionskriterien miteinander zu verbinden. Dadurch übertreffen sie die bisherigen Programme und Konzepte für die Kindergärten deutlich (vgl. Fried 2003). Die Art und Weise, wie der Interaktionsprozess gestaltet wird, hat große Bedeutung für die präventionsorientierte Arbeit (Rauschenbach et al. 2004).

Um den Interaktionsprozess differenzierter als bisher in die Qualitätsdiskussion einzubeziehen, gilt es, weitere Anregungen aus angloamerikanischen Konzepten zu nutzen, die sich konsequenter am Verhalten der ErzieherInnen, an den Kontextbedingungen und an der kindlichen Entwicklung orientieren (vgl. Tietze & Viernickel 2002). Die Qualitätsmessinstrumente müssen sich, um das pädagogische Handeln verbessern zu können, an fachlich-inhaltlichen Kriterien ausrichten. Um die Qualität in der vorschulischen Erziehung und Bildung zu verbessern, werden heute pragmatische Instrumente gebraucht, die sich ökonomisch in den Einrichtungen einsetzen lassen und mit konkreten Fördereinheiten verbunden sind, bzw. Trainingsprogramme, die die PädagogInnen für die Interaktionsprozesse sensibilisieren und zu unterstützenden Handlungsweisen in der Praxis führen (vgl. Mayr & Ulich 1999). In der Diskussion werden dabei „harte" und „weiche" Verfahren zur Erfassung bestimmter Merkmale unterschieden (vgl. Fried 2003). Zu den „harten" Verfahren zählen traditionelle Testbatterien, die den klassischen Gütekriterien entsprechen und nur unter Laborbedingungen optimal greifen. Diese Verfahren bergen die Schwierigkeit, dass ihre Durchführung große Fachkompetenz und standardisierte Testbedingungen erfordern. Daneben werden zunehmend auch „weichere" Verfahren in Erwägung gezogen. Dazu zählen so genannte Assessments- oder auch Einschätzverfahren, wie z. B. die *„Early Childhood Environment Rating Scale"* [ECERS]. Der Vorteil dieser Verfahren liegt in ihrer wesentlich pragmatischeren Einsetzbarkeit im pädagogischen Alltag, auf den hin sie eigens entwickelt wurden. Bisher sind über die Assessmentverfahren jedoch nur sehr allgemeine und umfassende Einschätzungen einzelner Konstrukte möglich, was auf die hohe Komplexität des Alltags in vorschulischen Einrichtungen und weniger auf eine spezifische Ausrichtung des pädagogischen Prozesses zurückzuführen ist. Eine Weiterentwicklung der pädagogischen Praxis hin zu einem stärker präventiv ausgerichteten Handeln könnte hier in Zukunft auch zu wesentlich differenzierteren Verfahren führen. Der Nachteil der für den pädagogischen Alltag konstruierten Verfahren liegt bei der geringeren Objektivität, da die Situationen, in welchen beobachtet wird, nicht wie bei klassischen Testverfahren standardisiert werden. Daher gilt als wesentliches Gütekriterium für die Anwendung der Assessmentverfahren in der Praxis eine intensive Trainingsphase. Assessmentverfahren gelten derzeit als Möglichkeit, der vorschulischen Praxis zu mehr Professionalität zu verhelfen (Viernickel & Völkel 2005). Die internationalen Bemühungen, Bildungspläne und daran gekoppelte Beobachtungsverfahren zu entwickeln (siehe Kapitel: „Gegenwärtige Bildungs- und Lerncurricula"), lassen darauf hoffen, dass in Zukunft immer feinere Assessmentverfahren zur Verfügung stehen werden, die den Alltag in den Einrichtungen begleiten und die Chance eröffnen, die Qualität des pädagogischen Handelns kontinuierlich weiterzuentwickeln. Mit der Übersetzung von Messinstrumenten aus dem angloamerikanischen Sprachraum ist es aber nicht getan, denn die Assessmentverfahren orientieren sich, wie bereits erwähnt, in hohem Maße an der sozioökonomischen Umwelt der Einrichtungen. Auf die damit verbundenen Probleme haben bereits Hagen und Rossbach (1987) bei ihrer Übersetzung der ECERS hingewiesen – insbesondere die traditionellen Hintergründe in der Vorschulpädagogik, die zu unterschiedlichen Lernumwelten in den Einrichtungen führen, werden hier für die auftauchenden Probleme verantwortlich gemacht. Dies ist umso wichtiger, als die gegenwärtig international am häufigsten eingesetzten Qualitätsmessinstrumente wie die „Early Childhood Environment Rating Scale" [ECERS] oder auch die „Caregiver Interaction Scale" [CIS] (Arnett 1989) im angloamerikanischen Kulturraum erstellt wurden und daher die Gefahr besteht, dass damit die in Deutschland bestehenden Eigenheiten, Vorzüge und Defizite der Kindergartenkultur übersehen werden. Auch Sylva et al. (2006) führen sozioökonomische Hintergründe als Begründung für die Entwicklung von ergänzenden Verfahren in ihrer Längsschnittstudie an.

Qualität versteht sich als dynamischer, relativer und mehrdimensionaler Begriff (Fthenakis 2003), was bedeutet, dass Qualitätskriterien sich am gesellschaftlichen Wandel ebenso wie an neuen pädagogischen Erkenntnissen auszurichten haben. Bei der Erarbeitung von Qualitätskonzepten muss ein Bewusstsein für verschiedene Perspektiven (Katz 1996) und Dimensionen der Qualität (Tietze et al. 1998) bestehen. Offen bleibt, wie es in Zukunft gelingen kann, den Forderungen nach flexiblen und veränderbaren Systemen im Zusammenhang mit der Qualitätsmessung gerecht zu werden.

Die Qualitätsdebatte orientiert sich an der Frage der „Effektivität" der Einrichtungen. Unter pädagogischen Gesichtspunkten ist damit die Ungewissheit verbunden, in welcher Weise die Lernprozesse der Kinder unterstützt werden können. Im Rahmen der Qualitätsdiskussion verlagert sich somit der Schwerpunkt von den strukturellen Faktoren auf die Prozessqualität. Speziell der Interaktion zwischen ErzieherIn und Kind(-ern) wird dabei großes Interesse entgegengebracht. Dass die an die Prozessqualität gekoppelten Faktoren, wie Interaktion zwischen ErzieherIn und Kind, das Erziehungsgeschehen beeinflussen, sei außer Frage gestellt. Es fehlt aber an detailliertem Wissen darüber, wie Lernprozesse derzeit im Kindergarten gezielt herausgefordert und unterstützt werden können. Mit den Qualitätsmessinstrumenten wie z. B. der „Kindergarten-Skala" [KES] bzw. „*Early Childhood Environment Rating Scale*" [ECERS] lässt sich nur überprüfen, was bereits bekannt ist, nicht aber weitere oder damit zusammenhängende Faktoren aufspüren. Durch eine Analyse der sozialen Interaktionen im Kindergarten zwischen ErzieherIn und Kind(-ern) ließen sich Ansatzpunkte finden, ob sich die praktizierte Kindergartenpädagogik als sozialkonstruktivistische Lernumwelt beschreiben lässt.

Wie die angeführte Diskussion zeigt, gilt es, um die präventiven Ressourcen des Kindergartens zu nutzen, die Lernumwelt des Kindergartens gezielt zu untersuchen. Aus diesem Grund setzt sich die vorliegende Arbeit das Ziel, das direkte Interaktionshandeln zwischen ErzieherIn und Kind zu beleuchten. In den neueren konstruktivistischen Lerntheorien wird insbesondere den sozialen Aushandlungsprozessen eine bedeutende Rolle zugeschrieben (OECD 2004; Sylva et al. 2003; siehe unten). Kontos und Dunn (1993) zeigen, dass sich über eine globale Prozesserfassung keine verlässlichen Aussagen zum Interaktionshandeln treffen lassen. Die hier vorliegende Studie soll an diesen Befund anschließen und sich detailliert an den Prozessen der ErzieherIn-Kind-Interaktion ausrichten.

Bevor ein Einblick in die gegenwärtige Interaktionsforschung (siehe Kapitel: „Interaktionsforschung") gegeben wird, soll im folgenden Kapitel der Begriff der „Interaktion" in den Kontext der pädagogischen Theorieentwicklung gestellt werden. Dabei werden die „historisch-systematischen Entwicklungen" in der Pädagogik aufgegriffen, die den Weg zu den handlungsorientierten Theorien bereiteten. Im Mittelpunkt stehen dabei die Ansätze der „Kommunikativen Pädagogik" und die „Erziehungsstilkonzepte" sowie die Theorie der „Instruktion" und „Didaktik", die sich ausschließlich mit dem Erziehungsprozess auseinandersetzen. Diese Theorienrichtungen geben wichtige Hinweise darauf, wie Interaktionsprozesse in pädagogischen Kontexten differenziert untersucht bzw. umgesetzt werden können.

3. Interaktionstheorien

„Interaktion" leitet sich von dem lateinischen „inter" und „actio" ab und beschreibt den Prozess des Handelns zwischen Individuen. Generell wird darunter das Wechselspiel der gegenseitigen Beeinflussung verstanden (nach C. L. Hull) (vgl. Schaub & Zenke 2000; Keller & Novak 1993). Von Interaktion wird dann gesprochen, wenn sich Subjekte wechselseitig aufeinander beziehen, d. h. eine Reziprozität vorliegt, die an das gegenseitige Verstehen geknüpft ist und sich nicht nur durch eine Addition von Handlungen bestimmt. Der Interaktionsprozess kann aber nicht als ein von der Umwelt isolierter Prozess verstanden werden. Wie bereits Lewin mit seinem Person-Umwelt-Modell verdeutlicht, ist das Verhalten eine Funktion des Menschen zu seiner Umwelt. Demnach hat die Situationswahrnehmung und -interpretation der Individuen einen hohen Einfluss auf den Interaktionsprozess. Interaktionsforschung kann sich daher nicht nur auf die Interaktion beziehen, sondern muss, um die Angemessenheit des Handelns einschätzen zu können, stets die Situation, in der gehandelt wird, mit berücksichtigen.

„Interaktion" gilt als Grundbegriff der Pädagogik (Schäfer 1980). Mit „Theorien pädagogischer Interaktion [wird] versuch[en][t] die Frage zu beantworten, wie Erziehung geschieht" (Ulich 1976, 9). In der pädagogischen Tradition, die sich bis in die Antike zurückverfolgen lässt, wird damit die Beziehung eines „werdenden Menschen" zu einem „reifen Menschen" beschrieben. Diese Beziehung dient seit der Antike der Vermittlung von Erkenntnissen, die von der älteren Generation an die jüngere Generation weitergegeben werden. Dadurch kristallisiert sich ein Verhältnis zwischen Erziehenden und zu Erziehenden heraus, welches in erster Linie durch eine „instrumentelle Beziehung" geprägt ist (Masschelein 1991,172). Mit der Zuordnung „Beziehung" wird die Subjektivität, an die der Interaktionsprozess gebunden ist, verdeutlicht. Erziehung zielt auf langfristige Verhaltensänderungen und beabsichtigt damit eine direkte Einflussnahme auf die zu Erziehenden (siehe Abbildung 2).

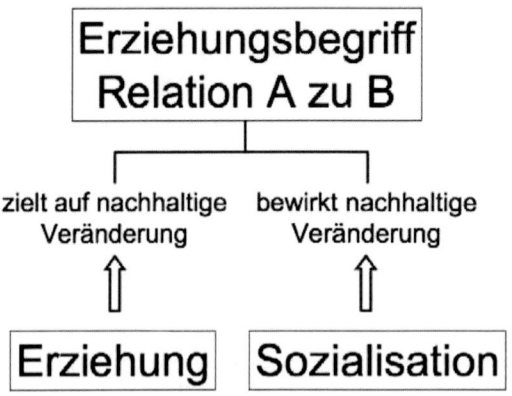

Abbildung 2: Verhältnis von Erziehung und Sozialisation

Beeinflussung findet statt durch Mittel der Kontrolle, wie z. B. Belohnung, Bestrafung etc., und über Komponenten des Handelns, z. B. spezielle Handlungsziele, Überzeugungen, Situationswahrnehmungen usw. (Perrez et al. 2001). Die pädagogische Interaktion wird demnach external über das Verhalten der Individuen und internal über ihre kognitiven Konzepte, wie z. B. Erziehungsziele, Erziehungsvorstellung, pädagogische Programme etc., bestimmt. Die „pädagogische Interaktion" gilt als Teilkomponente der „sozialen Interaktion". Von ihr wird dann gesprochen, wenn die Einflussnahme innerhalb einer pädagogischen Situation stattfindet. Als pädagogische Situation gilt das Handlungsfeld der Erziehung, wozu die Erziehenden und die zu Erziehenden gehören. Als zentral gilt heute die Abhängigkeit der pädagogischen Interaktion von der sozialen Beziehung der handelnden Subjekte[22]. Pädagogische Interaktion ist über den Erziehungsbegriff als intentionales Handeln bestimmt. Dabei steuert der zyklische Prozess von „actio" und „reactio" den Interaktionsverlauf im Kontext der Situation, d. h., nicht nur die Erziehenden nehmen Einfluss auf die zu Erziehenden, sondern auch die zu Erziehenden beeinflussen über ihr Verhalten den Interaktionsprozess. Damit gehen Interaktionstheorien heute über die Theorien des pädagogischen Handelns hinaus, die die professionellen Erziehenden in den Mittel-

---

22 Als Subjekt [subiectum] wird das „Zugrundeliegende", die Wesenseigenschaft bzw. die konkrete Bestimmung oder auch das Wesentliche des Wesens selbst verstanden. Der Subjektbegriff steht damit in direkter Verbindung zur „Substanz", die nach Aristoteles das „eigentlich Seiende" bezeichnet (Gößling 2004). Mit dem Beginn der Neuzeit ändert sich der Begriff „Subjekt". Seit Descartes wird die Subjektwerdung im Sinne von „cogito ergo sum" gedacht.

punkt des Handlungsprozesses stellen und dadurch die „instrumentelle Beziehung" zwischen Erziehenden und zu Erziehenden betonen. Interaktionstheorien weisen auf die Wechselseitigkeit des pädagogischen Prozesses hin und sehen die Bildung des Subjekts in Abhängigkeit von Handlung und Erfahrung. Diese Erkenntnis ist ausschlaggebend für die differenzierte Auseinandersetzung mit der Theorie der pädagogischen Interaktion, welche zu Beginn der 70er Jahre des letzten Jahrhunderts an Bedeutung gewinnt. Heinrich Roth spricht in diesem Zusammenhang von der „realistischen Wende" in der Erziehungswissenschaft, durch die die empirisch-analytische Erziehungswissenschaft erst möglich wird (siehe Kapitel: „Historisch-systematische Ansätze"). Wichtige Theoretiker sind für diese Zeit u. a. Klaus Mollenhauer, Klaus Schaller, Dieter Baacke und Karl Hermann Schäfer, deren Theorien der „Kommunikativen Pädagogik" zugeordnet werden. Diese Theorierichtung ist bis heute umstritten (Sammet 2004). So wird z. B. Klaus Mollenhauer auch in der „Kritischen Erziehungswissenschaft" lokalisiert. Unter „Kommunikativer Pädagogik" werden die TheoretikerInnen subsumiert, die die Kommunikation als *zentralen* Ausgangspunkt des pädagogischen Denkens sehen (Sammet 2004). Da insbesondere diese Theorierichtung zu der differenzierten Interaktionsforschung führte, soll diese im Folgenden kurz umrissen werden, um die Interaktionsforschung in einen historisch-systematischen Zusammenhang zu stellen. Neben der „Kommunikativen Pädagogik" gilt die Erziehungsstilforschung, die vor allem von Tausch und Tausch (1998) sowie Flanders in Deutschland vorangetrieben wurde, als weitere wesentliche Forschungsrichtung, die einer differenzierten Interaktionsforschung im pädagogischen Handlungsraum den Weg bereitete. Heute zählen die Theorien der „Instruktion" und „Didaktik" zu den Ansätzen, die sich mit einer bewussten Gestaltung des Erziehungsprozesses auseinandersetzen.

Damit lassen sich zwei Grundansätze erkennen, durch die das Problem der Intersubjektivität in den Mittelpunkt der Auseinandersetzung gestellt wird (siehe auch Abbildung 3): Zum einen historisch-systematische Ansätze, die seit den Altvorderen unsere Erziehungsvorstellungen prägen und die „instrumentelle Beziehung" in den Mittelpunkt des pädagogischen Handelns stellen, und zum anderen die Ansätze, die in der paradigmatischen Wende gipfeln, die sich seit Beginn der 1970er Jahre abzeichnet. Diese Theorien schließen sowohl geisteswissenschaftliche als auch empirisch-analytische Forschungen ein. Ihnen ist gemein, dass sie ihre Theorien auf die „soziale Beziehung" und die dyadische Interaktion zwischen den Subjekten aufbauen[23].

---

23 Bei dieser Differenzierung ist zu berücksichtigen, dass sie einer idealen Systematik Rechnung trägt, die aber keinen ausschließlichen Bezug der Theorien zu der einen oder anderen Beziehungsform darstellt, sondern, wie bereits im Text erwähnt, eine inhaltliche Tendenz markiert.

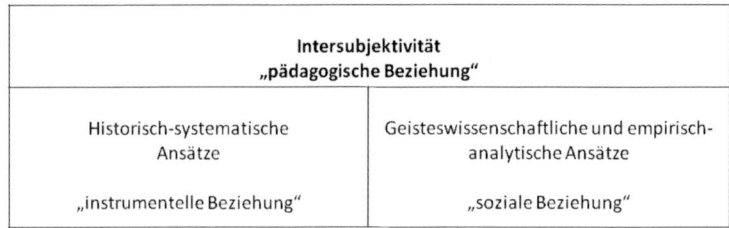

Abbildung 3: Intersubjektivität als Konstrukt in der „pädagogischen Beziehung"

3.1 Historisch-systematische Ansätze

Im Folgenden soll ein Einblick in die Geschichte der Pädagogik gewährt werden, um den Zusammenhang zwischen Erziehungs- und Bildungstheorien und den damit verbundenen Ansprüchen an die „Interaktion" zwischen Erziehenden und zu Erziehenden herauszustellen. Die hier angeführten Gedanken sind somit als kurzer Abriss zu verstehen, der nicht annähernd den Anspruch erheben könnte, der Komplexität der Geschichte der Pädagogik gerecht zu werden, sondern fokussierend das pädagogische Handeln in der Folge einiger exemplarischer Theorien zur Diskussion stellt.

Die „instrumentelle Beziehung" steht seit Kant im Mittelpunkt des pädagogischen Handelns und betrifft somit auch die Frage, wie Erziehung geschieht. Mit den Leitgedanken der Aufklärung „Der Mensch ist das einzige Geschöpf, das erzogen werden muß. [...] Der Mensch kann nur Mensch werden durch Erziehung. Er ist nichts, als was die Erziehung aus ihm macht" (vgl. Winkel 1987, 293 ff.) wird offensichtlich, zu welchem Zweck Erziehung gedacht ist. Nach Langeveld wird vom Mensch als „animal educadum" gesprochen (vgl. Masschelein 1991). Demnach ist der Mensch von der Beziehung zu anderen abhängig, um Mensch zu werden. Das Projekt der Aufklärung bzw. der Moderne geht von der „Selbstbildung" des Subjekts aus. Damit wird dem Positivismus die Idee der Pädagogik entgegengestellt. Die „Sittlichkeit" nach Kant kann nicht äußerlich hergestellt, sondern nur im Subjekt selbst wirklich werden (Oelkers 2001). Die Ziele der Aufklärung, wie Emanzipation und Mündigkeit, stehen den Erziehungsmitteln, durch die die zu Erziehenden „beeinflusst" werden sollen, diametral entgegen. Demnach müssen in der Pädagogik der Aufklärung die zu Erziehenden als Objekte gedacht werden, welche erst in der Zukunft ihre Subjektivität „ausbilden" (Oelkers 2001). Mit Rousseau werden die zu Erziehenden aus dem

Kontext ihrer sozialen Herkunft gelöst und das Individuum in den Mittelpunkt des Erziehungsprozesses gestellt. Durch das Verständnis „der Mensch ist von Natur aus gut" kann Rousseau einem allgemeinen Erziehungsanspruch des Menschen unabhängig von seinem gesellschaftlichen Stand Rechnung tragen. Rousseau richtet seinen Blick auf das Kind mit seinen Qualitäten und ermöglicht dabei zum ersten Mal in der Geschichte eine Lebensphase „Kindheit" bzw. deren Berechtigung im Kontrast zu der bisherigen Analogie des „werdenden Menschen". Durch seine Idee der „negativen Erziehung" wird dies konkret. Dieser Gedankengang führt zu pädagogischer Professionalität, d. h. Erziehenden, die mit der speziellen Kompetenz ausgestattet sind, das Aufwachsen des Kindes zu begleiten (vgl. Giesecke 1997). Trotz alledem bleibt auch bei Rousseau das Erziehungsverhältnis auf eine Subjekt-Objekt-Beziehung ausgerichtet und ist durch die „instrumentelle Beziehung" geprägt. Auch bei Herbart wird die „instrumentelle Beziehung" zwischen Erziehenden und zu Erziehenden als wechselseitiger Prozess gesehen, d. h., die zu Erziehenden sollen durch Einsicht zur Sittlichkeit erzogen werden. Herbart wählt in seiner Pädagogik den Begriff des „pädagogischen Taktes" für die Handlungskompetenz der ErzieherInnen (Gößling 2004). Nohl beschreibt in seiner Theorie die pädagogische Beziehung als „pädagogischen Bezug" (vgl. Ballauff & Schaller 1973, 672). Er meint damit ein leidenschaftliches Verhältnis eines reifen Menschen zu einem jungen Menschen. Diese Beziehung gilt für Nohl als „Beziehungsgemeinschaft, die geprägt ist durch die „Liebe und Zuneigung" zum Kind sowie die Hingabe der „Zöglinge zu den Erziehenden" (vgl. Ballauff & Schaller 1973, 672). Jede dieser Theorieansätze spiegelt wider, dass die Beziehung zwischen Erziehenden und zu Erziehenden in erster Linie eine Subjekt-Objekt-Beziehung ist.

Seit der Antike lässt sich Erziehung als das Verhältnis der älteren zur jüngeren Generation beschreiben, welches von Anfang an durch die „instrumentelle Beziehung" bestimmt wird. Schon Sokrates befasste sich mit der Frage der „Instruktion" bzw. damit, wie der Mensch am besten zur Erkenntnis geführt werden kann. Er nutzt dazu die Mäeutik und führt seine Schüler anhand seiner speziellen Fragetechnik zu neuen Einsichten. Das sokratische Gespräch ist von vornherein weder dialogisch noch symmetrisch aufgebaut, da Sokrates als „Erzieher" beansprucht, mehr zu wissen als sein „Schüler", und sei es nur, dass er hinter jedem Wissen die Unwissenheit vermutet (Gößling 2004). Im 18. Jahrhundert, das als so genanntes „pädagogisches Jahrhundert" gilt, wird der Erziehung der zentrale Stellenwert innerhalb der Gesellschaft zugesprochen. Grundsätzlich gilt für die pädagogische Beziehung ein gewisses Distanzverhältnis, wodurch sie sich von der familiären Beziehung abgrenzt. Im Mittelpunkt steht stets die Zweck-Mittel-Relation. Philosophiegeschichtlich führt dieser Gedankenansatz in der geisteswissenschaftlichen Pädagogik zu kontroversen Ansichten. Trotz allem kann der intentionale Charakter, der jedem Erziehungsprozess zugrunde liegt, nicht geleugnet werden. In dieser Denktradition wird das Verhältnis von den Erziehenden zu den zu Erziehenden über die Intention und das Handeln der Erziehenden bestimmt. Die „instrumentelle Beziehung" richtet sich mit dem angestrebten Erziehungsziel in erster Linie auf die zu Erziehenden als „Werdende".

Die Begegnung ist keine Begegnung zwischen zwei Subjekten innerhalb einer gemeinsamen Welt, sondern eine kognitive (S-O), und sei es eine (an-)erkennende Beziehung, die instrumentell ist hinsichtlich des Ziels: Menschwerdung. Die menschliche Begegnung ist eine technische Voraussetzung für die Menschwerdung des Kindes (Masschelein 1991, 199).

Mit diesem Gedankenansatz ist ein pädagogischer Optimismus verbunden, der Lernen als die einseitige Beeinflussung durch die Erziehenden begründet. Dieses reduzierte Erziehungs- und Bildungsverständnis prägt die Pädagogik bis in unsere Zeit. Mit Schleiermacher wird eine dialogische Erziehung, d. h. ein Verhältnis zwischen Erziehenden und zu Erziehenden ins Blickfeld gerückt, welches durch Beispiele und Argumente zu einer interpersonalen Perspektive führt. Die hohen Ideale, die an den Begriff der Selbstbestimmung der Lehrenden und Erziehenden geknüpft sind, erschweren eine didaktische Umsetzung seiner Theorie. Sein Gedankenansatz beeinflusst jedoch die Pädagogik des 20. Jahrhunderts maßgeblich. Dadurch wird das Problem der Intersubjektivität bewusst, welches der Pädagogik immanent ist. Seit Beginn des 20. Jahrhunderts stellen sich die pädagogischen Theorien dem Theorie-Praxis-Problem. Mit den Ansätzen von Dilthey sowie den Programmen der Reformpädagogik unter dem Motto der Pädagogik „vom Kinde aus" (Reble 1999, 510) wird der Entwicklungsprozess in den Mittelpunkt der Erziehungstheorien gestellt (Oelkers 2001). Insbesondere durch Deweys Theorie, der als Begründer des Pragmatismus gilt, wird zunehmend Kritik geübt gegenüber einem Erziehungs- und Bildungsbegriff, der ausschließlich die „instrumentelle Beziehung" zum Ausgangspunkt des pädagogischen Handelns macht. Dewey spricht von der kopernikanischen Wende in der Pädagogik, „wenn das gesamte Erziehungs- und Unterrichtswesen um das Kind als seinen Mittelpunkt organisiert werde" (Oelkers 2001, 269). Seine Theorie ermöglicht einen handlungstheoretischen Ansatz, der Entwicklung nicht als Entfaltungsprozess, sondern als einen an die subjektiven Erfahrungen gekoppelten Prozess versteht. Lernen ist demnach an Handlung geknüpft. Aufgabe der Erziehung ist es, Handlungsräume bereitzustellen, die dem Subjekt vielfältige Erfahrungen ermöglichen. Mit der „realistischen Wende" in der Erziehungswissenschaft gewinnen zu Beginn der 70er Jahre Handlungstheorien an Bedeutung, die diesen Prozess zwischen Erziehenden und zu Erziehenden als Ansatzpunkt nutzen. Im Anschluss werden exemplarisch einige dieser Theorieansätze vorgestellt. Dabei werden zwei Richtungen betrachtet, zum einen Handlungstheorien, die zu einer analytischen Betrachtung des Interaktionsprozesses führten, und zum anderen Handlungstheorien, deren konkrete Zielbestimmung in der Auseinandersetzung mit dem direk-

ten Erziehungsprozess liegt. Die Handlungstheorien bieten somit wichtige Anknüpfungspunkte für eine differenzierte Untersuchung der Interaktion zwischen
ErzieherIn und Kind.

3.2 Handlungstheorien

Interaktionstheorien zeichnen sich dadurch aus, dass sie sich nicht auf die interpersonellen Faktoren beschränken (Ulich 1976), sondern auch den Kontext der
Situation bzw. den gesellschaftlichen und kulturellen Zusammenhang berücksichtigen (siehe oben). Die handlungsorientierten Theorieansätze richten sich
hingegen spezifischer auf den konkreten Erziehungsprozess als solchen bzw. das
intersubjektive Handeln in diesem Prozess. Im Folgenden werden verschiedene
handlungsorientierte Theorieansätze vorgestellt (siehe Abbildung 4). Dazu zählen
die „Kommunikative Pädagogik" und die „Erziehungsstilkonzepte", die zu ihrem
Ausgangspunkt die „soziale Beziehung" zwischen den Individuen machen und
die Bedeutung einer empirisch-analytischen Betrachtungsweise des Interaktionsprozesses für die Erziehungswissenschaft herausstellen. Diese empirisch-
analytische Betrachtungsweise gilt heute als die differenzierteste Methode, intersubjektive Interaktionszusammenhänge aufzuschlüsseln. Mit der Begründung der
empirischen Erziehungswissenschaft nimmt diese Methode Einfluss auf die erziehungswissenschaftlichen Theorieansätze. Neben diesen Theorieansätzen gelten heute vor allem die „Theorie der Didaktik" und die „Theorie der Instruktion"
als Ansätze in der Erziehungswissenschaft, die sich mit dem direkten Erziehungsprozess, d. h. der wechselseitigen Beeinflussung der Subjekte, auseinandersetzen. Diese Theorien gehen von einer „instrumentellen Beziehung" bzw. einer
„Zweck-Mittel-Relation" von Erziehenden und zu Erziehenden aus. Gegenwärtig
kann in diesen Theorien eine starke Subjektorientierung konstatiert werden, d. h.,
dass davon ausgegangen wird, dass Lern- und Bildungsprozesse bei Kindern nur
dann ausgelöst werden können, wenn es gelingt, mit den „Vermittlungsprozes-
sen" an den subjektiven Erfahrungen der Subjekte anzuknüpfen.

Handlungsorientierte Theorieansätze
Kommunikative Pädagogik Mollenhauer, Schaller, Schäfer Pragmatismus (Preice, Dewey) Rollen- und Interaktionstheorien (Mead, Goffman etc.) Sprachphilosophie/Sprechakttheorie (Habermas, Searls) Kommunikationstheorien (Watzlawik, Bateson)
Erziehungsstilkonzepte Führungsstil (Lewin) Erziehungsstil (Tausch & Tasch)
Theorie der Instruktion „Zone der nächstfolgenden Entwicklung" (Vygosky) „Scaffolding" (Bruner) „Guided Participation" (Rogoff)
Theorie der Didaktik

Abbildung 4: Handlungsorientierte Theorieansätze

3.2.1 Kommunikative Pädagogik

Die Theorie der „Kommunikativen Pädagogik" gilt als exemplarische Richtung in der Pädagogik, die versucht, die Subjekt-Objekt-Beziehung zu überwinden. Damit kommt sie dem „dialogischen Prinzip", welches Buber zur Beschreibung der Intersubjektivität eingeführt hat, sehr nahe (Sammet 2004). „Kommunikative Pädagogik" rekurriert auf den Pragmatismus, zu dessen bedeutendsten Vertretern John Dewey zählt, sowie auf die Rollen- und Interaktionstheorien (u. a. Mead). Ausgangspunkt der Theorien der „Kommunikativen Pädagogik" ist die dyadische Interaktion. „Charakteristisch für diese Bewegung ist die gemeinsame Grundüberzeugung, daß die Wende von einem manipulativen zu einem interaktiven kommunikativen Erziehungsverständnis vollzogen werden muß" (Schäfer 1992, 241). Dieser Ansatz richtet sich kritisch gegen die in der klassischen pädagogischen Tradition vorherrschende „instrumentelle" Subjekt-Objekt-Beziehung" und begründet eine handlungsorientierte Theorie, deren Kern die dialogische Subjekt-Subjekt-Beziehung bildet.

Rollen- und Interaktionstheorien zeigen, wie Intersubjektivität über dyadische Interaktion und soziale Beziehung konstruiert werden kann. Als Wegbereiter der Rollen- und Interaktionstheorie gilt die Theorie von John Dewey, der von funktionalen Verhältnissen ausgeht, die die Interaktion in einem Erziehungsprozess bestimmen. Damit schließt er gedanklich zwar weiterhin an die Zweck-Mittel-

Relation an, das planmäßige Vorgehen und das Verfolgen bestimmter Ziele im pädagogischen Handeln (vgl. Schäfer 1980). An diesen Ansatz anknüpfend, beschreibt Dewey die Beziehung zwischen Erziehenden und zu Erziehenden innerhalb des Lernprozesses. Er verweist jedoch kritisch darauf, dass „fixe" Erziehungsziele den Blick auf den Lernprozess des Individuums verstellen. Der Zweck-Mittel-Zusammenhang bleibt somit zwar weiterhin bestehen, entwickelt sich jedoch hin zu einem dynamischen Verhältnis, welches für den Lernprozess bzw. die pädagogische Beziehung als zentral angesehen werden muss. Solche dynamischen Zusammenhänge bestehen zwischen aktiver Handlung, innerer Erfahrung, sinnlicher Rückmeldung und dem Produkt aus dieser Entwicklung (vgl. Schäfer 1980). Der Erfahrungsprozess wiederum ist als zyklischer Prozess zu verstehen. Damit betont Dewey die Bedeutung der Interaktion zwischen den Subjekten, aber auch das Prinzip *„Learning by doing"*, welches seine Handlungstheorie im Zusammenhang mit der Projektmethode bekannt gemacht hat. Die Kernaussage von Deweys Theorie der prozesshaften Interaktion besteht darin, dass Zwecksetzung im Sinne des Pragmatismus nicht außerhalb des Handlungskontextes gedacht werden kann. Dewey und Mead bereiten den Weg zu einem neuen Pragmatismus. Sie orientieren sich am kindlichen Spiel als Modell ihrer Handlungstheorien. „Dieses Problem einer pragmatischen Analyse der Situation sozialer Interaktion und individueller Selbstreflexion war das zentrale Verbindungsstück für eine Verknüpfung der pragmatischen Philosophie mit der antiutilitaristischen Sozialpsychologie" (Joas 1988, 424). Insbesondere Mead gelang es, dieses Problemfeld mit seiner Rollentheorie zu beschreiben. Mead knüpft dabei an die menschliche Kommunikation an und analysiert schrittweise die darin genuin konstituierte „symbolische Interaktion". Seine Differenzierung von „I" und „me"[24] in der Interaktionstheorie macht offensichtlich, wie er sowohl individuelle als auch strukturorientierte Faktoren der Ich-Identität berücksichtigt. Mead arbeitet insbesondere die Bedingungen einer symbolischen Interaktion und die Voraussetzungen für die Selbstreflexion heraus (vgl. Joas 1988). Er bezeichnet die „symbolische Interaktion" als „menschenspezifisch", seiner Auffassung nach ist dadurch Intersubjektivität erst möglich. Über die „Symbole" kann gemeinsames Einverständnis konstruiert werden, welches durch kollektive Handlungsmuster bedingt wird. Von „symbolischer Interaktion" wird dann gesprochen, wenn Handlungszusammenhänge von den an der Handlung beteiligten Subjekten interpretiert werden. Dieser Theorieansatz gilt heute als grundlegende Theorie der Sozialisation. Die „Theorie des Symbolischen Interaktionismus" wurde in unterschiedlichen Kontexten rezipiert und weiterentwickelt. Seit den

---

24 Mit „I" bezeichnet Mead die Triebausstattung des Menschen, aber auch Spontaneität und Kreativität. Das „Me" bezieht sich auf die Vorstellungen, die die Anderen von ihrem Gegenüber haben. Aus „I" und „me" konstruiert sich das „Self" – die Ich-Identität des Menschen.

80er Jahren kann ein abflauendes Interesse an dieser Theorie registriert werden, so dass die Auseinandersetzung zwischen strukturorientierten Ansätzen und Interaktionstheorien als weitgehend überwunden gilt. Heute gelten die Rollentheorien als „selbstverständlicher Bestandteil des soziologischen Wissens" (Joas 1991, 146).

Die Annahme der Eigenständigkeit der zu Erziehenden innerhalb des Erziehungsprozesses ist diesen Theorieansätzen immanent. An diese Voraussetzung knüpft auch Mollenhauer (1972) mit seinem Interaktionsmodell an und versucht, die Erziehungs- und Sozialisationsprozesse in pädagogischen Institutionen zu klären (Lenzen 1989). Diese Forschungsrichtung verbindet die geisteswissenschaftliche Tradition mit der in den 1970er Jahren in der Erziehungswissenschaft aufgekommenen empirischen Forschung[25]. Das Modell von Mollenhauer gilt als eines der differenziertesten Modelle, um die Struktur des pädagogischen Handelns aufzuschlüsseln (vgl. Schultheis 1999). Mollenhauer greift damit auf die „Theorien des Symbolischen Interaktionismus" und die „Kritische Theorie" zurück. Kommunikatives Handeln gilt für ihn als Erziehungshandeln. Ausgangspunkt jeden praktischen Handelns ist für ihn die Situationsanalyse. Situationsdefinitionen sind nach Mollenhauer an drei Faktoren geknüpft:

- den Entwicklungsstand des Individuums,
- die interpersonellen Taktiken der Interagierenden,
- den institutionellen Kontext (vgl. Schultheis 1999.

Nach Mollenhauer wird die intersubjektive Ebene in der pädagogischen Beziehung über die „objektive Situation" (siehe Abbildung 5 aus: Schultheis 1999, 307) möglich. Diese gemeinsame Situationsdefinition wird über folgende Kausalketten konstruiert:

- die biographische Kausalkette,
- die institutionelle Kausalkette,
- die sozio-ökonomische Kausalkette.

---

25 Die kritisch-rationale Wende in der Erziehungswissenschaft wurde von Heinrich Roth eingeleitet. Er verhalf damit den empirischen Methoden zum Durchbruch in der Pädagogik und bereitete einer Empirischen Pädagogik den Weg. Philosophiegeschichtlich bezieht sich diese Forschungsrichtung auf Karl Popper. Neben dem Begriff der Empirischen Pädagogik zählen auch folgende Theorien zu dieser Forschungsrichtung: kritisch-rationale Erziehungswissenschaft, positivistische Pädagogik, empirisch-analytische Erziehungswissenschaft.

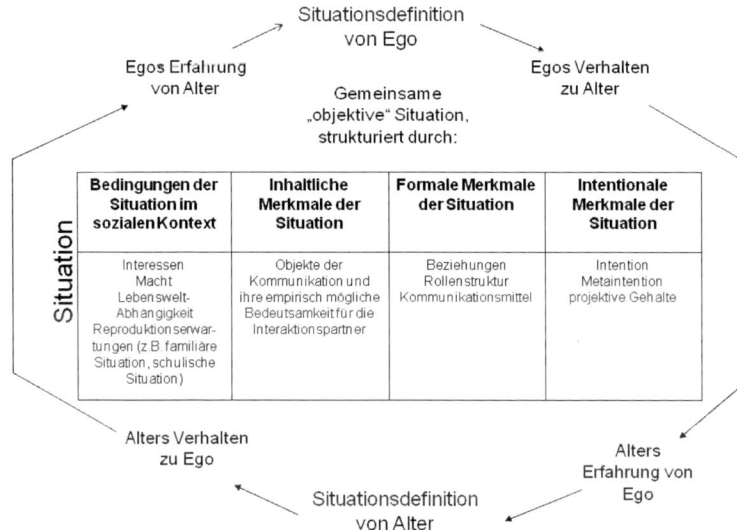

Abbildung 5: Situationsdefinitionsmodell nach Mollenhauer

Durch die Kausalketten kann eine pädagogische Situation nach Mollenhauer empirisch gefasst werden (Schultheis 1999). Trotz allem lässt das Modell von Mollenhauer die entscheidende Frage offen, wie nun die gemeinsame Situationsdefinition zustande kommt bzw. wie sich über die jeweilig unterschiedlichen Situationsdefinitionen ein gemeinsamer Bezugspunkt herstellt.

Exemplarisch wurden hier die Theorien von Mead und Mollenhauer angeführt, um zu zeigen, welche theoretischen Strömungen für die Auseinandersetzung mit Rollen- und Interaktionstheorien in der Erziehungswissenschaft maßgeblich sind.

Die empirisch-analytischen Erziehungsstilkonzepte erschließen einen weiteren Ansatz, welcher zur Klärung des Begriffs der „Interaktion" im pädagogischen Feld bedeutsam ist. Im Folgenden soll die Entwicklung der Erziehungsstilkonzepte kurz erläutert werden, um die Komplexität zu erfassen, die mit einer differenzierten Untersuchung der Erziehungsprozesse verbunden ist.

3.2.2 Erziehungsstilkonzepte

Die Erziehungsstilkonzepte haben sich aus einer geisteswissenschaftlich-pädagogischen und sozialpsychologischen Tradition heraus entwickelt. Da insbesondere die sozialpsychologische Forschungslinie eine differenzierte Analyse der intersubjektiven Beziehung ermöglichte, soll diese im Folgenden genauer vorgestellt werden. Der Beginn der Führungsstilforschung lässt sich auf die Studien von Sigheles (1881) und Le Bons (1895) zur Massenpsychologie zurückverfolgen. Diese Forschungsrichtung ist eng verbunden mit dem Aufkommen der Psychodiagnostik zu Beginn der Jahrhundertwende (19./20. Jh.). Die Anfänge dieser Forschungsrichtung liegen in der Untersuchung der sozialen Gruppe.

Unter dem Begriff „Erziehungsstil" wird ein Bündel von Merkmalen verstanden, anhand derer das Erziehungsverhalten beschrieben werden kann. Unterschieden werden dabei folgende Modelle:

a: Typenmodelle

Exemplarisch werden hier zwei Typenmodelle vorgestellte. Als eines der bekanntesten Modelle gilt das Führungsstilmodell von Lewin (1938). Lewin unterscheidet einen autoritären, einen demokratischen und einen laissez-fairen Führungsstil (siehe Abbildung 6 aus: Gerspach 2000, 238). Lewins Grundmuster von autoritärem und demokratischem Führungsstil findet sich bis heute in fast allen Konzeptionen, die sich mit Erziehungsstilen auseinandersetzen.

Autoritär	Demokratisch	Laissez-faire
Alle Regeln werden durch den Gruppenleiter bestimmt.	Alle Regeln sind Gegenstand der Gruppendiskussion.	Es besteht völlige Freiheit für Gruppen- oder Einzelentscheidungen.
Arbeitsschritte werden von der Autorität befohlen.	Die Arbeitsperspektive wird durch die Gruppendiskussion festgelegt.	Der Gruppenleiter stellt lediglich Material u.a. zur Verfügung und beteiligt sich nicht an der Arbeitsbesprechung.
Der Leiter diktiert die Aufgabenverteilung.	Die Gruppe bestimmt die Aufgabenverteilung.	Der Gruppenleiter nimmt an der Aufgabenverteilung nicht teil.
Es entwickelt sich kein Zusammenhalt unter den Gruppenmitgliedern, eher sogar Aggressivität untereinander.	Der Gruppenleiter gibt Anstöße, lässt die Gruppen aber sonst allein aktiv werden. Ein Klima des Vertrauens entsteht.	Bei der weitgehend sich selbst überlassenen Gruppe besteht die Gefahr der Chaotisierung und der Dominanz durch die Stärkeren.

Abbildung 6: Führungsstilmodell nach Lewin

Auch das Modell von Baumrind bezieht sich auf das emotionale Klima und das Erziehungsverhalten. Er unterscheidet den autoritären, autoritativen und einen permissiven Erziehungsstil. Folgende Merkmale ordnet er den einzelnen Erziehungsstilen zu (siehe Abbildung 7):

Autoritärer Erziehungsstil	Autoritativer Erziehungsstil	Permissiver Erziehungsstil
Wenig Freiraum, Kontrolle und Machtausübung	Emotionale Wärme, mit klaren und entwicklungsangemessenen Regeln und Anforderungen	Gewährenlassen, keine Aufsicht und Kontrolle, geringe Anforderungen

Abbildung 7: Erziehungsstilmodell nach Baumrind

b: Dimensionale Modelle

Zu den dimensionalen Modellen zählt das Erziehungsverhaltensmodell von Schaefer (1959). Dimensionale Modelle bieten eine größere Freiheit der Zuordnung und verdeutlichen stärker den Aspekt einzelner Merkmalsausprägungen. Diese Modelle zeichnen sich durch ihre Polarisierung aus, d. h. durch Konstrukte, die sich diametral gegenüberstehen – wie Autonomie vs. Kontrolle, Liebe vs. Feindseligkeit (siehe Abbildung 8).

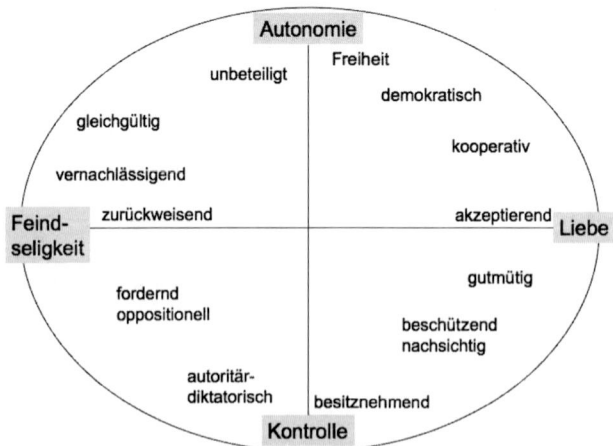

Abbildung 8: Erziehungsverhaltensmodell nach Schaefer

c: Interaktionistische Ansätze

Zu diesem Ansatz gehört das Interaktionsmodell von Bales (1975), das mittels einer Interaktionsprozess-Analyse der Untersuchung des sozialen und emotionalen Verhaltens in Kleingruppen dient. Bales entwickelte das Modell anhand einer nicht standardisierten Beobachtung einer Kleingruppe. Dabei identifizierte er 85 Kategorien des Gruppenverhaltens in Problemlösungs-Prozessen. Davon löste er sechs Kategorien als zentral heraus, die er als typisch für den Problemlösungs-Prozess in kleinen Gruppen definierte. Das Modell orientiert sich an einem funktionalistischen Ansatz, demzufolge soziale Systeme danach streben, wieder ins Gleichgewicht (Prinzip der Äquilibration) zu kommen, was wiederum über wechselseitige Anpassungsleistungen gelingt. Dazu zählten:

- A: Kommunikation
- B: Bewertung
- C: Kontrolle
- D: Entscheidung
- E: Spannungsreduktion
- F: Integration

Abbildung 9 (aus: Ingenkamp 1997, 63) zeigt das Interaktionsmodell von Bales, bearbeitet nach Ziefuss.

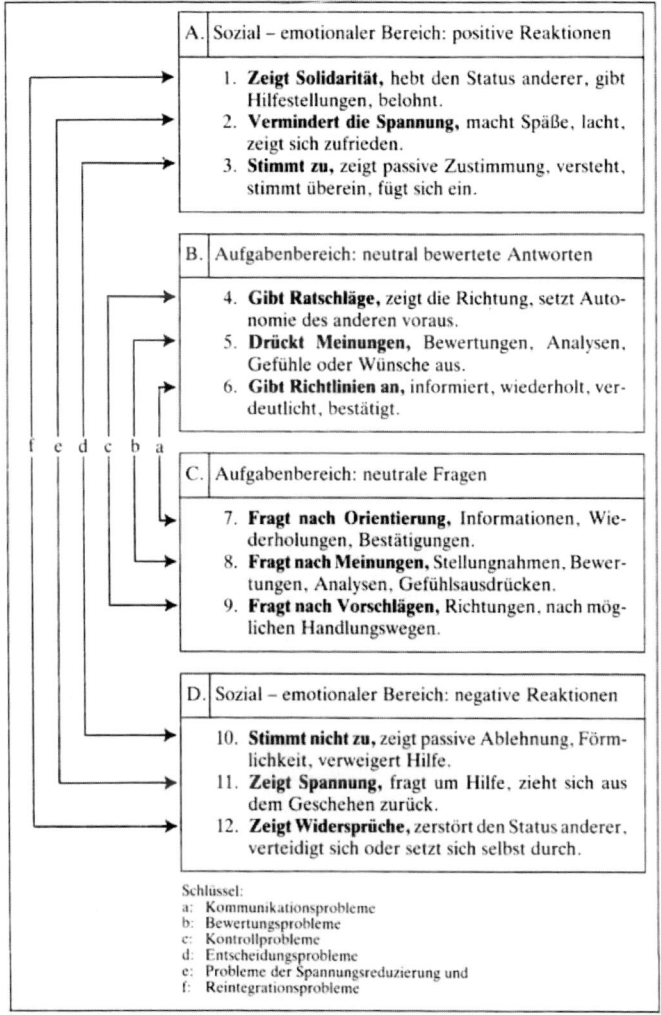

Abbildung 9: Interaktionsmodell nach Bales, bearbeitet nach Ziefuss

Das Interaktionsmodell von Bales (1957) ist exemplarisch für Interaktionsanalysen, welche dazu dienen, Informationen über Interaktionen bzw. zwischenmenschliche Beziehungen unter spezifischen Fragestellungen zu gewinnen. Ähnliche Modelle, die den Zweck haben, den Prozess des Erziehens zu erforschen, sind z. B. das Interaktions-Analyse-Kategoriensystem [FIAC] von Flanders oder das System OScAR von Medley und Mitzel. Während das Modell von Bales von einem allgemeingültigen Interaktionsverhalten in sozialen Situationen ausgeht, findet in den Modellen von Tausch und Tausch eine Engführung unter der Annahme statt, dass das Interaktionsverhalten und somit auch das Erziehungsverhalten an bestimmte Situationen geknüpft sei. Das „Typische" der Interaktion zwischen Erziehenden und zu Erziehenden kann als Erziehungsstil bezeichnet werden (vgl. Merkens 1978). Während Bales von einem Kategoriensystem ausgeht, wählen Tausch und Tausch die Methode des Ratingverfahrens bzw. der Erfassung von Merkmalsausprägungen. Die globale Erfassung von Situationen wird vor allem dann gewählt, wenn es um die Einschätzung der Qualität von Situationen geht (Merkens 1978; vgl. auch Kapitel: „Qualitätsdiskussion").

Seit den 1960er Jahren gewann die Erziehungsstilforschung auch für den elterlichen Erziehungsstil an Bedeutung. Interaktionsmodelle bilden hier die Grundlage zur Erfassung des elterlichen Erziehungsverhaltens. Mit Hilfe dieser Modelle wurde versucht, Aussagen über die intersubjektive Beziehung zwischen Eltern und Kind zu treffen. Stapf et al. (1972) entwickelten eine Skala mit 15 Items, über die sich der Erziehungsstil der Eltern in Wechselwirkung mit dem Kindverhalten erfassen lässt. Dabei unterscheiden sie: väterliche Strenge, mütterliche Strenge sowie väterliche Unterstützung und mütterliche Unterstützung. Stapf et al. (1972) konnten durch mehrere Untersuchungen nachweisen, dass das Erziehungsverhalten der Eltern, welches durch Strenge geprägt ist, wie z. B. Ohrfeigen, Schlagen, Schimpfen usw., zu einem „Bravheitssyndrom" führt, d. h., die Kinder werden zur Ängstlichkeit und Konformität erzogen, während ein durch Unterstützung geprägtes Erziehungsverhalten, wie z. B. Zuhören, Loben, Verzeihen, Ermuntern etc., zu dem nach den AutorInnen genannten „Cleverness-Syndrom" führt, d. h., die Kinder sind optimistischer, verfügen über einen größeren Wortschatz und erbringen bessere Schulleistungen (vgl. Lenzen et al. 1989).

Die empirische Erziehungs- und Unterrichtsstilforschung knüpft an diese Forschungstradition an. Auch hier wird versucht, die intersubjektiven Beziehungen zwischen Erziehenden und zu Erziehenden näher zu beschreiben. Vor allem Lewin sowie Tausch und Tausch werden mit diesem Forschungsansatz assoziiert. Tausch und Tausch (1998) unterscheiden drei Erziehungsstile: den autokratischen, den sozialintegrativen und den Laissez-faire-Stil (siehe Abbildung 10).

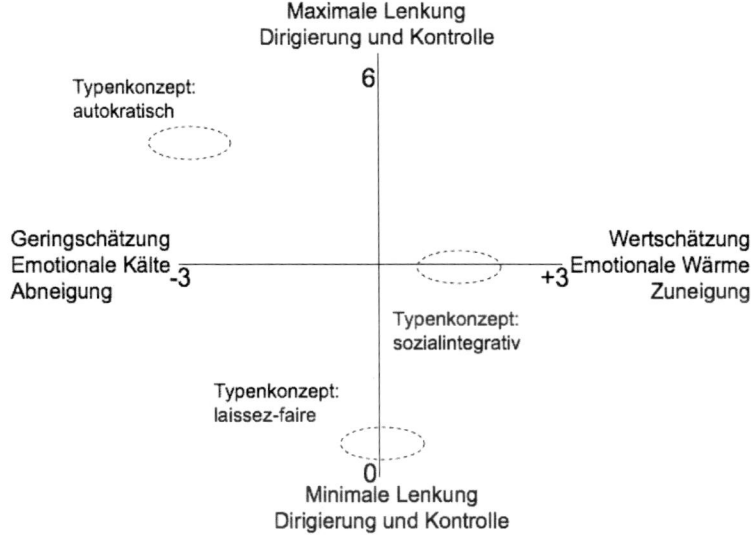

Abbildung 10: Erziehungsstilmodell nach Tausch & Tausch

Abbildung 10 (aus: Ingenkamp, K. 1997, 63) zeigt die Kombination eines Typen-
und Dimensionenmodells. Tausch und Tausch kritisierten ihr eigenes Typenmo-
dell als zu reduktionistisch und griffen daher in ihrer weiteren Forschung auf die
faktorenanalytisch gewonnenen Dimensionen des Erziehungsverhaltens zurück.
Die Dimensionen Emotion und Lenkung gelten für Tausch und Tausch als zentral, um das LehrerInnen- und ErzieherInnenverhalten einzuschätzen. In verschiedenen Untersuchungen belegen sie, dass sich LehrerInnen und ErzieherInnen
häufig in diesen Dimensionen über- bzw. unterschätzen. So weisen sie nach, dass
ErzieherInnen die von ihnen geäußerten Befehle um ein 4-5-Faches unterschätzen (Tausch et al. 1968). Tausch et al. (1968) verweisen auch auf den Zusammenhang zwischen freundlichen, ruhigen Verhaltensmerkmalen der ErzieherInnen und der Selbständigkeit der Kinder bzw. auf unfreundliche Erziehungs-
merkmale mit starrem und unfreiem Spiel. Tausch und Tausch (1998; 1968)
machen mit ihren zahlreichen Untersuchungen insbesondere auf das herrschende
Sozialklima in den Einrichtungen aufmerksam, welches in den 70er Jahren durch
relativ große Unfreundlichkeit und Restriktion geprägt ist. Diese Verhaltensmerkmale der ErzieherInnen stehen einem förderlichen Entwicklungsklima bzw.
der Selbständigkeit der Kinder diametral entgegen. Diese Forschungsrichtung

regte die Entwicklung von Beobachtungssystemen zur Erfassung des Unterrichts (z. B. Interaktionsanalyse) an und ist damit Ansatzpunkt für die heutige Interaktionsforschung.

Die Erziehungsstilforschung stieß schon früh an ihre eigenen Grenzen, vor allem die schon von Tausch und Tausch kritisierten Typenmodelle zeigen dies exemplarisch. Wie bereits beschrieben, kann über Typenbildungen der Komplexität des Erziehungsprozesses nicht hinreichend Rechnung getragen werden. Vielfach wird kritisiert, dass die Modelle normativ seien bzw. auch Begriffe wie demokratisch, laissez-faire etc. keine wertneutralen Definitionen darstellen, was aber der Anspruch empirisch-analytischer Forschung sein müsse. Viele AutorInnen üben auch Kritik daran, dass mit dieser Betrachtungsweise der Kontext der Interaktion an Bedeutung verliere, d. h., der Zusammenhang zu Entwicklungs- oder Bildungstheorien fehle.

Aus diesen Erfahrungen hat die heutige Interaktionsforschung viel gelernt. Vor allem das analytische Aufschlüsseln von Interaktionssituationen, welche eine differenzierte Untersuchung der wechselseitigen Bezugnahme bzw. der Reziprozität oder auch des Aufrechterhaltens des Interaktionsprozesses zwischen Erziehenden und zu Erziehenden beinhaltet, gilt es hervorzuheben. Der Einfluss der Rollen- und Interaktionstheorien führte dazu, dass dem Anspruch der Kontextorientierung heute stärker Rechnung getragen wird. Auch die sozialkognitive Entwicklungspsychologie nähert ihr Forschungsdesign mehr und mehr den soziologischen Traditionen des Symbolischen Interaktionismus an, indem sie naturalistische Settings bevorzugt (z. B. Youniss) (vgl. Joas, 1991).

Die Interaktionsanalyse von Bellack[26] (siehe Abbildung 11 aus: Mertens 1978, 148 ff.) geht hier schon über die vorgestellten Analysemodelle hinaus und soll daher im Anschluss kurz diskutiert werden. Sein Analysemodell versucht, den spezifischen thematischen Aspekt zu integrieren. Bellack konzentriert sich dabei auf die Sprache der Lehrenden in Bezug auf die Lernenden. Sprache gilt dabei als wichtigstes Bedeutungssystem und soll in der direkten Interaktionssituation mit den Lernenden untersucht werden. Dabei geht Bellack von gewissen Grundregeln innerhalb des Unterrichts aus, durch die die Situation bestimmt wird. Diese sind:

- Strukturieren
- Auffordern
- Reagieren
- Fortführen

26 Das Interaktionsmodell von Bellack nimmt Bezug auf die Sprechakttheorie von Searles und das Sprachspiel von Wittgenstein und steht damit den sprachphilosophischen Ansätzen sehr nahe.

1. Strukturieren: Damit sind solche Aktivitäten gemeint, die den Kontext für das nachfolgende Handeln im Unterricht setzen, z. B. die Einstimmung in das Unterrichtsthema durch den Lehrer, aber auch alle solchen Maßnahmen, die unterrichtliche Interaktionen entweder in Gang setzen oder aufhalten oder unterbinden.

Um den Spielzug des Strukturierens genauer zu charakterisieren, verwenden die Autoren zwei andere Begriffe: den des Teilspiels (Segments) und den der „direktiven (stark steuernden) Bedcutung" (S. 143). Das Unterrichtsspiel läßt sich in einzelne Segmente bzw. Teilspiele zerlegen, „von denen jedes hauptsächlich nach jenem Aktivitätstyp benannt wird, der die Hauptaufmerksamkeit während eines bestimmten Spielabschnittes bindet. Schülerdebatten, Diskussionen in der Klasse, das Ansehen von Filmen, Berichte von Schülern und das Abhalten von Prüfungen sind Beispiele für solche Tätigkeiten, die als Teilspiele gelten" (S. 144). Strukturierende Aktivitäten können nun den Rahmen für eines oder mehrere solcher Teilspiele oder auch den Unterricht, insgesamt setzen. In Extremfällen kann ein einziger strukturierender Schritt für eine ganze Unterrichtsstunde bzw. -einheit ausreichen oder im Gegenteil nur einen ganz kurzen Ausschnitt betreffen.

Mit dem Begriff der direktiven Bedeutung wird erfaßt, daß Strukturieren immer solche Tätigkeiten wie Vorschreiben-Verbieten, Hemmen-Ausschließen, Ankündigen usw. umfaßt, also immer ein aktives Eingrenzen des nachfolgenden unterrichtlichen Handlungskontextes bedeutet. Während mit dem Begriff des Teilspiels der nachfolgende Unterrichtsabschnitt zeitlich variabel bestimmt wird, bezeichnet der Begriff der direktiven Bedeutung die Art des strukturierenden Spielzuges. Beide Gesichtspunkte, die zur Konstitution dieser Kategorie herangezogen werden, müssen bei der Analyse und der darauf folgenden Interpretation berücksichtigt werden, um diese Kategorie angemessen auszufüllen.

2. Auffordern: Damit sind Aktivitäten gemeint, die dazu geeignet sind, „eine sprachliche oder physische Reaktion hervorzurufen oder die angesprochenen Personen zur Aufmerksamkeit für eine bestimmte Sache zu ermuntern. Alle Fragen, Befehle, imperativischen Äußerungen und Bitten gelten als solche Aufforderungen" (S. 14). Bei dieser Kategorie interessiert insbesondere, „(1) wer wen auffordert; (2) welche Handlungen die Angesprochenen der Auffordernde benutzt, um seine Erwartung kundzutun" (S. 94). Zur genaueren Darlegung kann man die Frage stellen, wer (Lehrer, Schüler oder ein anderer Sprecher) wen (Lehrer, Schüler oder einen anderen Sprecher) auffordert. Dann muß beachtet werden, wozu eigentlich aufgefordert wird. Dabei lassen sich zwei verschiedene Bereiche unterscheiden: einmal der thematische (wissensbezogene) und zum anderen der soziale Bereich des unterrichtlichen Handelns. Gleichzeitig kann in der Aufforderung auch noch der Rahmen abgesteckt sein, in dem die Erfüllung dieser Aufforderung erwartet wird. Hinsichtlich des Sprachgebrauchs sollte vor allem auf folgende Punkte geachtet werden:"(1) Welche Länge haben die Spielzüge des Lehrers bzw. Schülers? (2) Steht die Länge des Spielzuges in Beziehung zu der verlangten Aufgabe? (3) Wie werden auffordernde Spielzüge dargeboten - als Fragen, Befehle oder Aussagen? (4) Wie viele und welche Arten von Aktivitäten verlangen Lehrer bzw. Schüler im Rahmen eines Spielzugs?" (S. 101).

Diese Kategorie schließt also, soweit mit ihr Aktivitäten des Lehrers, erfaßt werden, alle die auch von Tausch und Tausch angegebenen Indikatoren der Dimension Lenkung/Dirigierung ein. Beim Anwenden beider Verfahren wäre also zwischen diesem Spielzug und der Dimension Lenkung/Dirigierung ein hohes Maß an Übereinstimmung zu erwarten.

3. Reagieren: Damit werden diejenigen Aktivitäten erfaßt, die im Anschluß an Aufforderungen und, dies wird damit unterstellt, als „Reaktion" auf diese erfolgen. Aktivitäten dieser Kategorie können deshalb im zeitlichen Verlauf des Unterrichtes nur nach der Kategorie Aufforderung auftreten. „Im reagierenden Spielzug ... versucht der Reagierende die vom Auffordernden spezifizierte Erwartung zu erfüllen: die Reaktion ist ihrer Natur nach bezugnehmend und steht im Wechselbezug zur Aufforderung" (S. 102). Der Auffordernde intendiert mit seiner Aufforderung eine Folgehandlung, dies ist die intentionale Komponente. Folgen die Aufgeforderten

dieser Aufforderung, dann kommt der Reaktion sowohl eine intentionale als auch eine resulta-
tive Bedeutung zu. Der Spielzug des Reagierens hat also keine autonome Funktion, er kommt
vielmehr nur in Zusammenhang mit und in Abhängigkeit vom Spielzug des Aufforderns vor.
4. Fortführen: Hierunter fallen Aktivitäten, deren Funktion es ist, »das bereits Gesagte zu modifizieren (durch Klärung, Zusammenfassung, Erweiterung) und/oder (positiv oder negativ) zu
beurteilen« (S. 14). Spielzüge dieser Art sind zwar durch eine vorangehende Aktivität veran-
laßt, aber im Gegensatz zum Reagieren werden sie nicht unbedingt durch eine solche hervor-
gerufen. Fortführen kann auf jede der vier Kategorien als Spielzug folgen, also auch auf Fortführen selbst. So ist es z. B. möglich, daß ein Schüler den Beitrag eines anderen Schülers
„fortführt" und im Anschluß daran nochmals der Lehrer: „fortführt".
    Die Kategorie „Fortführung" kann sehr flexibel verwendet werden und umschließt viele
Ereignisse des unterrichtlichen Geschehens, wie die vorangehenden Erläuterungen bereits erkennen lassen. Sie ist so wenig in ihren Ausgangsbedingungen fest gelegt, „daß jeder sprachliche Spielzug, jede physische Handlung und selbst Pausen im Gespräch als Gelegenheit für
Fortführung wahrgenommen werden können. Ihre Vielfältigkeit wird deutlich in den verschiedenen Arten, in denen Klärungen, Erweiterungen, Zusammenfassungen oder Beurteilungen
dessen, was im vorherigen Spielzug gesagt wurde, erfolgen können" (S. 181).

Abbildung 11: Interaktionsmodell nach Bellack

Diese von Bellack definierten Grundregeln hängen direkt miteinander zusammen. So setzt etwa das „Fortführen" die anderen Kategorien voraus. Mit diesem
Schema, das den Fokus nicht auf das „Was", sondern das „Wie" des unterrichtlichen Handelns richtet, lässt sich folglich ein spezifischer Verlauf des Unterrichts
identifizieren. Das Modell von Bellack wurde von Lundgren modifiziert. Er unterteilt die Grundregeln des Unterrichts in:

- strukturierende Züge,
- fragende Züge,
- helfende Züge,
- reagierende Züge.

Das Modell von Bellack wurde vielfach kritisiert. Unter anderem wird darauf
verwiesen, dass es weit hinter seiner idealistischen Haltung zurückbleibe sowie
dass es auf den rein verbalen Aspekt der Interaktion reduziert sei. Ein entscheidender Kritikpunkt ist vor allem, dass das Modell wegen seiner hohen Komplexität als Instrument der direkten Unterrichtsbeobachtung zu wenig geeignet sei.
Dennoch ist das Modell insbesondere unter dem Aspekt weiterführend, da es
erlaubt, den spezifischen Unterrichtsverlauf zu beschreiben. Mit diesem Kriterium nimmt das Verfahren von Bellack auch Einfluss auf die vorliegende Interaktionsstudie bzw. auf das eigens dafür erstellte Beobachtungsraster.
    Nachfolgend wird mit den Theorien der „Instruktion" und „Didaktik" der Fo-
kus auf die bewusst geplante Unterstützung der Lernprozesse gerichtet.

3.2.3 Theorie der Instruktion

Unter dem Begriff der Instruktion wird die optimale Unterstützung der Lernenden unter bestmöglicher Ausschöpfung ihres Lern- und Entwicklungspotentials verstanden. Für das pädagogische Handeln ist die Kenntnis der Möglichkeiten der Instruktion daher von entscheidender Bedeutung. Die Theorie der Instruktion betont die instrumentelle Orientierung des Interaktionsprozesses zwischen Erziehenden und zu Erziehenden. Nach Vygotsky ist „Instruktion" das bewusste Einführen in und das Sensibilisieren der Kinder für das Symbolsystem der Kultur (Berk & Winsler 1995). Methoden der „Instruktion" versuchen, die Lernprozesse der Individuen direkt zu beeinflussen. In der Pädagogischen Psychologie wird heute die Theorie der „aktiv Lernenden" als zentral angesehen (Watkins & Mortimore 1999). Diese Erkenntnis spiegelt sich auch in der Instruktionsforschung wider, die ihre monokausale Ausrichtung überwunden hat und heute den wechselseitigen Bezug von Lern- und Instruktionsforschung hervorhebt (Weinert 1996). Lernen wird als aktiver, verständnisvoller Prozess gesehen, durch den die Lernenden über die Verknüpfung mit bisherigen Wissensressourcen ihr Wissen konstruktiv aufbauen (Weinert 1996). Insbesondere in der Entwicklungstheorie Piagets und der Theorie von Vygotsky wird dies evident (Perry & Dockett 1998). Da beide Theorien in der Pädagogik der frühen Kindheit eine bedeutende Rolle spielen, werden die Theorien hier kurz in ihren Grundzügen erläutert.

Bei Piaget wird das Lernen über Assimilations- und Akkomodationsprozesse gesteuert. Dabei gilt das Prinzip der Äquilibration als Motor des Lernprozesses. Zum Aufbau von Handlungsstrukturen kommt es nach Piaget durch die Konfrontation des Individuums mit Konflikten, d. h. durch das Herausfordern von Problem-Lösungs-Prozessen. Dafür sieht Piaget nicht nur die genuin über das Neugierverhalten gesteuerte Auseinandersetzung, sondern auch die durch die Umwelt bewusst provozierte Konfrontation als konstitutiv an (vgl. Siraj-Blatchford 1999). Unter der „Mobilität des Denkens" versteht Piaget die Adaptivität, mit der das Individuum seine Handlungsstruktur an die Erfordernisse der Umwelt anzupassen versucht (vgl. Oerter & Montada 2002).

Während die Entwicklungstheorie Piagets den Entwicklungsprozess als grundlegend für das Lernen des Individuums betrachtet, stellt Vygotsky, in der Tradition der soziokulturellen Entwicklungstheorien, das Wissen in den Mittelpunkt. Beide Autoren sehen die Auseinandersetzung des Individuums mit der Umwelt als konstitutiv für den Lernprozess an. Anders als bei Piaget kommt bei soziokulturellen Theorien der sozialen Umwelt aber eine entsprechend größere Bedeutung zu. Während Piaget den Wissensaufbau als Konstruktionsleistung des Individuums aufgrund von Erfahrungen und bisherigem Wissen darstellt, sieht Vygotsky den Prozess in engem Zusammenhang mit dem Kultursystem, in dem das Individuum sein Wissen konstruiert bzw. im Zusammenhang mit den sozialen Beziehungen des Individuums. Für Vygotsky gilt Wissen über die Kultur als Voraussetzung, um die Konstruktionsleistung der Individuen zu verstehen (Dockett & Perry 1996), d. h., dass Wissen nicht auf isolierten Konstruktionsleistungen des Individuums basiert, sondern durch Aushandlungsprozesse zwischen den Individuen evoziert wird. Die Umwelt wird hier nicht nur als der Raum begriffen, welcher den aktiv Lernenden Erfahrungen ermöglicht, sondern darüber hinausgehend als Quelle der direkten Einflussnahme. Die von der Umwelt bzw. den Erziehenden ausgehenden Impulse gelten als wesentlich für die Entwicklung. Diese Differenz Vygotskys gegenüber Piaget ist bezeichnend für die Differenz zwischen sozialem und radikalem Konstruktivismus (Perry & Dockett 1998). Der Aushandlungsprozess zwischen den Individuen ist charakteristisch für den sozialen Konstruktivismus, der heute die Bildungstheorien in der Pädagogik der frühen Kindheit bestimmt. Die Argumentationen der Kinder während der Aushandlungsprozesse liefern den Erziehenden dabei wichtige Anknüpfungspunkte an die kindlichen Denkprozesse (Perry & Dockett 1998). Bisher werden diese Argumentationen jedoch noch kaum als Ausgangspunkt für den pädagogischen Prozess genutzt (Perry & Dockett 1998). Der sozialen Interaktion kommt in der Theorie Vygotskys eine zentrale Rolle zu, die durch die Instruktion innerhalb der „Zone der nächsten Entwicklung" insbesondere die Lernprozesse der Kinder zu unterstützen vermag. Die Erziehenden haben demnach die Aufgabe, das Kind an Probleme heranzuführen, die ein Transitionalstadium provozieren. Dieses wird dann eingeleitet, wenn das Individuum mit seiner bisherigen Wissenskonstruktion ein Problem nicht mehr lösen kann (Wilkinson 1982; vgl. Fried 2005). Anhand der Argumentation der Kinder bestünde die Möglichkeit, „Denkfehler" der Kinder aufzudecken und sich sensibel und bewusst der „Zone der nächsten Entwicklung" zu nähern. „Kognitive Konflikte" führen dazu, neue Denkstrukturen aufzubauen, was den eigentlichen Lernprozess überhaupt erst initiiert. Um die Beziehung zwischen dem Entwicklungsprozess des Kindes und der Instruktion zu verstehen, muss analysiert werden, welche Leistungen das Kind selbständig und welche es mit Unterstützung der Erwachsenen vollbringen kann (Hedegaard 2005). Von Vygotsky selbst wurde die „Zone der nächsten Entwicklung" nicht weiter präzisiert (Wertsch 1984; Ireson & Blay 1999).

Nach Weinert (1996) stellt sich jedoch die Frage, ob es überhaupt möglich ist, durch Instruktionen die „Zone der nächsten Entwicklung" hervorzurufen. Er schreibt:

> Ein zentrales Problem besteht allerdings darin, dass man nichts über die Übergänge zwischen den Lernphasen und über die dabei wirksamen Mechanismen weiß, so dass es auch keine wissenschaftlich fundierten Anregungen für geeignete Instruktionshilfen gibt (Weinert 1996, 29).

Die Instruktionsforschung unterscheidet zwischen direkter und adaptiver Instruktion. Zur Klärung werden im Folgenden kurz die wesentlichen Unterschiede beider Forschungsrichtungen herausgestellt.

Unter „direkter Instruktion" wird ein hauptsächlich durch die Erziehenden und die bewusst gestaltete Lernumgebung gesteuerter Lernprozess verstanden (Weinert 1996). Direkte Instruktion bezieht sich auf das Lernziel, das von den Lehrenden festgelegt wird, wobei didaktisch aufbereitete Lernschritte den Lernprozess unterstützen. Dabei wird grundsätzlich nicht von der Passivität der Lernenden innerhalb des Lernprozesses ausgegangen. Deshalb gilt es, in der Interaktion mit den Lernenden Probleme zu generieren und nach entsprechenden Lösungen zu suchen.

Neben der direkten Instruktion ist auch die adaptive Instruktion eine Methode, Lernprozesse zu initiieren. Hier wird die Instruktion individuell auf die Lernenden abgestimmt. Dazu zählt auch das tutoriell unterstützende Lernen, welches ebenfalls auf die individuellen Lernprozesse der Lernenden ausgerichtet ist. Der Erfolg der Instruktion ist gekoppelt an die Orientierung an den individuellen Lernprozessen (Renninger 1998). Dazu gehört die Aufmerksamkeit für die sozialen, kognitiven und emotionalen Prozesse der Lernenden (Renninger 1998). Es zeichnet sich ab, dass auch in der klassischen Instruktionstheorie die reziproken Interaktionsprozesse heute als unabdingbar für den Lernprozess gelten. Dass angemessene Instruktion letztlich auch das selbständige Lernen fördert, wird durch die Anwendung einer vor allem fragenden und entdeckenden Lernkultur offensichtlich. In diesem Zusammenhang sind die „scaffolding"-Prozesse nach Wood et al. (1976) weiterführend. „Scaffolding" baut auf dem reziproken Interaktionsprozess von Erwachsenen und Kind auf. Ganz ähnlich beschreibt Rogoff (1990) ihren Begriff von „guided participation", womit sie sowohl auf „guidance" (Orientierung) als auch auf „participation" (Teilhabe) am Interaktionsprozess rekurriert. Durch „guided participation" soll das Kind von seinen bisherigen Fähig- und Fertigkeiten zu neuen Entwicklungen und Erkenntnissen geführt werden. Mit „guidance" (Rogoff 1990) beschreibt Rogoff die Unterstützung und die Herausforderung im gemeinsamen Interaktionsprozess. Mit dem Begriff „scaffolding" wird betont, dass Kinder zu etwas befähigt werden sollen, wozu sie alleine noch nicht in der Lage wären (Ireson & Bly 1999). Erwachsene unterstützen und begleiten Kinder in gemeinsamen Aktivitäten und in ihrer Kommunikation. Kinder sollen dadurch Fähigkeiten entwickeln, die es ihnen ermöglichen, zunehmend ohne Unterstützung zu handeln. „Scaffolding" soll den Erfolg des Kindes sichern, die Kompetenzen des Kindes auf neuem Gebiet erweitern und wird reduziert in dem Maße, in dem die Kompetenz des Kindes zunimmt (Burns-Hoffman 1993). Burns-Hoffman (1993) hat „scaffolding"-Prozesse zwischen Erwachsenen und Kindern im Alter von drei bis fünf Jahren analysiert. Die Ergebnisse zeigen, dass die Unterstützung der Erwachsenen mit zunehmendem

Alter der Kinder abnimmt. Das Ergebnis bezieht sich auf alle fünf Kriterien –
formen, unterstützen, Aufmerksamkeit lenken, verbinden und erweitern von
Gedanken –, die von der Autorin für „*scaffolding*" angelegt wurden. Ireson und
Bly (1999) haben Spielsituationen zwischen ErzieherIn und Kind auf „*scaffolding*"-Prozesse untersucht. Dabei zeigte sich, dass der Aufbau von „*scaffolding*"
und „*guided participation*" angewiesen ist auf eine klare Zielformulierung. Ziel-
orientiertes Lernen verlangt nach so genannten Lernfunktionen (vgl. Leutner
2001). Darunter werden Effekte verstanden, die die Lehrenden in den Lernenden
wecken müssen, um einen Lernprozess zu initiieren. Exemplarisch sollen hier die
neuen Lehr-Lernschritte von Gagné („*instructional events*") aufgelistet werden:

> (1) Die Aufmerksamkeit der Lernenden gewinnen;
> (2) die Lernenden über das Ziel der Unterrichts- oder Ausbildungseinheit informieren;
> (3) relevantes Vorwissen reaktivieren;
> (4) den Lehrstoff mit Hinweis auf bedeutsame Eigenschaften präsentieren;
> (5) den Lernprozess anleiten;
> (6) die Lernenden das im Lehrziel geforderte Verhalten ausführen lassen;
> (7) die Lernenden über die Richtigkeit des Verhaltens informieren und ggf. die Schritte (4)
> bis (6) wiederholen;
> (8) die Leistung der Lernenden abschließend beurteilen;
> (9) das Behalten und den Transfer des Gelernten unterstützen durch weiteres Üben, insbe-
> sondere auch in wechselnden Kontexten.
> (Leutner, 2001, 271 ff.)

In informellen Lernprozessen ist das Handlungsziel jedoch nicht immer unmittelbar erfassbar. Daher erfordert „*scaffolding*" bzw. „*guided participation*" in
offenen Lernsituationen von der ErzieherIn ein hohes Maß an „Sensibilität" für
die Aktivitäten bzw. auch Interessen des Kindes. Das Ungleichgewicht von ErzieherIn und Kind bei geplanten Lernsituationen sehen die Autorinnen im Wis-
sensvorsprung der ErzieherIn. In offenen Lernsituationen müssen ErzieherInnen
sich am Handeln der Kinder orientieren. Hier wird auch die Kommunikation als
Möglichkeit gesehen, sich dem gemeinsamen Handlungsziel zu nähern und dabei
Entwicklungsprozesse über „*scaffolding*" zu unterstützen (Ireson & Blay 1999).

Heute wird die „entwicklungsangemessene Erziehung" („*Developmentally
Appropriate Practice*" [DAP]) (Bredekamp 1987; 1997) als grundlegend für die
vorschulische Erziehung erachtet. Unter dem Begriff subsumieren sich auch die
„Zone der nächsten Entwicklung" und „*scaffolding*-Prozesse". Gemeinsam ist
den Begriffen, dass sie zwar theoretisch fassbar, jedoch in der Praxis schwer
realisierbar sind. Umso bedeutender ist es, Indikatoren für diese Konstrukte zu
finden.

Verschiedene Studien belegen, dass ein entwicklungsangemessenes Erziehungshandeln die aktive Auseinandersetzung des Individuums mit seiner Umwelt
als unabdingbar zu berücksichtigen hat (vgl. Stremmel 1993; Kontos & Dunn

1993). Für die pädagogische Interaktion ist ein responsives Handeln („*responsive teaching*") grundlegend (Stremmel 1993). Dieser Prozess impliziert eine spontane Anpassung an die Belange des Kindes (McWilliam et al. 2002). Responsives Handeln meint, dass die Individuen über den gegenseitigen Austausch zu einer Annäherung ihrer Vorstellungen gelangen. Diese Annäherung gilt als wesentlich für das gegenseitige Verständnis und ist damit Ausgangspunkt jeglichen sozialen Handelns (vgl. Stremmel 1993; Bertau & Speck-Hamdan 2004; Perry & Dockett 1998). Dabei kommt es zur Aushandlung bzw. Deutung der Situation auf beiden Seiten vor dem Hintergrund des bisherigen Erfahrungshorizonts. Bedeutungszuschreibungen („*making sense*") sind konstitutiv für den Interaktionsprozess (Bruner & Haste 1987). Responsive Erziehung baut auf Interaktionsprozessen auf. Sie darf daher nicht vereinfacht als Transfer von Wissen und Vermittlung von Fähigkeiten verstanden werden (vgl. Stremmel 1993; Watkins & Mortimore 1999). Die adaptive Instruktion bzw. das responsive Handeln ist prozessorientiertes Handeln, das das Gegenüber braucht, um den nächsten Handlungsschritt daran auszurichten. Die Individuen kommen über Beobachtung der Handlungen und durch die eigene Teilhabe an der Handlung zu einem gemeinsamen Austauschprozess (Stremmel 1993). Nur dieser Austauschprozess ermöglicht es, responsiv auf das Kind einzuwirken und individuelle Entwicklungsprozesse zu veranlassen, und zwar im Sinne Vygotskys „in der Zone der nächsten Entwicklung" (Göncü & Rogoff 1998). Das Handlungsziel des Kindes muss demnach gemeinsam über den Interaktionsprozess identifiziert werden. Responsives Handeln richtet sich gegen „lehrerzentrierte" Aufgabenstellungen, diese Aufgaben müssen gemeinsam mit dem Kind überhaupt erst erarbeitet werden. Nur dann kann von einer gleichberechtigten Beziehung im Interaktionsprozess gesprochen werden. Dieses Handeln führt zwangsläufig zu multiplen Handlungszielen innerhalb der Kindergruppe. „*Responsive teaching*" basiert auf dem Einfühlungsvermögen der ErzieherIn. Schwierigkeiten sind mit dem Ansatz dann verbunden, wenn Kind und ErzieherIn keine gemeinsame Austauschebene finden, was z. B. der Fall ist, wenn Anregungen nicht verstanden werden oder Nachfragen und Fragenstellen, die hier handlungsleitend sind, nicht umgesetzt werden können. Diese Problematik wird vor allem an der Kritik aus der Sonderpädagogik im Kontext der „entwicklungsangemessenen Erziehung" („*Developmentally Appropriate Practice*") deutlich. Angemerkt sei hier, dass auch in der vorliegenden Interaktionsstudie beobachtet werden konnte, dass ErzieherInnen im Umgang mit Kindern, die Deutsch als Fremdsprache sprechen und die über geringe Sprachkenntnisse im Deutschen verfügen, große Schwierigkeiten haben, einen gemeinsamen Bezugspunkt zu finden. Um jedoch detaillierte Aussagen dazu zu machen, muss diesen Beobachtungen durch differenzierte Forschungsstudien nachgegangen werden.

Vereinfacht formuliert wird unter der „entwicklungsangemessenen Erziehung" die Entwicklungsangemessenheit in Bezug sowohl auf das Alter als auch

92   3. Interaktionstheorien

auf den individuellen Entwicklungsstand des Kindes (Weikart „High/Scope-
Perry-Preschool Project") verstanden. „Responsive teaching" unterstüzt die
Kinder darin, ihre bisherigen Fähigkeiten, ihr Interesse an für sie bedeutungsvol-
len Handlungen und ihre Sprachkompetenz zu stärken (vgl. Stremmel 1993;
Rogoff 1990). Entwicklungsangemessene Instruktion in nicht strukturierten Situationen fördert in hohem Maße die Fähigkeit der Kinder zu generalisieren und
ist daher für die Entwicklung von großer Bedeutung (Santos et al. 1997). Die
Ausrichtung des pädagogischen Handelns auf den Lernprozess führt auch dazu,
die Lernenden für ihre eigenen Aneignungsprozesse zu sensibilisieren und sich
selbst als aktiv Lernende zu verstehen, was unter heutigen Erkenntnissen die
Fähigkeit des selbständigen bzw. selbstbewussten Lernens entscheidend beeinflusst (vgl. Watkins & Mortimore 1999; Renninger 1998). Dies gelingt dadurch,
dass die Kinder in Folge des reziproken Austauschs beginnen, ihre Lösungswege
zu hinterfragen (Dewey 1933). Wie bedeutend diese Auseinandersetzungen sind,
zeigen die Studien zum „offenen Unterricht". Lipowsky sieht die Förderung der
Bewusstheit für das eigene Lernen als „zentrale Kategorie für die Strukturierung
und die Qualität von Lernprozessen" (Lipowsky 2002, 149).

Mit der Theorie der Instruktion wird der Frage nachgegangen, wie sich Lehrende für „teachable moments" (Hyun & Marshall 2003) sensibilisieren können.
Hyun und Marshall (2003) beschreiben die „teachable moments" im Rahmen der
entwicklungsangemessenen Erziehung als die für das pädagogische Handeln
zentralen Momente, die sich einstellen, wenn die ErzieherIn die spontanen Interessen der Lernenden beobachtet, erkennt und interpretiert. Insbesondere dem
Verständnis der kognitiven Konzepte der Kinder kommt dabei eine Schlüsselfunktion zu, die, wie Warfield (2001) beschreibt, die ErzieherInnen zu einer
adaptiven Instruktionsmethode führten. Das Suchen nach „teachable moments"
führt zwangsläufig zu einer kindorientierten Erziehung (Hyun & Marshall 2003).
„Teachable moments" sind keine objektiven Sachverhalte, sondern unterliegen
der Interpretation der Erziehenden, die ihre Entscheidungen vor ihrem subjektiven Wissens- und Erfahrungshintergrund, also innerhalb ihres jeweiligen kulturellen Kontexts, treffen. Diese Momente werden demnach stark vom „versteckten
Curriculum" der einzelnen Einrichtungen bestimmt. Deshalb wäre es umso wün-
schenswerter, für das responsive Handeln bzw. die adaptive Instruktion eine
Handlungsdidaktik zu etablieren, um die subjektiven Handlungsentscheidungen
darüber, welche Situationen als Momente höchster Lernaktivität bzw. als so genannte „teachable moments" identifiziert werden, stärker zu objektivieren. Erst
dann kann dem Anspruch entsprochen werden, den Kindern bewusst anregungsreiche Handlungs- bzw. Dialogfelder zu eröffnen. Wie eine bewusste Umsetzung
von Lehr- und Lernprozessen in pädagogischen Situationen aufgebaut werden
kann, wird durch die Theorie der Didaktik präzisiert, die im Folgenden detailliert
diskutiert wird.

3.2.4 Theorie der Didaktik

Die Disziplin, die sich mit der zentralen Frage der Pädagogik, d. h. dem „Wie"
der Erziehung befasst, ist die Didaktik (Bartholomäus 1999). Grundsätzlich betrachtet die Didaktik die Welt, die Kultur und die sozialen Zusammenhänge als
etwas, das die Heranwachsenden sich aneignen müssen, um in der Gesellschaft
handlungsfähig zu sein (Nyssen & Schön 1995). Daher gilt sie u. a. als Bildungs-
lehre (Kron 2004). Didaktik bezieht sich auf den Zusammenhang von Lernen und
Lehren (Straka & Macke 2002). In Abgrenzung zum psychologischen Begriff
„Instruktion" steht bei der „Didaktik" stets ein pädagogisches Handlungsmodell
im Mittelpunkt (vgl. Leutner 2001). Sie wird daher auch als Wissenschaft des
Unterrichts bezeichnet.

Das Unterrichten ist an komplexe interne und externe Bedingungsfaktoren
geknüpft. Das Handeln der Lehrenden wird über so genannte Skripts moderiert,
dabei handelt es sich um im Laufe der Jahre erworbene, komplexe, meist automa-
tisierte Handlungsmuster (Seidel 2003). Warum bestimmte Handlungsmuster in
bestimmten Situationen dominieren, lässt sich daher nur eingeschränkt über die
Beobachtung erklären. Als kognitive Elemente dieses Handelns beschreiben
Straka und Macke (2002) Erkennen, Deuten, Interpretieren, Denken, Reflektieren, Entscheiden, Diskutieren und Argumentieren. Um die Komplexität des
Interaktionsprozesses differenzierter einzuschätzen, haben McWilliam et al.
(2002) eine Trennung zwischen Umwelt, Planung, Handlungsannäherung und
Interaktionsprozess vollzogen. Insbesondere der Handlungsschritt, der zwischen
der Planung und dem tatsächlichen Interaktionshandeln liegt, könnte hier für die
pädagogische Interaktion zur Klärung von Interaktionsverhalten beitragen
(McWilliam et al. 2002). Mit dem Begriff „interactive decisions" (Tsang 2004)
wird ein ähnliches Phänomen beschrieben. Gemeint ist damit, dass die Interaktion abhängig ist von Handlungszielen (Plänen), den Antworten der SchülerInnen
und der Improvisation der Lehrenden. Kugelmass und Ross-Bernstein (2000)
haben in ihrer Untersuchung zur Interaktion die Beobachtungen der ForscherInnen und die Reflexion der ErzieherIn verknüpft. Damit gelang es ihnen, explizite
und implizite Handlungsmuster zu identifizieren, die auf den Interaktionsprozess
Einfluss nehmen. Dies macht ersichtlich, dass trotz der detaillierten Planungs-
schritte, die im Rahmen der Didaktik festgelegt werden, letztlich der Sensibilität
des Lehrenden während des Interaktionsprozesses eine große Bedeutung für den
Lernprozess der Lernenden zukommt.

Neben dieser subjektiven Motivation lässt sich didaktisches Handeln aber
auch durch die Beobachtung differenzieren. Idealtypisch für das didaktische
Handeln ist die Orientierung am klassischen Dreischritt – das sind die Schritte
„Einstieg", „Arbeitsphase" und „Abschluss". Straka und Macke sehen den Einstieg als „geplanten Ausgangspunkt des Lernens", die Arbeitsphase als „das

Lernen anregende und unterstützende Handlungssituation" und den Abschluss als „intendierten Endpunkt des Lernens". Dieses unmittelbar beobachtbare didaktische Handeln bezeichnen Seidel et al. (2004) als „Sichtstrukturen". Auch in der vorliegenden Studie gilt es, solche „Sichtstrukturen" für den Interaktionsprozess im Kindergarten zu identifizieren. Darunter werden Grundformen des „unterrichtlichen" Handelns mit seinen Freiräumen und Einschränkungen verstanden. Dadurch entstehen für die Lernenden „Gelegenheitsstrukturen", um mit ihren subjektiven Erfahrungen an den Prozess anzuknüpfen und diese gegebenenfalls zu erweitern. „Sichtstrukturen" der Lehrenden sind unmittelbar mit den sich daraus ergebenden „Gelegenheitsstrukturen" für die Lernenden verbunden. Dieser Zusammenhang ist für die vorliegende Interaktionsstudie im Kindergarten zentral.

Für den Wissenstransfer scheinen diese aufeinander aufbauenden Handlungsschritte vor allem auch insofern sinnvoll zu sein, als sie den Lernenden ein Dialogfeld eröffnen, das ein Anknüpfen und Erweitern an subjektiven Erfahrungen ermöglicht. Die Didaktik versucht, innerhalb eines pädagogischen Rahmens Bildungsinhalte und Wissen über eine optimale Instruktion umzusetzen (Kron 2004). Im Mittelpunkt steht die Bedeutung des Wissens für die Lernenden. Insbesondere die Fachdidaktik versucht, differenzierte fächerspezifische Aneignungsprozesse herauszukristallisieren, um den Lernenden den Lernprozess zu erleichtern und Lehrenden differenzierte Handlungsstrategien zur Unterstützung des Lernprozesses zur Verfügung zu stellen. Didaktiken sind nicht mit Handlungsanweisungen oder Konzepten gleichzusetzen, sondern dienen vielmehr dazu, sich kritisch mit dem Fachwissen bzw. entsprechenden Vorläuferkompetenzen auseinanderzusetzen und das didaktische Handeln auf die „Gelegenheitsstrukturen" (Seidel 2003) für die Lernenden abzustimmen. In diesem Sinne ist das didaktische Handeln auch im Rahmen der international geführten Diskussion um verbindliche Curricula in der Pädagogik der frühen Kindheit von großem Interesse.

Zur Orientierung für das pädagogische Handeln im Kindergarten stehen derzeit offene Rahmencurricula zur Verfügung. Diese bestimmen die Kindergartenpädagogik in Deutschland seit den ausgehenden 70er Jahren. Derzeit gibt es noch keinen einheitlichen Bildungskanon, der das Lernen im Kindergarten bestimmt, d. h., die Auseinandersetzung mit Wissen und damit, wie dieses spezielle Wissen dem Kind am besten vermittelt werden könnte, fand bisher in der Kindergartenpädagogik noch wenig Beachtung. Mit der Bemühung um einen Bildungsplan für die Vorschulpädagogik (siehe Kapitel: „Dominierende Einflüsse ab 1990") könnte sich in dieser Hinsicht einiges ändern. Wohl aber wird im Kindergarten von verschiedenen didaktischen Phasen gesprochen (Barres 1973; Tietze et al. 1998). Dabei werden Freispiel, geplante Projekte sowie Übergangsphasen voneinander unterschieden. Wie die einzelnen didaktischen Phasen gestaltet werden, wird

aber nicht explizit über die verschiedenen Programme für den Kindergarten bestimmt, sondern lässt sich nur über Rückschlüsse auf das Gesamtkonzept des
Kindergartens vermuten. Im Kindergarten finden sich seit den 1960er Jahren
hauptsächlich am Subjekt bzw. dessen Lernprozessen ausgerichtete Erziehungsziele (vgl. Fried 2003). Diese Programmtypen werden als kindzentrierte Programme bezeichnet. Dass ein solches Handlungsprinzip hohe Anforderungen an
die PädagogInnen stellt und nicht einfach umzusetzen ist, kann aus den zahlreichen Untersuchungen zum Ansatz des *„Developmentally Appropriate Practice"*
geschlossen werden (siehe Kapitel: „Developmentally Appropriate Practice
[DAP]"). Der Situationsansatz, der als dominierendes Programm die Kindergartenpädagogik in Deutschland in den letzten 30 Jahren stark beeinflusst hat (siehe
Kapitel: „Dominierende Einflüsse ab 1980"), betrachtet Stoffpläne, durch die der
Tagesablauf im Kindergarten festgelegt wird, eher kritisch. Zwar wurden im
Sinne des Situationsansatzes didaktische Einheiten erarbeitet, die den Kindergär-
ten zur Verfügung stehen, diese sollen aber nur als Impulse und nicht als feste
Vorgaben verstanden werden.

Demnach mangelt es bisher daran, das Kindergarten-Curriculum auf Bildungsbereiche festzulegen und damit auch in der Kindergarten-Pädagogik über
Fachwissen zu diskutieren und daran eine entsprechende Handlungsdidaktik zu
entwickeln. Mit den internationalen Vergleichsstudien wächst der gesellschaftliche Druck, das schulische Lernen in den Kindergarten vorzuverlegen. Die Vernachlässigung so genannten domänenspezifischen Wissens im Kindergarten steht
im Zusammenhang mit der Trennung der Bildungsaufträge von Elementar- und
Primarbereich durch den Strukturplan der 1970er Jahre. Dadurch wurde im vorschulischen Bildungsbereich mehr an der Abgrenzung zum schulischen Lernen
gearbeitet als an der Schnittstelle zwischen Kindergarten und Schule (König
2005). Mit der von Elschenbroich am Ende des 20. Jahrhunderts angeregten
Delphi-Befragung wurde zum ersten Mal seit den 70er Jahren ernsthaft darüber
nachgedacht, was nun ein Kindergartenkind am Ende seiner Kindergartenzeit
erfahren haben sollte. Die von Fried (2005) vorgelegte Expertise trägt differenzierte Befunde zum Wissen junger Kinder zusammen, die zeigen, über welches
komplexe Wissen Kinder bereits in sehr jungen Jahren verfügen können, wenn
ihnen durch eine anregungsreiche Lernumwelt dazu genügend Gelegenheiten
geboten werden (vgl. Fried 2005). An der mangelnden Fähigkeit der Kinder,
Wissen zu erwerben, kann demnach die bisherige Ignoranz gegenüber einer
konkreten Wissensvermittlung im Kindergarten nicht gelegen haben. Im Lehr-
Lernprozess im Kindergarten kann also schon sehr gut an bereits bestehendes
Wissen der Kinder angeknüpft werden. Gagné hat in seiner Lerntheorie das
„Vorwissen" als zentral für den weiteren Lernprozess gesehen (Lefrancois 1976).
Das Anknüpfen an bereits erworbenes Wissen wird auch derzeit in der Lerntheo-
rie als Ausgangspunkt für den Aufbau komplexerer Wissensstrukturen gesehen.

Wird von den durch das Frontalhirn (Bewusstsein, langfristige Planungen etc.) gesteuerten Fähigkeiten abgesehen, so ist heute davon auszugehen, dass sich das Denken der Kinder nicht grundlegend vom Denken Erwachsener unterscheidet (Stern 2005). Lernen ist nach Stern (2005) wesentlich daran gekoppelt, welches Wissen bereits aufgebaut wurde, um neues Wissen an bereits vorhandene Wissensstrukturen anzuknüpfen. Kinder sind demnach gegenüber Erwachsenen vor allem zeitökonomisch betrachtet im Nachteil, d. h., sie hatten noch weniger Gelegenheiten, Wissen aufzubauen. Diese Befunde machen ersichtlich, dass der Wissensaufbau in der vorschulischen Bildung mehr ins Bewusstsein gerückt werden muss, als bisher getan, um die Möglichkeiten zu nutzen, die den Kindern durch den Erwerb von komplexen und vielfältigen Wissensstrukturen offenstehen. Dabei ist insbesondere darauf zu achten, dass Wissen kulturspezifisch ist und Kinder mit unterschiedlichsten Erfahrungshintergründen in den Kindergarten kommen. Diese Herausforderung ermöglicht eine „Pädagogik der Vielfalt" (Prengel 2006; Williams 1994), die im Kindergartenalltag vielfältige Handlungsfelder sowie verschiedene Arten von Lernprozessen eröffnet. Letztlich stellt sich aber die Frage, ob sich für den Kindergarten nicht so genannte Vorläuferkompetenzen identifizieren lassen, mit denen Kindern der Erwerb der Kulturtechniken wie z. B. Lesen, Schreiben, Rechnen etc. erleichtert werden kann. Mit der phonologischen Differenzierung[27], die als Vorläuferkompetenz für den Schriftspracherwerb (Schneider et al. 1999) gilt, wurde dahingehend bereits ein erster Schritt getan. Eine Orientierung an verschiedenen Vorläuferkompetenzen könnte zu einem Kerncurriculum im Kindergarten führen. Dadurch würde die Arbeit im Kindergarten über ein differenziertes fachdidaktisches Wissen erweitert. In der Folge könnte der Kindergarten zu einer Bildungseinrichtung werden, die bewusster als bisher den Kindern wichtige Handlungsräume eröffnet.

Die Orientierung an einer Didaktik kann als Rahmen gesehen werden, innerhalb dessen pädagogisch gehandelt wird. Didaktik versucht, die Errungenschaften aus der Lehr-Lernforschung ebenso wie aus der Instruktionsforschung innerhalb eines pädagogischen Rahmens umzusetzen. Didaktisches Handeln zeichnet sich durch einzelne Lernschritte aus, die das Lernziel aufbereiten und für die Lernenden „Gelegenheitsstrukturen" schaffen, sich mit ihren subjektiven Erfahrungen in den Prozess zu involvieren. Über die didaktische Aufbereitung der Lernsituation hinaus gewährt der pädagogische Prozess den Lehrenden einen Freiheitsgrad, der bei entsprechender Sensibilität und der Orientierung der Lehrenden am Lernprozess die entscheidende Schnittstelle der pädagogischen Interaktion darstellt. Das Wissen über den Interaktionsprozess bleibt folglich auch im

---

27 Auf den Begriff „phonologische Bewusstheit" wird hier verzichtet, da damit irreführende philosophische, aber auch in Bezug auf die neuronale Entwicklung fehlleitende Gedanken verbunden werden können (s. o.).

Rahmen didaktischer Aufbereitung wesentlicher Bestandteil des pädagogischen Handelns. Darüber hinaus fällt bei einer didaktischen Auseinandersetzung die Orientierung am Fachwissen besonders ins Gewicht. Diese wurde bei den offenen Rahmencurricula im Kindergarten bisher jedoch vernachlässigt. Für eine erfolgreiche Instruktion (siehe Kapitel: „Instruktion") ist aber die Orientierung an Zielen wesentlich, d. h., optimale Unterstützung kann nur dann gewährt werden, wenn es den Handelnden gelingt, innerhalb der speziellen Situation das entsprechende Handlungsziel für die Lernenden zu erfassen. Für situierte Lernumgebungen spielen daher konstruktivistisch geprägte Auffassungen über das Lernen eine große Rolle (Reinmann-Rothmeier & Mandl 2001), die den Subjekten im Lernprozess die höchste Priorität einräumen (siehe Kapitel: „Konstruktivistische Lern-Lehrformen").

3.3 Resümee

Die in der derzeitigen pädagogischen Theoriediskussion so vorrangige Verwendung des Begriffs der „Interaktion" betont die wechselseitige Einflussnahme der Subjekte im pädagogischen Prozess. Dabei begreifen unterschiedliche Interaktionsmodelle den Interaktionsprozess entweder als symmetrisches, komplementäres oder asymmetrisches Verhältnis zwischen den beteiligten Subjekten.

Eine entsprechende Klassifizierung kann – im Unterschied zu den Erziehungsstilmodellen – jedoch nur anhand des Wechselspiels von Erziehenden und zu Erziehenden über den gemeinsamen Gegenstand erfolgen. Damit wird die unipolare Ausrichtung auf die Erziehenden aufgegeben und der Interaktionsbezug in den Mittelpunkt der Handlungstheorien gestellt. Der Bezug auf den „gemeinsamen Gegenstand" kommt dabei dem intersubjektiven Handeln in der geisteswissenschaftlichen Tradition nahe, wonach Individuen unter denselben Erfahrungen zu gleichen Erkenntnissen gelangen. Intersubjektivität knüpft an eine Beziehung zwischen den Subjekten an, die auf Handlung und Erfahrung basiert. In der Interaktionstheorie gilt die Annahme, dass ein symmetrisches Erziehungsverhältnis zwischen Erziehenden und zu Erziehenden schwer verwirklichbar ist, da das Erziehungsverhältnis an sich auf eine asymmetrische Struktur zwischen Wissenden und Lernenden („instrumentelle Beziehung") verweist bzw. die Erziehungssituation allein in ihrer Ausrichtung darauf, eine Verhaltensänderung bei den zu Erziehenden zu erwirken, (siehe Kapitel: „Interaktionstheorien") als asymmetrisch erscheint (Perrez 2001, 362). Mit dem Einfluss konstruktivistischer Theorieansätze auf die Pädagogik muss diese Auffassung kritisch reflektiert werden (siehe Kapitel: „Konstruktivistische Lern-Lehrformen"). Heute werden in der Pädagogik die beiden Perspektiven der „sozialen" und der „instrumentellen Beziehung" als grundlegende Teilkomponenten der pädagogischen Interaktion gesehen. Dieses Bewusstsein ist die Grundvoraussetzung, um pädagogische Interaktionen entsprechend einschätzen zu können. Für den pädagogischen Prozess ist Intersubjektivität konstitutiv.

Die Ausführungen zu den Theorien der „Instruktion" und „Didaktik" haben das Wissen um die bewusste Beeinflussung des Lernprozesses erweitert. Auch diese Theorierichtungen zeichnen sich durch eine eindeutige Orientierung am Gegenüber aus. Insbesondere das Anknüpfen an die Gedanken des Kindes und die wechselseitige Interaktion gelten hier als Möglichkeit, den Lernprozess der Lernenden erfolgreich zu unterstützen, wobei sich angesichts der offenen und flexiblen Rahmenpläne für den Kindergarten vor allem die adaptive Instruktion anbietet. Diese Instruktionsmethode orientiert sich am Individuum und entwickelt Handlungsziele gemeinsam mit den Lernenden durch reziproke Interaktionsprozesse. Beispielhaft dafür ist die Theorie des „*scaffoldings*" nach Wood et al. (1976) oder auch das Konzept „*guided participation*" von Rogoff (1990).

Im vorliegenden Kapitel sollte der Versuch unternommen werden, den Begriff der „Interaktion" in der erziehungswissenschaftlichen Tradition zu verorten und zu verdeutlichen, dass die „Subjekt-Subjekt-Beziehung" heute an diesen Begriff gekoppelt ist. Damit sind hohe bildungstheoretische Ideale verbunden, die durch die differenzierte Interaktionsforschung auch handlungstheoretisch genauer beschrieben werden können. Die obigen Ausführungen verstehen sich als knapper Abriss der Theoriegeschichte der Pädagogik. Damit wurde die Absicht verfolgt, den Zusammenhang zwischen Erziehungsprozess und Bildungstheorien verständlich zu machen.

Im Folgenden soll durch konkrete Belege der Interaktionsforschung die bisherige Theoriediskussion untermauert werden, um darauf das Forschungsdesign für die vorliegende Interaktionsstudie zu begründen.

4. Interaktionsforschung

Das Forschungsfeld der Interaktion steht in engem Zusammenhang mit Analysen des Erziehungsstils (Tausch et al. 1968; Neubauer 1986; Watkins & Mortimore 1999) ebenso wie mit Forschungen zu „subjektiven Theorien" (Rheinberg et al. 2001) und jüngsten Untersuchungen zu den Wissenskomplexen, die den ErzieherInnen als Grundlage ihres Handelns dienen sollen (Fried 2002). Auch Rollen- und Interaktionstheorien wie z. B. die von George Herbert Mead und Erving Goffman vertretene Theorie des symbolischen Interaktionismus gelten als wichtige theoretische Ansätze (siehe Kapitel: „Interaktion"). Der Begriff der „Interaktion" ist in der Pädagogik über die Bedeutung der intersubjektiven Beziehung fest verankert und wird insbesondere seit der „realistischen Wende" in der Erziehungswissenschaft zum Fokus der Auseinandersetzung mit Theorien der Bildung und Erziehung.

Seit den 90er Jahren zeichnet sich in der Pädagogik der frühen Kindheit international ein verstärktes Interesse ab, Erziehung und Bildung im Kindergarten auf ihre Effektivität hin zu überprüfen. Dieses Anliegen wird vorangetrieben durch Befunde, die darauf hinweisen, dass Kinder, die bereits in jungen Jahren vielfältige Gelegenheiten hatten, Kompetenzen zu entwickeln, in der Schule besser zurechtkommen als Kinder, denen diese Erfahrungsräume verschlossen waren (Schweinhart et al. 1993; Kontos 1999; Siraj-Blatchford, I. et al. 2002; Sylva et al. 2004; Shore et al. 2004). Kindergärten stehen demnach gegenwärtig vor der Aufgabe, ihre offenen Rahmencurricula stärker unter dem Fokus einer Lernumwelt auszurichten, um den an sie gestellten Ansprüchen einer bewussten Herausforderung und Begleitung der Kinder in ihren vielfältigen Lernprozessen gerecht zu werden. Gegenwärtig werden hierfür vor allem an sozialkonstruktivistischen Bildungs- und Lerntheorien ausgerichtete Bildungscurricula diskutiert (siehe Kapitel: „Gegenwärtige Bildungs- und Lerncurricula"). Diese Theorien gehen davon aus, dass das Kind in Interaktion mit seiner sozialen Umwelt vielfältige Erfahrungen sammelt, die ihm dazu verhelfen, Kompetenzen aufzubauen. Auch in der Qualitätsdiskussion verschiebt sich in den letzten Jahren das Interesse verstärkt in Richtung der prozessualen Faktoren der Einrichtungen (siehe Kapitel: „Gegenwärtige Strömungen in der Qualitätsdiskussion"). Diese Orientierung geht auf in den letzten Jahren gehäuft auftretende Befunde zurück, welche besagen, dass die Qualität von Kindertageseinrichtungen im Wesentlichen durch die Intensität der ErzieherIn-Kind-Interaktion beeinflusst wird (vgl. Textor 2000). Tietze et al. (1998) konnten bei Kindern in Abhängigkeit von der Qualität der pädagogischen Interaktion eine Entwicklungsdifferenz von bis zu einem Jahr feststellen. Die Untersuchung lieferte aber auch das erschreckende Ergebnis, dass nur ein Drittel der Kindertageseinrichtungen eine gute Prozessqualität aufweist, die Kindern ein ermutigendes und anregendes Umfeld bietet. Da gerade in den verschiedenen Interaktionsprozessen ein hohes Potential liegt, die Entwicklung der Kinder zu unterstützen (vgl. Sylva et al. 2003; Siraj-Blatchford et al. 2002; Wolf 1987; Wolfram 1995), werden hier wichtige Chancen vertan. Insbesondere die Längsschnittuntersuchung von Sylva et al. (2003) und Siraj-Blatchford et al. (2002) verdeutlicht die Vorteile, die in einer detaillierten Analyse der Interaktionsprozesse liegen (siehe Kapitel: „Effective Provision of Preschool Education" [EPPE]).

Die Interaktionsprozesse zwischen ErzieherIn und Kind gelten derzeit als Schlüsselvariable für die Qualität der vorschulischen Bildung (vgl. Sylva et al. 2003). Da bisher keine differenzierten Qualitätsmessinstrumente vorliegen, die eine differenzierte Erfassung der ErzieherIn-Kind-Interaktion ermöglichen (siehe Kapitel: „Qualitätskriterien"), ist die Orientierung an den Befunden aus unterschiedlichen Interaktionsstudien hilfreich, um Kriterien für eine gute ErzieherIn-Kind-Interaktion zu explorieren.

4.1 Nicht-professionelle Interaktion

Die meisten Befunde auf dem Gebiet der Interaktionsforschung liegen heute im Bereich der frühen Eltern-Kind-Interaktion vor (vgl. Ireson & Blay 1999; De Kruif et al. 2000). Die soziale Interaktion der ersten Lebensjahre gilt als Basis der Auseinandersetzung des Individuums mit seiner sozialen und materiellen Umwelt und somit als Grundlage für nachfolgende Entwicklungsprozesse. Die Bedeutung dieser – nicht-professionellen – sozialen Interaktion für das pädagogische Handeln wird dabei offenkundig. Neben der Interaktion zwischen Eltern und Kind innerhalb der ersten Lebensjahre gilt auch die Peerinteraktion als bedeutende Forschungsrichtung, von der wichtige Impulse für das pädagogische Handeln in den Einrichtungen ausgehen.

Die Professionalität der Interaktion wird hier an ein spezifisches Berufsbild gekoppelt, in diesem Fall an die in der pädagogischen Praxis professionell Ausgebildeten. Mit den Termini „nicht-professionelle/professionelle" Interaktion soll die Trennung vollzogen werden zwischen Studien, die sich mehr auf die Interaktion von Peers und im familiären Kontext beziehen, und solchen über den Kontext professioneller pädagogischer Praxis und Studien.

Im Folgenden soll näher auf die frühe Eltern-Kind- und die Peerinteraktion eingegangen werden.

4.1.1 Eltern[28]-Kind-Interaktion

Für die genaue Erforschung der Eltern-Kind-Beziehung sind die Befunde aus der Hospitalismusforschung von René Spitz, die Untersuchungen zur Bindungstheorie von Bowlby und Ainsworth (Oerter & Montada 2002; Holmes 2002) sowie die Untersuchungen von Papousek und Papousek zur Eltern-Kind-Interaktion wegweisend (Lohaus et al. 2004). Von Geburt an ist der Säugling auf die soziale Beziehung zu seiner Umwelt angewiesen. Heute gilt als gesichert, dass diese frühkindlichen Interaktionserfahrungen im Wesentlichen dafür verantwortlich sind, dass das Individuum mit den unterschiedlichsten Anforderungen, die das Leben bereithält, flexibel umzugehen vermag.

Untersuchungen im Feld der Eltern-Kind-Beziehung lassen sich im Wesentlichen in zwei Forschungsfelder einteilen: zum einen Untersuchungen zur Bindungstheorie und zum anderen Untersuchungen zur Eltern-Kind-Interaktion, die die temporalen und affektiven Faktoren der Interaktion in den Blick nehmen.

Als besondere soziale Beziehung gilt die Bindung zwischen Eltern und Kind. Bowlby[29] und Ainsworth (Oerter & Montada 2002; Holmes 2002) widmen sich in zahlreichen Untersuchungen vornehmlich diesem Phänomen. Die Untersuchungen stellen den Zusammenhang zwischen positiver Bindungsbeziehung und Explorationsverhalten des Kindes heraus (Olson et al. 1984). Lange Zeit lag dabei der Fokus ausschließlich auf dem Bindungsverhalten des Kindes, ohne Berücksichtigung des Fürsorgesystems, d. h. des Verhaltens der Eltern. Die Bindungstheorie geht davon aus, dass nur sicher gebundene Kinder über das Potential verfügen, emotionale Stresssituationen aktiv zu bewältigen, so dass es ihnen

---

28 Um Fehlinterpretationen vorzubeugen, weise ich hier darauf hin, dass der Begriff „Eltern" sich in diesem Zusammenhang prinzipiell durch „nähere Bezugspersonen" ersetzen lässt. Da in der Literatur mit dem Konstrukt „Eltern-Kind-Interaktion" eine differenzierte Forschungsrichtung beschrieben wird, wird hier auf eine Umschreibung dieser Terminologie verzichtet. Die überwiegende Anzahl der Untersuchungen liegt heute im Bereich der Mutter-Kind-Interaktion vor. Dadurch wird die westliche Untersuchungstradition in der Psychologie verdeutlicht, die der Mutter-Kind-Beziehung eine besondere Bedeutung zuschreibt. Heute wird jedoch in der Forschung davon ausgegangen, dass Kinder von Geburt an mehrere Beziehungen, nicht nur zur Mutter, aufbauen können. Diese Untersuchungslage muss bei der Beschreibung der Studien berücksichtigt werden. Mit dem Begriff „Eltern-Kind-Interaktion" wurde die spezifische Beziehung immerhin schon minimal erweitert.
29 Bowlbys Bindungstheorie hatte großen Einfluss auf die Pädagogik der frühen Kindheit in den westlichen Industrienationen bzw. auf den Ausbau frühkindlicher Betreuungseinrichtungen. Seine Theorie wurde vielfach dahingehend missverstanden, dass Mütter in den ersten Lebensjahren besser bei ihren Kindern zu Hause bleiben sollten bzw. die Erwerbstätigkeit der Mutter zur Vernachlässigung der Kinder führe (Penn 2004). Bis heute spiegelt sich dieser Irrglaube an der Misere des Betreuungsangebots für unter Dreijährige wider.

gelingt, ihre Aufmerksamkeit auch in stark belastenden Situationen, wie z. B. in einer Trennungssituation von den Eltern bzw. von Bezugspersonen, auf andere Dinge zu richten. Je sicherer und wohler sich das Kind fühlt, je größer also das Vertrauen des Kindes in die Zuverlässigkeit des Fürsorgesystems, d. h. in der Regel in die Eltern, desto stärker ist das Explorationsverhalten, welches sich u. a. in der Spielfreude oder dem Neugierverhalten des Kindes zeigt. Durch das Wiegen, Streicheln, Singen etc. der Bezugspersonen baut sich eine positive Bindungsbeziehung zu dem Kind auf, welches die Befriedigung der kindlichen Bedürfnisse nach Nähe und Sicherheit erfüllt (vgl. Lohaus et al. 2004). Dadurch entwickelt das Kind nach Grossmann (2004) „konstruktive internale Kohärenz". Dies beschreibt ein bewusstes soziales Verhalten, welches das Kind befähigt, mit sozialen Situationen angemessen umzugehen, und dies sowohl beim Auftreten negativer als auch positiver Gefühle und Stimmungen. Die Bindungsbeziehung zwischen Eltern und Kind hat hohen Einfluss auf den Entwicklungsverlauf des Kindes. So zeigt sich, dass sicher gebundene Kinder im Gegensatz zu unsicher gebundenen Kindern im Kindergartenalter soziale Probleme kompetenter zu lösen verstehen und sich konzentrierter mit einzelnen Aufgaben beschäftigen (Grossmann & Grossmann 1991; Simó 2000), aber auch ein höheres Selbstvertrauen und besseres Selbstwertgefühl besitzen (Simó 2000).

Als besonderes Konstrukt der frühen Eltern-Kind-Beziehung gilt die „Sensitivität" der Eltern (vgl. Lohmann 2004; Oerter & Montada 1995; Holmes 2002; Brazelton et al. 1974). Ainsworth hat sich mit dem Sensitivitätskonstrukt intensiv auseinandergesetzt und zu dessen Erfassung eine neunstufige Ratingskala konstruiert. Ihre Untersuchungen weisen einen hohen Zusammenhang zwischen elterlicher Sensitivität und Qualität der Bindungsbeziehung nach. Diese Befunde zeigen sich bei anderen Forschungsteams nicht in dieser monokausalen Weise. Das mag unter anderem damit zusammenhängen, wie das Konstrukt „Sensitivität" erfasst wurde. Die sich widersprechende Befundlage weist darauf hin, dass noch weitere Einflussfaktoren die Qualität der Bindungsbeziehung steuern. Lohaus et al. (2004) stellen in diesem Zusammenhang folgende Faktoren zur Diskussion:

Verhaltenssynchronie, d. h. das Ausmaß reziproker Beziehungen zwischen Kind und Bezugsperson,
Gegenseitigkeit, d. h. das Ausmaß positiver Interaktionen mit gemeinsamer Ausrichtung und positivem Affekt,
Unterstützung, d. h. das Ausmaß des verfügbaren und aufmerksamen Auftretens der Bezugsperson dem Kind gegenüber und der Einsatz von unterstützenden Handlungen,
Positive Einstellung zum Kind, d. h. das Ausmaß des positiven und negativen Ausdrucks der Bezugsperson dem Kind gegenüber und
Stimulationsausmaß, d. h. Ausmaß und Anzahl aller Interaktionen der Bezugsperson dem Kind gegenüber. (Lohaus et al. 2004, 155)

Insbesondere die „Verhaltenssynchronie" und die „Gegenseitigkeit" offenbaren sich dabei als bedeutsame weitere Einflussfaktoren auf die Bindungsbeziehung. Diesem Forschungsstand entsprechend ist die Bindungsbeziehung heute als komplexes System von Verhaltensweisen der Eltern anzusehen (vgl. Lohaus 2004). Auch Simó et al. (2000) stellen heraus, dass nicht nur die Feinfühligkeit, sondern auch andere Verhaltensweisen der Mutter die Qualität der Bindungsbeziehung bestimmen. Gleichwohl gilt die Sensitivität als wichtigster Indikator der Bindungsbeziehung von Eltern und Kind (vgl. Simó 2000). Eine Interaktion kann dann als geglückt gelten, wenn ein sensitives Verhalten der Mutter und eine „heitere Kooperation" des Kindes die Interaktion bestimmen (vgl. Simó 2000).

Diese Forschungslage bildet die Basis für eine Hinwendung zur Eltern-Kind-Interaktion, die sich nicht nur dem Konstrukt der „Bindungsbeziehung" verschreibt, sondern detailliert den Interaktionsprozess zwischen Bezugsperson und Kind zu analysieren versucht.

Die Interaktion von Mutter und Kind beruht auf einem wechselseitigen Prozess, in den beide Individuen im gleichen Maße *aktiv* involviert sind (Schmücker & Buchheim 2002; vgl. Simó 2000). Nicht nur die Eltern, auch bereits sechs Wochen alte Säuglinge produzieren, um die Interaktion zu stimulieren, verschiedene Gesichtsausdrücke (vgl. Kreppner 2004) und bringen sich damit aktiv in den Interaktionsprozess ein. Auch die Sensitivität, die die Mutter dem Kind gegenüber zeigt, ist eine dynamische Eigenschaft, die sowohl von der Mutter als auch vom Kind beeinflusst wird. Durch die wechselseitigen Austauschprozesse bilden sich so genannte Interaktionsmuster zwischen den Bezugspersonen und dem Kind heraus, z. B. Begrüßungsrituale etc., welche sich im Laufe der Entwicklung des Kindes bzw. innerhalb der Interaktionsprozesse zunehmend modifizieren. Die Untersuchung von Fagot und Kavanagh (1993) weist darauf hin, dass sich das Verhalten der Eltern vom ersten zum zweiten Lebensjahr von einem feinfühlig-nachgehenden zu einem didaktisierenden-vorbereitenden Interaktionsstil wandelt (vgl. Simó 2000). Das Verhalten der Eltern wird von Papousek und Papousek (1978; 1987) als „*intuitive parenting*" bezeichnet, wonach sich die Eltern intuitiv an den Verhaltensmerkmalen des Kindes orientieren und ihr Verhalten dementsprechend abstimmen. Dies führen Papousek und Papousek auf evolutionsbiologische Anpassungsleistungen zurück. Der Entwicklungsprozess des Kindes wird durch die Eltern situationsabhängig begleitet, stimuliert oder auch kompensatorisch unterstützt (Grossmann 2004). Auf diese außerordentliche Lernsituation verweisen auch Bransford und Heldmeyer (1983). Sie führen u. a. die dabei beobachteten großen Lernfortschritte in der ersten Lebensphase auf die optimale Beeinflussung durch die „persönlichen TutorInnen" in der frühen Kindheit zurück. Dieses adaptive Verhalten der Eltern an den Entwicklungsprozess kann als Qualitätsmerkmal der Eltern-Kind-Interaktion gesehen werden.

Durch den Prozess der Operationalisierung wurde versucht, die Qualität der Eltern-Kind-Beziehung genauer zu erfassen. Dabei lag der Fokus zunächst auf dem Verhalten der Eltern während des Interaktionsprozesses. So wendet Symonds (1939) das Schema „Akzeptanz-Zurückweisung" und „Dominanz-Unterwürfigkeit" auf das Elternverhalten an (vgl. Schmücker & Buchheim 2002) (siehe Kapitel: „Erziehungsstilkonzepte"). Erst im Laufe der Zeit wurde der Interaktionsprozess als solcher erfasst und versucht, entsprechende Modelle zu entwickeln, die den wechselseitigen Prozess zu fassen vermögen. Dazu gehört die Beurteilung des Affekts zur Erfassung der Eltern-Kind-Beziehung (vgl. z. B. Izard et al. 1991) oder auch die Erfassung temporaler Merkmale (Brazelton et al. 1974; Condon & Sander 1974; Tronick & Cohn 1989) innerhalb des Interaktionsprozesses. Durch den temporalen Aspekt konnte nicht nur untersucht werden, ob die Interaktion affektiv positiv oder negativ war, sondern in welchem zeitlichen Abstand Mutter und Kind aufeinander reagieren. Besonderes Interesse galt in den verschiedenen Studien dem Phänomen einer koordinierten Interaktion. Deren Anzahl nahm mit dem Alter der Kinder zu (Tronick & Cohn 1989). Diese Ergebnisse sprechen dafür, dass die durch das *„internal parenting"* bestimmte Interaktion zwischen Bezugsperson und Kind mit der Zeit ihre affektive Steuerung zunehmend verliert und durch die gegenseitigen Interaktionserfahrungen bewusst beeinflusst werden (Lohaus et al. 2004). Lange Zeit wurden diese synchronen oder auch koordinierten Interaktionen mit der Qualität der Eltern-Kind-Beziehung in Zusammenhang gebracht. Erst in den letzten Jahrzehnten ergaben unterschiedliche Untersuchungen, dass ein „oszillierender" Interaktionsprozess, welcher das Wechselspiel von koordinierten und unkoordinierten Prozessen beschreibt, für eine gelungene Eltern-Kind-Interaktion von großer Bedeutung ist (Schmücker & Buchheim 2002; Beebe & Lachmann 2004). Als wesentlich stellt sich dabei der Prozess des „Korrigierens" (vgl. Schmücker & Buchheim 2002) bzw. das ständige Modifizieren der Interaktionsmuster heraus. Dieser Prozess der gegenseitigen Beeinflussung bzw. des Abstimmens der Affekte gilt als Ausgangspunkt gemeinsamer Interaktion. Dieses Handlungsprinzip weist auf ein mittleres Maß an „Feinfühligkeit" und „Sensitivität" der Eltern hin und gilt als wesentlicher Indikator für die Bindungsbeziehung (vgl. auch Rubin 1998). Beebe und Lachmann (2004) beschreiben diesen Bereich als Balancemodell zwischen Selbst- und interaktiver Regulierung. Das responsive Verhalten der Eltern steht im Zentrum der Eltern-Kind-Interaktion. Responsiv zu handeln meint, auf das Verhalten des Kindes zu reagieren. Ob Responsivität in direkter Verbindung steht mit der kognitiven Entwicklung der Kinder, lässt sich so nicht beantworten. Als gesichert gilt, dass responsives Verhalten wesentliche Faktoren einer entwicklungsanregenden Umwelt begünstigt (vgl. Bornstein & Tamis-LeMonda 1989; Olsen, Bates & Bayles 1984). Das responsive Verhalten der Eltern verstärkt im Kind das Gefühl der Selbstwirksamkeit und trägt so dazu bei, dass es sich als aktiv Handelndes erlebt. Responsives Verhalten gibt Kindern ein Gefühl der Sicherheit, welches das Neugierverhalten unterstützt und so Lernerfahrungen erweitert, und es bringt Eltern und Kind dazu, mehr voneinander zu erfahren und dadurch angemessen auf die Verhaltensweisen des Gegenübers zu reagieren (vgl. Bornstein & Tamis-LeMonda 1989). Olsen, Bates und Bayles (1984) zeigen den Einfluss des Elternverhaltens auf die Kompetenzentwicklung des Kindes mit 24 Monaten. Demnach kann durch ein warmes, stimulierendes Verhalten im Alter von 6 Monaten nicht auf die Kompetenzen des Kindes mit 24 Monaten geschlossen werden. Dagegen besteht ein hoher Zusammenhang zwischen der pädagogischen Instruktion der Eltern im Altern von 13 Monaten und den Kompetenzen des Kindes mit 24 Monaten. Auch die verbale Interaktion der Eltern mit dem 24 Monate alten Kind steht im direkten Zusammenhang mit den Kompetenzen des Kindes (vgl. Olsen et al. 1984).

Die Interaktion zwischen Eltern und Kind wird in der Regel von Anfang an durch die Sprache begleitet, wie z. B. die „Ammensprache", die für die Säuglinge eine hohe Präferenz hat. Diese vorsprachlichen Erfahrungen haben ohne Zweifel sprachanbahnende Wirkung. Sie unterstützen aber auch den Aufbau der Interaktion bzw. der Beziehung an sich. Durch die Reziprozität, d. h. das zeitliche Abstimmen der verbalen Stimuli, kommt es zu Interaktionszyklen bzw. dem Wechsel von Dialogrollen (vgl. Klann-Delius 2004). Die Sprache dient als Mittel der Kommunikation und unterstützt den Interaktionsprozess. Durch Sprache wird es möglich, Gefühle und Gedanken zu präzisieren und dadurch die Interaktion zunehmend bewusster und differenzierter zu gestalten. Sprache dient vor allem dem Informationsaustausch und kann durch das Abgleichen verschiedener Perspektiven die Interaktion bereichern. Ungefähr ab dem ersten Lebensjahr beginnt das Kind Laute bzw. Lautfolgen mit bestimmten Objekten zu verbinden. Die evozierende Wirkung der Eltern-Kind-Interaktion in Bezug auf die Sprachentwicklung des Kindes verdeutlicht in besonderer Weise die tutorielle Funktion der Eltern-Kind-Interaktion. Dies geschieht nach Grimm (1999) über die anspornende Rolle der Mutter bei der Sprachproduktion des Kindes durch Aufforderungen und Fragen. Das Erlernen von Wörtern ist ein langwieriger Prozess, der anfangs nur durch die intentionale Ausrichtung der Erwachsenen, d. h. den Objektbezug in verschiedenen Kontexten gelingen kann. Auch der von Bruner beschriebene Prozess der *„negotiation of meaning"* verweist auf die Bedeutung der Interaktion zwischen Eltern und Kind für die Sprachentwicklung. Tomasello und Farrar (1986) belegen, dass das Erfassen von relativen Begriffen im Wesentlichen über das interaktive Lernen mit Erwachsenen geschieht. Tomasello und Todd (1983) beschreiben, dass Kinder, deren Mütter weniger Aufmerksamkeit für einen gemeinsamen Gegenstandsbezug aufbringen und dagegen direkte Instruktionen bei der Sprachförderung geben, über einen geringeren anfänglichen Wortschatz verfügen (vgl. Akhtar et al. 1991). Die Untersuchungen zeigen, dass die reziproken

Prozesse, d. h. die gegenseitigen oder wechselseitigen Aushandlungsprozesse, einen höheren Einfluss auf die Sprachentwicklung der Kinder haben als eine nur auf didaktische Zwecke ausgerichtete Instruktion (vgl. Akhtar et al. 1991). Sprache wird demnach nicht konditioniert, sondern über Interaktion mit dem Gegenüber aktiv aufgebaut. Welche Bedeutung der Eltern-Kind-Beziehung für den Spracherwerb zukommt, zeigt der Befund, dass sicher gebundene Kinder im Alter von 11 bis 19 Monaten über einen größeren Wortschatz verfügen als unsicher gebundene Kinder (vgl. Klann-Delius 2004).

Die „Sensitivität" der Eltern gilt heute als wesentlicher Faktor der Eltern-Kind-Beziehung. Daneben spielen die „Reziprozität" und die „Synchronizität" für den Aufbau der Beziehung eine wichtige Rolle (vgl. Schmücker & Buchheim 2002). Dass die Beziehung von Eltern und Kind auf die weitere Entwicklung des Kindes einen hohen Einfluss hat, steht außer Frage. Die Folgen der frühstkindlichen Interaktionserfahrungen (vgl. Schnoor 1997; Keller 1998; Grimm 1999; Kugelmass & Ross-Berstein 2000) spiegeln prägnant die Relevanz des Interaktionshandelns wider und geben auch für die spätere Kindheit Impulse für ein bewusstes Interaktionshandeln (Pianta & Nimetz 1991; 1999; 2005). Für das pädagogische Handeln sind neben diesen Befunden vor allem der Prozess der Interaktion im Wechselspiel der Selbst- und interaktiven Regulierung weiterführend, die der „persönliche Tutor bzw. die Tutorin" nutzt, um das Kind zu begleiten, zu stimulieren und zu unterstützen (siehe oben).

4.1.2 Peerinteraktion

Die Peerinteraktion beschreibt die soziale Interaktion zwischen Gleichaltrigen, d. h. zwischen Kindern und Jugendlichen im jeweiligen sozialen Umfeld. Verstärktes Interesse an der Peerinteraktion fand die Forschung erst in den 1970er Jahren.

Ansatzpunkt zur Interpretation der Peerinteraktion boten anfänglich ethnologische Untersuchungen. Diese Studien knüpften an einen evolutionären Kontext an und waren bemüht, bestimmte Verhaltensweisen bzw. Verhaltensmuster, die bereits aus der Tierverhaltensforschung bekannt waren, auch in der Interaktion der Peers aufzudecken. Das Forschungsinteresse lag demnach auf Themenstellungen wie der sozialen Dominanz und Hierarchie, sozialer Strukturierung und Organisation oder auch Annäherungs- und Distanzverhalten (vgl. Schmidt-Denter 1985). Mit dieser Theorieanknüpfung war der Blick versperrt für die Komplexität, die die Peerinteraktion bereits bei sehr jungen Kindern auszeichnet (Viernickel 2000). Die Zuordnung von bestimmten Verhaltensmerkmalen zu bestimmten Kontexten (Reiz-Reaktion) steht in der Tradition behavioristischer Ansätze. Deren neuere Studien führten zu der Auslegung, dass Verhaltensmerkmale weniger an den Entwicklungsstand der Kinder gekoppelt sind als vielmehr durch die jeweilige Spielsituation und die Bedeutung, die die Peers ihnen zuschreiben, beeinflusst wird. Kinder gelten demnach als aktiv Handelnde. Dies führte zu einer Uminterpretation älterer Studien, deren veraltete Annahmen jahrzehntelang von der Forschung unreflektiert übernommen wurden. Bezeichnend dafür sind die Untersuchungen von Parten aus dem Jahr 1932 und von Parten und Newhall aus dem Jahr 1943 (vgl. Schmidt-Denter 1985). Darin wurden bestimmte Spielkategorien reduktionistisch der sozialen Reife der Kinder zugeordnet – „unbeschäftigt sein", „allein spielen", „zuschauen", „paralleles Spielen", „assoziiertes Spielen" und „kooperatives Spielen", welches die höchste soziale Stufe symbolisiert. Diese Spielstufen sind heute nicht mehr als Ausdruck der Reife der Subjekte zu interpretieren, sondern gewinnen an Bedeutung für die Intensität des Spielprozesses der Peers.

Weitere Forschungsbemühungen richten ihr Augenmerk auf die sozialen Aushandlungsprozesse innerhalb der Peerinteraktion. Danach werden bestimmte Verhaltensweisen eher als adaptives Verhalten in bestimmten Situationen beschrieben, als dass sie einer fixen Verhaltenskategorie zugeordnet werden. So arbeiteten zum Beispiel Mueller und Brenner 1977 heraus, dass das Parallelspiel keineswegs ein Zeichen begrenzter sozialer Fähigkeiten oder Unreife ist, sondern vielmehr in bestimmten Kontexten die beste Möglichkeit darstellt, ein kooperatives Spiel anzubahnen (vgl. Schmidt-Denter 1985).

Zur Peerinteraktion liegt heute vor allem im Bereich der Entwicklung von Freundschaftsbeziehungen eine große Zahl von Studien vor. Da in der vorliegenden Arbeit insbesondere die Gestaltung des Interaktionsprozesses zwischen Individuen von Bedeutung ist, soll im Folgenden der Fokus auf Untersuchungen gerichtet werden, die sich mit den sozialen Aushandlungsprozessen der Peers auseinandersetzen.

Den sozialen Aushandlungsprozessen zwischen den Peers wird gegenwärtig vor allem in den interaktionistisch-konstruktivistisch orientierten Entwicklungs- und Sozialisationstheorien hohes Forschungsinteresse entgegengebracht. Mit Aushandlungsprozessen wird dabei der Prozess der „Ko-Konstruktion" bzw. der wechselseitige Aufbau von Bedeutungen über bestimmte Sachverhalte, wie sie insbesondere in Spiel- und Konfliktsituationen der Kinder zu beobachten sind, beschrieben. Diese Aushandlungsprozesse gelten derzeit als äußerst anregende und herausfordernde Einflussfaktoren auf den Entwicklungsprozess des Individuums. Der Zusammenhang zwischen dem Aufbau sozialer Interaktionsfähigkeit und kognitiver und sprachlicher Kompetenz wird in zahlreichen Studien belegt (vgl. Viernickel 2000; Petillion 2001; Fried 2004). Petillion (2001) konkretisiert in diesem Zusammenhang, dass diese Interaktionsprozesse ihre Bedeutung nicht nur in der gemeinsamen Auseinandersetzung über Sachverhalte haben, sondern insbesondere darin, dass die Kinder den Entwicklungsprozess direkt beeinflussen.

Krappmann und Kleineidam (1999) untersuchen die Aushandlungsprozesse von Peers in der Schule. Dabei unterscheiden sie zwischen Aushandlungsstrategien, die die Erwartungen der anderen unberücksichtigt lassen, und solchen die die Erwartungshandlungen aller Beteiligten berücksichtigen. Dabei stellen sie fest, dass Kinder größere Entwicklungsanstöße erhalten, wenn sie sich in irgendeiner Form auch mit unterschiedlichen Erwartungshaltungen auseinandersetzen. In dieser Untersuchung wird die Komplexität des Interaktionskontextes, in dem sich die Kinder während der Peerinteraktion befinden, deutlich. Interaktionsstrategien beziehen sich nicht einfach auf ein Ziel, sondern sind ebenso an Erwartungen gekoppelt bzw. abhängig von der sozialen Beziehung der InteraktionsagentInnen. Die Kinder wechseln somit während des Aushandlungsprozesses ständig zwischen ihren Themen und den gemeinsamen bzw. getrennten Zielen.

In der intensiven Auseinandersetzung mit der Erwartungshaltung des Gegenübers steckt das Potential der Reflexion der eigenen Handlungsabsicht und damit die Möglichkeit, sich der Fremd- und Eigenperspektive bewusst zu werden und beide gegeneinander abzuwägen. Die „Ko-Konstruktion" gilt daher als wichtige Leistung, den kindlichen Egozentrismus zu überwinden, aber auch zu eigenen moralischen Urteilen zu kommen (Petillion 2001). „Die Erfahrung von Ähnlichkeit und Unähnlichkeit unter prinzipiell Gleichen macht es erforderlich, sich in der Kommunikation ständig der Wechselseitigkeit der Perspektiven zu vergewissern" (Petillion 2001, 651). In hohem Maße ist die Qualität der Peerinteraktion aber auch von der sozialen Beziehung der Peers abhängig. Ross und Lollis (1989) u. a. heben die Bedeutung der sozialen Beziehung für die Güte des Interaktionsprozesses am Beispiel der gegenseitigen Präferenz der SpielpartnerInnen hervor. Die relative Offenheit der sozialen Beziehung zwischen den Peers gilt als wesentlicher Faktor des hohen Anteils an Aktivität, den die Kinder für eine befriedigende Gestaltung ihrer Beziehungen aufbringen. Die Peerinteraktion zeigt demnach anschaulich den Zusammenhang zwischen sozialer Beziehung und der Anregung von Lern- und Entwicklungsprozessen.

Anhand des Begriffs der „Reziprozität" versucht Youniss die Form der Aushandlungsprozesse innerhalb der sozialen Beziehung der Peers genauer zu beschreiben und einen qualitativen Unterschied zwischen der Peer- und der Erwachsenen-Kind-Interaktion herauszuarbeiten. Das Beziehungsprinzip der „Reziprozität" beschreibt den Zustand einer ausgewogenen Beziehung, welcher, so Youniss, als Grundlage echter Kooperation gilt (Viernickel 2000). „Reziprozität" bezeichnet die wechselseitigen Anteile innerhalb eines Interaktionsprozesses und nimmt dabei in unterschiedlichen wissenschaftlichen Disziplinen verschiedene Bedeutungsnuancen an. In der Soziologie wird der Begriff vor allem im Zusammenhang mit Theorien zur Freundschaft diskutiert (vgl. Youniss 1994). An diese

Theorien knüpft Youniss' Theorie der „Ko-Konstruktion" an, indem er die Bedeutung der „Reziprozität" für die soziale Interaktion erkennt. Nach Youniss
bezeichnet der Begriff der „Ko-Konstruktion" insbesondere diese „symmetrische
Reziprozität". Die in den Aushandlungsprozessen liegende Chance sieht Youniss
darin, eigene Vorstellungen in der Auseinandersetzung mit dem Gegenüber zu
hinterfragen, zu erweitern und zu reflektieren. Dabei verweist Youniss auf unterschiedliche Qualitäten innerhalb von Interaktionsbeziehungen. Bei der Erwachsenen-Kind-Interaktion stellt er die „komplementäre, d. h. ergänzende Reziprozität" heraus, während in der Peerbeziehung die symmetrische, von Ebenmäßigkeit
geprägte „Reziprozität" überwiegt. Die „symmetrischen Reziprozität" verweist
auf die gemeinsame, gleichwertige Konstruktionsebene der Individuen. Vor allem hier zeigen sich die dem Ko-Konstruktionsprozess zugeschriebenen Merkmale einer dialogischen Annäherung von Vorstellungen. Der Unterschied zwischen der Erwachsenen-Kind- und der Peerinteraktion liegt nach Youniss am
Einfluss des Kompetenzvorsprungs der Erwachsenen. Insbesondere bei Fiktions-
spielen konnten bisher diese durch Fragen, Argumente und durch gegenseitige
Erklärungsversuche gekennzeichneten Interaktionen beobachtet werden (vgl.
Völkel 2002; Perry & Dockett 1998; Youniss 1994).

Wie Viernickel eindrücklich beschreibt, sind bereits sehr junge Kinder in der
Lage, aufeinander zu reagieren und mit zunehmender sozialer Bezogenheit ihre
Reaktionen aufeinander abzustimmen (vgl. Viernickel 2000). Dabei ist davon
auszugehen, dass sich diese Kompetenz eher in der direkten Peerinteraktion innerhalb des Spiels entwickelt als in der Interaktion mit Erwachsenen (vgl. Viernickel 2000). Der aktuelle Forschungsstand zur Peerinteraktion beinhaltet, dass
vor allem zwei Formen von Anpassungsvorgängen für den Aufbau von Aushandlungsprozessen zentral sind: Imitation und Komplementarität, d. h. das Nachahmen und gegenseitige Ergänzen von Handlungen (vgl. Viernickel 2000). Die
Untersuchung von Viernickel belegt, dass bereits bei den sozialen Aushandlungsprozessen unter Zweijährigen komplexe Strategien den Interaktionsprozess
bestimmen. Dabei macht diese Studie offenkundig, dass bereits in den ersten
Lebensjahren spezielle „Themen" innerhalb des Interaktionsprozesses der Peers
zu identifizieren sind. Die Beobachtungsstudie von Fried (2004) bestätigt die
große Bedeutung sozialer Aushandlungsprozesse für die Entwicklung von Kindern und liefert mit Kindern im Vorschulalter entsprechende Befunde. Die Interaktionsmuster, die hier über Aushandlungsprozesse wechselseitig differenziert
werden, zeigen beispielhaft Ko-Konstruktionsleistungen, welchen bei der Wissensaneignung des einzelnen Kindes eine wesentliche Bedeutung zukommt (vgl.
Rogoff 1990). Dem derzeitigen Forschungsstand nach lassen sich Ko-
Konstruktionsprozesse in folgender Weise interpretieren: Kinder erschließen sich
ihr „Wissen" über Aushandlungsprozesse, dabei sind Konstruktion, Dekonstruk-
tion und Rekonstruktion wesentlich. Über diese verschiedenen Prozessebenen

wird bewusst, dass Wissen über die Aushandlungsprozesse erweitert bzw. uminterpretiert wird.

Zusammenfassend lässt sich festhalten, dass die Peerinteraktion, sofern sie von reziproken Aushandlungsprozessen geprägt ist, eine besonders geeignete Lernumwelt für Kinder darstellt, indem sie die Gelegenheit bietet, an subjektiven Erfahrungen anzuknüpfen und sich somit aktiv am Prozess zu beteiligen. Diese wechselseitigen Interaktionsprozesse ermöglichen eine intersubjektive Erfahrungsebene. Einen wesentlichen Einfluss auf die Qualität solcher Interaktionsprozesse hat die soziale Beziehung, die die Peers untereinander pflegen.

4.2 Professionelle Interaktion[30]

Während frühere Studien sich hauptsächlich auf einen eindimensionalen Wirkzusammenhang bezogen, indem sie die Wirkung des ErzieherInnenverhaltens (vgl. z. B. Tausch et al. 1968; Bennett & Jourdan 1975) auf die Kinder untersuchten, konzentrieren sich heutige Untersuchungen auf die wechselseitige Beeinflussung. Dieser Wandel wird durch die Bezeichnung „pädagogische Interaktion" dokumentiert (vgl. Rosemann & Bielski 2001).

Aufgabe der pädagogischen bzw. professionellen Interaktion muss es sein, bewusst eine förderliche Lernumwelt zu gestalten. Wie aus den Untersuchungen zur frühen Eltern-Kind- und Peerinteraktion hervorging, gilt die soziale Interaktion als zentral für die Anregung von Lern- und Entwicklungsprozessen.

Eine „symmetrische Reziprozität" verweist auf dialogische Interaktionsprozesse, die heute unter konstruktivistischen Gesichtspunkten als förderliche soziale Lernumwelt gesehen werden (siehe Kapitel: „Konstruktivistische Lern-Lehrformen"). Sowohl in der Eltern-Kind- als auch in der Peerinteraktion stellt sich die soziale Beziehung als wichtiger Indikator für eine gute Lernumwelt heraus. Eine positive soziale Beziehung unterstützt, dass sich das Kind vertrauensvoll seiner sozialen und materiellen Umwelt zuwendet. In der Eltern-Kind-Interaktion wurde insbesondere auf die Bedeutung der Eltern als sensitive „persönliche TutorInnen" (siehe Kapitel: „Eltern-Kind-Interaktion") verwiesen, die dem Kind eine entwicklungsangemessene Begleitung gewähren und dadurch Lernprozesse besonders gut zu unterstützen vermögen. Bei der Peerinteraktion hebt die Theorie von Youniss den Vorzug der symmetrischen Reziprozität bzw.

---

30 Der Gebrauch sowohl der Berufsbezeichnung ErzieherIn als auch LehrerIn darf in diesem Zusammenhang nicht verwundern. Da viele Studien aus dem angloamerikanischen Raum stammen, wurde die dort übliche Berufsbezeichnung übernommen. Im Kapitel „Instruktion" wurden aber auch Studien aus der schulischen Lernumwelt berücksichtigt, da hier bereits auf eine differenzierte Forschungstradition zurückgegriffen werden kann, die auch zur Klärung der Lernumwelt im Kindergarten wichtige Hinweise liefert.

des ausgeglichenen Kompetenzverhältnisses der InteraktionsagentInnen hervor. Damit zeichnen sich zwei Beziehungsprinzipien ab, die den Lernprozess des Individuums besonders nachhaltig zu unterstützen vermögen: das Prinzip der symmetrischen Beziehung bei den Peers und der komplementären Beziehung in der Erwachsenen-Kind-Interaktion. Von der Entwicklungspsychologie werden die Ergebnisse der Interaktionsforschung theoretisch untermauert. Hier haben sich vor allem drei Theorieansätze – jene von Piaget, Vygotsky und Bruner (Penn 2004) – etabliert, anhand derer versucht wird, das Lernverhalten und die Entwicklung des Denkens in früher Kindheit zu erklären. Um eine höhere Sensitivität für geeignete Lernumwelten der Kinder zu entwickeln, bedarf es eines theoretischen Verständnisses, wie Lernprozesse bei Kindern erklärt werden. Die Theorie Piagets veranschaulicht das Prinzip des Lernens. Danach wird der Lernprozess durch Assimilations- und Adaptationsprozesse gesteuert. Als Motor des Lernprozesses gilt dabei das Prinzip der Äquilibration, wonach das Individuum neue Erfahrungen dann gewinnt, wenn bisherige Handlungsschemata nicht zu einer befriedigenden Lösung des Problems beitragen können. Piaget stellt die Lernerfahrung des Individuums in den Mittelpunkt seiner Theorie. Problem- und Konfliktsituationen sind darin zentral für den Lernprozess. Die von Youniss (1994) beschriebenen reziproken Aushandlungsprozesse der Peers ermöglichen den gegenseitigen Austausch von Gedanken und treiben so Lernprozesse des Individuums im Sinne einer Erweiterung oder Vertiefung vorhandenen Wissens voran. Damit wird das Prinzip der symmetrischen Beziehung zum Gegenstand der pädagogischen Interaktionsforschung. Die neuere Literatur (Siraj-Blatchford et al. 2002, 33) stellt die lange Zeit vernachlässigte Bedeutung der sozialen Umwelt in der Entwicklungstheorie Piagets wieder stärker heraus. Auch Piaget schreibt den sozialen Interaktionen zwischen Peers in der Eltern-Kind-Interaktion in der Phase des „Disequilibriums" für den Erfolg der Lernprozesse eine hohe Bedeutung zu. Vygotskys Theorie der „Zone nächstfolgender Entwicklung" wiederum weist auf die Phasen höchster Lernbereitschaft hin. Optimale Unterstützung erfahren die Lernenden nach Vygotsky durch kompetentere Peers oder Erwachsene, die den Lernprozess „angemessen" zu begleiten verstehen. Vygotsky greift damit auf das Prinzip der komplementären Beziehung zurück. Bruner knüpft mit seiner Idee des „scaffolding" an die Theorie Vygotskys an und differenziert den Prozess einer optimalen Unterstützung des individuellen Lernprozesses (siehe Kapitel: „Theorie der Didaktik"). Welche Rolle die Prinzipien von Gleichheit und Ungleichheit in der Beziehung beider InteraktionsagentInnen für die Gestaltung der pädagogischen Interaktion im Elementarbereich spielen, soll durch die differenzierte Auseinandersetzung mit Studien zur Interaktion zwischen ErzieherIn und Kind genauer analysiert werden.

Communication, the process of sharing perspectives, is an inherently dynamic and cooperative affair and what happens can never be captured without considering the setting and the joint construction of meaning (Mauritzson & Säljö 2001, 230).

Die zentralen Befunde dieser Studien werden verknüpft mit Befunden aus der Instruktionsforschung, um detailliertes Wissen über eine günstige Unterstützung von Lernprozessen zu erlangen. Angesichts einer bislang fehlenden Didaktik für den Kindergarten kann auch auf keine differenzierten Studien zur Didaktik in diesem Bildungsbereich zurückgegriffen werden. Wohl aber liegen Studien zur allgemeinen Kindergartenpraxis vor, die Einblick geben in die Rahmenbedingungen der pädagogischen Interaktion. Diese Studien werden ergänzend diskutiert.

4.2.1 ErzieherIn-Kind-Interaktion

Die ErzieherIn-Kind-Interaktion ist konstitutiv für die Qualität der Betreuung. Auf diesen Zusammenhang weisen internationale Studien hin (vgl. Fthenakis 2003; Kontos & Dunn 1993; Kontos & Wilcox-Herzog 2002). Bevor darauf konkret eingegangen wird, sollen hier kurz weitere Einflussgrößen auf das Interaktionshandeln zur Diskussion gestellt werden. Im Mittelpunkt stehen dabei vor allem die „pädagogischen Konzepte bzw. Programme" und die „Gruppengröße". Im Folgenden werden die Befunde verschiedener Studien diskutiert.

Naheliegend scheint es, das Interaktionshandeln der ErzieherInnen mit deren Einstellungen zur Kindergartenpädagogik in Verbindung zu bringen. Zahllose Studien im Zusammenhang mit dem Ansatz des *„Developmentally Appropriate Practice"* (Bredekamp 1987) belegen aber, dass die Einstellungen der ErzieherInnen nicht unmittelbar das professionelle Handeln bestimmen. Auch das Programm der Kindertageseinrichtung ist dafür kein eindeutiger Indikator (vgl. Fried 2003; 2005). Die Untersuchung von Röchner (1987; 1985) konnte zwar eindeutige Effekte des Curriculums auf die Erziehungseinstellungen der ErzieherInnen nachweisen, jedoch nur geringe Zusammenhänge zwischen Einstellungen und tatsächlichem Erziehungsverhalten (Röchner 1987; 1985; Neubauer 1983). Noch geringer waren die Zusammenhänge zwischen Curriculum und dem beobachteten Erziehungsverhalten. Pädagogische Professionalität lässt sich nur über pädagogische Orientierungen, Erfahrungen und subjektive Einstellungen begründen (Fried 2003). Hierbei besteht die Schwierigkeit, dass die einzelnen Komplexe sorgfältig differenziert und erst durch die wechselseitigen Zusammenhänge Aussagen über die Handlungsabsichten der ErzieherInnen gewonnen werden können. Insbesondere im Zusammenhang mit konstruktivistischen Programmen zeigt sich, dass es aufschlussreicher ist, das pädagogische Handeln in der Praxis zu beobachten und so die Interaktionsqualität zu erfassen.

Die Interaktion zwischen ErzieherIn und Kind wird durch unterschiedliche Faktoren beeinflusst. Neben der Ausbildungsqualität (Fthenakis 2003; Kemple et al. 1997) gilt in der angloamerikanischen Forschung seit Längerem der Betreuungsschlüssel der Einrichtungen als wesentliches Indiz für die Interaktionsqualität (vgl. Fthenakis 2003; Howes et al. 1992). Die Anzahl der betreuten Kinder und die Qualität der Interaktion, d. h. die Effektivität des pädagogischen Handelns bzw. die negativen Faktoren, die die Entwicklungsprozesse der Kinder in großen Klassen beeinflussen, stehen dabei im Mittelpunkt der Diskussion (Blatchford 2003). Insbesondere der positive Zusammenhang von kleinen Gruppen und Lernerfolg ist ausschlaggebend für eine nähere Betrachtung dieses Phänomens (Finn & Achilles 1999). Die Berücksichtigung ausschließlich struktureller Einflussfaktoren verleitet zu der Annahme, Erziehung und Bildung über diese Faktoren steuern zu können. Barres (1973) belegt jedoch, dass kein eindeutiger Zusammenhang zwischen strukturellen Faktoren und einem bestimmten ErzieherInnenverhalten besteht. Er resümiert dazu kritisch:

> Die Beobachtungsbefunde dürften daher eher dahingehend interpretiert werden, daß in großen Kindergruppen eher zu „härteren" Erziehungsmaßnahmen in dem Sinne von größerer Nachdrücklichkeit, Bestimmtheit und Entschiedenheit gegriffen wird, ohne daß dadurch das Ausmaß an Freundlichkeit/Unfreundlichkeit der Gruppenleiterin wesentlich beeinflußt wird (Barres 1973).

Auch die Studie von Helburn aus dem Jahr 1995 identifiziert über die ECERS[31] und ITERS[32] keinen Zusammenhang zwischen Gruppengröße und Qualität der Einrichtungen (Fthenakis 2003).

Diese Befunde machen deutlich, dass die Diskussion um die Interaktionsqualität der Einrichtungen nicht verkürzt geführt werden darf. Auch Tietze und Viernickel (2002) weisen darauf hin, dass ErzieherInnen trotz gleicher Strukturbedingungen immer noch ein beträchtlicher Freiraum für subjektive Handlungsmuster bleibt. Um Bildungsprozesse zum Gegenstand des pädagogischen Handelns wer-

---

31 Die „Early Childhood Environment Scale" [ECERS] von Thelma Harms, Debbie Cryer und Richard M. Clifford dient zur Einschätzung der Qualität von Einrichtungen für Kinder zwischen drei und sechs Jahren. Das 1980 von den AutorInnen (Harms & Clifford) veröffentlichte Assessmentinstrument liegt mittlerweile in einer revidierten Fassung vor [ECERS-R]. Das englische Original wurde im deutschen Sprachraum als Kindergarten-Skala [KES] von Tietze et al. übersetzt.
32 Die „Infant/Toddler Environment Scale" [ITERS] von Thelma Harms, Debbie Cryer und Richard M. Clifford dient zur Einschätzung der Qualität von Einrichtungen für Kinder bis zu 30 Monaten. Die ITERS ist ein Assessmentverfahren, welches aus der ECERS und „Family Day Care Rating Scale" [FDCRS], Harms & Clifford, 1989) entwickelt wurde. Im deutschen Sprachraum liegt das Assessmentverfahren als „Krippen Skala" [KRIPS] seit 2002 vor. Dieses Verfahren wurde in Deutschland von Tietze et al. übersetzt.

den zu lassen, ist es wesentlich zu wissen, warum in kleineren Klassen erfolgreicher als in großen gelernt wird. Dabei geht es darum, die entwicklungsanregenden Handlungsmuster, die in kleinen Gruppen die Interaktion mit den Kindern bestimmen, zu differenzieren. Erst dann kann es gelingen, reflektiertes pädagogisches Handeln zu etablieren und die Chancen und Möglichkeiten, die durch die Bildungstheorien in Aussicht gestellt werden und die in der Entwicklungsfähigkeit des Individuums stecken, herauszufordern. In Bezug auf die kommunikativen Interaktionseinheiten zeigt sich, dass in Kleingruppen ein intensiver Austausch zwischen ErzieherIn und Kind dominiert, während in größeren Gruppen Anweisungen die Interaktion bestimmen (vgl. Howes & Whitebook 1991). Die Untersuchung von Blatchford (2003) versucht, die Variablen zu analysieren, welche die Interaktion moderieren. Diese Untersuchung belegt, dass Kinder in kleinen Klassen eher aktiv in den Unterrichtsprozess und in aufgabenbezogene Interaktionen mit den Lehrenden involviert sind. Ob dieser Effekt tatsächlich unmittelbar an die strukturellen Bedingungen gekoppelt und nicht vielmehr das direkte Interaktionshandeln der PädagogInnen dafür verantwortlich ist, gilt, wie oben bereits ausgeführt, als ungewiss. Offensichtlich ist aber, dass dieser Effekt nicht allein durch eine kleine Gruppengröße erzielt werden kann.

Die Einstellung der ErzieherInnen und die strukturellen Bedingungen in den Einrichtungen moderieren zwar offensichtlich den Interaktionsprozess, bieten aber für eine detaillierte Analyse der Interaktionskultur in den Einrichtungen keine hinreichende Reflexionsebene. Wilcox-Herzog und Ward (2004) fordern für zukünftige Forschungsarbeiten daher die direkte Auseinandersetzung mit der Interaktion von ErzieherIn und Kind. Im Folgenden soll das Augenmerk auf den derzeitigen Forschungsstand zur ErzieherIn-Kind-Interaktion gerichtet werden.

Als gesichert gilt heute, dass die außerhäuslichen Interaktionserfahrungen die Entwicklung der Kinder positiv beeinflussen (Winsler & Carlton 2003). Die Qualität der Beziehung zwischen ErzieherIn und Kind ist die Grundvoraussetzung, um Lernprozesse der Kinder günstig zu unterstützen (Pramling 1990). Während es einfach ist, die Bedeutung des Interaktionsprozesses für die Qualität der Kindergartenpädagogik nachzuvollziehen, ist es um so schwieriger, detaillierte Interaktionskriterien zu operationalisieren, um komplexe Handlungsmuster zu erfassen, die die Entwicklung der Kinder günstig beeinflussen können (vgl. Winsler & Carlton 2003).

Im Folgenden sollen die wesentlichen Kriterien der ErzieherIn-Kind-Interaktion vorgestellt werden, die in den einzelnen Interaktionsstudien ermittelt wurden. Dabei handelt es sich um idealtypische Klassifizierungen, die nicht in Frage stellt, dass die Befunde an komplexe Zusammenhänge gekoppelt sind.

Emotionale Einflussfaktoren

Mehrere Studien belegen den großen Einfluss der zu den Kindern entwickelten Beziehung auf die Art des Interaktionsprozesses (Pianta & Nimetz 1991; Howes et al. 1992; Eliker & Fortner-Wood 1995; Kugelmass 2000). Hierbei erweist sich Emotionalität als ein besonders wichtiger Indikator für die Qualität der Interaktion in der vorschulischen Erziehung (vgl. Tausch et al. 1973; Brand & Wolf 1985; Wolf 1987, 1999; Ahnert 2004). Dies gilt vor allem für den Sprachentwicklungsprozess (Tausch et al. 1973). Die Befunde von Wolf (1985) belegen, dass die „emotionale Beziehung der ErzieherIn zum Kind" maßgeblichen Einfluss auf weite Bereiche der Lernumwelt im Kindergarten hat, insbesondere aber im Zusammenhang mit dem Aspekt einer „kindorientierten Anregung" steht. ErzieherInnen mit einem emotional warmen Erziehungsverhalten sind nach dieser Untersuchung aktiver in den Interaktionssprozess mit dem Kind involviert (Wolf 1987). Über die Faktorenanalyse ließ sich in dieser Untersuchung der Zusammenhang zwischen emotional warmem Verhalten der ErzieherIn und der Zuwendung zum Kind ermitteln, dazu gehört nicht nur die direkte Face-to-Face-Zuwendung, sondern auch ein größeres Bewusstsein über den Entwicklungsstand des Kindes und das Bereitstellen einer förderlichen Lernumwelt. Die Ergebnisse weisen darauf hin, dass eine emotional warme Verhaltenskomponente den Bedürfnissen des Kindes eher entspricht, zugleich geht sie mit einem vergleichsweise geringen Ausmaß an Lenkung einher. Ahnert (2004) weist insbesondere auf die Bedeutung der Bindungsbeziehung zwischen ErzieherIn und Kind für die sozial-emotionale Entwicklung der Kinder hin. Diese Befunde sprechen dafür, dass auch in außerfamiliären Betreuungssituationen die Bedeutung von Bezugspersonen bzw. der Aufbau einer sensiblen Beziehung zum Kind nicht unterschätzt werden darf. Ahnert et al. (2004) betrachten die Bindungsbeziehung des Kindes zu seiner ErzieherIn als konstitutiv für eine gute Kindergartenerziehung. Dafür gilt ein empathisches, aber im Unterschied zur dyadischen Eltern-Kind-Beziehung eher gruppenbezogenes ErzieherInnenverhalten, welches die wichtigsten sozialen Bedürfnisse des Kindes im Kontext der Gruppe sensibel begleitet, als besonders günstig. Jede Interaktion basiert auf einer sozial-emotionalen Beziehung und in jeder Interaktion liegt das Potential, Vertrauen aufzubauen (vgl. Goossens & van Ijzendoorn 1990; Howes & Hamilton 1993; Elicker & Fortner-Wood 1995; Tausch & Tausch 1998). Dieses Vertrauen ist unerlässlich, damit sich das Kind in der Einrichtung wohlfühlt und sich aktiv mit seiner Umwelt auseinandersetzen kann.

Involvement der ErzieherIn

Auch die „*best practice*"-Ansätze verweisen auf die Bedeutung einer sensiblen
Beziehung der ErzieherIn zu den Kindern und eines ErzieherInnenverhaltens,
welches von hohem Involvement in die Aktivitäten im Gruppenraum geprägt ist
(Wilcox-Herzog & Ward 2004). Den hohen Stellenwert des Involvements der
PädagogInnen erwähnen auch Howes und Smith (1995). Konträr dazu stehen die
Befunde von Kontos und Dunn (1993), die aus ihrer Studie folgern, dass Erzieh-
erInnen häufig aus Angst, das kindliche Spiel zu unterbrechen, davor zurück-
schrecken, sich tatsächlich auf das Spiel der Kinder einzulassen (Wilcox-Herzog
& Ward 2004).

Göncü und Weber (2000) gelingt es, den Unterschied zwischen der Peer- und
der ErzieherIn-Kind-Interaktion zu präzisieren. Sie stellten fest, dass ErzieherInnen signifikant seltener in Spielsituationen mit den Kindern verwickelt sind als
die Peers untereinander. Auch Röchner (1987) betont, dass sich nur ein kleiner
Teil der ErzieherInnen in der Freispielsituation in das Spiel der Kinder involviert.
Die Untersuchung ermittelt einen Anteil von 9 % der ErzieherInnen, die sich
möglichst um jedes Kind kümmern. Auch in Bezug auf Spielvorschläge zeigte
diese Untersuchung eine große Zurückhaltung der ErzieherInnen: Nur 26 % un-
terbreiten während der Freispielzeit auch Spielvorschläge. Göncü und Weber
(2000) ermitteln einen wesentlichen Unterschied des Verhaltens bezüglich der
Unterstützung der Kinder bei Problem-Lösungsprozessen. Probleme werden
ihnen zufolge hauptsächlich über Anleiten und Assistieren gelöst – im Gegensatz
zur Peerinteraktion, die sich durch die Zusammenarbeit der Peers auszeichnet.
Auch Neubauer (1980) berichtet, dass ErzieherInnen Konfliktsituationen in der
Gruppe am häufigsten über verbale Kontrolle (Instruktion und Strafen) regulieren. Das Gespräch zwischen ErzieherIn und Kind ist bestimmend für die Qualität
dieser Interaktionen (Tietze et al. 1998; Kontos & Dunn 1993). Kontos und Dunn
(1993) kommen zu dem Ergebnis, dass der Kommunikationsstil mehr Einfluss
auf die globale Qualität der Einrichtung nimmt als die Annahmen der Erzieher-
Innen über entwicklungsangemessene Erziehung (siehe auch Winsler & Carlton
2003).

Umgang mit Problem-Lösungsprozessen bzw. Veranschaulichung von Denkprozessen

Die Untersuchung von Kemple et al. (1997) zeigt, dass das Interaktionsverhalten
der Erwachsenen die Interaktion unter den Peers erfolgreich unterstützen kann.
Wenn die Erwachsenen die Peers zu selbständigen Aushandlungs- und Lösungs-
prozessen führen, machen sie Handlungsmuster zugänglich, die bei Konflikten
nicht zwangsläufig zum Abbruch der Interaktion führen. Sprachbezogene und die

Kommunikation fördernde Faktoren unterstützen den Entwicklungsprozess der Kinder wesentlich (siehe unten). Die durch Wimmer und Perner (1983) als Theorie des falschen Glaubens („*false belief*") bekannt gewordene Untersuchung, wonach Kinder erst zwischen vier und fünf Jahren zur Perspektivenübernahme in der Lage sind, wurde durch Mauritzson und Säljö (2001) widerlegt. Die AutorInnen zeigen, dass durch eine auf die Lebenssituation der Kinder ausgerichtete Interaktionsform, welche die Kinder als aktive PartnerInnen in den Problem-Lösungsprozess einbezieht, ein „falscher Glaube" vermieden werden kann. Das gelingt, indem bei den Kindern ein Verständnis für den Hintergrund der Aufgabenstellung geweckt wird. Diese Untersuchung zeigt exemplarisch, dass mit Interaktionsprozessen nicht einfaches Stimulus-Response-Verhalten gemeint sein kann. Vielmehr muss sich der pädagogische Interaktionsprozess an Wissen und Erfahrungen des Kindes orientieren, um Lernprozesse zu ermöglichen. Ähnliche Befunde legten auch Hugh und Donaldson (1979) vor. Sie simulierten den Drei-Berge-Versuch nach Piaget[33] durch eine formal gleiche, aber im Versuchsaufbau besser auf die Lebenswelt der Kinder zugeschnittene Untersuchung. Beide Untersuchungen weisen auf die Bedeutung hin, die einer angemessenen Orientierung an den Erfahrungen der Kinder beim Lösungsprozess zukommt. Auf die Bedeutung des „Vorwissens" der Lernenden für den Lernprozess weisen unterschiedliche Lerntheorien hin, u. a. jene von Gagné (siehe Kapitel: „Instruktion").

Auch der von Pramling in Schweden entwickelte „phänomenographische Ansatz" für den Kindergarten versucht, die Lernkonzepte der Kinder als Ausgangspunkt für das pädagogische Handeln zu nutzen. Dieser Ansatz orientiert sich an der Theorie der Metakognition und knüpft an die „*Theory of Mind*" an (vgl. Fthenakis et al. 2005). Pramling belegt in mehreren Studien, dass den ErzieherInnen somit Möglichkeiten eröffnet werden, sich den „intuitiven Theorien" der Kinder zu nähern, um sie zum Ausgangspunkt eines gemeinsamen Dialogs zu machen. Die Theorien der Kinder zu bestimmten Sachverhalten werden in der Kindergartengruppe zur Diskussion gestellt, was die Möglichkeit eröffnet, den Kindern ihre eigenen Denkkonzepte zu veranschaulichen und gegebenenfalls eine von ihnen selbst vollzogene Veränderung ihrer bisherigen Konzepte oder

---

33 Drei-Berge-Versuch nach Piaget: Zur Durchführung dieses Versuchs hat Piaget ein dreidimensionales Modell erstellt. Den Kindern kam die Aufgabe zu, aus drei Perspektiven die Landschaft wahrzunehmen. Aus jeder Perspektive kann nur ein Teilausschnitt aus der Landschaft erfasst werden. Aus den verschiedenen Perspektiven wurden die Kinder zu den jeweils anderen Perspektiven befragt. Z. B. steht das Kind an Position 3: Was siehst du aus der Perspektive von Position 1 bzw. Position 2? Erwartet wurde nicht, dass die Kinder tatsächlich rekonstruieren können, was genau aus der anderen Perspektive wahrzunehmen ist, erstaunt hat aber, dass die Kinder jeweils die Position als die einzig gültige anerkannten, aus der sie in diesem Moment auf die Landschaft blickten. Dieser Versuch gilt nach Piaget als entscheidender Beleg des Egozentrismus in der präoperanten Phase seiner Stufentheorie.

Theorien herauszufordern. Die Studien von Pramling (vgl. Fthenakis et al. 2005; Pramling 1996) machen deutlich, dass es möglich ist, bereits Kinder im Kindergartenalter mit Lern- und Verständnisprozessen zu bestimmten Themen zu konfrontieren. Das methodische Vorgehen ähnelt dem Projektansatz, bei dem Themengebiete ebenfalls unter verschiedenen Aspekten bzw. durch unterschiedliche Formen der Veranschaulichung bearbeitet werden (Gisbert 2004). Pramling konnte belegen, dass Kinder ihre „intuitiven Theorien" über das Lernen im Laufe der Projekte verändern, wenn Reflexion und Sinnkonstruktion im Umgang mit den Themenbereichen (vgl. Fthenakis et al. 2005) zum Teil des pädagogischen Handelns werden. Diese Theorie beinhaltet die Chance, das Konstrukt der „Denkprozesse" in seiner Konsequenz durch den Bewusstseinsprozess zu dekonstruieren und durch eine Rekonstruktion „gemeinsame Denkprozesse" zu ermöglichen. Trotz der vorgelegten Befunde dürfte bezweifelt werden, ob der angesprochene Ansatz tatsächlich einen klassischen metakognitiven Ansatz darstellt. Bis heute wird in der Psychologie davon ausgegangen, dass sich das Denken von Erwachsenen und Kindern durch die Entwicklung des „Bewusstseins" im Frontalhirn unterscheidet (Stern 2005). Der ErzieherIn eröffnet sich aber ohne Zweifel über den Austausch, „warum das Kind glaubt, dass dieses oder jenes geschieht" (Stern 2005), die Möglichkeit, an die Gedankengänge der Kinder anzuknüpfen und so Lernprozesse gezielt zu unterstützen. Der Ansatz von Pramling, der den Lernprozess bzw. die „intuitiven Theorien" des Einzelnen in den Mittelpunkt stellt, lässt das „Lernen Lernen" zum Thema für den vorschulischen Bildungsbereich werden.

Spezifische Formen der Interaktion

Weitere Untersuchungen knüpfen an die bereits erwähnten Befunde an, die dem Kommunikationsprozess zwischen ErzieherIn und Kind große Bedeutung zuschreiben. So weisen unterschiedliche Studien darauf hin, dass über sensibles und responsives Sprachvermögen der ErzieherInnen kognitive Entwicklungsprozesse der Kinder angeregt werden können (McCartney 1984; Aalsvoort 2003; Renninger 1998). Anderson (1981) beschreibt, dass ein sensibles Einfühlungsvermögen der ErzieherInnen das Explorationsverhalten der Kinder unterstützt. Dabei besteht ein enger Zusammenhang zwischen dem Fragestil der PädagogInnen und der Möglichkeit, wie sich die Kinder in die Interaktion mit den Erwachsenen einbringen können (vgl. Wood 1992). Die Kommunikation der ErzieherIn mit den Kindern indiziert in Howes „*Involvement Scale*" (Howes & Stewart 1987) hohes Involvement der ErzieherIn (Kontos et al 2002; Wilcox-Herzog & Ward 2004). Dieses Involvement korrespondiert damit, dass die Kinder weniger ziellos umherwandern, und hat positiven Einfluss auf deren sprachliche Ausdrucksmöglichkeiten (vgl. Kontos et al. 1995; Whitebook et al. 1989; Wilcox-Herzog &

Ward 2004). Auch Barres (1973) belegt, dass die kommunikative Initiative des Kindes vom Erziehungsverhalten der ErzieherIn abhängt. Großen Einfluss auf die soziale und kognitive Entwicklung haben ein Interaktionsstil, der sich durch offene Fragen und Aufforderungen (Wilcox-Herzog & Ward 2004) auszeichnet und das Phantasiespiel der Kinder anregt sowie gemeinsame Problem-Lösungsprozesse, die dem Kind Unterstützung und *„scaffolding"* gewähren (Winsler & Carlton 2003). Wilcox-Herzog und Ward (2004) weisen auf eine Studie von Saltz, Dixon und Johnson aus dem Jahr 1977 hin, welche belegt, dass dem Gespräch über das Phantasiespiel der Kinder in der ErzieherIn-Kind-Interaktion eine ausgesprochen hohe Bedeutung für die kognitive Entwicklung zukommt. Nach Saltz et al. wird dadurch die Intelligenz der Kinder mehr gefördert als durch das Erzählen von Geschichten oder typische Kindergartenaktivitäten wie Malen und Bauen. Wilcox-Herzog und Kontos (1998) orientieren ihr Beobachtungsinstrument zum Gesprächsverhalten der LehrerInnen an diesen Annahmen. Ihre siebenstufige Skala ist wie folgt aufgebaut:

- Spricht nicht mit den Kindern
- Spricht mit den Kindern über Aufgaben (z. B. Materialbeschaffung, Selbsthilfe, erste Hilfe, aufräumen)
- Spricht mit den Kinder über ihr Verhalten (auf Regeln hinweisen, Kinder zurückführen, Handlungsanweisungen)
- Das Gespräch mit den Kindern wird durch zwischenmenschliche Belange bestimmt
- Gibt einfache Stellungnahmen und stellt geschlossene Fragen
- Gibt differenzierte Stellungsnahmen und stellt offene Fragen
- Nimmt Teil am Phantasiespiel der Kinder

Das Einlassen auf ein Phantasiespiel der Kinder spiegelt auch das Involvement der ErzieherIn in den Gruppenprozess wider (siehe oben).

Aushandlungsprozesse zwischen ErzieherIn und Kind

Sylva et al. (2004) weisen auf die Interaktionsform des *„sustained shared thinking"* zwischen Erwachsenen und Kind hin und stellen sie als wesentlichen Indikator für eine effektive frühkindliche Erziehung heraus. Dabei wird auch hier insbesondere auf die Bedeutung der offenen Fragen für die Anregung von Lernprozessen bei den Kindern verwiesen. Rogoff (1990) definiert in ihrem Buch *„Apprenticeship in Thinking"* das Denken als einen Prozess, welcher über „wechselseitige Aushandlungsprozesse" zwischen Erziehenden und Kind stattfindet. *„Guided participation"* (siehe Kapitel: „Instruktion") ist für sie der Weg, über den Erwachsene Kinder bei ihren Aushandlungsprozessen im täglichen Leben unterstützen können. Durch „*shared thinking*" wird die aktive Beteiligung beider InteraktionspartnerInnen deutlich. Makin (2004) untersucht mit Hilfe eines Analyserasters die Anweisungen der ErzieherInnen und die Möglichkeit der Kinder für Aushandlungsprozesse. Auch sie betrachtet die „wechselseitigen Aushandlungsprozesse" als zentral für die Entwicklung der Kinder. In ihrer Pilotstudie untersucht sie acht Kleingruppenaktivitäten mit der LehrerIn in Situationen der ersten Klasse und im Kindergarten (Vierjährige). Dabei stellte sie fest, dass in beiden Altersklassen die Anweisungen der LehrerInnen dominieren. Unter den Anweisungen fand sie nur einen Anteil von 5 %, der einen Aushandlungsprozess zwischen Kindern und LehrerIn ermöglicht hätte.

Anhand bereits vorliegender Studien zur „Instruktion" soll der Klärungsprozess darüber, wodurch sich eine anregungsreiche Interaktion auszeichnet, weiter fortgesetzt werden.

4.2.2 Instruktion

Zur direkten und adaptiven Instruktion liegen einige Studien vor, die für ein bewusstes Interaktionshandeln wichtige Befunde liefern. Dabei wird hier insbesondere auf Studien eingegangen, die die „wechselseitigen Austauschprozesse" bzw. die Bedeutung des „*shared thinkings*" detailliert untersuchen, um diese zentralen Befunde aus der direkten ErzieherIn-Kind-Interaktion weiter zu differenzieren.

Die Studie von Warfield (2001) verdeutlicht, welches Potential in einer feinfühligen Annäherung an die Gedankengänge bzw. intuitiven Theorien der Kinder liegt. Die Methode des „*Cognitive Guided Instruction*" [CGI] bietet LehrerInnen die Möglichkeit, sich für das mathematische Denken der Kinder zu sensibilisieren. Dadurch konnte diese Studie belegen, dass das Interesse der LehrerInnen für die Problem-Lösungsprozesse der Kinder bei mathematischen Aufgaben erhöht wurde. Durch Nachfragen gelang es den LehrerInnen zunehmend, sich den Denkprozessen der Kinder anzunähern und ihre Instruktionsmethoden daran auszurichten und zu verfeinern (siehe Kapitel: „Theorie der Instruktion"). Internationale Studien zu den Mathematikleistungen von SchülerInnen ermöglichten einen Vergleich des Unterrichts in verschiedenen Ländern. Perry (1993) belegt, dass sich der Unterricht in ostasiatischen Ländern vor allem hinsichtlich der Fragestellung vom US-amerikanischen Unterricht unterscheidet. Aus der Untersuchung von Perry (1993) kann geschlossen werden, dass eine differenzierte Fragekultur, welche die Kinder veranlasst, sich die mathematischen Probleme bewusst zu machen und ihre Lösungen gezielt zu hinterfragen, zu besseren Leistungen führt. Beide Untersuchungen liefern Hinweise darauf, dass der Erfolg der Instruktion davon abhängt, wie gut es gelingt, die Aneignungsprozesse der Ler-

nenden nachzuvollziehen. Der Vergleich japanischer und deutscher Mathematik-
stunden in der TIMS-Studie zeigt u. a. die Einschränkungen in einer auf Fragen
basierenden Unterrichtsform. Während der Unterricht in Japan im Sinne einer
konstruktivistischen Lernumwelt gestaltet ist, wird in Deutschland Wissen vor
allem durch das fragend-entwickelnde Unterrichtsgespräch aufgebaut, wobei die
Problematik in sehr kleinen Schritten erarbeitet wird. Baumert vermutet, dass
diese Methode ein komplexes Verständnis eher verhindert, da diese enge Frage-
form die Selbständigkeit der Lernenden stark beschränkt (vgl. Seidel 2003). Diese Vermutungen werden durch die Befragung der SchülerInnen in der Studie von
Seidel (2003) bestätigt. Danach sollten die Austauschprozesse zwischen Lehrenden und Lernenden weniger durch die Fragen der Lehrenden als vielmehr durch
einen dialogischen Interaktionsprozess bestimmt werden, um den Lernenden
genügend Freiräume bzw. Gelegenheitsstrukturen (siehe Kapitel: „Theorie der
Didaktik" und „Theorie der Instruktion") zu eröffnen, um mit ihren eigenen Gedanken an den Interaktionsprozess anzuknüpfen. Nur so kann es gelingen, dass
sich Lehrende und Lernende ihrer intuitiven Theorien bewusst werden und diese
für die Entwicklung des Lernprozesses nutzen. Prinzipiell ist der Erfolg der direkten Instruktion durch zahlreiche Untersuchungen belegt worden (vgl. Weinert
1996a; 1996b). Die direkte Instruktionsmethode wird von vielen PraktikerInnen
jedoch als Widerspruch zur heutigen Erkenntnis der „aktiv Lernenden" bzw. der
konstruktivistischen Lerntheorien gesehen (McWilliam et al. 2002; Katz 1999).
Das liegt daran, dass die Theorie der „aktiv Lernenden" unmittelbar verbunden
wird mit der Theorie des von „Instruktionen und Instrukteuren möglichst unabhängigen Lernen[s]" (vgl. Weinert 1996, 31). Der angebliche Widerspruch behindert aber vielfach eine angemessene Unterstützung der Lernenden und führt
dazu, dass sich die PädagogInnen häufig viel zu früh aus dem pädagogischen
Prozess zurückziehen (s.o. vgl. Winsler & Carlton 2003; Katz 1999). Dieses
Phänomen wird in der angloamerikanischen Literatur als „early childhood error"
(Kontos 1999) bezeichnet. Anhand des Unterrichtsformats (z. B. offener Unterricht oder Frontalunterricht) kann aber nicht vorab darauf geschlossen werden,
dass es sich dabei tatsächlich um die Realisierung entwicklungsangemessener
Erziehung handelt (Renninger 1998). Direkte Instruktion impliziert nicht passive
RezipientInnen, sondern kann durch die Orientierung an den Lernenden angemessene Bedingungen für den Lernprozess ermöglichen. Allerdings weisen einigen Studien darauf hin, dass eine direkte formale Instruktion kontraproduktiv bei
Kindern im Vorschulalter wirken kann (Siraj-Blatchford 2006; Sylva & Nabuco
1996). Die Studie von Sylva und Nabuco (1996) belegt, dass dadurch der Lernprozess behindert, Ängste bei den Kindern ausgelöst werden und das Selbstbe-
wusstsein eingeschränkt wird. Schweinhart und Weikart (1997) legen mit ihrer
Längsschnittstudie den Befund vor, dass direkte Instruktion Kindern nur im geringen Maß akademische Vorteile verschafft, dafür wurde aber ein signifikant

negativer Einfluss auf die emotionale Entwicklung der Kinder sowie ein höherer Bedarf an sonderpädagogischer Intervention nachgewiesen. Studien zu *„shared thinking"* (Göncü & Rogoff 1998; Gauvain & Rogoff 1989) bzw. *„shared understanding"* (Anning et al. 2004) belegen, worauf der positive Einfluss auf die kognitive Entwicklung bei den „wechselseitigen Austauschprozessen" zurückzuführen ist. *„Shared thinking"* verweist auf die Gleichheit der InteraktionsagentInnen im Interaktionsprozess. Göncü und Rogoff (1998) belegen, dass den „geteilten Denkprozessen" (*„shared thinking"*) zwischen Erwachsenen und Kindern der entscheidende Einfluss auf die Lernprozesse der Kinder zukommt. Sie zeigen, dass Interaktionsprozesse erst dann Lernprozesse wirklich unterstützen, wenn es gelingt, „geteilte Denkprozesse" zu entwickeln. Auch die Studie von Gauvain und Rogoff (1989) verweist darauf, dass nicht das gemeinsame Spiel allein ein ausreichendes Indiz für erfolgreiche Lernprozesse darstellt. Erst die gemeinsam getroffenen Entscheidungen (*„shared decision making"*), die das Spiel fordert, lösen Lernprozesse aus. *„Shared thinking"* unterstützt die Einsicht der Kinder und fördert so die kognitive Entwicklung. Diese Befunde sind kongruent mit den Befunden der Längsschnittstudie von Sylva et al. (2003; Siraj-Blatchford et al. 2002). Ihnen zufolge ist die Interaktionsform *„sustained shared thinking"* als besonders effektives didaktisches Handlungsmuster zur Unterstützung der kognitiven Entwicklung der Kinder zu betrachten (vgl. Kapitel: „ Effective Provision of Preschool Education [EPPE]"). *„Shared thinking"* gilt demnach als Schlüsselvariable für einen erfolgreichen Instruktionsprozess.

Im Folgenden sollen die Befunde über das Potential, welches in der konkreten ErzieherIn-Kind-Interaktion für die Entwicklung der Kinder liegen kann, durch den Bezug zur allgemeinen Kindergartenpraxis bzw. die derzeitige Umsetzung der Bildungsarbeit ergänzt werden, um weitere Anhaltspunkte für die Studie zu identifizieren.

4.2.3 Allgemeine Kindergartenpraxis

Untersuchungen zu Kindertageseinrichtungen von Tietze et al. (1998) zeigen, dass die Prozessstruktur zwischen ErzieherIn und Kind in den meisten Einrichtungen als unzureichend eingeschätzt werden muss (vgl. auch Nickel et al. 1980; Brandt & Wolf 1985; Pianta 1994; Wolf et al. 1999). Dabei wird insbesondere moniert, dass bei Peerinteraktionen, die einen Anteil von 55 % der beobachteten Freispielzeit ausmachen, keine gemeinsamen Spielsituationen stattfinden. Winsler und Carlton (2003) haben festgestellt, dass Kinder in Einrichtungen nur wenig Zeit mit zielorientierten, gerichteten Lernsituationen verbringen, dass sie nur kurze Zeit am Gegenstand verweilen und signifikant weniger Paarinteraktionen mit den ErzieherInnen haben. Auffällig ist auch, dass nur 5 % der Zeit dafür verwendet wird, Kinder speziell zu fördern oder im Freispiel anzuregen, ohne spezifische Übungen durchzuführen (Tietze et al. 1998). Nur 13 % der Freispielzeit werden durch von der ErzieherIn geplante Aktivitäten ausgefüllt. Die meiste Zeit (39 %) investiert die ErzieherIn in die Beschäftigung mit einer Teilgruppe, wohingegen die Beschäftigung mit nur einem Kind einen Zeitanteil von 15 % ausmacht. Vergleichbare Befunde legt Meade (1995) aus Neuseeland vor. Hier wird ein Zeitanteil von 90 % ermittelt, in dem die Erwachsenen keine Interaktion mit einem Kind initiieren. Die meisten Interaktionen sind Begrüßungen, Fragen und Antworten sowie Bemerkungen, die zu keiner ausgedehnten Interaktion Anlass geben. Kontos et al. (vgl. Winsler & Carlton 2003) belegen in ihren Studien, dass sich die ErzieherInnen in 81 % der Freispielzeit zwar in der Nähe des Kindes befinden, aber nicht mit dem Kind interagieren – es sei denn, um das Kind zum Spiel aufzufordern oder direkte Anweisungen zu geben. Direkte Anweisungen bzw. ein hohes Maß an verbaler Kontrolle werden sowohl in den Studien von Neubauer (1980) als auch bei Barres (1973) nachgewiesen. Nationale und internationale Studien belegen, dass im Interaktionsverhalten der ErzieherIn das bewusste sprachliche Handeln eine untergeordnete Rolle spielt (vgl. z. B. Barres 1973). Kontos (1999) sowie Kontos und Wilcox-Herzog (1997; 1998) haben herausgefunden, dass ErzieherInnen nur 18 % der Zeit für eine anregende Kommunikation nutzen. Das manifestiert sich darin, dass ErzieherInnen den Kindern nicht genügend geeignete sprachliche Modelle anzubieten haben (vgl. Neubauer 1986; Fried 1989; Kontos & Wilcoxs-Herzog 1997). Tietze et al. (1998) stellen fest, dass die ErzieherInnen den größten Zeitanteil im Freispiel mit der Vermittlung von Informationen verbringen (24 %). Dieser Befund korrespondiert mit Ergebnissen aus internationalen Studien. Auch hier wird die ErzieherIn-Kind-Interaktion mehr durch Anweisungen und Informationen als durch „scaffolding"-Prozesse dominiert (Göncü & Weber 2000). Barres (1973) bemerkt, dass die ErzieherInnen Sprache als Mittel zur Interaktion bzw. zur Anregung von Entwicklungsprozessen stark vernachlässigen. Auch die von Roux (2002) im Rahmen des Evaluationsprojekts „Kindersituationen" durchgeführte Befragung der Kinder ergab, dass Kommunikation in vielen Kindergärten durch „Verhaltensregeln" bestimmt wird, dieser Befund wird auch durch Kemple et al. (1997) im Zusammenhang mit der Unterstützung von Peerinteraktionen durch die ErzieherIn erwähnt. Auffällig ist in diesem Zusammenhang auch der Befund, dass der Kindergartenalltag aus der Perspektive der Kinder „[...] scheinbar völlig selbstverständlich, durch die Erzieherinnen dominiert wird" (Roux 2002, 145), d. h., dass kein gleichberechtigtes Verhältnis zwischen Kindern und ErzieherInnen aufgebaut wurde. Mangelnde Sprachkompetenz bzw. der geringe Einsatz von Kommunikation spiegelt sich auch in den Lösungsversuchen von Konflikten in Spielsituationen wider (Roux 2002).

Diese Befunde belegen, dass das Potential, welches in einer sensiblen Interaktionskultur zwischen ErzieherIn und Kind steckt, derzeit offensichtlich nicht ausgeschöpft wird. Die Belege verweisen auf eine Sprachkultur zwischen ErzieherIn und Kind, die für den pädagogischen Prozess als unzulänglich bezeichnet werden muss. Kommunikation bedeutet beispielsweise Anregung von Entwicklungsprozessen durch Fragen und Erklärungen (siehe oben). Der Pflege der Sprachkultur kommt daher eine besondere Rolle in der Erziehung bzw. der Interessensentwicklung (vgl. Schiefele & Wild 2000) zu. Die Peer-Untersuchung von Short-Meyerson und Abbeduto (1997) bestätigt, dass geteiltes „script-knowledge" die Kommunikation zwischen den GesprächspartnerInnen verbessert.

Die Untersuchungen von Viernickel (2002; Fried & Büttner 2004) über die Peerinteraktion der unter Zweijährigen zeigen, dass bereits schon sehr junge Kinder in der Lage sind, gemeinsame Interaktionsmuster aufzubauen und zu differenzieren. Auch die von Fried (2003; Fried & Büttner 2004) durchgeführte Beobachtungsstudie bei Kindern im Vorschulalter bestätigt diese Annahmen. Beide Studien beschreiben ausführlich, wie Interaktionsmuster der Peers durch Aushandlungsprozesse differenziert werden. Diese „wechselseitigen Austauschprozesse" verweisen darauf, wie die Peers Ko-Konstruktionsprozesse entwickeln. Ko-Konstruktionsprozessen wird bei der Wissensaneignung des einzelnen Kindes eine wesentliche Bedeutung zugeschrieben (vgl. Rogoff 1990). Die sich daraus ergebenden Möglichkeiten für die Bildungsarbeit in vorschulischen Bildungseinrichtungen werden jedoch derzeit noch kaum wahrgenommen und genutzt; d. h., dass für die Gestaltung der Interaktion von ErzieherIn und Kind noch konkrete Anhaltspunkte fehlen, um Bildungs- und Lernprozesse anzuregen und zu unterstützen. Angesichts der vorliegenden Ergebnisse ist davon auszugehen, dass mit einem bewussten und dynamischen Sprachhandeln Entwicklungsprozesse besser unterstützt und begleitet werden können (vgl. Göncü 2000; Fthenakis 2003), als es bisher getan wird.

4.3 Resümee

Die Befunde der Interaktionsforschung verweisen darauf, dass der sozialen Interaktion für den Lern- und Entwicklungsprozess des Individuums eine zentrale Rolle zugeschrieben werden muss. Bedeutend ist dafür das Involvement der Individuen in den Interaktionsprozess. Demnach ist die Aktivität der Lernenden für einen erfolgreichen Interaktionsprozess von entscheidender Bedeutung. Wichtige Erkenntnisse für eine gute Interaktionsbeziehung können aus der Eltern-Kind-Interaktion gewonnen werden. Darin kommt der individuellen Unterstützung des Kindes durch den „persönlichen Tutor" bzw. die „persönliche Tutorin" eine besondere Rolle zu. Dieses Unterstützungsprinzip basiert auf einer positiven sozialen Beziehung sowie großer Sensitivität und Responsivität von Seiten der Erwachsenen für die „Zone nächstfolgender Entwicklung" des Kindes (siehe Kapitel: „Eltern-Kind-Interaktion"). Im Mittelpunkt der Peerinteraktion in Bezug auf die Lern- und Entwicklungsprozesse der Kinder steht das Prinzip der „Ko-Konstruktion". Die Untersuchungen belegen, dass sich eine günstige Lernumwelt durch zwei Beziehungsprinzipien auszeichnet, die „komplementäre" und „symmetrische Reziprozität" im Interaktionsprozess. Das Prinzip der Reziprozität verweist auf die Wechselseitigkeit des Interaktionsprozesses. Diese sozialen Aushandlungsprozesse gelten als Schnittstelle für die PädagogInnen, um sich dem Denken der Individuen anzunähern. Die Möglichkeiten, sich mit eigenen Erfahrungen in den Interaktionsprozess zu involvieren, werden als „Gelegenheitsstrukturen" (Seidel 2003) bezeichnet. Durch die Interaktionsform des *„sustained shared thinking"* (Sylva et al. 2003) werden von PädagogInnen bewusst Gedanken mit den Kindern entwickelt und fortgeführt. Solche Interaktionsprozesse können vor allem beobachtet werden, wenn ErzieherIn und Kind sich gemeinsam Geschichten ausdenken oder sich mit Problemlösungen auseinandersetzen. Für eine effektive Interaktion sind demnach nicht lediglich die Aushandlungsprozesse zwischen den Individuen zentral, sondern kommt vielmehr dem Prinzip, gemeinsam Denkprozesse zu entwickeln, eine tragende Funktion zu. Die Bedeutung von *„shared thinking"* im Instruktionsprozess wurde anhand verschiedener Studien belegt (Göncü & Rogoff 1998). „Shared thinking" gilt es demnach für die pädagogische Interaktion bewusst zu nutzen, um Lernprozesse auszulösen und fortzusetzen. Die Befunde aus der allgemeinen Kindergartenpraxis lassen jedoch darauf schließen, dass gegenwärtig die bewusste pädagogische Interaktion zwischen ErzieherIn und Kind in der Praxis nicht umgesetzt wird. Das Konstrukt des *„shared thinking"* schließt an die Intersubjektivität an, die in der Pädagogik als zentrales Phänomen diskutiert wird. „Shared thinking" verweist auf „Gleichheit" und „Solidarität" der InteraktionsagentInnen in dem Sinne, dass alle Beteiligten als ExpertInnen des Interaktionsprozesses gelten bzw. gemeinsam Gedanken entwickeln. In der erwachsenenzentrierten, aber auch der kindzentrierten Interaktion liegt das Feld der Intersubjektivität sehr eng an der Verstehenswelt der jeweiligen zentralen Subjekte. Die Rolle der Erwachsenen ist in erwachsenenzentrierten Interaktionen durch die direkte Instruktion bzw. direkte Beeinflussung des Gegenübers und in kindzentrierten Interaktionen durch die Beobachtung des Kindes geprägt. Mit *„shared thinking"* wird die größte Intersubjektivität bzw. das gemeinsame Entwickeln von Gedanken erreicht (siehe Abbildung 12 nach Anning et al. 2004, 36). Ein Interaktionsprozess, welcher auf dem Prinzip des *„shared thinking"* basiert, ermöglicht einen Lernprozess, an dem beide Subjekte in gleicher Weise aktiv beteiligt sind.

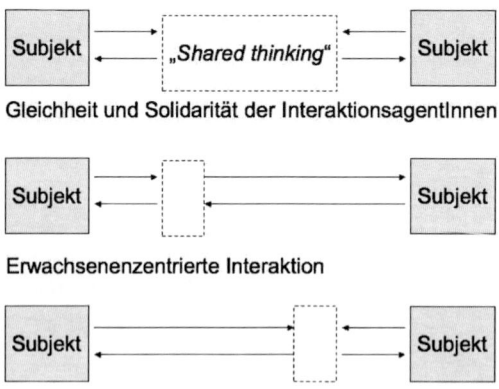

Gleichheit und Solidarität der InteraktionsagentInnen

Erwachsenenzentrierte Interaktion

Kindzentrierte Interaktion

Abbildung 12: „Shared thinking" im Interaktionsprozess

Die hier diskutierten Untersuchungen zur nicht-professionellen und professionellen Interaktion weisen darauf hin, dass es durchaus möglich ist, über Instruktion und bewusstes didaktisches Handeln das Subjekt erfolgreich in Lernprozesse zu involvieren. Im Folgenden sollen die Konsequenzen aufgezeigt werden, die an konstruktivistische Lehr-Lernformen gebunden sind. Für die vorliegende Studie gilt es Klarheit darüber zu erlangen, wie „Instruktion" und „konstruktivistische Bildungsvorstellungen" bewusst miteinander verknüpft werden können.

5. Konstruktivistische Lern-Lehrformen[34]

Konstruktivistische Theorien werden heute interdisziplinär diskutiert (vgl. Gerstenmaier & Mandel 1995). Grundsätzlich gehen diese Theorien – in Abgrenzung von der Theorie des Empirismus, wonach Erkenntnis auf bloßer Erfahrung einer objektiv gegebenen Wirklichkeit beruht – davon aus, dass es keine absolute, objektive, Wirklichkeit gibt. Wie wir die Welt wahrnehmen, ist vielmehr subjektabhängig. Erkenntnis ist somit Konstruktion des Subjekts, welche auf der subjektiven Erfahrung und Wahrnehmung bzw. Interpretation der Welt basiert. Damit wird die klassische Trennung zwischen Subjekt und Objekt aufgehoben; Objektivität und subjektunabhängige Erkenntnis gelten in der Theorie des Konstruktivismus als unmöglich. Dies stellt den Blick auf die Lern- und Aneignungsprozesse für die „Weitergabe" des Wissens in den Mittelpunkt des Interesses. Der Konstruktivismus zählt zu den Erkenntnistheorien, d. h., er beschäftigt sich damit, wie das Subjekt zu Wissen bzw. Erkenntnis gelangt. Konstruktivistische Lerntheorien betonen unter dem Einfluss der sozialkonstruktivistischen Theorieansätze einen dialogischen Bezug zwischen Lernenden und Lehrenden, womit den sozialen Interaktionsprozessen für die Konstruktionsleistungen der Individuen bzw. deren „Weltverständnis" ein zentraler Stellenwert zukommt. Anhand der Interaktionsforschung wird belegt, dass diese Interaktionsprozesse einen besonders effektiven Einfluss auf die Lern- und Entwicklungsprozesse nehmen, wenn alle InteraktionsagentInnen in gleicher Weise in den Prozess involviert sind. Solche Interaktionsprozesse konnten zwischen Erwachsenen und Kindern insbesondere in Projekten beobachtet werden, in welchen sich beide Gruppen als Novizen auszeichnen. Bers et al. (2004) belegen in ihrem „Inter-Action"-Projekt, wie der Lernprozess von Erwachsenen und Kindern durch den wechselseitigen Austausch und durch das konstruktive Verfolgen eines gemeinsamen Ziels bestimmt werden kann. Diese Befunde legen es nahe, Interaktionsprozesse auch in der ErzieherIn-Kind-Interaktion bewusst zu nutzen, um Lern- und Entwicklungsprozesse herauszufordern und zu unterstützen. Bevor die Befunde der Interaktionsforschung mit konstruktivistischen Lerntheorien in Bezug gesetzt werden

---

34 Da heute dem Lernprozess der Individuen der zentrale Stellenwert für die Aneignungsprozesse zugeschrieben wird, fordern Straka & Macke (2002), vom Terminus „Lehr-Lerntheorien" bewusst Abstand zu nehmen und die zentrale Bedeutung des Lernprozesses dadurch hervorzuheben, dass von „Lern-Lehrtheorien" gesprochen wird.

können, gilt es die mit konstruktivistischen Theorieansprüchen verbundenen Implikationen herauszuarbeiten.

5.1 Konstruktivistische Theorieansätze

Unter der Theorie des Konstruktivismus subsumieren sich verschiedene Strömungen. In der Philosophie gilt der Konstruktivismus als Erkenntnistheorie, die versucht, die Frage zu beantworten, wie Individuen zu Wissen und Können gelangen. Philosophiegeschichtlich ist der Konstruktivismus kein moderner Ansatz. Bereits in der Antike finden sich erkenntnistheoretische Auseinandersetzungen, die sich mit der subjektiven Wahrnehmung und der Frage nach der Erkenntnis (Platon) beschäftigen (vgl. Müller 1996). Der Grundsatz „verum et factum convertuntur" von Giambattista Vico (1710) ist insofern hervorzuheben, als er bereits pragmatisch-konstruktivistische Züge erkennen lässt. Der Mensch kann danach nur das verstehen, was er selbst hervorgebracht hat. Dadurch ist der Ansatz Vicos neueren konstruktivistischen Strömungen eng verbunden. Vico sieht die menschliche Erkenntnis als subjektive Konstruktion, die durch die Wahrnehmung von Handlungszusammenhängen und der subjektiven Interpretation, auf der Basis des bisherigen Erkenntnisstandes des Individuums, gebildet wird. Glaserfeld u. a. machen auf den Zusammenhang zwischen Vicos Handlungsbegriff und der Entwicklungstheorie Piagets aufmerksam (Reich 1998; Hug 2004), indem sie das Prinzip der Äquilibration herausstellen. Piaget zählt mit seiner Theorie des genetischen Strukturalismus zu den Vertretern des radikalen Konstruktivismus. Danach kommt es zu Erkenntnisprozessen durch die aktive Auseinandersetzung des Individuums mit seiner materiellen Umwelt. Kennzeichnend für konstruktivistische Theorien ist somit die aktive Rolle des Individuums innerhalb des Erkenntnisprozesses. Piaget beschreibt den Entwicklungsprozess des Individuums über die Prozesse von Assimilation und Akkomodation bzw. über das Prinzip der Äquilibration. Dies verdeutlicht, wie Lernprozesse evoziert werden bzw. wie das Individuum zum Aufbau neuer kognitiver Strukturen gelangt – nämlich durch Irritationen, die entstehen, wenn bisherige Schemata bzw. Handlungsmuster zu keiner befriedigenden Lösung führen. Dieser Prozess wird im konstruktivistischen Sinne als „Perturbation" des Wissens bezeichnet. Kognitive Strukturen werden im konstruktivistischen Diskurs dadurch zu einer viablen Größe, die stets abhängig ist vom bisherigen Wissen bzw. den aufgebauten Schemata, die die Wahrnehmung des Subjekts beeinflussen. Die Frage nach dem Wissen kommt der Frage nach der Möglichkeit der Repräsentation der Wirklichkeit gleich bzw. der Frage danach, ob es die absolute Wahrheit gibt. Die konstruktivistische Erkenntnistheorie relativiert die Theorien von Rationalismus und Empirismus. Repräsentationen, d. h. Abbildungen der „Außenwelt", sind nach der konstruktivistischen Erkenntnistheorie abhängig von Handlung und Situation (Müller 1996).

Der radikale Konstruktivismus gilt heute als grundlegende Theorie in der Konstruktivismusdiskussion und soll daher genauer beschrieben werden. Die Schwierigkeit, das Theoriegebäude des „radikalen Konstruktivismus" zu beschreiben, liegt darin, dass sich darunter unterschiedliche Theorieströmungen subsumieren. Wie oben dargestellt, finden sich Ansätze einer konstruktivistischen Denkweise bereits in der Antike. Weitere Einflüsse erfährt die Erkenntnistheorie des Konstruktivismus durch die in den letzten Jahren herangezogenen Begründungszusammenhänge, wie z. B. die Neurobiologie. Die Theorie des radikalen Konstruktivismus greift auf drei Ansätze zurück: auf Neurobiologie, Kognitionswissenschaft und auf systemtheoretische Annahmen. Ansatzpunkte bieten die Befunde der Neurobiologie, die belegen, dass Sinnesorgane Reize von außen aufnehmen und damit eine „interne Korrelation" auslösen, d. h., dass eine Aktivität im Nervensystem nicht von außen über den Reiz gesteuert, sondern nur vom System selbst bewirkt werden kann. Das Gehirn ist damit als geschlossenes System zu verstehen, das neuronale Reize nach eigenen Kriterien interpretiert und bewertet. Als einer der bedeutendsten Vertreter dieser Auffassung gilt Humberto Maturana. Er postuliert für Kognitionsprozesse die innere Geschlossenheit des Systems. Kognitionsprozesse gelten damit als viabel, d. h., sie verarbeiten Impulse passend zu ihren Strukturen. Wahrnehmungsprozesse und die daraus resultierenden Kognitionsprozesse sind somit immer subjektiv geprägt (Gerstenmaier & Mandel 1995). Kognition gilt für Maturana als erfolgreicher Umgang mit „störenden Einflüssen" (Hug 2004, 360). Für eine konstruktivistische Pädagogik gelten die Perturbation bzw. die Irritation des Lernenden oder auch die hier beschriebenen „störenden Einflüsse" als Schlüsselsituationen, um mögliche Lernprozesse auszulösen. Der radikale Konstruktivismus steht mit der Systemtheorie in enger Verbindung. Maturana, Valera und Luhmann beziehen als Anhänger des radikalen Konstruktivismus ihre erkenntnistheoretischen Positionen auf systemische Zusammenhänge. Lebende Systeme werden dabei als autopoietische Systeme verstanden, die sich selbst regulieren und Irritationen von außen als geschlossenes System verarbeiten.

In der Pädagogik ist der Konstruktivismus seit den 1970er Jahren in der Diskussion (vgl. Hug 2004). Bedeutend waren vor allem die radikal konstruktivistischen Arbeiten von Glaserfeld und Foerster.

Wie oben bereits angedeutet, differenzieren sich konstruktivistische Ansätze in den letzten Jahren in verschiedene Positionen, die einen gesamtheitlichen Überblick zunehmend erschweren. Unterschieden werden können die Evolutionstheorie (Riedl), Wissenschaftstheorie (Janich, Mittelstraß), Neurobiologie (Maturana, Varela), Gehirnforschung (Roth, Singer), Kognitionsforschung (Glaserfeld, Mandel), Emotionsforschung (Ciompi), Kommunikationswissenschaft (Watzlawick), Sprachwissenschaft (Schmidt), Wissenssoziologie (Luckmann, Searle), Systemtheorie (Luhmann), Psychotherapie (Stierlin, Simon), Pädagogik (Reich, Kösel) (vgl. Siebert 1999, 8).

Zunehmend werden die Theorien des radikalen Konstruktivismus durch verschiedene Strömungen relativiert, die nicht den Anspruch einer Erkenntnistheorie haben. Gemeinsam ist diesen Ansätzen, dass sie sozialen Interaktionsprozessen für die Wissenskonstruktion des Subjekts eine bedeutende Rolle zuschreiben, was sie von der Theorie des radikalen Konstruktivismus prinzipiell distanziert. Zu diesen Theorieansätzen zählen der „soziale Konstruktivismus" (u. a. Berger & Luckmann), der Ansatz der „*situativity theory of cognition*" (u. a. Grenno) und anthropologische sowie ethnomethodologische Ansätze (u. a. Rogoff) (vgl. Gerstenmaier & Mandel 1995). Da in der Pädagogik der frühen Kindheit insbesondere der soziale Konstruktivismus eine große Rolle spielt, soll dieser Ansatz hier ausgeführt werden.

5.1.1 Sozialer Konstruktivismus

Der soziale Konstruktivismus ist u. a. beeinflusst von der Theorie von Berger und Luckmann, wie sie in deren Werk „Die gesellschaftliche Konstruktion der Wirklichkeit" (1970) vorgestellt wurde. Dabei beschäftigen sie sich vor allem mit der Frage, wie gesellschaftliche Ordnung erreicht wird, d. h., wie gesellschaftliche Übereinkunft über Regeln, Gesetze etc. möglich ist. Gemeinsam ist den unterschiedlichen Strömungen des sozialen Konstruktivismus ihr Bezug auf das handelnde Subjekt.

In der Literatur wird die Bezeichnung „postmoderner Konstruktivismus" synonym mit dem Begriff des „sozialen Konstruktivismus" oder auch „Sozialkonstruktivismus" gebraucht (vgl. Gisbert 2004). Entwicklung und Verständnis des Individuums werden in den Theoriesträmungen des sozialen Konstruktivismus prinzipiell als soziale Prozesse aufgefasst.

Youniss gelingt es mit dem Begriff der „Ko-Konstruktion", das Wesensmerkmal des sozialen Konstruktivismus von den Thesen des radikalen Konstruktivismus abzugrenzen. Dieser Begriff verweist auf die Bedeutung der sozialen Beziehungen für die Konstruktionsprozesse der Individuen. Von „Ko-Konstruktion" wird gesprochen, wenn Individuen über Aushandlungsprozesse gemeinsam Vorstellungen über einen Gegenstand entwickeln (vgl. Völkel 2002; Youniss 1994). Siraj-Blatchford et al. (2002) beschreiben diese Prozesse als Verstehensleistungen, die abhängig sind vom Vorwissen und dem Involvement der Beteiligten. Dafür ist es notwendig, dass sich alle Beteiligten mit dem Verstehen der anderen auseinandersetzen und der Gegenstand der Auseinandersetzung in irgendeiner Form zu einer Weiterentwicklung der Gedanken führt. Hiermit wird weiter präzisiert, was der Begriff der „Ko-Konstruktion" für Youniss bedeutet. Für ihn gilt die soziale Beziehung als zentraler Faktor des individuellen Verstehensprozesses. Youniss erweitert damit die Gedanken Piagets um die soziale Komponente. Er vertritt die Auffassung, dass Fragen, Argumente und gemeinsame Problem-Lösungsprozesse (vgl. Youniss 1994) den Kompetenzerwerb der Individuen unterstützen.

An diese Auffassung sind weit reichende Konsequenzen geknüpft. Während der radikale Konstruktivismus darauf verweist, dass jedes Individuum sein Wissen selbst konstruiert bzw. hervorbringt, wird mit dem sozialen Konstruktivismus die Perspektive erweitert und der sozialen Umwelt eine bedeutende Rolle im Konstruktionsprozess der Individuen zugeschrieben. Kognitive Prozesse werden aber nicht genuin in Interaktionsprozessen ausgelöst, sondern sind abhängig vom Involvement der Einzelnen in den Ko-Konstruktionsprozess und der Möglichkeit, in diesem Prozess Gedankengänge zu erweitern. Insbesondere für das pädagogische Handeln eröffnet diese Theorieströmung Chancen, das Individuum in seinen Lern- und Bildungsprozessen zu unterstützen und diese weiterzuentwickeln. Den „sozialen Aushandlungsprozessen" kommt unter der Perspektive der „Ko-Konstruktion" ein hoher Stellenwert zu. Durch diese Prozesse können sich die Individuen ihrer unterschiedlichen Wahrnehmungen bewusst werden. Dadurch erhält das Individuum die Möglichkeit, seine eigene Wahrnehmung zu hinterfragen und einen Perspektivenwechsel zu vollziehen, der zu neuen Denkstrukturen führen kann (Krappmann & Oswald 1992). Der Erkenntnisprozess ist in der konstruktivistischen Diskussion stets an das verstehende Individuum gebunden (Glaserfeld 2001), was dessen aktive Beteiligung voraussetzt. Konstitutiv für Ko-Konstruktionsprozesse sind „instruktive" Momente, welche die Interaktion erweitern. Von „sozialen Austauschprozessen" kann demnach nur gesprochen werden, wenn damit auch ein „Erkenntnisprozess" bzw. eine Erweiterung der bisherigen Erfahrung verbunden ist (vgl. Siraj-Blatchford et al. 2002).

Diese Auffassung wird heute von unterschiedlichen Theorierichtungen (vgl. Kapitel: „Interaktionsforschung") vertreten. Mit der Forderung nach „dialogisch-entwickelnden Interaktionen" wird in der Pädagogik die Bedeutung der „Ko-Konstruktion" für die Entwicklungs- und Lernprozesse der Individuen hervorgehoben.

5.1.2 Neurobiologische Erkenntnisse

Konstruktivistische Lernformen stehen in enger Verbindung mit den in den letzten Jahren gewonnenen neurobiologischen Erkenntnissen. Der Begriff Neurobiologie wird heute synonym zu dem Begriff Neurowissenschaft verwendet (Lexikon der Neurowissenschaft 2000, 430). Ziel der Neurobiologie ist es, Prinzipien und Mechanismen zu verstehen, die den Menschen zu einem bestimmten Verhalten oder kognitiven Zustand führen (vgl. Lexikon der Neurowissenschaft 2000). Die Neurobiologie richtet ihr Augenmerk neben dem Verhaltensaspekt auf evolutive Bedingungen. Dass das Nervensystem kein fixes Konstrukt ist, belegen heute zahlreiche Studien (vgl. Reichert 2000). Der Aufbau des Nervensystems wird u. a. von den Erfahrungen gesteuert, die das Individuum im Laufe seines Lebens macht. Dabei haben nicht nur die Erfahrungen aus der frühen Kindheit großen Einfluss auf die Struktur des Nervensystems, auch noch im hohen Alter weist das Gehirn eine relative Plastizität auf. Die große Bedeutung individueller Erfahrungen für den Lernprozess wird heute als Ausgangspunkt für das didaktische Handeln gesehen und unterstützt die Theorie des „aktiven Lernens".

> Durch Lernvorgänge kann das Gehirn neben den Fähigkeiten, die es im Laufe der Jahrmillionen seiner evolutionären Entstehungsgeschichte erworben hat, auch während eines Individuallebens neue Fähigkeiten und neue Informationsinhalte annehmen. In vielerlei Hinsicht können Lernvorgänge als eine späte und das ganze Leben andauernde Form von neuronaler Differenzierung angesehen werden (Reichert 2000, 228).

5.2 Konstruktivistische Interaktionstheorien

Während die Instruktionsforschung lange Zeit vom Primat der Lehrenden ausging, stellen konstruktivistische Lernformen die Lernenden in den Vordergrund. Konstruktivistische Didaktiken öffnen sich für einen Lern-Lehrprozess, der nicht genuin durch die Lehrenden gesteuert wird. Reich (2005) schreibt den Lernenden und Lehrenden gleichermaßen didaktische Funktion für diesen Prozess zu. Konstruktivistische Lern-Lehrformen verweisen somit auf das Individuum als „AkteurIn" und sehen in den wechselseitigen „Aushandlungsprozessen" die Möglichkeit für die Individuen, Probleme aus verschiedenen Perspektiven wahrzunehmen und dadurch eine Erweiterung der eigenen Gedankenwelt voranzutreiben und Lernprozesse zu bewirken. Diese Annahmen orientieren sich an der Theorie der „Ko-Konstruktion". Interaktionsprozessen kommt damit in pädagogischen Kontexten eine zentrale Rolle zu. Die an sozialkonstruktivistischen Theorien orientierten pädagogischen Interaktionsprozesse setzen das Involvement der Individuen als unabdingbar voraus. In dieser Haltung spiegeln sich die bereits oben angeführten Befunde (siehe Kapitel: „Interaktionsforschung" und „Instruktion"), die die Aktivität des Individuums während des Lernprozesses hervorheben. Dieser Denkansatz fordert eine „neue Lernkultur" (Voß 2005), welche sich viabel an den Lernenden orientiert (siehe Kapitel: „Instruktion") und Interaktionsprozesse geschickt nutzt, um gemeinsam Denkprozesse zu initiieren. Stern und Staub (Stern & Schumacher 2004) legen den Befund vor, dass ein enger Zusammenhang besteht zwischen Lehrenden, die sich an konstruktivistischen Lerntheorien orientieren, und den Lernfortschritten der Lernenden. Die Herausforderung besteht demnach darin, „konstruktive" Momente bezüglich des Kompetenzaufbaus und „instruktive" Momente der Kompetenzerweiterung des Subjekts in pädagogischen Interaktionsprozessen sinnvoll zu verbinden.

Bransford und Heldmeyer (1983) wenden den Kindern als erfolgreich Lernenden zu. Sie gehen von der Behauptung aus, dass Kinder in der frühen Kindheit besonders effektive und außerordentliche Lernende seien, was die Autoren u. a. auf die besonders intensive Beziehung zwischen Kindern und Bezugspersonen zurückführen (Bransford & Heldmeyer 1983). Die Autoren untersuchen deshalb diese informellen Lernsituationen in den ersten Lebensjahren und versuchen daraus Anregungen für die Gestaltung formaler Lernsituationen zu gewinnen. Als besonders günstige Voraussetzungen für die Entwicklung in informellen Lernsituationen werden folgende Bedingungen nach Bransford und Heldmeyer (1983) gesehen:

- Das Kind wird als Novize gesehen, welches unbedarft und somit experimentell neue Erfahrungen sammeln kann. Die Autoren gehen davon aus, dass in späteren Jahren der Lernprozess des Individuums seltener über experimentelle Erfahrungen vorangetrieben wird. Das wird darauf zurückgeführt, dass die unterschiedlichen Erfahrungen, die das Individuum bis dahin gemacht hat, spontane und kreative Lösungswege eher verhindern. Die Autoren sehen demnach bei älteren Kindern und Erwachsenen den Lernprozess mehr durch „Wissen" und „subjektive Theorien" gesteuert als durch spontane Erfahrungsprozesse.
- Das junge Kind wird in seinen Lernprozessen durch eine/n „persönliche/n TutorIn" begleitet, welche das Kind individuell zu unterstützen vermag.
- Der Lern-Lehrprozess wird in früher Kindheit vor allem durch ein flexibles Curriculum gesteuert, d. h., das Kind lernt, worauf sich seine Neugierde bzw. sein Interesse richtet.
- Als besonders bedeutend wird die hohe Motivation, d. h. die Neugierde der Kinder betrachtet, die sich in der Ausdauer zeigt, mit der Kinder versuchen, Bauklötze aufeinander zu stellen oder andere Fähigkeiten zu erwerben. Diese Haltung zeigt sich aber auch in der Ausdauer und Beharrlichkeit, mit der Kinder ihre Fragen an die Erwachsenen richten.
- Die Lernsituation wird unterstützt durch eine Eltern-Kind-Beziehung, die dem Kind Sicherheit und Vertrauen gibt, aktiv seine Umwelt zu erkunden. Diese sichere Vertrauenssituation fehlt nach den Autoren in den meisten formalen Lernsituationen (vgl. auch Ahnert 2004).
- Neben flexiblen Curricula sind die frühen Lernerfolge auch darauf zurückzuführen, dass keine festgelegten Lernziele den Entwicklungsprozess be-

stimmen, sondern der Lernerfolg an individuellen Kriterien ausgerichtet wird.

▪ Auch die Einstellung der Umwelt gegenüber dem Lernerfolg orientiert sich nicht an Vergleichen, sondern an den jeweils individuellen Kompetenzen.

Diese Voraussetzungen bieten nach Bransford und Heldmeyer (1983) kognitive und motivationale Vorteile für die Lernenden. Ein kindzentrierter Ansatz scheint demnach Voraussetzung für den pädagogischen Handlungsprozess. Die in der Pädagogik der frühen Kindheit übliche idealtypische Einteilung verschiedener Programmansätze (siehe Abbildung 13) assoziiert mit kindzentrierten Programmen zwar eine hohe Aktivität der Kinder, schreibt aber der ErzieherIn in diesen Programmansätzen nur eine wenig aktive Rolle zu. Wird von den sozialkonstruktivistischen Theorien ausgegangen, dann gelten wechselseitige Austauschprozesse als Grundvoraussetzung, um sich den Gedankengängen der Kinder zu nähern und diese zum Ausgangspunkt für das Handeln zu nutzen. Diese Prozesse fordern von allen Beteiligten ein hohes Maß an Involvement. Unter diesem Aspekt muss das Modell von Weikart (siehe Abbildung 13) reflektiert werden.

Abbildung 13: Programmansätze nach Weikart

Das Beispiel von Bransford und Heldmeyer (1983) macht aber auch deutlich, wie sich die konstruktivistische Maxime von den „aktiv Lernenden" und „instrukti-

ve" Momente durch die Erwachsenen über „*scaffolding*" auf besonders geschick-
te Weise verbinden lassen (siehe Kapitel: „Interaktionsforschung" und „Theorie
der Instruktion"), wenn die Aktivität der Lernenden zum Ausgangspunkt für
Lernprozesse wird. Jonassen (1994) und der von Brown vorgelegte Forschungs-
bericht „*Fostering Communities of Learners*" (Brown 1997) lassen ebenfalls
diese Orientierung an „instruktiven" und „konstruktiven Momenten" für die
Beschreibung einer konstruktivistischen Lernumgebung in pädagogischen Situationen erkennen (vgl. Gisbert 2004). Demnach sind klassische Programmansätze
nicht weiterführend. Das von Siraj-Blatchford et al. (2002, siehe Abbildung 14)
aufgestellte Modell beschreibt den pädagogischen Handlungsraum als Schalen-
modell und hebt die *Face-to-Face*-Interaktion als pädagogische Intervention
hervor. Dadurch wird der pädagogische Rahmen der Einrichtungen, wie z. B. die
Bildungspläne, mit dem Interaktionshandeln in der Kindergartengruppe verknüpft. Die Interaktion zwischen ErzieherIn und Kind erlangt in diesem Modell
einen zentraler Stellenwert. Diese Sichtweise entspricht den sozialkonstruktivistischen Ansätzen, die den wechselseitigen Austauschprozessen zwischen Erzieher-
rIn und Kind für den Lern- und Bildungsprozess der Subjekte eine bedeutende
Rolle zuschreiben. In der Elementarpädagogik wurde aufgrund der einseitigen
Ausrichtung an „offenen Rahmenplänen" lange Zeit der konkrete Handlungsbezug zwischen ErzieherIn und Kind vernachlässigt (vgl. Wolfram 1995; Fried
2003). In Zukunft muss es daher darum gehen, eine Handlungsdidaktik für den
Elementarbereich zu etablieren, welche den ErzieherInnen Orientierung für die
direkte pädagogische Interaktion mit dem Kind geben kann.

Abbildung 14: Pädagogische Intervention

Die idealtypischen Ansätze von „Konstruktion" und „Instruktion" sind mit ihrer monokausalen Ausrichtung heute nicht mehr haltbar, weshalb die Pädagogischen Psychologie derzeit versucht, beide Auffassungen aufeinander zu beziehen (siehe Abbildung 15). Wie verschiedene Befunde belegen, ist sowohl die puristische Haltung der „Instruktion" als auch der „Konstruktion" allein nicht in der Lage, optimale Lernumwelten bereitzuhalten (Reinmann-Rothmeier & Mandel 2001, siehe oben in diesem Kapitel). Den Befunden der Interaktionsforschung können dagegen wertvolle Hinweise entnommen werden, um Lernprozesse günstig zu beeinflussen (siehe Kapitel: „Interaktionsforschung").

Instruktion

Anregung von Lernprozessen
Weiterentwicklung von Kompetenzen

Konstruktion

Prinzip der „aktiv Lernenden"
Lernen als sozialer Konstruktionsprozess
„Subjektive" Verstehensprozesse

Abbildung 15: Instruktion und Konstruktion

Eine Handlungsdidaktik, die die Lernprozesse der Kinder optimal unterstützen will, muss nach derzeitigem Kenntnisstand sowohl dem Primat der „Instruktion" als auch der „Konstruktion" nachkommen. Dabei bedarf es einer adaptiven Instruktion, die sich am Individuum und dessen Kompetenzen orientiert. Lernprozesse sollen durch die Instruktion so angeregt und weiterentwickelt werden, dass das Individuum aktiv am Lernprozess beteiligt ist und Konstruktionsleistungen in Wechselwirkung mit dem Gegenüber aufgebaut werden.

Wenn davon ausgegangen wird, dass Wissen Konstruktion ist, dann muss den Lernenden ein Lernumfeld geboten werden, welches Gelegenheit schafft, solche Konstruktionsleistungen zu vollbringen (Reinmann-Rothmeier & Mandel 2001). Um Lernanlässe optimal nutzen zu können, muss die Lernumwelt den Lernenden Anknüpfungsmöglichkeiten für Lern- bzw. Konstruktionsprozesse ermöglichen. Vor allem der „*situated cognition*"-Bewegung ist es zu verdanken, dass heute dem Kontextbezug beim Lernen eine ausgesprochen hohe Bedeutung zugeschrieben wird. Diesem Ansatz wird auch das Konzept der „*guided participation*" von Rogoff (1990) zugeordnet (siehe Kapitel: „Theorie der Instruktion").

Anknüpfungspunkte für eine konstruktivistische Handlungsdidaktik:
Dialogisch-entwickelnde Interaktionsprozesse

Am Prinzip der Ko-Konstruktion angelehnte Lernformen beruhen auf besonderen
Interaktionsprozessen, die auf das Konzept von „*scaffolding*" und „*guided participation*" zurückgehen (vgl. Kapitel: „Instruktion"). Mit diesen Handlungsformen wird vorausgesetzt, dass Lehrende und Lernende in gleicher Weise aktiv am
Lernprozess beteiligt sind. Stremmel (1993; Kontos & Dunn 1993) stellt für
einen erfolgreichen Interaktionsprozess zwischen Lehrenden und Lernenden das
„*responsive teaching*" heraus, welches auf wechselseitigen Austauschprozessen
zwischen den Subjekten basiert. Diese wechselseitigen Austauschprozesse bzw.
„dialogisch-entwickelnde Interaktionsprozesse" sind Grundvoraussetzung in der
pädagogischen Interaktion, wenn es darum geht, sich dem Denken der Kinder
anzunähern bzw. sich am bereits vorhandenen Wissen der Kinder zu orientieren.
Im Folgenden werden diese Interaktionsprozesse, die sich durch „Aushandlungsprozesse" zwischen den Subjekten auszeichnen, als „dialogisch-entwickelnde
Interaktionsprozesse" (siehe unten) bezeichnet.

Offen bleibt hier aber noch, wie „instruktive Momente" im „dialogisch-
entwickelnden Interaktionsprozess" bewusst genutzt werden können. Die Theorie
von Youniss, welche sich auf die „symmetrische" und „komplementäre Reziprozität" (siehe Kapitel: „Peerinteraktion") bezieht, kann in dieser Hinsicht weiterführend sein. Wie verschiedene Studien belegen, praktizieren Vorschulkinder vor
allem in Rollenspielsituationen mit ihren Peers Aushandlungsprozesse (siehe
Kapitel: „Peerinteraktion"), die zu Ko-Konstruktionsleistungen führen. Vor allem
den kompetenteren Peers schreibt Youniss die „komplementäre Reziprozität",
d. h. eine ergänzende Funktion zu, die zur Erweiterung von Gedankengängen
führen kann. Dabei wechseln sich Phasen der „symmetrischen" und „komplementären Reziprozität" innerhalb des Interaktionsprozesses ab. Solche Interaktionsprozesse gilt es auch in der ErzieherIn-Kind-Interaktion zu evozieren. Dabei
ist davon auszugehen, dass diese Prozesse fließend ineinander übergehen. Die
Lehrenden werden dabei selbst zu Lernenden und vice versa. Eine solche „Lernkultur" lässt unmittelbar die Rollen der Lehrenden und Lernenden verschwim-
men (vgl. Ruf & Goetz 2005).

„**Dialogisch-entwickelnde Interaktionsprozesse**" grenzen sich zum „fra-
gend-entwickelnden Unterrichtsgespräch" (vgl. Seidel 2003) durch die dialogische Form ab. Der Begriff verweist auf die „wechselseitigen Austauschprozesse"
von Lehrenden und Lernenden und hebt das Involvement aller Beteiligten in den
Interaktionsprozess als zentral hervor. Das Dialogprinzip wird in der philosophischen Tradition mit Gleichheit und Ernstnehmen aller Beteiligten verbunden und
gilt seit der Antike der Klärung unterschiedlicher Ansichten. Humboldt hat das

Dialogprinzip mit den Denkprozessen der Einzelnen in Verbindung gebracht[35] (Metzler Philosophie Lexikon 1999). „Dialogisch-entwickeln" nimmt Bezug auf das Handlungsprinzip „*guided participation*" von Rogoff (1990), welches sowohl „Orientierung" als auch „Teilhaben" am Interaktionsprozess beinhaltet. „Dialogisch-entwickelnde Interaktionsprozesse" basieren auf dem Prinzip der „symmetrischen" und „komplementären Reziprozität" nach Youniss (1998). Die Betonung des Dialogs verweist wiederum auf die Befunde von Sylva et al. (2003), die der dyadischen Interaktion zwischen ErzieherIn und Kind im Lern- und Entwicklungsprozess die größte Bedeutung zuschreiben.

Ruf und Goetz (2005) weisen in diesem Zusammenhang auf die Voraussetzung der Kooperationsbereitschaft der Lernenden beim Initiieren von Lernprozessen hin. Interaktionsprozesse sollten hierbei aber nicht als rein verbale Verständigungsmöglichkeit gesehen werden. Wie aus der frühen Eltern-Kind-Interaktion bekannt ist, kann „Reziprozität" innerhalb des Interaktionsprozesses auf vielfältige Weise realisiert werden (siehe Kapitel: „Interaktionsforschung").

Bewusst dialogisch-entwickelnde Denkprozesse

Theorien des sozialen Konstruktivismus nehmen auf die Pädagogik der frühen Kindheit zunehmend Einfluss (siehe oben), bis heute fehlt es aber an einem entsprechend ausgearbeiteten didaktischen Konzept (vgl. Gisbert 2004). Für einen solchen didaktischen Ansatz eignen sich gegenüber einem geschlossenen Curriculum, welches auf bestimmte Lerninhalte ausgerichtet ist, vor allem offene und flexible Curricula, wobei darüber hinaus eine den Lernprozessen förderliche Lernumwelt nicht zu vernachlässigen ist.

Mit der Interaktionsform „*sustained shared thinking*" stellen Sylva et al. (2003; Siraj-Blatchford et al. 2002) ein solches didaktisches Handlungsmuster bereit, das geeignet ist, die Lernumwelt des Kindergartens entsprechend günstig zu gestalten. In dieser besonders effektiven Lernform werden „konstruktive" und „instruktive Momente" des Handelns bewusst aufeinander bezogen und für eine Theorie der pädagogischen Interaktion zwischen ErzieherIn und Kind genutzt. Dabei wird davon ausgegangen, dass Lernprozesse das Resultat kognitiver Konstruktionsleistungen sind, welche nur erreicht werden, wenn das Kind motiviert und in den Interaktionsprozess involviert ist (Siraj-Blatchford et al. 2002). „*Sustained shared thinking*" wurde vor allem beobachtet, wenn ErzieherIn und Kind

---

35 „[...] »Der Mensch spricht sogar in Gedanken, nur mit anderen, oder mit sich selbst, wie mit einem Anderen. « [...] »Zwischen Denkkraft und Denkkraft gibt es keine andere Vermittlerin als die Sprache.« Sprache ist nun mal ein Verhältnis zwischen mindestens zwei Menschen. [...] Der Mensch führt also auch in Gedanken stets einen Dialog (Metzler Philosophie Lexikon 1999, 111)."

in einer Dyade zusammenwirken und z. B. gemeinsam Probleme lösen oder Geschichten erfinden. Diese Interaktionsform stützt sich auf „dialogisch-
entwickelnde Interaktionen" und baut auf reziproken Handlungsprozessen auf.
Das „reziproke Handeln" verweist auf das gegenseitige Involvement im Interaktionsprozess. Dabei darf neben der „Reziprozität" der Gegenstand der Interaktion
nicht vernachlässigt werden. Entwicklungsprozesse werden im Individuum nur
dann angeregt, wenn es gelingt, Ko-Konstruktionsprozesse auszulösen. Die
Interaktionsform des *„sustained shared thinking"* impliziert Ko-
Konstruktionsleistungen bzw. die Entwicklung und Erweiterung von Gedankengängen im Interaktionsprozess. Diese Interaktionsform erweist sich als weiterführend in Bezug auf eine Didaktik in der frühkindlichen Erziehung, da sie sowohl alle Beteiligten einbezieht als auch instruktiv Ko-Konstruktionsprozesse
auszulösen vermag.

Die Bezeichnung **„bewusst dialogisch-entwickelnde Denkprozesse"** nimmt
auf die Interaktionsform des *„sustained shared thinking"* (Sylva et al. 2003; Siraj-Blatchford et al. 2002) Bezug. Damit soll der Prozess der „Ko-Konstruktion",
welcher auf „dialogisch-entwickelnden Interaktionsprozessen" basiert, hervorgehoben werden. „Instruktive" Momente wirken im Interaktionsprozess durch die
bewusste Unterstützung der PädagogInnen, die in einen welchselseitigen, konstruktiven Dialog münden sollen. Im Gegensatz zu dem von Sylva et al. (2003)
gewählten Begriff *„sustained"*, welcher eine Absicht im Handlungsprozess unterstellt, soll hier mit „bewusst dialogisch-entwickelnden Denkprozessen" in
Orientierung an sozialkonstruktivistischen Theorien der Interaktionprozess („dialogisch-entwickelnd"), nicht aber der „Denkprozess" bewusst herbeigeführt werden. Aus sozialkonstruktivistischer Perspektive kann das Lernziel bzw. können
Denkprozesse stets nur gemeinsam mit den Lernenden entwickelt und fortgeführt
werden.

Die von Sylva et al. (2003; Siraj-Blatchford et al. 2002) intensiv untersuchte
Interaktionsform des *„sustained shared thinking"* verdeutlicht für den elementarpädagogischen Bereich exemplarisch, worauf eine interaktionistisch-
konstruktivistische pädagogische Lernumwelt ausgerichtet sein muss, um Lernprozesse bei den Kindern in Gang zu setzen und zu erweitern. Die folgende Abbildung (siehe Abbildung 16) verdeutlicht, wodurch sich „dialogisch-
entwickelnde Interaktionen" von „bewusst dialogisch-entwickelnden Denkprozessen" unterscheiden.

Interaktionsprozesse Dialogisch-entwickelnd
Subjekt ↔ Subjekt Reziprozität Wechselseitig Alle Beteiligten sind involviert in den Interaktionsprozess
Interaktionsform z.B. „Sustained shared thinking" (Sylva et al. 2003) „Bewusst dialogisch-entwickelnde Denkprozesse"

„Konstruktive" Momente	„Instruktive" Momente
Entwicklung und Weiterführung von Gedankengängen	

Abbildung 16: Dialogisch-entwickelnde Interaktionsprozesse

Als eine günstige Lernumwelt im Kindergarten wird demnach ein pädagogischer Interaktionsraum verstanden, der sich sowohl durch „konstruktive" als auch „instruktive Momente" auszeichnet, wobei Lernprozesse in der Interaktion mit der ErzieherIn herausgefordert und weitergeführt werden müssen. Dabei geht es darum, gezielt Dialogfelder zu eröffnen, die „bewusst dialogisch-entwickelnde Denkprozesse" zwischen ErzieherIn und Kind(-ern) ermöglichen. Diese Interaktionsform setzt ein Bewusstsein der ErzieherInnen für die Interessen und das Denken der Kinder voraus, um gemeinsam Ideen entwickeln zu können.

5.3 Resümee

Der Konstruktivismus beeinflusst die Pädagogik seit den 1970er Jahren. Er gilt als Erkenntnistheorie und stellt die „aktiv Lernenden" in den Mittelpunkt seiner Betrachtungen. Auf die Pädagogik der frühen Kindheit nehmen in den letzten Jahren vor allem sozialkonstruktivistische Theorieansätze Einfluss. Diese unterscheiden sich von radikalkonstruktivistischen Strömungen, wie sie z. B. von Maturana und Glaserfeld vertreten werden, durch den Einfluss, den sie der sozialen Umwelt für die Konstruktionsleistungen des Subjekts zuschreiben. Dadurch gewinnen die sozialkonstruktivistischen Strömungen zunehmend Bedeutung für die Pädagogik, insbesondere für das pädagogische Handeln, sofern sie den Interaktionsprozessen zwischen den Subjekten eine ausgesprochen große Bedeutung für das Lernen und die Entwicklung des Individuums zuschreiben.

Interaktionistisch-konstruktivistische Bildungsprogramme beinhalten jedoch die Problematik, dass sie „konstruktive" und „instruktive Momente" bislang kaum vereinen, um sie im Bildungsprozess wechselseitig aufeinander einwirken zu lassen.

Eine solche Verbindung der Theorieansätze „Instruktion" und „Konstruktion" gestaltet sich deshalb so schwierig (siehe Kapitel: „Instruktion"), weil Instruktion im Widerspruch zu den heutigen Erkenntnissen der konstruktivistischen Lerntheorien und ihrem Primat der „aktiv Lernenden" zu stehen scheint (siehe oben) (McWilliam et al. 2002; Katz 1999). Denn die Theorie der „aktiv Lernenden" ist unmittelbar verbunden mit dem Gedanken des von „Instruktionen und Instrukteuren möglichst unabhängigen Lernen[s]" (vgl. Weinert 1996, 31). Dieser vermeintliche Widerspruch behindert jedoch eine angemessene Unterstützung der Lernenden und führt dazu, dass sich die PädagogInnen viel zu früh aus dem Interaktionsprozess mit dem Kind zurückziehen (vgl. Winsler & Carlton 2003; Katz 1999). Demnach scheinen die derzeitigen Handlungsmodelle zu unklar zu sein, um das Handeln auch tatsächlich an den selbst formulierten Bildungsansprüchen ausrichten zu können. Dies zeigen exemplarisch die bisherigen Untersuchungen des Ansatzes „*Developmentally Appropriate Practice*" (siehe Kapitel: „Developmentally Appropriate Practice [DAP]").

In sozialkonstruktivistische Lerntheorien spielen, wie u. a. aus der Interaktionsforschung hervorgeht, sowohl „instruktive" als auch „konstruktive" Momente des Handlungsprozesses für die Entwicklung und Erweiterung von Wissen sowie Verständnis eine wesentliche Rolle.

Dabei kann eine Unterstützung der Lernenden vor allem über „bewusst dialogisch-entwickelnde Denkprozesse" (Sylva et al. 2003; Siraj-Blatchford et al. 2002) verwirklicht werden. Bei dieser Interaktionsform begleiten „instruktive" und „konstruktive" Momente den Interaktionsprozess der Subjekte. Wesentlich hierfür ist die Entwicklung und Weiterführung von Gedankengängen. Dabei darf die Diskussion jedoch nicht in dem Sinne verkürzt geführt werden, dass Aushandlungsprozesse allein als hinreichend für ko-konstruktive Prozesse gelten. Erst über die „instruktiven" Momente, welche zu einer Erweiterung der Gedankengänge führen, wird die didaktische Dimension bewusst, die in „dialogisch-entwickelnden Interaktionsprozessen" bzw. in „bewusst dialogisch-entwickelnden Denkprozessen" liegen kann.

Die vorliegende Interaktionsstudie richtet ihr Augenmerk auf die „Interaktion zwischen ErzieherIn und Kind(-ern)", um sich einen detaillierten Einblick in die derzeit realisierte pädagogische Kindergartenpraxis zu verschaffen bzw. zu eruieren, welche Rolle Instruktions- und Konstruktionsprozesse in der pädagogischen Interaktion zwischen ErzieherIn und Kind(-ern) spielen.

6. Zusammenfassung des Theorieteils und Fazit

Der Theorieteil setzt bei der **Bildungsdiskussion** der 1970er Jahre an und beschreibt zunächst die Einflüsse, die seither auf die Elementarpädagogik über die implizierten Bildungsansprüche eingewirkt haben. Der Kindergarten zeichnet sich bis heute vor allem über informelle Bildungsziele aus. Daran hat auch die Einführung der Bildungspläne nichts geändert. Diese Bildungspläne weisen zwar einzelne für den Kindergarten als zentral angesehene Bildungsbereiche aus, formulieren aber keine speziellen Bildungsziele, sondern dienen vielmehr als flexible Rahmencurricula, die Anregungen für die Umsetzung einzelner Bildungsbereiche im Kindergarten geben sollen. In den letzen Jahren verschärft sich, ausgelöst durch die internationalen Vergleichsstudien (OECD; PISA), der Druck auf die vorschulischen Einrichtungen, die informellen Bildungsziele durch eine professionelle Lernumwelt zu ergänzen. Gegenwärtig werden in diesem Zusammenhang international für den Kindergarten vor allem sozialkonstruktivistische Theorien diskutiert (Bertram & Pascal 2002), die der sozialen Umwelt für den Wissensaufbau der Subjekte eine besondere Bedeutung zuschreiben. In diesen Theorien wird von „aktiv Lernenden" ausgegangen, die durch „Ko-Konstruktionsleistungen" ihr Wissen aufbauen und erweitern. Dem Interaktionsprozess zwischen ErzieherIn und Kind wird dabei eine bedeutende Rolle zugeschrieben. Bis heute fehlt es aber an einer sozialkonstruktivistischen Didaktik für den vorschulischen Bildungsbereich (vgl. Gisbert 2004), damit die PraktikerInnen gezielt ihr Handeln auf Wechselseitigkeit und Ko-Konstruktion ausrichten können. Um den Interaktionsraum des Kindergartens differenziert einzuschätzen, sind Beobachtungsstudien notwendig, die es möglich machen, den Interaktionsprozess zwischen ErzieherIn und Kind genau zu untersuchen. Nur so kann in Erfahrung gebracht werden, inwieweit das frühpädagogische Handeln bereits an sozialkonstruktivistischen Theorien ausgerichtet ist. Dabei gilt es, Ansatzpunkte für die Etablierung einer sozialkonstruktivistischen Handlungsdidaktik in der Elementarpädagogik zu finden. Mit der vorliegenden Interaktionsstudie soll dieser Forderung nachgekommen werden.

Die **Qualitätsdiskussion** hat in den letzten Jahren den Blick auf die prozessualen Faktoren der Kindergarteneinrichtungen verschärft. Dies ist auf die Ergebnisse verschiedener Studien zurückzuführen, die belegen, dass die Qualität der Einrichtungen maßgeblich über die Prozessqualität bestimmt wird. Weitere

Studien weisen aber auch darauf hin, dass es über eine globale Prozesserfassung nicht möglich ist, verlässliche Aussagen zum konkreten Interaktionshandeln in der Kindergartengruppe zu machen (Kontos & Dunn 1993). Exemplarisch zeigt sich das anhand des Qualitätsmessinstruments der „*Early Childhood Environment Rating Scale*" [ECERS] bzw. über den sehr weit gefassten Begriff der Prozessqualität von Tietze et al. (1998). Demnach fehlt es derzeit an präzisen Messinstrumenten zur Erfassung des pädagogischen Interaktionsprozesses. Insbesondere die Längsschnittuntersuchung von Sylva et al. (2003) konnte nachweisen, dass durch spezifische Interaktionsformen Lernprozesse der Kinder maßgeblich unterstützt und weiterentwickelt werden können.

In der Bildungs- und Qualitätsdiskussion gelten heute die Interaktionsprozesse zwischen ErzieherIn und Kind(-ern) als Schlüsselvariable für den Lern- und Bildungsprozess. Zur Diskussion steht demnach, durch welche Interaktionsprozesse die Lern- und Bildungsprozesse der Kinder konkret begünstigt werden können. Da es derzeit an Messinstrumenten mangelt, die diese Interaktionen differenziert erfassen, sind detaillierte Interaktionsstudien unerlässlich, um den Alltag in den Einrichtungen zu beschreiben und daraus gezielt Anregungen abzuleiten, wie der Lern- und Bildungsprozess im Kindergarten mit Hilfe des pädagogischen Interaktionsprozesses gestaltet werden kann.

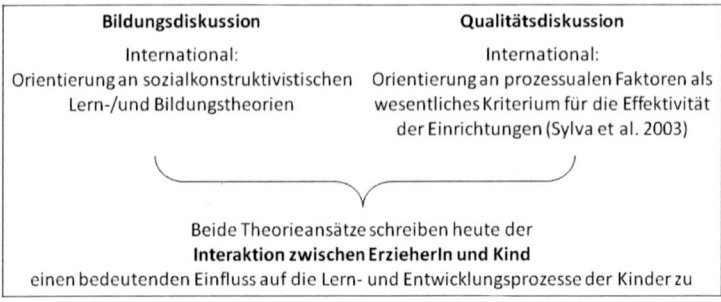

Abbildung 17: Zusammenhang zwischen Bildungs- und Qualitätsdiskussion

Der rote Faden, der sich durch die Diskussion zieht, lässt sich mit der Frage umschreiben, wie „Intersubjektivität" in der pädagogischen Interaktion verwirklicht werden könne. Der Begriff der „Intersubjektivität" verweist dabei auf eine „Subjekt-Subjekt-Beziehung" und somit auf die bedeutende Rolle der sozialen Umwelt im Bildungsprozess. Bartholomäus (1999) geht in Anlehnung an Masschelein davon aus, dass das Subjekt sich erst über die intersubjektive Beziehung herausarbeitet. Das Selbst wird bewusst und fähig erst in der Beziehung mit anderen.

In der pädagogischen Tradition, die sich bis in die Antike zurückverfolgen lässt, wird durch das pädagogische Handeln die Beziehung eines „werdenden Menschen" zu einem „reifen Menschen" beschrieben. Diese Beziehung dient, seit der Antike, der Vermittlung von Erkenntnissen, die von der älteren Generation an die jüngere Generation weitergegeben werden. Dadurch kristallisiert sich ein Verhältnis zwischen Erziehenden und zu Erziehenden heraus, welches in erster Linie durch eine „instrumentelle Beziehung" geprägt ist (Masschelein 1991,172). Demnach ist der Mensch von der Beziehung zu anderen abhängig, um Mensch zu werden. Der Aneignungsprozess ist nach dieser Denktradition in erster Linie von den Erziehenden abhängig. Erst seit Theoretiker wie Dewey die „pragmatische Wende" in der Pädagogik eingeleitet haben, kann die gedachte „instrumentelle Beziehung" mit einer „sozialen Beziehung" gekoppelt werden (siehe Kapitel: „Historisch-systematische Ansätze"). Dadurch wird die einseitige Ausrichtung des pädagogischen Handelns auf die Erziehenden aufgegeben und der Blickwinkel auf die zu Erziehenden erweitert. Dies führt zu einer Auflösung der konstruierten „Subjekt-Objekt-Beziehung", welche sich ausschließlich dem „werdenden Menschen" widmet. Dewey verfolgt einen handlungstheoretischen Ansatz, welcher Entwicklung nicht mehr nur als die Entfaltung des Subjekts, sondern als einen an subjektiven Erfahrungen gekoppelten Prozess versteht. Lernen ist demnach an Handlung geknüpft. Aufgabe der Erziehung ist es dann, Handlungsräume zur Verfügung zu stellen, die dem Subjekt vielfältige Erfahrungen ermöglichen. Mit der „realistischen Wende" in der Erziehungswissenschaft wurde es möglich, das pädagogische Handeln an den Erfahrungen der „sozialen Beziehung" auszurichten. Die unterschiedlichen Theorien der „Kommunikativen Pädagogik" (wie z. B. Mollenhauer, Schaller, Schäfer usw.) (siehe Kapitel: „Kommunikative Pädagogik") zeigen exemplarisch die Chance, die in der konkreten Auseinandersetzung der „Subjekt-Subjekt-Beziehung" liegt, um sich einer „intersubjektiven Erfahrungsebene" zu nähern. Erst dadurch wird es möglich, die bisher nur theoretisch gedachte „Intersubjektivität" aufzuschlüsseln. Insbesondere die Erziehungsstilforschung bereitete den Weg für eine analytische Interaktionsforschung, die heute dazu dient, den Prozess der pädagogischen Interaktion detailliert zu beschreiben und das pädagogische Handeln daran zu orientieren (siehe Kapitel: „Erziehungsstilkonzepte").

Anhaltspunkte zur Differenzierung des Konstrukts der Intersubjektivität lassen sich aus der **Interaktionsforschung** begründen (siehe Kapitel: „Interaktionsforschung"). Zentrale Befunde werden dabei aus der Eltern-Kind-Interaktion in der frühen Kindheit abgeleitet. Bei diesen Interaktionsprozessen kristallisieren sich vor allem „Sensitivität" (vgl. Lohaus et al. 2004; Oerter & Montada 2002;

Holmes 2002; Brazelton et al. 1974) und „responsives Verhalten" (Lohaus et al. 2004; Schmücker & Buchheim 2002; Simó 2000; Papousek & Papousek 1978) als Kernvariablen heraus, welche zum Aufbau einer gemeinsamen Beziehung beitragen. Diese Kernvariablen gelten dabei unmittelbar als optimale Lernumwelt, die das Kind als kompetentes Gegenüber ernst nimmt, indem sie die Selbstwirksamkeit des Kindes unterstützt und seine Aufmerksamkeit sensibel für einen gemeinsamen Interaktionsbezug nutzt (Papousek 1978). Erst der gemeinsame Handlungsbezug ermöglicht es, Interaktionsmuster aufzubauen (Tronick & Cohn 1989), die auf einer wechselseitigen Interaktion beruhen und symmetrische und komplementäre Reziprozität (Youniss 1994) veranlassen. Dabei spielt der Prozess des „Korrigierens" bzw. des Modifizierens der Interaktionsmuster als Ausgangspunkt für Lernprozesse eine große Rolle (Schmücker & Buchheim 2002). Auch die Interaktionsprozesse der Peers verdeutlichen, dass die gemeinsamen Austauschprozesse als Schlüsselsituationen gelten, um an subjektive Erfahrungen anzuknüpfen (Völkel 2002; Perry & Dockett 1998). Dabei stellt sich vor allem die große Offenheit des Interaktionsprozesses als wesentlicher Faktor für die hohe Aktivität der Peers in den Aushandlungsprozessen heraus. Der Reziprozität, d. h. den wechselseitigen Anteilen innerhalb des Interaktionsprozesses, kommt nach Youniss (1994) die herausragende Rolle für den Aufbau der sozialen Interaktion zu. Für den Lernprozess des Individuums ist sowohl die „komplementäre" als auch die „symmetrische" Reziprozität zentral. Somit gilt es, auch in der Interaktion zwischen ErzieherIn und Kind diese entscheidenden Variablen zu provozieren und für die Unterstützung von Lernprozessen zu nutzen. Unterschiedliche Studien ergaben vor allem folgende Kriterien als bedeutende Einflussfaktoren auf die Interaktion zwischen ErzieherIn und Kind:

- Die emotionale Beziehung zwischen ErzieherIn und Kind (Tausch et al. 1973; Brandt & Wolf 1985; 1987; Pianta & Nimetz 1991; Howes et al. 1992; Eliker & Fortner-Wood 1995; Kugelmass 2000)
- Das Involvement der ErzieherIn in die Interaktion mit den Kindern (Wilcox-Herzog & Ward 2004; Howes & Smith 1995)
- Das Hinführen zu Problem-Lösungsprozessen bzw. das Veranschaulichen von Denkprozessen (Mauritzson & Säljö 2001; Hugh & Donaldson 1979; Pramling 1990; 1996)
- Spezifische Formen der Interaktion, wie z. B. bestimmte Frageformen (Kontos & Dunn 1993; McCartney 1984; Aalsvoort 2003; Renninger 1998; Wood 1992; Wilcox-Herzog & Ward 2004)
- Die Aushandlungsprozesse zwischen ErzieherIn und Kind (Rogoff 1990; Sylva et al. 2003; Makin 2004)

Rogoff (1990) verweist auf die Aushandlungsprozesse zwischen ErzieherIn und Kind, welche das Potential bergen, die kognitive Entwicklung der Kinder maßgeblich zu unterstützen. Wesentlich ist dabei, dass diese Aushandlungen zu einem Prozess des *„shared thinkings"* zwischen den InteraktionsagentInnen führen. Aushandlungsprozesse werden von Rogoff als Ausgangspunkt zur Unterstützung (*„scaffolding"*) des Kindes bei Lernprozessen (*„guided participation"*) gesehen. Untersuchungen zur Instruktion und Didaktik belegen heute die entscheidende Rolle des wechselseitigen Bezugs von Erziehenden und zu Erziehenden (Weinert 1996a; 1996b) für eine bewusste Begleitung der Lernenden. Die Befunde verweisen auf die Orientierung an den Lernenden, um Lern- und Entwicklungsprozesse zu provozieren. Im Mittelpunkt beider Theorieansätze steht die Idee der „aktiv Lernenden" (Watkins & Mortimore 1999; Renninger 1998), was den Einfluss des Konstruktivismus verdeutlicht. Dabei gelten die Aushandlungsprozesse als Chance, sich dem Denken der Kinder zu nähern und dabei auch „Denkfehler" aufzudecken. Das Auslösen von „kognitiven Konflikten" führt zu neuen Denkstrukturen (Wertsch 1984; Ireson & Blay 1999) bzw. zu einem Transitionalstadium (siehe Kapitel: „Instruktion"), das derzeit als Phase höchster Lernbereitschaft des Subjekts gilt (Fried 2005; Wilkinson 1982). Die Unterstützung (*„scaffolding"*) der Erwachsenen setzt hier an und soll das Kind dazu befähigen, den Schritt in die nächstfolgende Entwicklung wahrzunehmen.

Die verschiedenen Studien weisen darauf hin, dass junge Kinder aktiv an ihrem Lernprozess beteiligt sind und die effektivsten Lernleistungen in der frühen Kindheit auf die adaptive Instruktion bzw. *„scaffolding"* durch die Erwachsenen zurückzuführen sind. Insbesondere „dialogisch-entwickelnden Interaktionsprozessen" bzw. sozialen „Austauschprozessen" zwischen den Individuen, die zu „Ko-Konstruktionen" führen, wird dabei entscheidende Bedeutung zugeschrieben. Demnach gilt es, das pädagogische Handeln an den Prinzipien von Reziprozität und Ko-Konstruktion auszurichten, um eine optimale Lernumwelt im Kindergarten zu gewähren.

Die Befunde aus der Interaktionsforschung und die sozialkonstruktivistischen Theorieansätze gehen fließend ineinander über. Beide Strömungen vereint die Ausrichtung an der „Ko-Konstruktion" und die damit in Verbindung stehende Bedeutung der sozialen Interaktionen für den „Erkenntnisprozess" des Individuums.

Die Befunde der Interaktionsforschung belegen aber auch den Einfluss der PädagogInnen im Interaktionsprozess mit dem Kind. Insbesondere im Konzept des *„scaffolding"* wird die Rolle der PädagogInnen für den Kompetenzaufbau und die Erweiterung von Gedankengängen als zentral angesehen (siehe Abbildung 18) (vgl. Siraj-Blatchford et al. 2002).

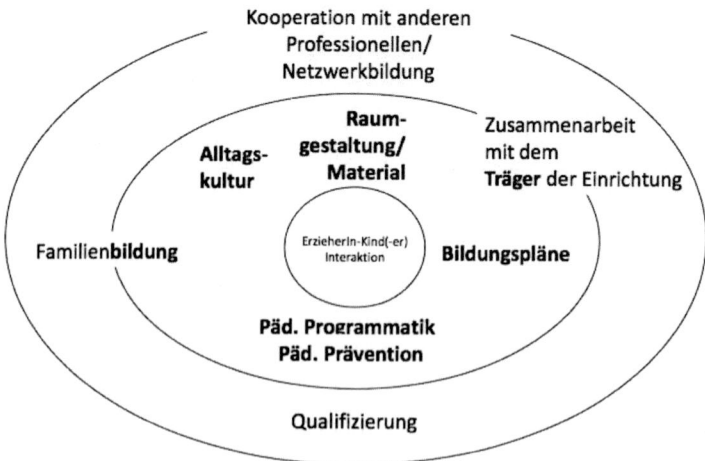

Abbildung 18: Pädagogische Intervention

In der derzeitigen Diskussion um sozialkonstruktivistische Bildungs- und Lerntheorien der Pädagogik der frühen Kindheit geht es darum, eine adaptive Handlungsdidaktik zu entwickeln, welche den Prinzipien der „Konstruktion" und „Instruktion" Rechnung trägt. Die hier vorgelegte Arbeit stellt den Interaktionsprozess zwischen ErzieherIn und Kind in den Mittelpunkt der Auseinandersetzung
und folgt damit sowohl den sozialkonstruktivistischen Bildungs- und Lerntheorien als auch der Qualitätsforschung, welche den Interaktionsprozessen zwischen
ErzieherIn und Kind hohe Bedeutung für die Bildungs- und Lernprozesse der
Kinder zuschreiben. Die vorgelegte Arbeit sieht die von Sylva et al. (2003; Siraj-
Blatchford et al. 2002) beschriebene Interaktionsform des *„sustained shared
thinking"* als günstiges Konstrukt, das den Anspruch an „konstruktive" und „instruktive Momente" im Interaktionsprozess mit dem Kind anschaulich verbindet.
Diese Interaktionsform wird als Episode beschrieben, in der zwei oder mehr
Individuen in einer intellektuellen Weise zusammenarbeiten, um ein Problem zu
lösen, Ansichten zu klären, Aktivitäten auszuhandeln, gemeinsam Geschichten
zu erfinden etc. Alle Beteiligten müssen in diesen Denkprozess aktiv involviert
sein und ihn entwickeln und fortführen. Die Interaktionsform *„sustained shared*

thinking" orientiert sich an der Theorie der Ko-Konstruktion und wird durch die Aushandlungsprozesse der Individuen bestimmt. Sie entspricht in besonderer Weise den sozialkonstruktivistischen Bildungs- und Lerntheorien, die sich am Prinzip der „Ko-Konstruktion" und der „aktiv Lernenden" orientieren. Die vorliegende Arbeit spricht in Anlehnung an die Interaktionsform des *„sustained shared thinking"* von „bewusst dialogisch-entwickelnden Denkprozessen". Damit wird der „bewusste" Handlungsprozess als instruktives Moment der Interaktion mit dem Kind betont, was zur Entwicklung und Erweiterung von Denkprozessen über eine „dialogisch-entwickelnde" Interaktion führt. „Dialogisch-entwickelnd" nimmt Bezug auf „Gleichheit" und „Solidarität", die im Dialog hergestellt wird und das Anknüpfen an und Fortführen von Gedanken ermöglicht (siehe auch Kapitel: „Dialogisch-entwickelnde Interaktionsprozesse" und „Bewusst dialogisch-entwickelnde Denkprozesse"). Diese Interaktionsform wurde in der vorliegenden Studie als Anknüpfungspunkt für eine konstruktivistische Handlungsdidaktik in der Elementarpädagogik herausgestellt. Für eine interaktionistisch-konstruktivistische Lernumwelt kann diese Interaktionsform als zentral angesehen werden, um Lernprozesse bewusst zu unterstützen und zu fördern.

Die vorliegende Studie will die Interaktionsprozesse zwischen ErzieherIn und Kind(-ern) im Kindergartenalltag möglichst differenziert untersuchen. Sie orientiert sich an sozialkonstruktivistischen Lerntheorien und den hier zusammengetragenen Befunden aus der Interaktionsforschung. Hierbei geht es darum, den Interaktionsraum des Kindergartens differenziert zu beschreiben und auf Interaktionsformen hin zu untersuchen, die dem Prinzip von „Reziprozität" und „Ko-Konstruktion" Rechnung tragen. Im Mittelpunkt steht die Fragestellung, ob sich die Lernumwelt im Kindergarten gegenwärtig als Teil einer interaktionistisch-konstruktivistischen Lernumwelt verstehen lässt.

7. Erkundungsstudie

Mit Hilfe der vorliegenden Studie soll versucht werden, neue Ansatzpunkte für die derzeit breit diskutierte Reform der Elementarpädagogik (Fthenakis 2003) zu finden. Insbesondere durch die internationalen Vergleichsstudien (PISA 2003) wurde der Blick auf die vorschulischen Bildungseinrichtungen gelenkt. Die Ergebnisse der PISA-Studie (2003) haben verdeutlicht, dass der Unterstützung und Förderung der frühkindlichen Lern- und Entwicklungsprozesse mehr Beachtung geschenkt werden muss, wenn es gelingen soll, den Kindern gute Voraussetzungen für einen erfolgreichen Schulstart bzw. eine erfolgreiche schulische Entwicklung zu schaffen.

Der Kindergarten steht demnach heute vor der Herausforderung, seine auf informelle Bildungsansätze ausgerichtete Pädagogik durch das Konzept einer angemessenen Lernumwelt zu ergänzen. Im Hintergrundbericht der OECD-Studie (2004) wird hierauf explizit Bezug genommen: „Möglichkeiten der systematischen Anregung und Begleitung der Bildung von Kindern, die auf der Vorstellung von Dialog und Ko-Konstruktion zwischen Kindern und Erwachsenen beruhen, müssen erst noch entwickelt und erprobt werden" (OECD 2004). Soziokulturellen Lerntheorien wird in der Pädagogik der frühen Kindheit heute international eine bedeutende Rolle zugeschrieben (Bertram & Pascal 2002). Dabei stehen sozialkonstruktivistische Theorieansätze im Mittelpunkt, die hohe Erwartungen an die ErzieherIn-Kind-Interaktion richten. Die in der vorliegenden Diskussion zusammengetragenen Befunde gelten als grundlegend für eine differenzierte Erforschung der ErzieherIn-Kind-Interaktion im Kindergartenalltag.

Mit Hilfe der Erkundungsstudie gilt es, einen Eindruck über die Gestaltung der Interaktion zwischen ErzieherIn und Kind im Kindergartenalltag zu gewinnen. Dabei wird der Alltag des Kindergartens als Interaktionsraum (vgl. Barres 1973) wahrgenommen, in welchem es Strukturen bzw. spezielle Handlungsmuster zu identifizieren gilt.

7.1 Forschungsproblem

Ausgangspunkt der Studie ist, dass heute den prozessualen Faktoren in der frühkindlichen Erziehung ein bedeutender Einfluss auf die Entwicklung der Kinder zugeschrieben wird (Sylva et al. 2003; Siraj-Blatchford et al. 2002; Tietze et al. 1998). Sylva et al. (2003) sehen die ErzieherIn-Kind-Interaktion als Schlüsselvariable für die Effektivität der Einrichtungen. Zahlreiche Studien aus Interventionsprogrammen, wie z. B. dem „High/Scope"-Ansatz, belegen, dass durch das Interaktionshandeln Lernprozesse der Kinder gezielt gefördert, unterstützt und begleitet werden können. Die Ergebnisse aus internationalen Studien weisen auf die große Bedeutung hin, welche dem Interaktionsprozess des Subjekts mit seiner sozialen Umwelt zukommt (Ireson & Blay 1999; Stremmel 1993; Bertau & Speck-Hamdan 2004; Perry & Dockett 1998) (siehe Kapitel: „Interaktionsforschung"). Als eine anregungsreiche Lernumwelt wird heute aus sozialkonstruktivistischer Perspektive eine durch Interaktions- bzw. wechselseitige Austauschprozesse bestimmte soziale Beziehung gesehen. Der von Tietze et al. (1998) vorgelegte Befund, dass die Prozessqualität in deutschen Kindergärten nur als „gehobene Mittelmäßigkeit" bezeichnet werden kann, gibt Anlass dazu, den Interaktionsprozess zwischen ErzieherIn und Kind im Kindergartenalltag gezielt zu analysieren.

Die vorliegende Untersuchung fokussiert den Teilaspekt der Prozessqualität, dem derzeit größte Einfluss auf die Bildungs- und Lernprozesse der Kinder zugeschrieben wird, der Interaktion zwischen ErzieherIn und Kind. Interaktion wird hier als wechselseitige Beeinflussung verstanden (siehe Kapitel: „Interaktionsforschung") (Schaub & Zenke 2000; Keller & Novak 1993; Psychologie Lexikon 1999; Lexikon der Psychologie 1995). Die Untersuchung orientiert sich, wie bereits beschrieben, an einem interaktionistisch-konstruktivistischen Entwicklungsverständnis und versucht „dialogisch-entwickelnde Interaktionsprozesse" im Kindergartenalltag zu identifizieren. Als eine an den Ko-Konstruktionsbegriff bzw. den „dialogisch-entwickelnden Interaktionsprozess" angelehnte Interaktionsform gelten die als „sustained shared thinking" beschriebenen (Sylva et al. 2003; Siraj-Blatchford et al. 2002) bzw. die daran angelehnten „bewusst dialogisch-entwickelnden Denkprozesse" (siehe Kapitel: „Bewusst dialogisch-entwickelnde Denkprozesse"). Diese Interaktionsform wurde in der Längsschnittstudie von Sylva et al. (2003) „Effective Provision of Pre-School Education" [EPPE] bzw. der daran anknüpfenden detaillierten Studie zu den „good practice"-Einrichtungen „Effective Pedagogy in the Early Years" [EPEY] (Siraj-Blatchford et al. 2002 als ein wesentlicher Indikator für eine anregungsreiche Lernumwelt im Kindergarten identifiziert. Siraj-Blatchford et al. (2002) definieren die Interaktionsform „sustained shared thinking"[36] als einen Prozess,

---

36 **Sustained shared thinking:** An episode in which two or more individuals „work together" in an intellectual way to solve a problem, clarify a concept, evaluate activities, extend a narrative etc. Both parties must contribute to the thinking and it must develop and extend (Siraj-Blatchford et al. 2002, 8).

in dem zwei oder mehr Individuen zusammen an einer Problemlösung arbeiten, etwas klären, Aktivitäten aushandeln, Geschichten erweitern etc. Beide Gruppen müssen an dem Denkprozess mitwirken bzw. diesen entwickeln und erweitern (siehe Kapitel: „Effective Provision of Pre-School Education" [EPPE]). Um diese Interaktionsform zu identifizieren, gilt es, die Reziprozität der Interaktionen zwischen ErzieherIn und Kind(-ern) genau zu untersuchen. Zentral ist die Frage, ob sich die Interaktionen zwischen ErzieherIn und Kind(-ern) im Kindergarten als interaktionistisch-konstruktivistische Lernumwelt verstehen lassen bzw. durch "dialogisch-entwickelnde Interaktionsprozesse" bestimmt werden, die sich im Theorieteil der vorliegenden Studie als Ansatzpunkte für eine konstruktivistische Handlungsdidaktik herauskristallisierten (siehe Kapitel: „Anknüpfungspunkte für eine konstruktivistische Handlungsdidaktik: Dialogisch entwickelnde Interaktionsprozesse"). Um diese Frage zu klären, wird der Interaktionsraum des Kindergartens explorativ beschrieben. Dabei soll über verschiedene methodische Zugänge Einblick in den Kindergartenalltag als Lernumwelt gewonnen werden.

Um die Prozessqualität von Kindergarteneinrichtungen zu messen, werden international derzeit zwei Instrumente eingesetzt (Siraj-Blatchford et al. 2002). Die „Early Childhood Environment Rating Scale" [ECERS] mit der, wie oben (siehe Kapitel: „Qualitätskriterien") bereits beschrieben, nur eine globale Erfassung der Prozessqualität möglich ist, und die „Caregiver Interaction Scale" [CIS], mit der die direkte ErzieherIn-Kind-Interaktion in den Blick genommen wird und Aussagen zur sozialen Atmosphäre in den Einrichtungen gemacht werden können. Die „Early Childhood Environment Rating Scale" [ECERS] kann im Rahmen der vorliegenden Untersuchung nicht zum Einsatz kommen, da aufgrund des sehr globalen Prozessbegriffs die ErzieherIn-Kind-Interaktion nur als Teilaspekt mit wenig differenzierten Items konkret in den Blickpunkt genommen wird. Mehr Anhaltspunkte bietet dagegen die „Caregiver Interaction Scale" [CIS], die speziell auf die ErzieherIn-Kind(-er)-Interaktion fokussiert ist. Dieses Instrument, mit dem die soziale Atmosphäre in der Kindergartengruppe erfasst werden kann, findet daher im ersten Analyseschritt Anwendung. In Anlehnung an verschiedene Studien zur frühen Eltern-Kind-Interaktion sowie ErzieherIn-Kind-Interaktion (Tausch et al. 1973; Brandt & Wolf 1985; 1987; Pianta & Nimetz 1991; Howes, Philips & Whitebook 1992; Eliker & Fortner-Wood 1995; Kugelmass 2000) gilt eine auf Sensibilität und Einfühlungsvermögen basierende soziale Atmosphäre zwischen Erwachsenen und Kind als Voraussetzung für eine günstige Lernumwelt (siehe Kapitel: „Interaktionsforschung").

Durch das erste Analyseverfahren soll zunächst folgende Frage grundlegend geklärt werden:

Einschätzung der Lernumwelt des Kindergartens:

– Durch welche Atmosphäre wird der Alltag im Kindergarten bestimmt?
  (Caregiver Interaction Scale, Arnett 1989)

Hierbei bleiben aber in Bezug auf eine detaillierte Beschreibung der reziproken Prozesse der Interaktion noch viele Fragen offen. Im weiteren Analyseprozess wird das Augenmerk zunächst vor allem auf die Dauer der einzelnen Interaktionsprozesse gerichtet. Die von Sylva et al. (2003) (siehe Kapitel: „Effective Provision of Pre-School Education" [EPPE]) vorgelegten Forschungsergebnisse haben verdeutlicht, dass „effektive" Interaktionen zwischen ErzieherIn und Kind(-ern) nicht über „kurzfristige" Kontakte, sondern eher in „lang andauernden" Interaktionsprozessen zu beobachten sind. In solchen langwährenden Interaktionen sind demnach mit höherer Wahrscheinlichkeit Handlungsformen zu identifizieren, die darauf ausgerichtet sind, das Kind in seiner Entwicklung zu unterstützen und zu fördern. Zur Unterscheidung „kurzfristiger kommunikativer Kontakte" von „lang andauernden Interaktionen"[37] wurde anhand des Datenmaterials eine Mindestdauer von drei und mehr Minuten operationalisiert (siehe Kapitel: „Forschungsdesign"). Mit „lang andauernden Interaktionen" werden also ausschließlich Interaktionen bezeichnet, die drei und mehr Minuten dauern. Von Interesse ist es in diesem Analyseschritt generell, ob die ErzieherInnen während des Kindergartenalltags überhaupt in Interaktion mit den Kindern treten, dies lässt sich über den „Zeitanteil an Interaktionen zwischen ErzieherIn und Kind" ermitteln. Wenn ErzieherInnen mit den Kindern interagieren, bleibt die Frage, wie viel Zeit die einzelnen Interaktionsprozesse beanspruchen. Nur so lässt sich zum einen ein „kurzfristiger kommunikative Kontakt" (von weniger als drei Minuten Dauer) von einer „lang andauernden Interaktion" unterscheiden und zum anderen bestimmen, wie viel Zeit im Durchschnitt eine „lang andauernde Interaktion" beansprucht.

Wird der Zeitfaktor als Möglichkeit gesehen, Gedanken auszutauschen und neue Gedankengänge gemeinsam zu entwickeln, wie es mit der Interaktionsform „*sustained shared thinking*" zum Ausdruck gebracht werden soll, dann eröffnet der Zeitfaktor allein Gelegenheitsstrukturen für Kinder, ihre eigenen Gedanken in den Interaktionsprozess einzubringen. Ein häufiger „Topicwechsel" ebenso wie der „Abbruch der Interaktion" ist gegenläufig zu „lang andauernden Interaktionsprozessen" zwischen ErzieherIn und Kind. Über den „Topicwechsel" kann aber auch die Lernumwelt des Kindergartens genauer beschrieben werden, in der eher ein Thema oder viele verschiedene Themen den Alltag von ErzieherIn und

---

37 „Lang andauernde Interaktionen" sind nicht gleichzusetzen mit der Interaktionsform, die Sylva et al. (2003) als „*sustained shared thinking*" beschreiben.

Kind bestimmen. Letztlich ist es von Interesse, ob sich das Interaktionshandeln der einzelnen ErzieherInnen im Kindergartenalltag unterscheidet oder der Interaktionsraum des Kindergartens generell ein bestimmtes Interaktionshandeln nahelegt. Sollte das Interaktionshandeln unterschiedlich sein, so ließen sich über eine Clusteranalyse bestimmte Interaktionstypen ermitteln (siehe Kapitel: „Forschungsdesign"). Wie andere Untersuchungen (Nickel et al. 1993; Nickel et al. 1980; Neubauer 1980) bereits gezeigt haben, lassen sich so Typen von ErzieherInnen, deren Handlungsweisen eher als anregend und unterstützend für das Kind gelten, von ErzieherInnen unterscheiden, die ein weniger engagiertes Handeln zeigen. Dadurch können Aussagen darüber getroffen werden, durch welchen Interaktionstyp der Kindergarten derzeit bestimmt wird.

Im zweiten Analyseschritt stehen folgende Fragen im Mittelpunkt:

Fragen deskriptiver Faktoren der Interaktion

– Wie hoch ist der durchschnittliche Zeitanteil an Interaktionen zwischen ErzieherIn und Kind während des Kindergartenalltags?
– Wie viel Zeit beansprucht eine Interaktion zwischen ErzieherIn und Kind?
– Wie häufig kommt es zu „lang andauernden Interaktionen" ($\geq$ 3 min.)?
– Wie häufig wechselt die ErzieherIn den Gegenstand (Topic) der Interaktion?
– Wie häufig werden Interaktionen unterbrochen durch das Gespräch mit Erwachsenen oder die räumliche Distanz der ErzieherIn (Abbruch)?
– Lassen sich dadurch bestimmte Handlungs-/Interaktionstypen bestimmen?

Im dritten Analyseschritt kann nun das Augenmerk gezielt auf eine detaillierte Untersuchung der reziproken Interaktionsprozesse gerichtet werden. Hierbei werden die im zweiten Analyseschritt identifizierten „lang andauernden" Interaktionen differenziert aufgeschlüsselt. Da derzeit kein Beobachtungsinstrument vorliegt, mit dessen Hilfe der Interaktionsprozess zwischen ErzieherIn und Kind differenziert auf seine Interaktionsformen hin untersucht werden könnte, muss hier ein eigens entwickeltes Beobachtungsraster (siehe Kapitel: „Dritter Analyseschritt") eingesetzt werden. Anhand der entwickelten Bebachtungskriterien werden die einzelnen Turns der Interaktion kategorisiert und so der Interaktionsprozess detailliert aufgeschlüsselt. Dadurch wird ein differenzierter Blick auf die Interaktionskultur ermöglicht und es lassen sich "dialogisch-entwickelnde Interaktionsprozesse" identifizieren, die als Voraussetzung für die Interaktionsform „*sustained shared thinking*" bzw. „bewusst dialogisch-entwickelnde Denkprozesse" gelten.

Im dritten Schritt steht folgende Frage im Zentrum der Analyse:

Qualitative Fragestellung

– Welche Interaktionsformen (nach eigens entwickeltem Beobachtungsraster) nutzen ErzieherInnen im Kindergartenalltag?

Im vierten Analyseschritt soll geklärt werden, ob bestimmte Interaktionsformen zwischen ErzieherIn und Kind häufiger vorkommen als andere. Wenn ja, sollen die am häufigsten genutzten Interaktionsformen genauer untersucht werden, um auch inhaltsanalytische Schlüsse über die Interaktion zwischen ErzieherIn und Kind ziehen zu können. Dies dient dazu, die Qualität der Interaktionsprozesse in den Kindergärten nicht ausschließlich über ein Kategorienraster zu beschreiben, sondern auch inhaltsanalytisch zu prüfen, von welchem semantischen Gehalt pädagogische Interaktionen geprägt sind. Da als weiterführende Interaktionsform insbesondere die Kategorie „Erklärung" identifiziert wurde, wird diese durch das Verfahren „Spielarten der Erklärung" (Passmore 1962) inhaltsanalytisch weiter aufgeschlüsselt. So lässt sich ermitteln, ob die Kategorie „Erklären" der an sie gekoppelten Erwartung einer anspruchsvollen kausalen Erklärung gerecht wird (siehe Kapitel: „Vierter Analyseschritt").
Im vierten Analyseschritt sollen folgende Fragen weiterführende Ergebnisse liefern:

Inhaltsanalytische Fragestellung

– Gibt es bestimmte Interaktionsformen, die die Interaktion zwischen Erzie- herIn und Kind dominieren?
– Lassen sich diese Interaktionsformen inhaltsanalytisch weiter differenzie- ren?
(Verfahren zur qualitativen Inhaltsanalyse, „Spielarten der Erklärung" [Pass- more 1962])

Zentraler Gedanke der vorliegenden Studie ist, die Interaktion zwischen Erziehe- rIn und Kind(-ern) auf Interaktionsformen zu untersuchen, welche sich als Teil einer interaktionistisch-konstruktivistischen Lernumwelt verstehen lassen. Dies gründet sich auf aktuelle Forschungsbefunde (siehe Kapitel: „Konstruktivistische Lern-Lehrformen"), die auf den positiven Einfluss einer interaktionistisch- konstruktivistischen Lernumwelt bzw. „dialogisch-entwickelnder Interaktions- prozesse" auf die Entwicklung der Kinder hinweisen. Zu einer der Interaktions- formen, welche diese Ansprüche verwirklicht, zählt die von Sylva et al. (2003) und Siraj-Blatchford et al. (2002) beschriebene Interaktionsform des „*sustained shared thinking*". Der Kindergarten steht heute vor der Herausforderung, seine Bildungsansprüche durch eine angemessene Lernumwelt zu ergänzen. Um diesem Anspruch gerecht zu werden, muss das pädagogische Handeln im Kindergarten auf „dialogisch entwickelnde Interaktionsprozesse" ausgerichtet sein. Die zentrale Fragestellung der vorliegenden Studie soll klären, ob der Kindergarten bereits einen Interaktionsraum bietet, der den Ansprüchen einer interaktionistisch-konstruktivistischen Lernumwelt gerecht wird.

Zentrale Fragestellung

– Lässt sich die Interaktion zwischen ErzieherIn und Kind im Kindergarten als Teil einer interaktionistisch-konstruktivistischen Lernumwelt verstehen?

Da bisher noch sehr wenig über die Struktur der Interaktion im Alltag des Kindergartens bekannt ist, sollen mit dieser Studie auch rein deskriptive Fragen beantwortet werden wie zum Beispiel, in welchen Handlungs- und Sozialformen „lang andauernde Interaktionen" stattfinden. Um zu ermitteln, ob „lang andauernde Interaktionsprozesse" an bestimmte Handlungs- oder Sozialformen gebunden sind, werden die einzelnen Interaktionen zusammen mit der jeweiligen Handlungs- und Sozialform erfasst. Dies lässt Schlüsse darauf zu, ob bestimmte Handlungs- oder Sozialformen sich besser bzw. weniger gut für „lang andauernde Interaktionen" eignen und gegebenenfalls zu „dialogisch-entwickelnden Interaktionsprozessen" führen.

7.2 Forschungsdesign

Die Untersuchung orientiert sich an einem interaktionistisch-konstruktivistischen Entwicklungsverständnis und siedelt das Forschungsproblem in der sozialen Wirklichkeit der Individuen an. Grundannahme ist, dass sich das Individuum im Kontext seiner sozialen Beziehungen entwickelt (Rogoff 1990).

7.2.1 Forschungsmethodisches Vorgehen

Um die Struktur des zu erforschenden Feldes detailliert einschätzen zu können, wird hier als forschungsmethodische Konsequenz ein Feldforschungsdesign angestrebt. Dabei sollen Beobachtungen in der sozialen Wirklichkeit des Kindergartens gemacht werden, um die gestellten Forschungsfragen (siehe Kapitel: „Forschungsproblem") angemessen zu bearbeiten. Zur Erforschung von Prozessen in der sozialen Wirklichkeit werden vor allem qualitative Methoden herangezogen (Treumann 1998). In dieser Studie soll das Interesse auf die Interaktionen zwischen ErzieherIn-Kind(-ern) während des Kindergartenalltags gerichtet werden, um diese detailliert zu analysieren. Das forschungsmethodische Vorgehen orientiert sich an der Theorie der Interaktionsanalyse[38], die davon ausgeht, dass Wissen und Handeln vom sozialen Kontext abhängig sind. Wissen wird demnach über die Interaktion mit der sozialen und materiellen Umwelt aufgebaut. Der „Ko-Konstruktion" bzw. den wechselseitigen Aushandlungsprozessen oder auch „dialogisch-entwickelnden Interaktionsprozessen" kommt nach dieser Theorie eine besondere Rolle für den Wissenszuwachs des Individuums zu. Diese Annahmen haben forschungsmethodische Konsequenzen. So können Aussagen über Interaktionsprozesse nur adäquat eingeschätzt werden, wenn sie im Kontext der jeweiligen Situation wahrgenommen werden. Insbesondere die Methode der videounterstützten Beobachtung kann diesen Anforderungen heute auf vielseitige Weise Rechnung tragen.

Ein qualitativer Forschungsansatz schließt die quantitative Datenaufbereitung nicht aus. Eine komplementäre Nutzung von qualitativen und quantitativen Forschungsmethoden wird hier gegenüber einem Forschungsdogmatismus vertreten. In der jüngeren Forschungsgeschichte finden sich zunehmend beide methodische Orientierungen, um der Komplexität eines Forschungsproblems bzw. des Datenmaterials gerecht zu werden (Aubrey et al. 2000; Schründer-Lenzen 1997; Bos & Koller 2002). In den letzten Jahren wurde dieses forschungsmethodische Vorgehen unter dem Begriff „mixed methods" bekannt. Vor allem Videostudien eignen sich aufgrund der Möglichkeit einer iterativen Datenanalyse, verschiedene Forschungsmethoden zu implementieren (Jacobs et al. 1999). Dabei soll durch quantitative Verfahren vor allem die Reliabilität der Studie abgesichert werden (Friede 1981)[39]. Die inhaltsanalytische Auswertung ist sowohl hermeneutisch als auch empirisch-erklärend ausgerichtet (Bos & Tarnai 1999).

Bezeichnend für das Feldforschungsdesign ist das relativ offene Forschungsvorgehen. So wird das gesammelte Datenmaterial erst im Laufe der Analyse strukturiert und geordnet (Treumann 1998). Das Datenmaterial wird einem zyklischen Analyseprozess unterzogen, welcher dazu dient, Hypothesen zu generieren und Beobachtungskriterien zu entwickeln. Der Prozess wird so lange fortgeführt,

---

38 Unter dem Begriff Interaktionsanalyse wird folgender Prozess verstanden: „Erfassen und Darstellung der sozialen Vorgänge zwischen Einzelpersonen, Gruppen oder Institutionen anhand spezifischer Beobachtungsverfahren und Kategorien" (Lexikon der Psychologie 1995). Insbesondere zwei Institute in den USA haben sich mit der Methode auseinandergesetzt, die „Michigan State University" und das „Xerox Palo Alto Research Center" sowie das „Institute for Research on Learning" (ORL) in Palo Alto (Jordan & Henderson 1995).

39 Das forschungsmethodische Design ist demnach nicht als Triangulation zu verstehen (vgl. Schründer-Lenzen 2003), da die Prüfung von Erklärungsansätzen hier durch die Kombination unterschiedlicher methodischer Vorgehensweisen nicht gewährt wird bzw. nicht dasselbe Phänomen mit verschiedenen methodischen Zugängen überprüft wird. Die Triangulation dient nach Denzin (vgl. Schründer-Lenzen 2003) als Validierungsstrategie.

bis sich die Kriterien als allgemeines Beobachtungsraster für das Datenmaterial bestätigen (Jacobs et al. 1999) (siehe unten). Das forschungsmethodische Vorgehen orientiert sich an der Theorie der Beobachtung. Im Folgenden wird zunächst auf die Methode der Beobachtung als empirische Grundlage der Videostudie näher eingegangen, bevor die Videographie, die hier bei der Datenerhebung eine zentrale Rolle spielt, kritisch diskutiert wird.

Beobachtung

Die wissenschaftliche Beobachtung unterscheidet sich von der Alltagsbeobachtung in vielfacher Weise (vgl. Schölmerich & Wessels 1998). Wesentliches Kriterium der wissenschaftlichen Beobachtung ist es, die unreflektierte subjektive Wahrnehmung von Ereignissen durch Standardisierung und systematische Planung des Vorgehens einzuschränken. Empirischen Anforderungen wird die Beobachtung dann gerecht, wenn die Standardisierungen sich an einem theoretischen Bezugsrahmen orientieren und die Gütekriterien von Objektivität, Reliabilität und Validität erfüllen. Mit der wissenschaftlichen Beobachtung wird der Alltag zwangsläufig selektiv wahrgenommen. Das Augenmerk richtet sich über die Standardisierung auf die empirisch relevanten Zwecke.

Die vorliegende Studie greift zur Datenerhebung auf die Methode der technisch vermittelten Beobachtung zurück (Greve & Wentura 1991, 19). Das Datenmaterial wurde mit Hilfe eines Camcorders erhoben und systematisch durchgeführt bzw. am Forschungsgegenstand teilstandardisiert. Die videounterstützte Beobachtung wurde als teilnehmende Beobachtung geplant mit dem Ziel, das Interaktionssetting zwischen ErzieherIn und Kind im Alltag des Kindergartens besser zu verstehen. Durch die Videotechnik ist das Involvement der Beobachtenden als gleichberechtigtes Mitglied der Gruppe in diesem Fall stark beschränkt. Die hier nahe liegende Annahme, dass durch die Distanziertheit bereits eine nicht teilnehmende Beobachtung vorliegt, soll im Folgenden erläutert werden. Nach Spradley (vgl. Hatch 2002, 73) weist die teilnehmende Beobachtung unterschiedliche Stufen des Involvements auf. Er unterscheidet zwischen passiven, moderaten und aktiven Stufen der Partizipation. In diesem Fall wird die Beobachtung als teilnehmend mit passivem Involvement klassifiziert. Die Beobachtung gilt als offene Beobachtung, insofern allen Teilnehmenden im Kindergarten die Bedeutung der Videostudie bekannt und somit die Aufgabe der Beobachtenden bewusst war. Dadurch wurde eine relative Nähe zum Beobachtungsgegenstand geschaffen, die eine Integration ins Gruppensetting unmittelbar zur Folge hatte. Wie in der Studie von Seidel et al. (2004) beschrieben, wurde auch hier das Einbeziehen der Beteiligten als wesentlich für ein gemeinsames Ver-

ständnis der Studie betrachtet (siehe Kapitel: „Durchführung der Videostudie").
Es wurde angenommen, durch diese Form der Teilnahme das in der jeweiligen
Einrichtung übliche Alltagshandeln so wenig wie möglich zu beeinflussen.
Kommentare der ErzieherInnen wie „Wo kann man lernen, so zu filmen, dass die
Beobachtenden einen nicht mehr wahrnehmen?" (Kindergartenleiterin, 07.2003)
oder auch Aussagen der Kinder wie „Du siehst heute so anders aus" (04.2003),
wenn die Beobachtende den Kindergarten ohne Kamera besuchte, lassen vermu-
ten, dass dies zumindest annäherungsweise möglich ist.

Die Frage, ob authentische Aufnahmen nun eher durch eine verdeckte oder
eine offene Beobachtung entstehen, stand hier nicht zur Diskussion. Wie bereits
erwähnt, wird hier, wie auch in der Studie von Seidel et al. (2004), davon ausgegangen, dass die Teilnahme an Videostudien die zu Beobachtenden große Über-
windung kostet und solche Studien nur durchführbar sind, wenn sowohl von den
zu Beobachtenden als auch von den Beobachtenden die Notwendigkeit solcher
Studien erkannt wird (siehe auch Kapitel „Durchführung der Videostudie").

Videographie

Bei dynamischen und einmaligen Vorgängen, wie z. B. sozialen Interaktionen,
sind der subjektiven Fixierung Grenzen gesetzt (vgl. Thiel 1989). Durch den
Einsatz der Videographie werden für einen differenzierten Analyseprozess vielfältige Möglichkeiten eröffnet. Jede subjektive Fixierung sozialen Geschehens
muss als Deutung aufgefasst werden (vgl. Bergmann 1985). Die Kameratechnik
bietet dagegen einen Aufnahmeprozess, der ein „ikonisch äquivalentes Abbild"
(Thiel 1989, 300) der Wirklichkeit schafft ohne Selektion von Einflussfaktoren in
Bezug auf subjektive Sinnstrukturen. Anders als bei der direkten Beobachtung
sind die Aufnahmen durch den technischen Prozess mit der gleichen „Aufmerksamkeit" über die gesamte Aufnahmezeit bzw. den Beobachtungszeitraum fixiert
(vgl. ebd.). Mit Hilfe der Videotechnik hat das Subjekt die Möglichkeit, auf denselben Prozess unter verschiedenen Gesichtspunkten zurückzugreifen. Damit
gelingt eine größere Differenzierung und Objektivität als bei der direkten Beobachtung, bei der Fixierung und Interpretation unmittelbar beieinander liegen.
Die Videotechnik kann somit hermeneutischen Verfahren eine intersubjektive
Analyseebene bieten.

Sie gestattet die Herausarbeitung qualitativer Strukturen des Verhaltens und ihrer Verhaltensänderungen, so daß es möglich ist, Entwicklung nicht nur als Verschiebung von Häufigkeiten in
einem Kategoriensystem abzubilden, sondern in der Veränderung vorhandener und der Entstehung neuer Kategorien bzw. Strukturen aufzuzeigen (Thiel 1989, 308 ff.).

Obwohl die Videoanalyse die Möglichkeit einer vielfältigen Auswertung mit dem Anspruch einer weitgehend objektiven und reliablen Einschätzung eröffnet, kann dies nicht darüber hinwegtäuschen, dass auch hier jede Interpretation Konstruktion der Betrachtenden bleibt (Jordan & Hednerson 1995). Neben der Subjektivität, mit der der Blick der Forschenden behaftet ist, dürfen auch die Einschränkungen, durch die das Datenmaterial belastet ist, nicht übersehen werden. Insbesondere die technische Limitierung der Situation auf Audio und Video unter Vernachlässigung aller weiteren Sinne bei der Aufnahme bzw. die dadurch bedingte Reduzierung von Zeichensystemen muss den Forschenden bewusst sein (Huhn et al. 2000). Damit ist verbunden, dass die Kamera nur begrenzt in der Lage ist, die Komplexität von Interaktionen zu erfassen; insbesondere durch den Bildausschnitt sind der Forschung faktische Grenzen gesetzt. Erickson (1992) bemerkt kritisch, dass es bei der Auswertung von Videoaufnahmen im Gegensatz zur teilnehmenden Beobachtung an realer Interaktionserfahrung und an der Möglichkeit, Informationen zum Kontext der Interaktion zu erfragen, mangelt. Videoaufzeichnungen sind daher im Forschungsprozess als komplexes „Protokoll", jedoch nicht als reale Abbildung der Wirklichkeit zu verstehen (Huhn et al. 2000). Deshalb ist es unerlässlich, die Subjektivität, mit der das Material betrachtet wird, zu relativieren. Erst über Standardisierungen, die den klassischen Gütekriterien (Objektivität, Reliabilität und Validität) entsprechen, wird aus der Videotechnik eine zuverlässige Forschungsmethode. Die für diese Studie genutzte technisch vermittelte Beobachtung basiert auf der Theorie der Beobachtung als Methode der Sozialforschung (siehe oben). Dabei darf nicht übersehen werden, dass sich die Standardisierung stets am Forschungsgegenstand ausrichten muss, um die mögliche Datenvielfalt der Videotechnik optimal zu nutzen, und somit keine universelle Standardisierung für diese Forschungsmethode vorliegen kann (Huhn et al. 2000).

Der Vorteil des videographierten Datenmaterials liegt darin, dass es mit all seiner Komplexität für unterschiedliche Forschungsprozesse bzw. Forschungsperspektiven zur Verfügung steht, was bedeutet, dass das gleiche Material auf vielfältige Weise aufbereitet werden kann und so auch ein Forschungsaustausch und -zusammenschluss ermöglicht wird. Diese Möglichkeit ändert jedoch nichts an der Tatsache, dass allein durch die Standardisierung innerhalb eines Forschungsprozesses eine Selektion vorgenommen wird, die die weitere Verarbeitung nicht unter allen Perspektiven zulässt, also weitere Nutzungen des Datenmaterials von vornherein in eine bestimmte Richtung lenkt. Auch bei der vorliegenden Studie wurde die Möglichkeit der weiteren Nutzung des Datenmaterials realisiert, indem einzelne Filmsequenzen für eine weitere Videostudie im internationalen Kontext zur Verfügung gestellt wurden (Akita & Fried 2004). Darüber hinaus eignen sich einzelne Aufnahmen der Studie auch als Trainingsmaterial zur Erprobung von Assessmentverfahren.

Trotz der technischen Begrenzung bleibt eine hohe Komplexität des Datenmaterials bestehen. Dies macht es notwendig, dass sich die Forschenden über ihre Forschungsfragen dem Datenmaterial nähern, um so eine Komplexitätsreduzierung zu erreichen.

Wie von verschiedenen AutorInnen berichtet wird, beeinflusst die Kamera nur unwesentlich den Untersuchungsgegenstand (Jordan & Henderson 1995). Nach einer anfänglichen Irritation wird die Kamera relativ schnell als Teil des Situationskontextes wahrgenommen und das umso schneller, je intensiver die zu Beobachtenden in ein anderes Geschehen involviert sind (siehe auch unten).

Für die Interaktionsanalyse gilt es folgende Faktoren zu operationalisieren (Jordan & Henderson 1995):

- Event: Was ist der Untersuchungsgegenstand? Was soll geklärt werden?
- Anfang und Ende: Wodurch wird die Interaktion begrenzt?
- Zeitlicher Makrorahmen: Was ist ein zeitlich angemessener Makrorahmen, um den Untersuchungsgegenstand hinreichend zu erfassen?
- Struktur: Wie lässt sich die Interaktion gliedern? Gibt es einen bestimmten Rhythmus, der sich in den Interaktionen wiederholt?
- Turn-taking: Wie sieht die wechselseitige Interaktion aus?
- Handlungsrahmen: Durch welche Kriterien lässt sich der Handlungsrahmen erfassen (z. B. „Face-to-Face", Fragen)?
- Problem-Lösungsprozesse: Wie werden Problem-Lösungsprozesse gestaltet?
- Raumeinnehmen/-nutzung: Wie wird der physische Raum genutzt?
- Werkzeuge/Hilfsmittel: Welche Werkzeuge und Hilfsmittel bestimmen oder beeinflussen die Interaktion?

Die videounterstützte Interaktionsanalyse ist ein hilfreiches Verfahren, um sich komplexen Situationen zu nähern. Diese Analysemethode findet in den letzten Jahren wachsenden Zuspruch, bis heute fehlt es aber an präzisen Standardisierungen. Für die Zukunft gilt es daher, das Verfahren weiter zu entwickeln und für die unterschiedlichen Untersuchungsfelder zu differenzieren.

Rein rechtlich ist bei einer Videoanalyse darauf zu achten, dass das Kunsturhebergesetz (§ 22), welches das Recht am eigenen Bild schützt, nicht verletzt wird. Videoaufnahmen können stets nur mit Einwilligung der Beteiligten angefertigt werden (BGBl II, 440-3) (vgl. Thiesen 2004). Zur Absicherung der Datennutzung gilt im Kontext der vorschulischen Erziehung als erster Schritt die Einwilligung der Träger (Petko et al. 2003) und darauf folgend die Information von MitarbeiterInnen, Eltern und Kindern bzw. deren Einwilligungserklärung für die Freigabe des Datenmaterials für Forschung und Lehre.

7.2.2 Mikroanalyse

Durch videounterstützte Verfahren wird den Forschenden ermöglicht, Interaktionen differenziert aufzuschlüsseln (Bales 1975).

> Ethnographically oriented microanalysis of interaction shares with more general educational ethnography the aim of specifying and describing those local processes that produce outcomes in educational settings, but its purpose is to document those processes in even greater detail and precision than it possible with ordinary participant observation and interviewing (Erickson 1992, 204).

Wie das Zitat von Erickson verdeutlicht, ist an die detaillierte Mikroanalyse die Hoffnung gekoppelt, besonders effektive Strategien pädagogischen Handelns zu identifizieren. Auch die Interaktionsform des „sustained shared thinking", die in der Längsschnittuntersuchung von Sylva et al. (2003) und Siraj-Blatchford et al. (2002) als besonders günstige pädagogische Interaktionsform herausgestellt wurde, konnte über dieses Verfahren analysiert werden.

Unter Mikroanalyse wird eine schrittweise Annäherung an das Datenmaterial verstanden. Durch die Möglichkeit, die beobachtete Sequenz iterativ zu betrachten, können verschiedene Analyseverfahren nacheinander angewendet werden. So gelingt es, die Komplexität des Datenmaterials unter der gestellten Forschungsfrage zu reduzieren und sich dadurch dem Forschungsgegenstand durch sorgfältig ausgewählte Verfahren zu nähern. Häufig werden hierfür inhaltsanalytische Verfahren gewählt. Insbesondere der Generierung von Beobachtungskategorien kommt für eine adäquate Analyse eine bedeutende Rolle zu. Aber auch die Bedeutung von Transkriptionen darf bei videounterstütztem Datenmaterial nicht vernachlässigt werden, wenn es darum geht, zuverlässige Aussagen zu gewinnen. Die Wahl der Methode(n) kann letztlich nur in Abhängigkeit vom Datenmaterial bzw. dessen Entstehungskontext getroffen werden und muss daher hinsichtlich der Adäquanz für den Analyseprozess stets neu ausgelotet werden.

Die vorliegende Studie wählt vier Analyseschritte. Dabei werden drei verschiedene Beobachtungsraster eingesetzt, welche zugunsten einer größeren Klarheit in folgender Weise nummeriert werden:

- 1. Analyse: „Caregiver Interaction Scale" [CIS], (Arnett 1989) – Beobachtungsraster 1
- 2. Analyse: Time-/Eventsampling – Beobachtungsraster 2
- 3. Analyse: Beobachtungskriterien (nach eigens erstelltem Beobachtungsraster) – Beobachtungsraster 3

Erster Analyseschritt

Diese Studie strebt eine Analyse in vier Teilschritten an. Der erste Analyseschritt stützt sich auf die „*Caregiver Interaction Scale*" [CIS], (Arnett 1989) (Beobachtungsraster 1), die wie bereits ausgeführt (siehe Kapitel: „Gegenwärtige Strömungen in der Qualitätsdiskussion" und „Forschungsproblem"), derzeit international häufig als Forschungsinstrument eingesetzt wird, wenn es darum geht, die soziale Interaktion zwischen ErzieherIn und Kind im Kindergartenalltag zu erfassen.

Die „*Caregiver Interaction Scale*" stellt ein von Arnett entwickeltes Schätzverfahren[40] mit zum Teil hochinferenten Items dar, welche durch eine 4-stufige Ratingskala eingestuft werden. Diese Items wurden im Rahmen einer Pilotstudie in „*Head Start*"-Programmen exploriert. Das Instrument wurde mit einer Beobachtendenübereinstimmung von 80 % bei einer Beobachtungsdauer von 45 Minuten getestet. Dieser Beobachtungszeitraum ist geeignet für das in der vorliegenden Studie erstellte Videomaterial (angestrebte Aufnahmezeit 60 Minuten). Die „*Caregiver Interaction Scale*" basiert auf 26 Items. Damit ist es möglich, unter Verwendung von Subskalen (Ladung auf verschiedenen Items), Aussagen über die soziale Atmosphäre in der Lernumwelt des Kindergartens zu machen. In der vorliegenden Studie wurde auf folgende Subskalen zurückgegriffen:

- Skala A: Wertschätzendes Eingehen auf das Kind (10 Items)
- Skala B: Ablehnung des einzelnen Kindes (4 Items)
- Skala C: Gehorsam und Kontrolle (4 Items)

Da für die „*Caregiver Interaction Scale*" kein Beobachtendentraining angeboten wird, wie z. B. bei dem Assessmentinstrument ECERS („*Early Childhood Environment Ratingscale*") und auch der deutschen Übersetzung KES („Kindergarten-Skala"), ist es notwendig, im Vorfeld die Forschendenperspektive über eine Differenzierung der Items zu konkretisieren (siehe Anhang). Dieses Vorgehen gilt für eine reliable Anwendung von hoch- und mittelinferenten Verfahren, die für die Einschätzung der einzelnen Items komplexe Schlussfolgerungen verlangen, als unabdingbar. Dabei geht es darum, ein zyklisches Beobachtendentraining aufzubauen, um die Sichtweise der Beobachtenden schrittweise zu sensibilisieren. Erst über die Differenzierung der Items wird bei Verfahren, die von Beobachtenden hohe Inferenzen verlangen, die Transparenz der Forschung gewährt. Die Einschätzung mittels dieser Verfahren lässt kein unmittelbares Erfassen der

---

40 Als Schätzverfahren werden Instrumente bezeichnet, die von den Beobachtenden eine qualitative Beurteilung bzw. interpretative Prozesse (hohe inferente Leistungen) für die Einschätzung bestimmter Items verlangen (vgl. Seidel et al. 2004).

sozialen Wirklichkeit zu, sondern fordert mehrere Informationen, die aus der Beobachtung gefiltert und entsprechend dem Beobachtendentraining interpretiert werden müssen. Für die Einschätzung sind daher meist relativ lange Beobachtungszeiten erforderlich. In diesem Fall wurden die Videoaufnahmen nach der kompletten Beobachtungszeit (ca. 60 min.) eingeschätzt.

Zweiter Analyseschritt

Über einen zweiten Analyseschritt soll das Ereignis der Interaktion (siehe unten) im Laufe der Aufnahmezeit erfasst werden. Diese Sichtstrukturen im Kindergartenalltag gelten als niedrig inferente Beobachtungskriterien (Beobachtungsraster 2). Dementsprechend wurde die Kodierung im Ein-Minuten-Intervall durchgeführt, wodurch sich „lang andauernde Interaktionen" (drei und mehr Minuten) von „kurzfristigen sozialen Kontakten" (weniger als drei Minuten) unterscheiden lassen. Diese Differenzierung hat sich anhand der Beobachtung der einzelnen Interaktionen als sinnvolle Trennung herausgestellt und lehnt sich an die Untersuchung von Sylva et al. (2003) und Siraj-Blatchford et al. (2002) (siehe auch Kapitel: „Forschungsproblem") an. Die Aufnahmen wurden wie folgt kodiert:

Event:

Interaktion:
ErzieherIn und Kind stehen über eine gemeinsame Handlung oder einen verbalen Austausch in Beziehung.

Abbruch:
ErzieherIn verlässt den Raum oder spricht mit Erwachsenen, so dass keine Interaktionsmöglichkeit zwischen ErzieherIn und Kind möglich ist.

Unklar:
Weder Interaktion noch Abbruch – z. B. die ErzieherIn sortiert Materialien, schaut sich um etc.

Dritter Analyseschritt

Für den dritten Analyseschritt wurde ein eigens entwickeltes Beobachtungsraster (Beobachtungsraster 3) zur Erfassung der konkreten Interaktion zwischen ErzieherIn und Kind genutzt (siehe unten).

Der Knotenpunkt einer Videostudie im Rahmen eines Feldforschungsdesigns liegt in der Entwicklung von Beobachtungskategorien zur Erstellung eines differenzierten Beobachtungsrasters, welches in der Lage ist, den Fokus der For-

schenden zu schärfen und damit einen differenzierteren Einblick in das Forschungsfeld zu gewähren. Diese Konstruktion von Kategorien ist einer der kritischen Punkte der Inhaltsanalyse. Umso mehr erstaunt es, dass dieser Aspekt in
der Literatur bislang weitgehend vernachlässigt wird (Bos & Tarnai 1999). In
vorliegender Studie wurden die Beobachtungskategorien theoriegeleitet (siehe
Tabelle 3) entwickelt und durch das inhaltsanalytische Verfahren von Bos &
Tarnai (1999) (siehe Abbildung 19 aus: Seidel (2003), 93) operationalisiert. Anhand des Operationalisierungsprozesses wird das Kategoriensystem an der Struktur der Beobachtung verfeinert, wobei sich auch ein Zeitstichprobenplan (Time-
Sampling) herauskristallisiert mit Intervallen, auf die das Kategoriensystem am
besten anwendbar ist (vgl. Seidel 2003). Durch eine Vortestphase wird das Instrument an n=10 Videoaufnahmen erprobt. Dieser Prozess von Induktion und
Deduktion wird so lange fortgesetzt, bis ein unter der Forschungsperspektive und
für das Datenmaterial passendes Instrument zur Verfügung steht.

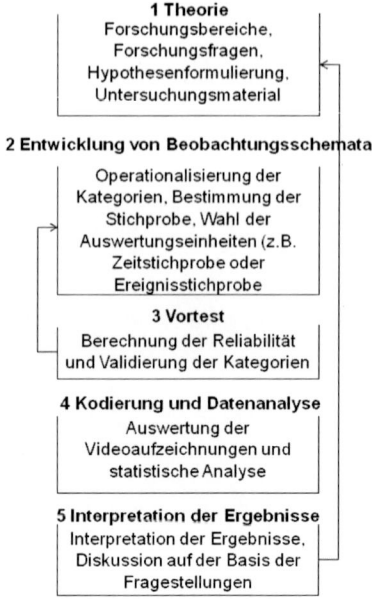

Abbildung 19: Entwicklung von Beobachtungsschemata

Für die Operationalisierung der Kategorien am Datenmaterial war zunächst eine
offene, d. h. nur an Grobkategorien geleitete Analyse einzelner Aufnahmen er-

forderlich (siehe Tabelle 2). Zehn der insgesamt N=61 Aufnahmen wurden auf diese Weise zunächst analysiert, bevor das Feintuning wie oben ausgeführt stattfand. Exemplarisch werden hier die ersten vier Minuten einer Aufnahme gezeigt (siehe auch Anhang). Mit diesem Analyseraster wurde ermittelt, wie die Aktivitäten von ErzieherIn und Kind aufeinander abgestimmt sind. Es zeigt sich auch, dass die ErzieherIn parallel in mehrere Aktivitäten verwickelt ist bzw. wie bestimmte Interaktionen von Kindern frequentiert werden.

Tabelle 2: Grobanalyse der Videoaufnahmen exemplarischer Einblick (5 Minuten)

Interaktion	E-K-Interaktion	Grobstruktur	Aktivität der ErzieherIn	Aktivität der Kinder
1	0:00	E – K1, K2, K3,	Frage Aufforderung	Frage
2	1:00	E – K4	Begrüßung Aufforderung Erzählen	
1	1:11	E – K1, K2, K3, K4, K5	Antwort Aufforderung Antworten Aufforderung	Frage Handeln Bemerkung
3	2:27	E – K6	Begrüßung Frage Aufforderung	Begrüßung Antwort
1	3:00	E – K1, K2, K3, K4, K5	Delegieren	
4	3:06	E – K7	Begrüßung	
5	3:14	E – K6	Antwort Erklärung	Frage
4	3:45	E – K7	Bemerkung	

1	4:00	E – K1, K2, K3, K4, K5 K6 (5:07)	Hinweis Aufforderung	
			Aufforderung Frage Nachfrage Frage Nachfrage Aufforderung Rückbindung/Beschränkung Erklären Aufforderung Hinweis Erklären	Frage Bemerkung Frage
				Hinweis
				Erklären
				Bemerkung Erklären
				Bemerkung Zeigen
			Frage Bestätigung Erklären Aufforderung Erklären Antworten Aufforderung	Antwort Frage
				Frage

Mit dem Beobachtungsraster 3 (siehe Tabelle 5) werden nur die durch den zweiten Analyseschritt identifizierten „lang andauernden Interaktionen" (von drei und mehr Minuten) analysiert bzw. kodiert. Die differenzierte Aufschlüsselung der Beobachtung des Interaktionsverhaltens zwischen ErzieherIn und Kind(-ern) zeigt objektiv die Interaktionsdichte im Kindergartensetting. Für dieses Verfahren wurde nach diesen Werten eine Kodierung im Drei-Minuten-Intervall als angemessen betrachtet. Das Beobachtungsverfahren setzt sich aus nieder- und mittelinferente Items zusammen. Dabei wurde angestrebt, sowohl das(die) Kind(er) als auch die ErzieherInnen während des Interaktionsprozesses zu erfassen. Vor der Kodierung wurde eine zyklische Trainingsphase durchgeführt. Dabei gilt grundsätzlich eine prozentuale Übereinstimmung von > 85 % bzw. Cohens Kappa von 0.7 (Bortz & Döring 1995) als zufriedenstellend. In dieser Studie musste auf die Intracoderübereinstimmung für die Reliabilität zurückgegriffen werden, die bei 90 % als hinreichend eingeschätzt wurde. Da im Drei-Minuten-Intervall kodiert und mit relativ niederinferenten Items, d. h. Items mit unmittelbaren Sichtstrukturen, gearbeitet wurde, waren kaum Abweichungen von einer Erst- gegenüber einer Zweitauswertung festzustellen. N=149 Interaktionen/Settings wurden von einer Person kodiert. Um eine höhere Objektivität bei der Kodierung zu gewähren, wurden die Aussagen der ErzieherInnen während der lang andauernden Interaktionsprozesse komplett transkribiert (siehe Band II – Transkriptionen). Die Transkription orientiert sich an einer unterkomplexen Transkriptionskonvention, wie sie z. B. auch bei dem *Gesprächsanalytischen*

Transkriptionssystem [GAT] vorgenommen wird. Da durch die Transkription in erster Linie die verbalen Äußerungen der ErzieherIn für die Zuordnung zu den einzelnen Kategorien entscheidend ist, wurde eine einfache Transkription, d. h. die einfache Verschriftlichung des verbalen Ausdrucks der ErzieherIn mit Kennzeichnung von unverstandenen Äußerungen vorgenommen. Die Sprache der ErzieherIn wurde in die Standardsprache übersetzt, die grammatikalische Struktur der Sätze blieb unverändert (siehe Anhang: Transkriptionslegende).

Tabelle 3: Beobachtungskriterien Kind

Komplex: Aktivität	Item (theoriegeleitet - am Datenmaterial operationalisiert)	Theorie/Indikator:
1	Das Kind schaut zu, beobachtet und befindet sich in unmittelbarer Nähe zur Aktivität. z.B. Das Kind beobachtet das Geschehen in der Puppenecke. Das Kind schaut zu, während andere Kinder mit Legosteinen bauen.	Howes Object Play Scale categories (Kontos et al. 2002; Howes & Stewart 1987) Interesse (Renninger & Wozniak 1985; Krapp 2001, Stapf & Stapf 1991; Westhoff & Hagemeister 2001) Aufmerksamkeit (Berg & Imhof 2006) Die Leuvener Engagiertheits-Skala für Kinder [LES-K] (Laevers 1997) „Taking interest" (Carr 2002)
2	Das Kind nimmt das Material in die Hand. Beschäftigt sich mit dem Material in einer unspezifischen Weise. z.B. Das Kind nimmt die Bauklötze in die Hand oder spielt mit den Farbstiften.	Howes Object Play Scale categories (Kontos et al. 2002; Howes & Stewart 1987) Interesse (Renninger & Wozniak 1985; Krapp 2001, Stapf & Stapf 1991; Westhoff & Hagemeister 2001) Aufmerksamkeit (Berg & Imhof 2006) Die Leuvener Engagiertheits-Skala für Kinder [LES-K] (Laevers 1997) „Being involved" (Carr 2002)

3	Das Kind setzt Material spezifisch ein. Es geht funktional mit dem Material um. z.B. Das Kind benutzt die Schere, um etwas auszuschneiden, die Farbstifte zum Malen eines Bildes oder es arrangiert gezielt Dinge für den Spielprozess.	Howes Object Play Scale categories (Kontos et al. 2002; Howes & Stewart 1987) Interesse (Renninger & Wozniak 1985; Krapp 2001, Stapf & Stapf 1991; Westhoff & Hagemeister 2001) Konzentration (Berg & Imhof 2006) Die Leuvener Engagiertheits-Skala für Kinder [LES-K] (Laevers 1997) „Persisting with difficulty" (Carr 2002)
4	Das Kind löst sich mehr und mehr vom funktionalen Handeln, so dass eine eigene Auseinandersetzung mit dem Gegenstand deutlich wird. Die Aktivität wird durch die Ideen des Kindes erweitert (kreativ). z.B. Das Kind wählt die Materialien selbst aus bzw. variiert verschiedene Materialien. Das Kind mischt verschiedene Techniken.	Howes Object Play Scale categories (Kontos et al. 2002; Howes & Stewart 1987) Interesse (Renninger & Wozniak 1985; Krapp 2001, Stapf & Stapf 1991; Westhoff & Hagemeister 2001) Konzentration (Berg & Imhof 2006) Die Leuvener Engagiertheits-Skala für Kinder [LES-K] (Laevers 1997) „Persisting with difficulty" (Carr 2002)
Komplex: Interaktion	Item (theoriegeleitet – am Datenmaterial operationalisiert)	
5	Das Kind fordert zur Interaktion auf, indem es die ErzieherIn um Hilfe bittet oder sie zu einer Aktivität auffordert (initiieren). z.B. „Spielst du mit mir?" oder „Kann ich auch mitspielen?"	„Expressing an idea or a feeling" (Carr 2002)
6	Das Kind fragt nach, wie es z.B. bestimmte Dinge machen soll oder wo es noch fehlende Materialien findet (Bedürfnis nach Hilfe bekunden). z.B. „Wo gibt es die Schachteln?" „Wie muss ich das falten?"	Interesse (Renninger & Wozniak 1985; Krapp 2001, Stapf & Stapf 1991; Westhoff & Hagemeister 2001)

7	Das Kind greift die Anregungen der Erzie-herIn auf oder macht nach, was die Erziehe-rIn vorgibt (reagieren). z.b. „Möchtest du noch ein Gesicht auf deinen Drachen malen?" „Vielleicht braucht dein Haus noch einen Garten?"	Interesse (Renninger & Wozniak 1985; Krapp 2001, Stapf & Stapf 1991; Westhoff & Hagemeister 2001) „Taking responsibility" (Carr 2002)
8	Das Kind stellt Wieso/Warum-Fragen bzw. es hinterfragt das Handeln oder weist auf Alternativen hin (Erweitern des Handelns). z.b. „Wieso haben Pinguine Flügel?" „Warum legt ihr die Samen unter die Erde?	Interesse (Renninger & Wozniak 1985; Krapp 2001; Stapf & Stapf 1991; Westhoff & Hagemeister 2001)

Um dem Aspekt der Wechselseitigkeit des Interaktionsprozesses gerecht zu werden, wurde angestrebt, auch das Interaktionsverhalten der Kinder mit der ErzieherIn als zusätzliche Informationsquelle zu erfassen. Da der Fokus der Studie auf der/dem ErzieherIn und deren Interaktionshandeln ausgerichtet ist, soll hier kurz der theoretische Begründungszusammenhang für die Entwicklung dieser Kategorien erläutert werden. Die Beobachtungskriterien, anhand derer das Verhalten der Kinder eingeschätzt werden sollte, richten sich in erster Linie an den Konstrukten Neugier, Interesse und Aufmerksamkeit (Renninger & Wozniak 1985) aus. Diese Konstrukte gelten als Indikatoren für intensive Lernprozesse des Individuums und können daher dazu dienen, besonders effektive pädagogische Strategien im Interaktionsprozess zu identifizieren. Der Begriff Interesse wird als Beziehung einer Person zu einem Gegenstand beschrieben (Krapp 2001). Interesse gilt als wichtigstes Konstrukt, um Lernmotivation zu beschreiben (Krapp 2001). Das Interesse an einem Gegenstand beeinflusst die Qualität der Aufmerksamkeit und Konzentration und führt damit zu einer intensiven Auseinandersetzung mit dem Gegenstand bzw. zu einer Ausdifferenzierung des Wissens (Renninger & Wozniak 1985; Westhoff & Hagemeister 2001). Die Bedeutung des Aufmerksamkeitsverhaltens für die kognitive Entwicklung haben Stapf & Stapf (1991 u. v. a.) bei Hochbegabten als spezifischen Indikator herausgearbeitet. Berg und Imhof (2006) unterscheiden zwischen Aufmerksamkeit als Selektion aus einer Vielfalt von Reizen und Konzentration, welche für die AutorInnen als zielgerichtetes Konstrukt gilt. Über die Interessenstheorie besteht ein zentraler Zusammenhang zur Lern-Lehr-Didaktik unter Einbezug des Verhaltens der Lernenden bzw. der Aufrechterhaltung des Interesses. Die Interessenstheorie kann als Referenztheorie für die konstruktivistische Maxime gelten, welche das Individuum als AkteurIn seiner Lernprozesse sieht. In der neueren Literatur wird Interesse und Aufmerksamkeit bei Kindern im Vorschulalter häufig mit dem Konstrukt „Involvement" in Verbindung gebracht. Zur Erforschung einer interaktionistisch-konstruktivistischen Lernumwelt gilt demnach das „Involvement" der Kinder als wesentlicher Indikator. Mit der Bezeichnung „dialogisch-entwickelnde Interaktionsprozesse" wird auf dieses Interaktionsverhältnis zur Beschreibung einer anregungsreichen Lernumwelt Bezug genommen.

Die Beobachtungskriterien für die/den ErzieherIn richten sich an den Befunden der Interaktionsforschung sowie am Wissen über konstruktivistische Lernumwelten aus. Grob orientiert sich das Beobachtungsraster an „Sichtstrukturen" (Seidel 2003), wie der klassische Dreischritt in der Didaktik – Einstieg, Arbeitsphase (Anregen und Unterstützen) und Abschluss (Straka & Macke 2002) –, und an den Grundregeln, auf welche Bellack seine Interaktionsanalyse des Unterrichts aufbaut (siehe Kapitel: „Erziehungsstilkonzepte"): Strukturieren, Auffordern, Reagieren und Fortführen. In dieser Studie wird davon ausgegangen, dass durch „dialogisch-entwickelnde Interaktionsprozesse" die Chance eröffnet wird, Kinder optimal in ihren Lernprozessen anzuregen. Daher werden die Interaktionen darauf hin analysiert, ob Interaktionsprozesse zwischen ErzieherIn und Kind zu erweitertem und differenziertem Handeln Anlass geben oder gar zu „dialogisch-entwicklenden Interaktionsprozessen" führen. Folgende Grobkategorien (Komplex) lassen sich dabei unterscheiden:

Tabelle 4: Theoriebezug der Grobkategorien (Beobachtungsraster 3)

Komplex	Theorie/Indikator
Handeln	„Gemeinsamer Gegenstandsbezug" (Oerter 1999, 91) „Interaktions- und Kommunikationsformen – verbal/non-verbal" (Preiser 2003, 187)
Initiieren	„Auffordern" – Bellack (Mertens 1978) „Initiating" (Barnes & Todd 1995)
Nachspüren	Bedeutung des „Entlockens" bei offenen Lernsituationen ohne klare Zieldefinition (Ireson & Blay 1999) „Eliciting" (Barnes & Todd 1995)
Abwarten/Zuhören	Teacher's Interaction and Language Rating Scale (Giralometto et al. 2000)
Reagieren	„Reagieren" – Bellack (Mertens 1978) „Responding" (Barnes & Todd 1995) „Interaktions- und Kommunikationsformen – direkt/indirekt" (Preiser 2003, 187)
Erweitern/Differenzieren	Erweitern – Bellack (Mertens 1978) Scaffolding – Bruner (Rogoff 1990; Chavajay & Rogoff 1999) „Extending" (Barnes & Todd 1995)
Delegieren	Autonomieunterstützung (Prenzel et al. 2000) Soziale Einbindung (Prenzel et al. 2000)

Dialogisch-entwickelnde Interaktionsprozesse	„Sustained shared thinking" (Sylva et al. 2003); „Ko-Konstruktion" (Youniss 1994)

Dieser am klassischen Dreischritt der Didaktik orientierte Aufbau soll es möglich machen, Aussagen über den Interaktionsverlauf zu formulieren. Mit der Perspektive auf lern-lehr-didaktische Prozesse ist es von großem Interesse, zu wissen, wie Interaktionen strukturiert sind.

Bei der Entwicklung der Beobachtungskriterien sind Methoden aus verschiedenen Studien (siehe hierfür Anhang: „Methoden verschiedener Interaktionsstudien") sowie die oben bereits ausgeführten theoretischen Befunde eingeflossen. So war es möglich, ein möglichst adaptives Beobachtungsraster (Beobachtungsraster 3) zu entwickeln, welches praktikabel einsetzbar ist und dem theoretischen Erkenntnisstand gerecht wird. Ausgangspunkt dieses Beobachtungsrasters sind das Involvement der Kinder (siehe Tabelle 3/Beobachtungsraster Kind) und ein Interaktionsstil mit hoher Responsivität und moderater Lenkung, welche eine günstige Lernumwelt (Mahoney & Wheeden 1999) kennzeichnen und exemplarisch mit der Beschreibung „dialogisch-entwickelnde Interaktionsprozesse" erfasst werden. Beim Aufbau des Beobachtungsrasters wurden daher interaktionistisch-konstruktivistische Prinzipien berücksichtigt, die von der Orientierung am Gegenüber und dessen individuellen Lernprozessen ausgehen (Renninger 1998). Die einzelnen Items, durch die die Interaktion der ErzieherIn mit dem Kind erfasst werden soll (Beobachtungsraster 3), werden als „Sichtstrukturen" bezeichnet, die über die Beobachtung ermittelt werden können. An die unterschiedlichen Interaktionsformen sind „Gelegenheitsstrukturen" gekoppelt, die es den Lernenden ermöglichen, sich mit ihren subjektiven Erfahrungen in den Prozess einzubringen. Über die „Sichtstrukturen" wird der Freiheitsgrad bzw. die Einschränkung für individuelle Lernprozesse vorstrukturiert (vgl. Seidel 2003). Diese Interaktionsprozesse bieten „Gelegenheitsstrukturen" für das Individuum, an seine subjektiven Erfahrungen anzuknüpfen und diese gegebenenfalls zu erweitern. Damit werden sie konstruktivistischen Bildungsvorstellungen gerecht, die das handelnde Subjekt in den Mittelpunkt des Erkenntnisprozesses stellen. Die zentrale Forschungsfrage der vorliegenden Studie lautet: Lässt sich die Interaktion zwischen ErzieherIn und Kind im Kindergarten als Teil einer interaktionistisch-konstruktivistischen Lernumwelt verstehen? Mit diesem Beobachtungsinstrument (Beobachtungsraster 3) soll es möglich werden, dieser Forschungsfrage zu entsprechen. Für die Umsetzung bzw. Konstruktion der Items wurden insbesondere die von Prenzel et al. (2000) beschriebenen Kriterien zur Interessentwicklung als Verbindung von Instruktion und Interessenunterstützung genutzt.

Tabelle 5: Eigens entwickeltes Beobachtungsraster (Beobachtungsraster 3)

Komplex: Handeln	Item (theoriegeleitet – am Datenmaterial operationalisiert[41])	Indikatoren
E0	Die ErzieherIn befindet sich in räumlicher Nähe zu den Kindern (max. 150 cm Distanz). z.B. Die ErzieherIn sitzt neben den Kindern, während diese etwas bauen. Die ErzieherIn bleibt bei den Kindern stehen.	„Gemeinsamer Gegenstandsbezug" (Oerter 1999, 91) „Interaktions- und Kommunikationsformen – verbal/nonverbal" (Preiser 2003, 187)
E0.1.	Die ErzieherIn handelt nonverbal. Es ist nicht erkennbar, dass die Kinder etwas nachahmen sollen. z.B. Die ErzieherIn schubst die Kinder beim Schaukeln an. Die ErzieherIn baut gemeinsam mit den Kindern mit Konstruktionsmaterialien.	„Gemeinsamer Gegenstandsbezug" (Oerter 1999, 91) „Interaktions- und Kommunikationsformen – verbal/nonverbal" (Preiser 2003, 187)
E0.2.	Die ErzieherIn handelt nonverbal. Dabei kommt es darauf an, dass die Kinder etwas nachahmen sollen. z.B. Die ErzieherIn faltet das Papier. Die ErzieherIn zeigt, wie die Kinder die Säge halten müssen.	„Gemeinsamer Gegenstandsbezug" (Oerter 1999, 91) „Interaktions- und Kommunikationsformen – verbal/nonverbal" (Preiser 2003, 187)
Komplex: Initiieren	Item (theoriegeleitet – am Datenmaterial operationalisiert) Es besteht noch kein gemeinsamer Bezugspunkt	
E1	Die ErzieherIn hat Blickkontakt zum Kind.	Blickkontakt (Girolametto et al. 2000; Kolonko & Krämer 1993)
E2	Die ErzieherIn gibt Impulse ohne Interaktionsaufforderung. z.B. „Du könntest ein Bild malen." „Geh doch in die Bauecke."	Guided participation - „Choosing and structuring children's activities" (Rogoff 1990; Gauvain & Rogoff 1989; Rogoff & Lave 1984) „Autonomieunterstützung" (Prenzel et al. 2000)
E3	Die ErzieherIn benutzt Fragen, die eine Ja/Nein-Antwort fordern (mit Interaktionsaufforderung). z.B.	Guided participation - „Choosing and structuring children's activities" (Rogoff 1990; Rogoff & Gauvain 1989;

41 Die Beispiele sind idealtypisch. Um die Eindeutigkeit der Items zu erhalten, wurde auf die Ergänzung von Originalzitaten verzichtet.

	„Möchtest du mitspielen?" „Sollen wir gemeinsam etwas spielen?"	Rogoff & Lave 1984) „Inhaltliches Interesse beim Lehrenden" (Prenzel et al. 2000)
E4	Die ErzieherIn stellt W-Fragen. z.B. „Was hast du denn gestern gemacht?" „Wie gefällt dir unsere neue Leseecke?"	„Inhaltliches Interesse beim Lehrenden" (Prenzel et al. 2000) „Offene Fragen" (Sylva et al. 2003) „Offene Fragen und Aufforderungen" (Wilcox-Herzog & Ward 2004)
Komplex: Nachspüren	Item (theoriegeleitet – am Datenmaterial operationalisiert)	Indikatoren
E5	Die ErzieherIn wiederholt die Aussagen des Kindes. z.B. „Das ist also das Auto." „Und hier wohnen die Kinder."	„Inhaltliches Interesse beim Lehrenden" (Prenzel et al. 2000)
E6	Die ErzieherIn fragt nach, ohne an einen Handlungskontext anzuschließen. z.B. „Was möchtest du denn spielen?" „Erzähl mal, wie möchtest du das spielen?"	„Inhaltliches Interesse beim Lehrenden" (Prenzel et al. 2000) „Offene Fragen" (Sylva et al. 2003) „Offene Fragen und Aufforderungen" (Wilcox-Herzog & Ward 2004)
E7	Die ErzieherIn spricht in Ellipsen. z.B. „Heute haben wir ..." „Das ist ein ..."	„Inhaltliches Interesse beim Lehrenden" (Prenzel et al. 2000)
Komplex: Motivation	Item (theoriegeleitet – am Datenmaterial operationalisiert ErzieherIn knüpft an den Handlungskontext an)	
E8	Die ErzieherIn stellt einen Bezug zu bekannten Sachverhalten oder Kontexten her. z.B. „Wie macht ihr das denn, wenn ihr zu Hause so etwas macht?" „Könnt ihr euch erinnern, als wir im Sommer im Wald waren? Da haben wir auch Frösche beobachtet."	Guided participation – „structuring responsibility in join problem" (Rogoff 1990; Gauvain & Rogoff 1989; Rogoff & Lave 1984) „Inhaltliches Interesse beim Lehrenden" (Prenzel et al. 2000) „Vorwissen aktivieren" – Gagné („Instructional events") (Leutner 2001, 271 ff.) „Offene Fragen und Aufforderungen" (Wilcox-Herzog & Ward 2004)
E9	Die ErzieherIn stellt einen Bezug zu	Guided participation – „Struc-

	dem gegenwärtigen Sachverhalt her. z.B. „Habt ihr gesehen, wie schnell der Stein gesunken ist?" „Schaut mal, hier sind noch mehr."	turing responsibility in join problem" (Rogoff 1990; Gauvain & Rogoff 1989; Rogoff & Lave 1984) „Inhaltliches Interesse beim Lehrenden" (Prenzel et al. 2000) „Aufmerksamkeit des Lernenden gewinnen" – Gagné („Instructional events") (Leutner 2001, 271 ff.)
E10	Die Erzieherin fragt nach Ursachen und Gründen. z.B. „Warum ist denn das Wasser so schwarz?" „Was passiert wohl, wenn wir diesen Stein herausnehmen?"	„Inhaltliches Interesse beim Lehrenden" (Prenzel et al. 2000) „Lernstoff mit Hinweis auf bedeutsame Eigenschaften präsentieren" – Gagné („Instructional events") (Leutner 2001, 271 ff.)
E11	Die Erzieherin sagt, das Kind soll seine Tätigkeit wieder aufnehmen. z.B. „Hast du die Zugbrücke schon fertig? Dann komm ich gleich und schau mir an, wie sie funktioniert." „Du wolltest doch wissen, warum wir das so gemacht haben. Dann kannst du jetzt nicht einfach weglaufen."	„Instruktionsqualität" (Prenzel et al. 2000) „Aufmerksamkeit des Lernenden gewinnen" – Gagné („Instructional events") (Leutner 2001, 271 ff.)
Komplex: Abwarten Zuhören	Item (theoriegeleitet – am Datenmaterial operationalisiert)	
E12	Die Erzieherin hört zu ohne Blickkontakt.	„Inhaltliches Interesse beim Lehrenden" (Prenzel et al. 2000)
E13	Die Erzieherin hört zu und hält den Blickkontakt zum Kind/ zu den Kindern.	„Inhaltliches Interesse beim Lehrenden" (Prenzel et al. 2000)
E14	Die Erzieherin weist Kinder ab. z.B. „Jetzt spiel ich mit Lea." „Im Moment bin ich hier, später komm ich zu dir."	„Instruktionsqualität" (Prenzel et al. 2000)
E15	Die Erzieherin wartet, bis ein Kind seine Tätigkeit vollendet hat.	„Inhaltliches Interesse beim Lehrenden" (Prenzel et al. 2000) „Lernenden das im Lehrziel geforderte Verhalten ausführen lassen" Gagné („Instructional

		events") (Leutner 2001, 271 ff.)
Komplex: Reagieren	Item (theoriegeleitet – am Datenmaterial operationalisiert)	
E16	Die ErzieherIn gibt Feedback. z.B. „Ja" oder „Hm" „Damit kenn ich mich nicht aus."	
E16a	Die ErzieherIn gibt Feedback mit Bemerkungen wie z.b. „gut", „schön" ohne Interaktionsaufforderung. z.B. „Das hast du toll gemacht!" „Das ist aber ein schönes Bild mit den Bäumen."	„Inhaltliches Interesse des Lehrenden" (Prenzel et al. 2000) „Leistung des Lernenden abschließend beurteilen"/"Über die Richtigkeit informieren" Gagné („Instructional events") (Leutner 2001, 271 ff.)
E17	Die ErzieherIn weist die Kinder/das Kind auf Regeln hin. z.B. „Lass das bitte!" „Das Papier ist nur zum Falten von Papierdrachen!"	„Instruktionsqualität" (Prenzel et al. 2000)
E18	Die ErzieherIn gibt Handlungsanweisungen. z.B. „Jetzt schneiden wir den Elefanten aus." „Stell die Schuhe bitte nach draußen."	„Instruktionsqualität" (Prenzel et al. 2000) „Lernprozess anleiten" Gagné („Instructional events") (Leutner 2001, 271 ff.)
Komplex: Erweitern und Differenzieren des Handlungskontextes	Item (theoriegeleitet – am Datenmaterial operationalisiert)	
E19	Die ErzieherIn bekundet ihr Interesse am Handlungskontext. z.B. „Und wie geht die Geschichte jetzt weiter?" „Das ist eine tolle Burg geworden, sollen wir zusammen noch versuchen, einen Brunnen dazu zu bauen?"	Guided participation – „Structuring responsibility in join problem" (Rogoff 1990; Gauvain & Rogoff 1989; Rogoff & Lave 1984) „Autonomieunterstützung"/„Inhaltliches Interesse des Lehrenden" (Prenzel et al. 2000) „Offene Fragen und Aufforderungen" (Wilcox-Herzog & Ward 2004)
E20	Die ErzieherIn erklärt, wie oder warum etwas so ist wie es ist. z.B.	„Inhaltliche Relevanz des Lernstoffes" (Prenzel et al. 2000)

	„Hier gibt es kleine Fenster, damit die Pflanzen auch Licht haben." „Damit der Drache nicht wegfliegt, muss er an einer Schnur festgebunden werden."	„Über die Ausbildungseinheit informieren" – Gagné („Instructional events") (Leutner 2001, 271 ff.)
E21	Die ErzieherIn spricht frühere Erfahrungen an, um auf bereits bekannte Techniken und Wissen zu verweisen. z.B. „Vielleicht könnt ihr das auch so machen, wie wir es an dem Drachen ausprobiert haben?" „Habt ihr euch noch mal im Lexikon das Bild dazu angeschaut?"	„Inhaltliche Relevanz des Lernstoffes" (Prenzel et al. 2000) „Relevantes Vorwissen aktivieren" – Gagné („Instructional events") (Leutner 2001, 271 ff.)
E22	Die ErzieherIn ermutigt die Kinder/das Kind zu neuen Erfahrungen, d.h. sie regt das Kind an, etwas auszuprobieren. Die ErzieherIn macht einen Vorschlag. (Experimentieren) z.B. „Hast du schon einmal versucht, mit den Wasserfarben darüber zu malen? „Ich würde es einmal mit dem Meißel versuchen, vielleicht klappt es dann."	Guided participation – „Structuring responsibility in join problem" (Rogoff 1990; Gauvain & Rogoff 1989; Rogoff & Lave 1984) „Transfer des Gelernten unterstützen durch weiteres Üben" – Gagné („instructional events") (Leutner 2001, 271 ff.)
E23	Die ErzieherIn stellt Fragen, die auf Probleme verweisen. Die ErzieherIn stellt etwas in Frage. z.B. „Wie kann die Tür geöffnet werden, wenn hier der Brunnen steht?" „Aber wie sollen die Ritter über den Graben kommen?"	Guided participation – „Structuring responsibility in join problem" (Rogoff 1990; Gauvain & Rogoff 1989; Rogoff & Lave 1984)
E24	Die ErzieherIn benennt, was die Kinder getan oder gesagt haben. (Impuls Erz.) z.B. „Ida hat einfach Sand dafür genommen." „Tim hat dafür die Schere genommen."	Guided participation – „Structuring responsibility in join problem" (Rogoff 1990; Gauvain & Rogoff 1989; Rogoff & Lave 1984)
E25	Die ErzieherIn greift die Einwände der Kinder/ des Kindes auf. (Impuls Kind) z.B. „Paul meint, wir könnten hier ein Loch graben, um den Tunnel zu verbinden." „Wie meinst du das Ida?"	Guided participation – „Transfer of responsibility" (Rogoff 1990; Gauvain & Rogoff 1989; Rogoff & Lave 1984) „Autonomieunterstützung"/ „Soziale Einbindung des Lernenden" (Prenzel et al. 2000)

E26	Die ErzieherIn bestätigt das Tun der Kinder/des Kindes, indem sie das Handeln kommentiert. Mit Interaktionsaufforderung. z.b. „Wie hast du das denn hinbekommen, dass das Flugzeug so toll fliegt?" „Prima, jetzt hast du ja schon die Hälfte geschafft. Wie willst du das jetzt weiter machen?"	„Autonomieunterstützung"/"Inhaltliches Interesse beim Lernenden" (Prenzel et al. 2000)
E27	Die ErzieherIn gibt Tipps und konstruktive Hinweise, die das Handeln der Kinder/des Kindes noch verbessern können. z.b. „Damit das Flugzeug besser fliegt, musst du die Tragflächen größer machen." „Wenn du die Umbrüche ganz glatt streichst, dann lässt sich das Papier leichter falten."	„Kompetenzunterstützung" (Prenzel et al. 2000)
Delegieren	Übertragen von Zuständigkeiten auf die Kinder	
E28	Die ErzieherIn überträgt den Kindern Aufgaben. z.B. "Anton du kannst schon die Zeitungen aus dem Korb in der Abstellkammer holen." "Hannah fragst du in der anderen Gruppe nach, wie viele Kinder in die Kunsthalle mitkommen?"	Guided participation – „Transfer of responsibility" (Rogoff 1990; Gauvain & Rogoff 1989; Rogoff & Lave 1984) „Autonomieunterstützung" (Prenzel et al. 2000)
E29	Die Kinder verrichten Ordnungsdienste. z.B. Die Kinder versorgen ihre Materialien wie Schere, Klebstoff etc. Die Kinder bereiten den Tisch vor für das Frühstück.	Guided participation – „Transfer of responsibility" (Rogoff 1990; Gauvain & Rogoff 1989; Rogoff & Lave 1984) „Autonomieunterstützung" (Prenzel et al. 2000)
E30	Die ErzieherIn verweist auf bestimmte Kinder, die die anderen bei bestimmten Aufgaben unterstützen können. z.B. „Sophia kannst du es noch mal erklären?" „Aaron zeigt euch wie ihr den Flieger bauen könnt."	„Autonomieunterstützung" (Prenzel et al. 2000)

E31	Die ErzieherIn überlässt das Vorgehen/die Organisation den Kindern (Management). z.B. „Das könnt ihr allein ohne mich." „Dazu braucht ihr mich nicht mehr."	„Autonomieunterstützung" (Prenzel et al. 2000)
E32	Die ErzieherIn fragt die Kinder bei Problemen. z.B. „Was meint ihr, wie wir das besser organisieren können, dass jeder einmal dran kommt?" „Wie können wir das machen, dass alle Menschen etwas sehen können?"	„Autonomieunterstützung"/"Inhaltliches Interesse beim Lernenden" (Prenzel et al. 2000) „Offene Fragen" (Sylva et al. 2003)
Komplex: Dialogisch-entwickelnde Interaktionsprozesse	Item (theoriegeleitet - am Datenmaterial operationalisiert) Gemeinsamer Bezugspunkt - ErzieherIn und Kind wechseln sich beim Strukturieren des Prozesses ab.	
E33	ErzieherIn und Kind/Kinder lösen Probleme dialogisch (mindestens 4 Turns). z.B. ErzieherIn und Kind/Kinder tauschen sich aus, stellen gemeinsam Fragen, suchen gemeinsam nach Antworten und ergänzen sich gegenseitig. A: „Wie hast du das gemeint?" B: „Ich glaub wir sollten die Röhren einfach zusammenstecken." A: „Warum läuft das Wasser hier wieder raus?" B: „Das weiß ich jetzt auch nicht wie das kommt." A: „Was meinst du?" B: „Vielleicht haben wir die Röhre nicht richtig zusammengesteckt?" A: „Schau mal, ich glaub hier ist ein Loch?" B: „Stimmt."	„Shared thinking" (Sylva et al. 2003; Rogoff 1990) „Fragend entwickelnde Dialogform" (Warfield 2001)

Des Weiteren wurde der Kontext der einzelnen Interaktionen über bekannte Sichtstrukturen eingeschätzt, um Situations- und Handlungsformen zu identifizieren, die den Kindergartenalltag und damit auch die Interaktion zwischen ErzieherIn und Kind beeinflussen. Dadurch wird es möglich zu erfassen, ob Interaktionsprozesse etwa in bestimmten Sozial- oder Handlungsformen häufiger vorkommen als in anderen. Das gibt Auskunft darüber, wie der Alltag im Kindergarten derzeit geprägt ist. In der Untersuchung von Sylva et al. (2003) wurde u. a. darauf hingewiesen, dass die dyadische Interaktion zwischen ErzieherIn und Kind als besonders günstige Situationsform gilt, um Lernprozesse effektiv zu unterstützen. Zur näheren Beschreibung siehe Anhang – Operationalisierung von Bedeutungen.

Tabelle 6: Situationsform (Beobachtungsraster 3)

S	Situationsform
1	Gesamtgruppe
2	Kleingruppe
3	Dyade ErzieherIn-Kind
4	Innenraum
5	Außenraum
6	Wie viele Personen

Tabelle 7: Handlungsform (Beobachtungsraster 3)

Handlungsform	
7 Fiktionsspiel/Rollenspiel	14 Computer
8 Konstruieren – technisch	15 Gespräche ohne Spiel und Beschäftigungsgegenstand
9 Gestalten – künstlerisch	16 Pflegerische Tätigkeit z. B. Anziehen, Händewaschen
10 Hauswirtschaftliche Tätigkeit Kochen/Essen	17 Sonstiges
11 Regelspiel	
12 Körper und Bewegung	18 Ungeplante/spontan sich entwickelnde Aktivitäten
13 (Bilder-)Buchbetrachtung	19 Geplante/bewusst vorbereitete Aktivitäten

Die Gesprächs- bzw. Handlungsthemen zwischen ErzieherIn und Kind sollten den derzeit diskutierten Bildungsbereichen (orientiert am Bayerischen Erziehungs- und Bildungsplan) für die frühpädagogische Bildungsarbeit zugeordnet werden. Dies sollte Rückschlüsse auf die derzeitige Bildungsarbeit im Kindergarten erlauben, d. h. darauf, ob und welche Bildungsbereiche im Interaktionsprozess von ErzieherIn und Kind im Mittelpunkt stehen.

Tabelle 8: Topic (Beobachtungsraster 3)

Topic (orientiert am Bayerischen Erziehungs- und Bildungsplan)			
Sprache	Ästhetisch-kulturell	Gesundheit	Religion/ethnisch
Mathematik	Musik	Umwelt	sonstiges
Naturwissenschaft	Körper und Bewegung	Medien	

Vierter Analyseschritt

Im vierten Analyseschritt wurden die am häufigsten kodierten Items weiter differenziert. Zu diesen Items zählen das „Kommentieren" und die „Erklärungen". Da
beide Instruktionsmethoden von großer Bedeutung für die Anregung von Lernprozessen sind, sollen sie weiter aufgeschlüsselt werden, um genauere Aussagen
über die Gestaltung von Lernprozessen im Kindergartenalltag zu machen. Dazu
wurde das Auswertungsverfahren der Inhaltsanalyse angewandt. Darunter wird
eine systematische Kodierung, in diesem Fall des Inhalts der Transkriptionen,
verstanden, wobei sowohl quantitative (Frequenzanalyse; MLU-Wert) als auch
qualitative Methoden verwendet wurden. Inhaltsanalysen zeichnen sich in der
Forschungspraxis durch einen fließenden Übergang von qualitativen, d. h. inter-
pretativen, und quantifizierenden Phasen aus (vgl. ILMES 1999). Durch die Inhaltsanalyse wurden die Transkriptionen über verschiedene Kategorien kodiert.
Dazu wurde das von Passmore (1962) herausgearbeitete Schema zur alltäglichen
Verwendung der „Spielarten der Erklärungen" benutzt (Stegmüller 1969). Als
Analyseeinheit gilt die „zusammenhängende Erklärung" (siehe Beispiele in Tabelle 9). Eine inhaltsanalytische Auswertung unter diesem Gesichtspunkt kann
insbesondere Klarheit verschaffen über die Qualität der Erklärungen im Hinblick
auf den durch die Interaktion mit der ErzieherIn ermöglichten Wissensaufbau
bzw. die Wissenserweiterung.

Nach Passmore lässt sich die alltägliche Verwendung der „Erklärungen" wie
folgt aufschlüsseln:

Tabelle 9: „Spielarten der Erklärung" mit Originalbelegen der vorliegenden Videostudie

„Spielarten der Erklärung"	Beispicle[42]
Kausale Erklärung von Vorgängen oder Tatsachen	„Zwei Augen damit er gut sehen kann." (64/1) „ich mach uns mal Licht an - ist arg dunkel da hinten." (50/3)
Erklärung der Bedeutung eines Wortes/Interpretation eines Textes/Definition	„Eisenbahn oder Lokomotive – die Eisenbahn ist der ganze Zug." (64/3) „das ist die Straße und das sind die Schienen. Das Auto kann hier auf der Straße fahren und der Zug fährt auf der Schiene." (47/1)
Andersartige Deutung oder Klassifikation der Sachlage/korrigierende Uminterpretation	„Das gehört niemand. Wir können doch alle damit spielen." (51/1) „Bei Rose hätte ich gesagt R-o-s-e. Jetzt hab ich D gesagt – also Dose." (27/1)
Begründung oder Rechtfertigung einer bestimmten Handlung oder eines Verhaltens.	„Habt ihr das gehört, wir müssen wieder in den Zoo gehen, da gibt es ein Giraffenbaby (54/2)" „Ich bin auch froh, wenn ich diesen Kürbis jetzt endlich mal los bin. Der ist nämlich recht störrisch." (58/1)
Beschreibung eines Sachverhalts oder eines Vorgangs.	„Die macht da nämlich ein Brett fertig. Das kommt in Ruheraum wird über die Tür gemacht, dass wir da Matratzen hinlegen können oder eine Decke mit Kissen. Weil der Schrank schon zu klein geworden ist für so viele Kinder, die da Mittagsruhe machen." (11/1) „... Hier ist jetzt ein Dach. Ein Glasdach, wie bei einem richtigen Gewächshaus. Und damit auch Luft dahin kommt, hat es hier solche kleinen Fenster. Die kann man auf und zu machen, wenn es zum Beispiel nicht so warm ist in der Nacht dann macht man die Fenster zu, dann kann die Wärme innen drin bleiben und dann hält die Wärme im Haus, im Gewächshaus. Und wenn es so sonnig ist wie heute dann kann man die Fenster auf machen." (5/1)
Bedienungsanleitung/Know-how vermitteln.	„Du musst des da so liegen lassen und jetzt geht's hier an der Wiese weiter, da musst du gucken wie rum du's hinlegst – und dann musst du gucken, ob des gerade Teil unten

---

42 Um die hohe Adaptivität des Kategoriensystems von Passmore zu unterstreichen, wurden hier Originalzitate angeführt. Die Zahlen in den Klammern bezeichnen jeweils die ID der ErzieherIn und die dazugehörige lang andauernde Interaktion.

ist." (59/3)   „ Drei oder vier von den großen Samen, die Sonnenblumen sind. Und von den kleinen, kann man richtig oben drauf streuen und dann mit dem Finger ein bisschen Erde draufmachen. Aber immer von einer Sorte in ein Töpfchen." (5/1)

Die relativ hochinferenten Items werden anhand von Beispielen genauer beschrieben und über die Intercoderreliabilität überprüft.

Die Kodierung des Items „Kommentieren" (E16: Die ErzieherIn gibt Feedback ohne Interaktionsaufforderung) lehnt sich an das oben beschriebene Verfahren an und wird wie folgt differenziert:

Tabelle 10: Kommentieren/Feedback mit Originalbelegen aus der vorliegenden Videostudie

E16	Kommentieren/Feedback	
E16a	Bestätigen/loben	„Prima." (54/1) „Super." (46/6)
E16b	Kommentieren des eigenen Handelns, Verbalisieren von Gedankengängen	„Ich hol mal den Pferden erst noch Wasser..." (50/1)
E16c	Kommentieren des Handelns des/der Kindes/Kinder	„Und die Lisa, hat die auch ein Ei gelegt. Ah -tolle Hühner. Die haben Eier gelegt" (50/2)

7.2.3 Durchführung der Videostudie

Als Untersuchungsrahmen gilt die Kernzeit im Kindergarten. Damit soll versucht werden, der sozialen Wirklichkeit der Einrichtungen so nahe wie möglich zu kommen. Der Freispielzeit kommt nach Tietze et al. (1998) der größte Zeitanteil (58 %) im Kindergartenalltag zu. Wenn davon ausgegangen wird, dass die Entwicklung der Kinder durch die Prozessqualität unterstützt werden kann (Tietze et al. 1998; Kontos & Wilcox 1997), so ist es von besonderem Interesse, den Alltag des Kindergartenkindes auf die Bedeutung der Interaktion zwischen ErzieherIn und Kind zu untersuchen. Besondere Beachtung finden hierbei die „dialogisch-entwickelnden Interaktionsprozesse" zwischen ErzieherIn und Kind, die auf den Lern- und Entwicklungsprozess der Kinder großen Einfluss haben (Rogoff 1990).

Fixpunkt der Beobachtung ist die ErzieherIn und ihr unmittelbares Interaktionsfeld, an ihr orientiert sich der Fokus der Kamera, um jede Interaktion zwischen Kindern und ErzieherIn während der Aufnahmezeit zu erfassen. Das unmittelbare Interaktionsfeld lässt sich im Kindergarten als direkte Nähe zum Gegenüber beschreiben. Anders als z. B. in der Schulpädagogik, wo über größere Entfernungen kommuniziert wird, ist im Kindergarten der direkte Interaktionsbezug durch eine unmittelbare Nähe bestimmt. Das schließt nicht aus, dass kurzfristige soziale Kontakte wie z. B. Ermahnungen oder kurze Begrüßungen auch hier über eine größere Distanz der Personen stattfinden können. In der Regel aber ist die Interaktion durch einen „*Face-to-Face*"-Charakter bestimmt, der es ermöglicht, die ErzieherIn und das Kind/die Kinder, die an der Interaktion beteiligt sind, gemeinsam zu erfassen. Als unmittelbares Interaktionsfeld gilt demnach die Interaktion mit „*Face-to-Face*"-Charakter.

Das Filmen mit Stativ schließt der Beobachtungsgegenstand aus. Der Alltag im Kindergarten wird durch einen sehr regen Wechsel von Positionen bestimmt, auch verbietet die Raumgestaltung in vielen Einrichtungen das Filmen mit Hilfe des Stativs aus Platzgründen, d. h., dass eine vorab festgelegte Position der Kamera durch einen Raumplan nicht möglich war. Zum einen unterscheidet sich die Raumnutzung und -aufteilung in den einzelnen Einrichtungen stark und zum anderen sind, wie oben bereits beschrieben, auch die Positionen der zu Beobachtenden nicht im Vorfeld fixiert, wie z. B. beim Frontalunterricht in der Schule. Bei dieser Untersuchung wurde auf die Handführung[43] der Kamera zurückgegriffen. Die Standardisierung, die in vielen Videostudien über das Stativ bzw. dessen relative Position zum Beobachtungsgegenstand festgelegt wird, wird hier dem Feldforschungsdesign entsprechend am Untersuchungsgegenstand „fixiert" (Bergmann 1985). Da Camcorder heute bereits über eine Bildstabilisierungsfunktion verfügen, ist die Handführung der Kamera nicht mehr so problematisch wie noch vor einigen Jahren.

Die Aufnahmezeit wurde auf 60 Minuten festgelegt. Dieser Wert wurde über die Vorstudie ermittelt. Eine längere Aufnahmezeit ließ der Alltag im Kindergarten in den wenigsten Einrichtungen zu. Da sich die Aufnahmezeit auch als guter Rahmen für Interaktionen erwies, gilt diese Maximalzeit von 60 Minuten als Standardisierung für die Vergleichbarkeit der Aufnahmen.

Der Abstand der Kamera zum Untersuchungsgegenstand wurde durch den Kontext bestimmt. Der Einsatz des Zooms war auf die Erfassung der ErzieherIn und deren direktes Interaktionsumfeld beschränkt, weitere Selektionen durch die Verkleinerung des Bildausschnittes wurden bewusst versucht zu verhindern. Grundsätzlich galt die Tonqualität als Kriterium für die maximale Distanz. Der

---

43 Auch in groß angelegten Studien wie z. B. der Beobachtungsstudie von Dittrich et al. (2001) „Wenn Kinder in Konflikt geraten" oder auch in dem Projekt von Tobin et al. (1989) „Preschool in three cultures" wurde auf das Filmen ohne Stativ als die dem Kindergartenalltag am ehesten entsprechende Methode für die Videographie zurückgegriffen.

Kindergartenalltag ist charakterisiert durch viele parallel laufende Handlungs-
stränge und unterschiedliche Interaktionen bzw. Spielsituationen in einem Raum.
Um gezielt Situationen aufnehmen zu können, empfiehlt sich daher ein externes
Richtmikrophon, welches sich genau ausrichten lässt und dessen Aufnahme sich
von den zusätzlichen Umgebungsgeräuschen eindeutig abhebt. Für diese Studie
wurde der Ton mit einem externen Richtmikrophon mit ausgeprägter Richtwir-
kung (Keulencharakteristik[44]) und hoher Empfindlichkeit aufgezeichnet. Das
Mikrophon wurde mit einem „Blitzschuh" auf die Kamera aufgesteckt, so dass
die Richtcharakteristik des Mikrophons und der Fokus der Kamera simultan auf
die Aufnahmesituation ausgerichtet waren. Dieses Mikrophon ist unempfindlich
gegenüber dem Körperschall durch Zoom-Motoren, so dass durch die Betätigung
des Zooms die Aufnahmequalität nicht zusätzlich beeinträchtigt wird. Um die
Qualität der Aufnahmen zu erhöhen, besteht grundsätzlich auch die Möglichkeit,
die Aufnahmen mit einem Funkmikrophon zu machen. Beim Filmen mit Funkmikrophon wird die zentrale Schallquelle, in diesem Fall die ErzieherIn, durch
einen Sender verkabelt. Bei dieser Studie wurde aus forschungsethischen, aber
auch technischen Gründen auf den Einsatz des Funkmikrophons verzichtet.
Technisch ist es derzeit nicht machbar, mit dem Camcorder zwei separate Tonspuren aufzuzeichnen. Dies wäre aber notwendig gewesen, da neben einer präzisen Aufnahme der Aussagen der ErzieherIn auch der Kontext für die Aufnahme
eine große Rolle spielt. Das heißt, dass zwei Tonspuren von Relevanz sind, eine
für die Sprache der ErzieherIn und eine für den so genannten O-Ton, was in
diesem Fall bedeutet, die Sprache der Kinder bzw. begleitende Nebengeräusche.
Forschungsethisch wird in der Verkabelung ein hoher Verfremdungsfaktor der
Alltagswelt gesehen.
   Es wäre ein Irrtum, anzunehmen, dass die Erstellung von Videoaufnahmen
mit der Beobachtung in der Praxis abgeschlossen sei und dadurch dem Betrachtenden bereits aufbereitetes Filmmaterial zur Verfügung stünde. Die unter einem
Feldforschungsdesign entstehenden Filme gleichen vielmehr in erster Linie
komplexen Protokollen über den Gegenstand der Beobachtung, d. h. die Filme
sind Rohmaterial, welches wie jedes Datenmaterial erst durch die Analyse an
Klarheit gewinnt.

Standardisierungen der Aufnahmen:
– Fokus der Kamera liegt auf der/dem ErzieherIn und deren direktem Interaktionsfeld.
– Die Aufnahmen fanden während der Kernzeiten am Vormittag (vgl. Tietze et al. 1998) statt.
– Maximale Aufnahmezeit liegt bei 60 Minuten.
– Die Aufnahmen wurden ohne Unterbrechung aufgenommen.

---

44 Bezeichnung des Mikrophons: Beyer MCE 86 N. Dieses Mikrophon ist bekannt für eine äußerst
präzise Wiedergabe der Schallquelle.

- Bei Verlassen des Gruppenraums wurde die Tür gefilmt, es sei denn, es war aus dem Kontext zu erschließen, dass die Interaktion an einem anderen Ort fortgesetzt wurde.
- Nicht gefilmt wurden Interaktionen, die der Privatsphäre zugeordnet wurden, z. B. die Begleitung der Kinder auf die Toilette etc. Auch dann wird solange der "Ort des Verschwindens" (z. B. Tür) gefilmt, bis die/der ErzieherIn zum Gruppengeschehen zurückkehrte.
- Nach der Interaktion mit der/dem ErzieherIn wird/werden das/die Kind/-er nach Abbruch noch bis zu 30 Sekunden gefilmt.

Um die Videostudie durchführen zu können, wurde zunächst der Kontakt zu verschiedenen Trägern von Kindergärten aufgenommen (Anhang Studie: Infobrief). Die Fachberaterinnen informierten dann gegebenenfalls die einzelnen Einrichtungen über das Vorhaben. Die Teilnahme an der Studie war von Seiten des Trägers freiwillig. Mit den KindergartenleiterInnen wurde direkt Kontakt aufgenommen und im Sinne einer subjektorientierten Forschung Kinder, Eltern und ErzieherInnen über das Forschungsvorhaben gleichermaßen unterrichtet.

Die ErzieherInnen wurden gebeten, Eltern und Kinder über die Untersuchung zu informieren. Dafür standen den ErzieherInnen Formblätter zur Verfügung (siehe Anhang). Die Eltern wurden unter anderem um die Freigabe der Videoaufnahmen für Forschung und Lehre gebeten. Des Weiteren gab es ein Infoblatt, das den ErzieherInnen Anregungen gab, um mit den Kindern den „Besuch mit Videokamera" im Vorfeld zu besprechen. So hatten Kinder und Eltern die Möglichkeit, sich gedanklich auf das Vorhaben vorzubereiten bzw. sich ausführlich zu informieren. Auch die ErzieherInnen wurden durch ein Informationsschreiben detailliert über das Vorhaben unterrichtet.

Als Anreiz für die ErzieherInnen, an der Studie teilzunehmen, galt die Möglichkeit, durch die Betrachtung der Videoaufnahmen im Team das eigene Handeln aus einer Außenperspektive wahrnehmen zu können. Auch Hong & Broderick (2003) verweisen im Zusammenhang mit der Methode des „Instant Video Revisiting" [IVR] auf den Gewinn des Perspektivenwechsels durch die Videotechnik, um Reflexionen über das eigene Handeln anzuregen. Auch Seidel (2003) weist darauf hin, dass das Handeln im Alltag in hohem Grad automatisiert ist, d. h. die PädagogInnen über so genannte Skripts handeln, die nicht mehr bewusst wahrgenommen werden. Die Möglichkeit, sich aus einer Fremdperspektive wahrzunehmen, wurde von 95 % der ErzieherInnen genutzt. ErzieherInnen, die an einer gemeinsamen Betrachtung nicht teilnehmen konnten, wurden die Aufnahmen auf einem analogen Videoband (VHS/PAL) zur Verfügung gestellt. Durch die gemeinsame Betrachtung im Kollegium wurden die Videoaufnahmen von den ErzieherInnen bzw. auch von dem Kollegium als authentisch eingeschätzt bzw. es wurde bestätigt, dass die Videoaufnahme einen typischen Alltag der Einrichtung widerspiegelt. Die Aussagen waren geprägt durch Äußerungen wie: „So kenn ich dich auch" oder „Das ist unser Alltag". Diese Einschätzungen sind besonders wertvoll, um sicherzustellen, dass die Validität der Aufnahmen

auch aus der Sicht der zu Beobachtenden gewährleistet ist. Die ErzieherInnen
selbst sahen einen großen Gewinn darin, sich selbst aus einer Fremdperspektive
wahrzunehmen. Sie äußerten auch ihre Eigenwahrnehmung, was darauf schließen
lässt, dass ein Prozess der Reflexion über das eigene Verhalten durch die Video-
betrachtung ausgelöst wurde. Für Diskussionen im Kollegium war vor allem der
Gesamteindruck des Kindergartenalltags von Interesse. So wurde z. B. der Essbe-
reich als besonders laut wahrgenommen. Die Filmaufnahmen machten es nun
allen Beteiligten möglich, sich auf die gleiche Situation zu beziehen, was die
Kommunikation erheblich vereinfachte. Dieser Nebeneffekt der Studie belegt,
dass über Filmaufnahmen sehr vielschichtige Reflexionsebenen angeregt werden,
die dazu führen können, das eigene Handeln kritisch zu betrachten und weiterzuentwickeln.

Während des Filmprozesses wurde ein freundlich-distanziertes Verhältnis zu
den Kindern gepflegt. Da die Kinder bereits im Vorfeld vorbereitet wurden, ergaben sich nur wenige Distanzierungsprobleme, die die Qualität der Aufnahmen
beeinflussten. Insbesondere dadurch, dass die Wahrnehmung der Situation allein
über den Sucher der Kamera bzw. das Display erfolgt, ist während des Aufnahmeprozesses der direkte Blickkontakt mit den Kindern unterbrochen. Den Kindern fehlt damit ein wichtiges Kommunikationsmittel, um mit den Filmenden
Kontakt aufzunehmen. Damit erlangen die Beobachtenden einen hohen Grad an
passivem Involvement. Dieser ist beim Filmen mit Handführung wesentlich
höher, da hier die Filmenden über den gesamten Aufnahmeprozess den Bildausschnitt aktiv steuern müssen und nicht wie beim Filmen mit Stativ die Kamera
bereits im Vorfeld ausrichten können. Prinzipiell gilt für das Filmen im Gruppenraum, dass die Interaktion des Filmenden mit Kindern und ErzieherInnen während des Aufnahmeprozesses vermieden wird. Der Beobachtende hat sich so
unauffällig wie möglich in der Gruppe zu bewegen, um in den Gruppenprozess
wie selbstverständlich integriert zu werden. Sylva et al. (2003b) bringen das
Verhalten der Beobachtenden in Alltagssituationen wie folgt auf den Punkt: „*The
observer should be a fly on the wall*" (Sylva et al. 2003b, 10).

Die Untersuchung wurde von April bis Oktober 2003 in Nordrhein-Westfalen
und Baden-Württemberg durchgeführt.

7.2.4 Probleme bei der Durchführung

Probleme ergaben sich aus dem Alltag der Einrichtung, der sich nicht immer auf
die Standardisierungen abstimmen ließ. Im Sinne einer ethnographischen Studie
wurde der Forschungsprozess vom Forschungsgegenstand bestimmt (Bergmann
1985). Bereits nach der Vorstudie wurden die Aufnahmezeiten von den ursprüng-
lich geplanten 90 Minuten auf 60 Minuten begrenzt. In einigen Fällen wurde die

Aufnahmezeit um einige Minuten reduziert (siehe unten). Auch die Festlegung der Filmzeit ausschließlich auf die Kernzeit am Vormittag musste aus zeitlichen und finanziellen Gründen aufgegeben werden – so dass wenige Aufnahmen (n=5) während der Kernzeit am Nachmittag stattfanden.

Trotz der Nutzung von hochsensiblen Mikrophonen war es in einigen Situationen nicht möglich, die volle Sprachqualität zu erfassen. Während des Forschungsprozesses wurde daher das Mikrophon gewechselt, was aber nur bedingt das Problem löste. Bei einem Geräuschpegel, der in Kindergartengruppen vor allem durch Stimmengewirr während so genannter Übergangsphasen auftritt oder durch die Geräuschkulisse beim Suchen von Legosteinen in der Legokiste verursacht wird, sind auch aktuelle hochsensible Richtmikrophone überfordert, da die Aufnahmetechnik noch nicht in der Lage ist, mit intelligenten Sensoren zu arbeiten, d. h. menschliche Stimmen von Umgebungsgeräuschen zu filtern.

8. Auswertung

Im Folgenden wird neben der Wahl der Stichproben der Auswertungsprozess der Studie detailliert geschildert.

Untersuchungsverlauf:
Stichprobenbeschreibung
1. Analyse: Caregiver Interaction Scale (Beobachtungsraster 1)
2. Analyse: Time-/Eventsampling (Beobachtungsraster 2)
3. Analyse: Beobachtungskriterien (Beobachtungsraster 3)
4. Analyse: Inhaltsanalyse

8.1 Stichprobe

Untersuchungsverlauf:
Stichprobenbeschreibung
1. Analyse: Caregiver Interaction Scale (Beobachtungsraster 1)
2. Analyse: Time-/Eventsampling (Beobachtungsraster 2)
3. Analyse: Beobachtungskriterien (Beobachtungsraster 3)
4. Analyse: Inhaltsanalyse

Die Erkundungsstudie wurde im Zeitraum zwischen Frühjahr und Herbst 2003 in den Bundesländern Baden-Württemberg und Nordrhein-Westfalen durchgeführt. Aus Gründen der Repräsentativität wurden zwei Bundesländer in die Untersuchung einbezogen, wobei die Wahl auf solche Länder fiel, die in Bezug auf wirtschaftliche und bildungspolitische Gesichtspunkte eine für Deutschland repräsentative Spannbreite abdeckten. Die Stichprobe wurde über ein Zufallsauswahlverfahren zusammengesetzt. Durch die gezielte Erhebung von statistischen Daten und der pädagogischen Orientierung der ErzieherInnen sollte die Vergleichbarkeit der Stichprobe mit anderen Studien sichergestellt werden. Dabei ist aber ausdrücklich darauf hinzuweisen, dass der Vergleich der beiden Bundesländer in erster Linie dazu dient, zu zeigen, dass der Alltag in den Kindergärten in den einzelnen Bundesländern nicht grundsätzlich anders strukturiert ist. Um repräsentative Aussagen über Implikationen der Kindergartenpraxis in den einzelnen

Bundesländern zu treffen, ist die Stichprobe zu klein angelegt. Mit einer detaillierten Beschreibung der Stichprobe können aber Hinweise herausgefiltert werden, die für zukünftige Studien wichtige Impulse bieten.

Realisierte Stichprobe und Gewichtung

An der Studie beteiligten sich $N=61$ PädagogInnen aus $N=17$ Kindergärten[45]. Alle PädagogInnen waren feminin; $n=27$ PädagogInnen wurden in Kindergärten in Baden-Württemberg, $n=34$ PädagogInnen in Nordrhein-Westfalen gefilmt. Die an der Untersuchung beteiligten Einrichtungen standen mehrheitlich unter evangelischer Trägerschaft.

Die Erhebung erstreckt sich auf 43 Ganztags- und 18 Halbtagsgruppen. Dabei wurden nach Tietze et al. (1998) unter Ganztagsgruppen die Kindergärten gefasst, die eine Übermittagsbetreuung anbieten, d. h. über durchgehende Öffnungszeiten verfügen.

In beiden Bundesländern stellt die Berufsgruppe der ErzieherInnen die größte Grundgesamtheit. Die zweitgrößte Gruppe bilden in beiden Bundesländern die Kinderpflegerinnen.

Tabelle 11: Beteiligung Berufsgruppen

		Bundesland		Gesamt
		Baden-Württemberg	Nordrhein-Westfalen	
Beruf	Erzieherin	22	29	51
	Kinderpflegerin	2	4	6
	Sozialpädagogin	1	0	1
	Anerkennungspraktikantin	1	1	2
	Jugend- und Heimerzieherin	1	0	1
Gesamt		27	34	61

Das Durchschnittsalter lag bei der Untersuchung in der Stichprobe Baden-Württemberg bei $x=35.0$, in Nordrhein-Westfalen bei $x=34.59$. Der arithmetische Mittelwert bei der Berufserfahrung lag in Baden-Württemberg bei $x=11.0$ in Nordrhein-Westfalen bei $x=10.68$ Jahren.

---

45 Unter dem Begriff „Kindergarten" werden hier alle vorschulischen Betreuungsformen subsumiert, die von ausgebildeten PädagogInnen geleitet werden.

Durch den T-Test für unabhängige Stichproben wurde ermittelt, dass die Vergleichsgruppen in Bezug auf die Berufserfahrung und das Alter der PädagogInnen homogen sind:

- Berufserfahrung: $t=0.141$
- Alter der PädagogInnen: $t=0.158$

Ein großer Teil der beteiligten PädagogInnen, sowohl in Baden-Württemberg als auch in Nordrhein-Westfalen, absolvierte die Ausbildung in den 90er Jahren, so dass auch hier von einer gewissen Homogenität ausgegangen werden kann.

Um neben den strukturellen Daten auch Aussagen über die pädagogischen Orientierungen der PädagogInnen formulieren zu können, wurden Fragen zum Konzept des Kindergartens, zur Rolle der ErzieherIn und zum Kindbild gestellt.

Dabei zeigt sich bereits bei der Frage nach dem Konzept bzw. Programm der einzelnen Einrichtungen ein äußerst heterogenes Bild. Bei einer Beteiligung von 17 Einrichtungen wurden 15 verschiedene Orientierungen genannt, wobei nicht alle genannten Orientierungen als pädagogische Konzepte verstanden werden können. So wird mit der Angabe „offene Gruppenarbeit" in erster Linie ein struktureller Faktor der Einrichtung angesprochen, nicht aber eine pädagogische Orientierung.

Tabelle 12: Konzept der Einrichtungen

		Häufigkeit	Prozent
Gültig	offene Gruppenarbeit	22	36,7
	kindorientiert	4	6,7
	Selbständigkeit	2	3,3
	demokratisch	1	1,7
	ganzheitliche Förderung	3	5,0
	geschlossene Gruppen	3	5,0
	lebensweltorientiert	4	6,7
	Begleitung des Spiels	3	5,0
	situationsorientierter Ansatz	5	8,3
	situativer Ansatz	3	5,0
	gruppenorientiert	4	6,7
	verschiedene Konzepte	3	5,0
	teiloffen	1	1,7
	Partizipation	1	1,7

offene Projektarbeit	1	1,7
Gesamt	60	100,0

Dieses Ergebnis knüpft an den Befund von Netz (1998) an, welcher bestätigt, dass der Situationsansatz als jahrzehntelang vorherrschender Ansatz in der Elementarpädagogik nicht zu einheitlichen Bildungsvorstellungen der ErzieherInnen geführt hat.

Ein Vergleich der beiden Teilgruppen zeigt, dass insbesondere in Nordrhein-Westfalen die Orientierung an der offenen Gruppenarbeit besonders groß ist. Dadurch ergibt sich in den Vergleichsgruppen eine nicht zu unterschätzende Heterogenität.

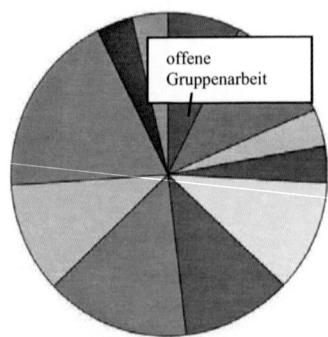 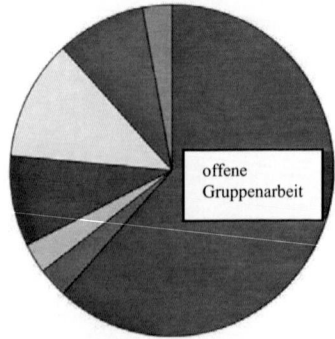

Abbildung 20:
Konzepte/Programme (B-W)

Abbildung 21:
Konzepte/Programme (NRW)

Da die Frage nach den pädagogischen Konzepten bzw. Programmen der Einrichtungen, wie vermutet, keine differenzierten Aussagen über die pädagogischen Orientierungen der ErzieherInnen geben, wurde versucht, mit Hilfe der Einschätzungen zur Rolle der ErzieherIn Hinweise darüber zu bekommen, worauf diese ihr pädagogisches Handeln im Kindergarten ausrichten. Dadurch konnte erfasst werden, ob sich die gegenwärtige Diskussion um die Reform des Berufsstandes bzw. die Forderung nach einer die informellen Bildungsziele ergänzenden angemessenen Lernumwelt bereits in einem gewandelten Berufsbild der ErzieherInnen widerspiegelt.

Es wurden fünf verschiedene Aussagen zum Rollenverständnis der ErzieherIn im Kindergarten über eine 4-stufige Ratingskala ermittelt (1=trifft nicht zu; 2=etwas; 3=ziemlich; 4=trifft voll zu).

- Wie würden Sie die Rolle der ErzieherIn beschreiben – als PartnerIn des Kindes?

Tabelle 13: Rollenverständnis (PartnerIn des Kindes)

		Bundesland		Gesamt
		Baden-Württemberg	Nordrhein-Westfalen	
Partne-rIn	trifft nicht zu	2	3	5
	etwas	4	7	11
	ziemlich	8	16	24
	trifft voll zu	11	8	19
Gesamt		25	34	59

- Wie würden Sie die Rolle der ErzieherIn beschreiben – als Begleitung durch die Lebensphase?

Tabelle 14: Rollenverständnis (Begleitung durch die Lebensphase)

		Bundesland		Gesamt
		Baden-Württemberg	Nordrhein-Westfalen	
Lebens-phase	trifft nicht zu	0	0	0
	etwas	1	0	1
	ziemlich	7	8	15
	trifft voll zu	19	26	45
Gesamt		27	34	61

- Wie würden Sie die Rolle der ErzieherIn beschreiben – als Anregung von Entwicklungsprozessen?

Tabelle 15: Rollenverständnis (Anregung von Entwicklungsprozessen)

Anregung von Entwicklungsprozessen		Bundesland		Gesamt
		Baden-Württemberg	Nordrhein-Westfalen	
	trifft nicht zu	1	0	1
	etwas	2	1	3

ziemlich	6	2	8
trifft voll zu	17	31	48
Gesamt	26	34	60

- Wie würden Sie die Rolle der ErzieherIn beschreiben – als Unterstützung von Entwicklungsaufgaben?

Tabelle 16: Rollenverständnis (Unterstützen von Entwicklungsaufgaben)

Unterstützen von Entwicklungsaufgaben		Bundesland		Gesamt
		Baden-Württemberg	Nordrhein-Westfalen	
	trifft nicht zu	1	0	1
	etwas	0	1	1
	ziemlich	10	7	17
	trifft voll zu	16	26	42
Gesamt		27	34	61

- Wie würden Sie die Rolle der ErzieherIn beschreiben – als Betreuung bei Problemen und Schwierigkeiten?

Tabelle 17: Rollenverständnis (Betreuung bei Problemen und Schwierigkeiten)

Betreuung bei Problemen und Schwierigkeiten		Bundesland		Gesamt
		Baden-Württemberg	Nordrhein-Westfalen	
	trifft nicht zu	0	0	0
	etwas	1	0	1
	ziemlich	6	3	9
	trifft voll zu	19	31	50
Gesamt		26	34	60

Die nähere Betrachtung der Aussagen zeigt, dass unterschiedliche pädagogische Konzepte der Einrichtungen nicht zwangsläufig auch an ein anderes Rollenverständnis der ErzieherInnen geknüpft sind. Das Rollenverständnis der PädagogInnen aus den beiden Bundesländern ist vielmehr relativ homogen.

Tabelle 18: Rollenverständnis Mittelwertvergleich

	Bundesland	N	Mittelwert
PartnerIn	Baden-Württemberg	25	3,12
	Nordrhein-Westfalen	34	2,85
Lebensphase	Baden-Württemberg	27	3,67
	Nordrhein-Westfalen	34	3,76
Anregung von Entwicklungsprozessen	Baden-Württemberg	26	3,50
	Nordrhein-Westfalen	34	3,88
Unterstützen von Entwicklungsaufgaben	Baden-Württemberg	27	3,52
	Nordrhein-Westfalen	34	3,74
Betreuung bei Problemen und Schwierigkeiten	Baden-Württemberg	26	3,69
	Nordrhein-Westfalen	34	3,91

Ein hochsignifikanter Zusammenhang besteht bei den Einschätzungen zum Rollenverständnis der ErzieherInnen zwischen „– als Begleitung durch die Lebensphase" und „– als Betreuung bei Problemen und Schwierigkeiten".

Tabelle 19: Rollenverständnis Kendall-Tau-b

			partner	lebensph	entw pro	entw auf	problem
Kendall-Tau-b	Partner	Korrelationskoeffizient	1,000	-,157	,021	,008	-,047
		Sig. (2-seitig)	.	,207	,862	,948	,706
		N	56	56	56	56	56
	lebensph	Korrelationskoeffizient	-,157	1,000	,512(**)	,007	,085
		Sig. (2-seitig)	,207	.	,000	,956	,520
		N	56	58	57	58	57
	entw_pro	Korrelationskoeffizient	,021	,512(**)	1,000	,248	,319(*)

	Sig. (2-seitig)	,862	,000	.	,053	,014
	N	56	57	57	57	57
entw_auf	Korrelationskoeffizient	,008	,007	,248	1,000	,440(**)
	Sig. (2-seitig)	,948	,956	,053	.	,001
	N	56	58	57	58	57
problem	Korrelationskoeffizient	-,047	,085	,319(*)	,440(**)	1,000
	Sig. (2-seitig)	,706	,520	,014	,001	.
	N	56	57	57	57	57

** Die Korrelation ist auf dem 0,01-Niveau signifikant (zweiseitig).
* Die Korrelation ist auf dem 0,05-Niveau signifikant (zweiseitig).

Mit dem Rollenverständnis „ErzieherIn als PartnerIn" identifizieren sich mehr ErzieherInnen aus Baden-Württemberg als ErzieherInnen aus Nordrhein-Westfalen. Wird davon ausgegangen, dass diese Orientierung einer klassischen Ausrichtung im Situationsansatz entspricht, dann zeigt sich anhand dieser Ergebnisse, dass die ErzieherInnen in Baden-Württemberg stärker als die ErzieherInnen in Nordrhein-Westfalen am klassischen Bildungsprogramm festhalten. Dies lässt den Schluss zu, dass in Baden-Württemberg in den letzten Jahrzehnten weniger Reformprogramme für den Kindergarten verbreitet wurden als in Nordrhein-Westfalen, was die Tatsache widerspiegelt, dass Baden-Württemberg in Bezug auf Reformen im Bildungswesen zu den konservativen Bundesländern zählt. Dieser Einfluss macht sich scheinbar nicht nur auf der Strukturebene der Kindergärten (Halbtags- vs. Ganztagseinrichtungen; Betreuung für unter Dreijährige), sondern auch auf der Orientierungsebene der Einrichtung, d. h. den pädagogischen Programmen, bemerkbar. Prinzipiell verweisen die Befunde aus beiden Stichproben darauf, dass der Dimension „PartnerIn des Kindes" jedoch nur eine geringe Bedeutung zugeschrieben wird. Wird davon ausgegangen, dass diese Dimension als charakteristisch für das Arbeiten nach dem Situationsansatz gilt, so scheint sich in der gegenwärtigen Praxis des Kindergartens ein Wandel zu vollziehen. Auffällig ist auch die Forderung nach aktiver Unterstützung, die eine ErzieherIn im Sinne von „Betreuen bei Problemen und Schwierigkeiten" und „Anregen von Entwicklungsprozessen" leisten soll. Dies ist überraschend, da bisher eher von einer durch externale Konzepte bzw. durch verschiedene Programme geprägten Elementarpädagogik in Deutschland ausgegangen wurde (vgl. Wolfram 1995), welche sich mehr durch eine indirekte Lenkung auszeichnet, wie

durch die Gestaltung des Raumes und das Bereitstellen von Materialien. Diese
hier ermittelten Identifikationen bzw. Einschätzungen zur Rolle der ErzieherIn
lassen aber auf ein direktes Interaktionshandeln schließen. Diesem Befund gemäß
zeichnet sich ein Wandel im Rollenbild der ErzieherIn ab, welcher vermutlich
beeinflusst ist durch die gegenwärtige Bildungsdebatte, die von den ErzieherInnen eine stärkere Unterstützung der kindlichen Lernprozesse fordert. Aber auch
die wachsende Heterogenität der Kindergartengruppen, welche durch den Pluralisierungsprozess der Gesellschaft bedingt wird, verlangt nach einem bewussten
pädagogischen Handeln, um Kindern mit ganz unterschiedlichen Bildungs-,
Aufwachs- und/oder Sprachhintergründen gerecht zu werden (vgl. Fried 2003).
Was sich genau hinter diesen Identifikationen verbirgt, kann nur über differenzierte Befragungsstudien zu den pädagogischen Orientierungen bzw. Wissens-
konstrukten der ErzieherInnen ermittelt werden. Weitere Hinweise lassen sich
aber auch durch die direkte Beobachtung der Interaktion zwischen ErzieherIn
und Kind im Kindergartenalltag im Zuge der hier vorgelegten Studie geben (siehe Kapitel: „Datenauswertung Mikroanalyse").

Anhand der Frage, welchem „Menschenbild" die ErzieherInnen am ehesten in
Bezug auf das Kind zustimmen, sollen deren pädagogische Grundhaltungen präzisiert werden.

Das von den PädagogInnen bevorzugte „Kindbild" ist: „Kinder entwickeln
sich über die aktive Auseinandersetzung mit ihrer Umwelt." Dieses Ergebnis
knüpft an frühere Studien an, die sich u. a. mit den Leitbildern der ErzieherInnen
auseinandersetzten. Dippelhofer-Stiem (2002) bezeichnet diese als „ideelle Vorstellung" über das Vorschulkind. Auch Fried (2002) kommt in einer Befragungsstudie zu dem Befund, dass ErzieherInnen sich stark an Idealbildern orientieren.
Die Autorin bemerkt dabei kritisch, dass die Idealbilder es den ErzieherInnen
unter Umständen schwer machen, auf die individuellen Entwicklungsbedürfnisse
der Kinder zu reagieren. Das in der vorliegenden Studie bevorzugte Leitbild
scheint aber auch den gegenwärtigen Diskurs in der Pädagogik sowie die gesellschaftliche Vision, welche „das Kind als AkteurIn" seiner Entwicklung in den
Mittelpunkt stellt, widerzuspiegeln. Die eindeutige Zustimmung zu diesem Leitbild der Erziehung weist darauf hin, dass solche vereinfachten Vorstellungen
Geschlossenheit unter den KollegInnen demonstrieren. Zu bedenken ist aber,
dass Leitbilder „Reflexionsdefizite" begünstigen, da durch sie der Alltag vereinfacht wahrgenommen und dadurch adaptives Handeln verhindert wird (vgl. Fried
2002). Die hier so eindeutige Zustimmung erfahrende Entwicklungsvorstellung
verweist auf konstruktivistische Konzepte, wonach die aktiv Lernenden über die
aktive Auseinandersetzung mit der Umwelt ihre Erfahrungen erweitern und dadurch ihre eigenen Lern- und Entwicklungsprozesse beeinflussen. Dieses allgemeine Einverständnis mit der Vorstellung „Kinder entwickeln sich über die aktive Auseinandersetzung mit ihrer Umwelt" kann als besonders günstige Aus-

gangsbasis der Studie betrachtet werden. Angesichts der hier insbesondere zu
untersuchenden interaktionistisch-konstruktivistischen Qualität der Einrichtungen
liefert dieses Ergebnis eindeutige Hinweise darauf, dass der konstruktivistische
Bildungsbegriff bereits auf die Praxis Einfluss genommen hat. Ob sich dahinter
bereits ein tieferes Verständnis bzw. die damit verbundenen Implikationen für
den pädagogischen Alltag verbergen, wird die vorliegende Untersuchung zeigen
müssen.

Tabelle 20: Kindbild

		Bundesland		Gesamt
		Baden-Württemberg	Nordrhein-Westfalen	
Kindbild	Kind als AkteurIn	23	25	48
	Kind als Lernende/r	0	2	2
	Kind als soziales Wesen	1	1	2
	Entfalten der Individualität (humanistisch)	3	6	9
Gesamt		27	34	61

Die Befunde zeichnen ein Bild der Praxis, das sowohl von einer aktiv handelnden
ErzieherIn als auch von einem aktiv handelnden Kind ausgeht.
    Durch die Erfassung der deskriptiven Daten sollte die Stichprobe analysiert
werden und ausgeschlossen werden, dass die Ergebnisse der vorliegenden Interaktionsstudie aufgrund der Struktur- oder Orientierungsebene der Einrichtungen
ungünstig beeinflusst werden.
    Die Ergebnisse belegen, dass die Antworten auf die Fragen nach den Konzep-
ten und Programmen der Kindergärten nur wenige Hinweise darauf liefern, welche pädagogischen Orientierungen von den PädagogInnen tatsächlich vertreten
werden (vgl. Netz 1998). Während sich in den Konzeptionen der Einrichtungen
eine hohe Heterogenität abzeichnet, kann dieser Befund durch die detaillierte
Befragung zum Rollenverständnis und zum Menschenbild der PädagogInnen
nicht bestätigt werden.
    Insgesamt wird durch die Untersuchung der deskriptiven Daten verdeutlicht,
dass die beiden Stichproben der verschiedenen Bundesländer sowohl hinsichtlich
ihrer statistischen Daten als auch der philosophischen Orientierungen eine hohe
Homogenität aufweisen und sich daher besonders gut für einen Vergleich des
praktischen Alltagshandelns eignen. Dadurch wird es möglich, die Ergebnisse
der Studie, relativ zu der Größe der Stichprobe, als repräsentativ für die Elementarpädagogik in Deutschland zu bewerten.

8.2 Datenauswertung Mikroanalyse

Die Aufnahmezeit der Videofilme wurde auf 60 Minuten festgelegt. Da es sich hier um eine ethnographische Studie handelt, wurde der Forschungsprozess durch die Bedingungen des Alltags geleitet, was u. a. zu unterschiedlichen Aufnahmezeiten führte. Auffällig ist, dass vor allem in Nordrhein-Westfalen mit der Gruppenstruktur der Ganztagsgruppen der Alltag kaum die Möglichkeit eröffnet, eine ErzieherIn 60 Minuten ohne Unterbrechung zu filmen.

Tabelle 21: Aufnahmezeiten

Bundesland				Gruppe		Gesamt
				Ganztags-gruppe	Halbtags-gruppe	
Baden-Württemberg	Zeitanteil		60	11	12	23
			64	0	1	1
			79	0	1	1
			81	0	1	1
			83	0	1	1
		Gesamt		11	16	27
Nordrhein-Westfalen	Zeitanteil		37	1	0	1
			46	1	0	1
			50	1	0	1
			51	1	0	1
			53	1	0	1
			55	2	0	2
			56	2	0	2
			57	3	0	3
			59	2	0	2
			60	12	0	12
			65	1	0	1
			66	2	0	2
			68	0	1	1
			71	0	1	1
			72	1	0	1
			77	1	0	1
		Gesamt		31	2	33

8.2.1 Erste Analyse: Caregiver Interaction Scale

Untersuchungsverlauf:
Stichprobenbeschreibung
1. Analyse: Caregiver Interaction Scale (Beobachtungsraster 1)
2. Analyse: Time-/Eventsampling (Beobachtungsraster 2)
3. Analyse: Beobachtungskriterien (Beobachtungsraster 3)
4. Analyse: Inhaltsanalyse

Im ersten Analyseschritt sollte die Atmosphäre des Kindergartenalltags ermittelt werden.

Mit der Caregiver Interaction Scale wurde die Atmosphäre in den einzelnen Kindergartengruppen eingeschätzt. Die Auswertung wurde anhand von Subskalen vorgenommen, die bei der Externen Empirischen Evaluation (1999), beim DFG-Projekt „Kindersituation" (2001) und bei der Studie zur Qualität rheinland-pfälzischer Kindertagesstätten (QUADRA 2002) bereits benutzt wurden und die sich aus den einzelnen Items der CIS bilden. Die Subskalen werden in folgenden Dimensionen unterschieden:

- Skala A: Wertschätzendes Eingehen auf das Kind (10 Items)
- Skala B: Ablehnung des einzelnen Kindes (4 Items)
- Skala C: Gehorsam und Kontrolle (4 Items)

Für die Skalen konnte eine gute interne Konsistenz ermittelt werden (siehe Cronbach Alpha):

- Skala A: Wertschätzendes Eingehen auf das Kind – *Cronbach Alpha=0.92*
- Skala B: Ablehnung des einzelnen Kindes – *Cronbach Alpha=0.821*
- Skala C: Gehorsam und Kontrolle – *Cronbach Alpha=0.813*

Interraterreliabilität lieferte mit Kendall-Tau-b folgende Koeffizienten:

- Skala A: Wertschätzendes Eingehen auf das Kind *(r=0.875)*
- Skala B: Ablehnung des einzelnen Kindes *(r=0.984)*
- Skala C: Gehorsam und Kontrolle *(r=0.811)*

Tabelle 22: Interraterreliabilität Subskalen (Beobachtungsraster 1)

Kendall-Tau-b			skala_a	skala_b	skala_c
Kendall-Tau-b	„Wertschätzendes Eingehen auf das einzelne Kind"	Korrelationskoeffizient	,875(**)	-,579(**)	-,467(**)
		Sig. (2-seitig)	,000	,001	,004
		N	23	23	23
	"Ablehnung des einzelnen Kindes"	Korrelationskoeffizient	-,534(**)	,984(**)	,454(*)
		Sig. (2-seitig)	,002	,000	,011
		N	23	23	23
	"Gehorsam und Kontrolle"	Korrelationskoeffizient	-,477(**)	,543(**)	,811(**)
		Sig. (2-seitig)	,003	,002	,000
		N	23	23	23

** Die Korrelation ist auf dem 0,01-Niveau signifikant (zweiseitig).
* Die Korrelation ist auf dem 0,05-Niveau signifikant (zweiseitig).

Für die Beobachtendenübereinstimmung wurde ein Bebachtendentraining durchgeführt. Dabei wurden einzelne Items der *Caregiver-Interaction-Scale* verfeinert. Das Beobachtendentraining wurde so lange zyklisch fortgesetzt, bis eine zufriedenstellende Übereinstimmung erreicht wurde (siehe Kapitel: „Forschungsdesign"). Dieses Training hatte einen Umfang von ca. 21 Zeitstunden und war auf sieben Tage à drei Stunden angesetzt worden, bevor die Zweitbeobachterin alleine $n=23$ Aufnahmen (ca. 30 h) einschätzte. Aus finanziellen Gründen konnte keine vollständige Zweiteinschätzung der Aufnahmen gewährleistet werden.

Im Gruppenvergleich zwischen den unabhängigen Stichproben zeigen sich keine signifikanten Unterschiede zwischen den Bundesländern. Tabelle 23 gibt durch die Subskalen Einblick in die Atmosphäre des Kindergartenalltags (1=überhaupt nicht/2=etwas/3=ziemlich/4=sehr).

204

Tabelle 23: Gruppenvergleich Subskalen (Beobachtungsraster 1)

Bundes-land		skala_a	skala_b	skala_c
Baden-Württem-berg	Mittelwert	2,61	1,19	1,88
	N	27	27	27
	Standardabweichung	,699	,291	,625
Nordrhein-Westfalen	Mittelwert	2,57	1,16	1,71
	N	34	34	34
	Standardabweichung	,565	,394	,588
Insgesamt	Mittelwert	2,59	1,17	1,79
	N	61	61	61
	Standardabweichung	,623	,349	,605

Tabelle 24: Ränge der Subskalen (Beobachtungsraster 1)

	Bundesland		Mittlerer Rang	Rangsumme
„Wertschätzendes Eingehen auf das einzelne Kind"	Baden-Württemberg	7	31,15	841,00
	Nordrhein-Westfalen	4	30,88	1050,00
	Gesamt	1		
„Ablehnung des einzelnen Kindes"	Baden-Württemberg	7	33,17	895,50
	Nordrhein-Westfalen	4	29,28	995,50
	Gesamt	1		
„Gehorsam und Kontrolle"	Baden-Württemberg	7	33,61	907,50
	Nordrhein-Westfalen	4	28,93	983,50
	Gesamt	1		

Tabelle 25: Irrtumswahrscheinlichkeit Subskalen (Beobachtungsraster 1)

	„Wertschätzendes Eingehen auf das einzelne Kind"	"Ablehnung des einzelnen Kindes"	"Gehorsam und Kontrolle"
Mann-	455,000	400,500	388,500

Whitney-U			
Wilcoxon-W	1050,000	995,500	983,500
Z	-,058	-1,008	-1,033
Asymptotische Signifikanz (2-seitig)	,954	,313	,301

a Gruppenvariable: Bundesland

Die Ränge der beiden Stichproben liegen nahe beieinander, daraus kann auf eine gleiche Grundgesamtheit geschlossen werden. Die große Irrtumswahrscheinlichkeit lässt darauf schließen, dass die Nullhypothese sich bestätigt, d. h. beide Stichproben auf eine Grundgesamtheit zurückzuführen sind.

Die Skala „Wertschätzendes Eingehen auf das einzelne Kind" erweist sich mit einem Mittelwert von $x=2.61$ in Baden-Württemberg und $x=2.57$ in Nordrhein-Westfalen als nahezu identisch. Ähnliche Übereinstimmungen zeigen sich bei der Skala „Ablehnung des einzelnen Kindes" mit $x=1.19$ in Baden-Württemberg und $x=1.16$ in Nordrhein-Westfalen und bei der Skala „Gehorsam und Kontrolle" mit $x=1.88$ in Baden-Württemberg und $x=1.71$ in Nordrhein-Westfalen.

Tabelle 26: Korrelation Subskalen (Beobachtungsraster 1)

			skala_a	skala_b	skala_c
Kendall-Tau-b	„Wertschätzendes Eingehen auf das einzelne Kind"	Korrelations-koeffizient	1,000	-,506(**)	-,220(*)
		Sig. (2-seitig)	.	,000	,019
		N	61	61	61
	"Ablehnung des einzelnen Kindes"	Korrelations-koeffizient	-,506(**)	1,000	,429(**)
		Sig. (2-seitig)	,000	.	,000
		N	61	61	61
	"Gehorsam und Kontrolle"	Korrelations-koeffizient	-,220(*)	,429(**)	1,000
		Sig. (2-seitig)	,019	,000	.
		N	61	61	61

** Die Korrelation ist auf dem 0,01 Niveau signifikant (zweiseitig).
* Die Korrelation ist auf dem 0,05 Niveau signifikant (zweiseitig).

Die Skalen „Wertschätzendes Eingehen auf das einzelne Kind" (Skala A) und „Ablehnung des einzelnen Kindes" (Skala B) zeigen deutliche negative Zusammenhänge. Sie sind hoch signifikant (siehe Tabelle 26). „Ablehnung des einzelnen Kindes" und „Gehorsam und Kontrolle" zeigen positive Zusammenhänge. Mit anderen Worten: Eine sensible Kindergartenerziehung (Skala: „Wertschätzendes Eingehen auf das einzelne Kind") schließt in ihrer Konsequenz Verhaltensweisen aus, die auf Desinteresse am Kind und an dessen Aktivitäten beruhen (Skala: „Ablehnung des einzelnen Kindes"). Eine einfühlende ErzieherIn orientiert sich am Kind. Zwischen autokratischen Handlungsweisen (Skala: „Gehorsam und Kontrolle") sowie dem Desinteresse am Kind und seinen Aktivitäten besteht eine enge Beziehung. Dieser Befund ist logisch, denn autokratisches Handeln schließt eine sensible Orientierung an den Individuen aus.

Generell scheint die Atmosphäre in den Kindergärten durch „Wertschätzendes Eingehen auf das einzelne Kind" dominiert zu werden. Mit einem Mittelwert von $x=2.59$ liegt hier eine eindeutig positive Tendenz vor. Durch was sich die Sensibilität der ErzieherIn im Kindergartenalltag genau definiert, soll über die detaillierte Analyse im dritten Auswertungsschritt herausgearbeitet werden. Trotz dieses ersten Befundes darf aber nicht außer Acht gelassen werden, dass auch Merkmale der Skalen „Ablehnung des einzelnen Kindes" und „Gehorsam und Kontrolle" bis heute zum Kindergartenalltag gehören. Insbesondere die Subskala, welche sich aus den Items zu „Gehorsam und Kontrolle" bildet, ist mit $x=1.79$ relativ hoch. Bei der Interpretation des Ergebnisses muss die vierstufige Ratingskala berücksichtigt werden, die eine „bipolare" Tendenz aufweist und mit den Stufen „überhaupt nicht (1)" und „etwas (2)" eher negative und mit „ziemlich (3)" und „sehr (4)" eher positive Ausprägungen des Merkmals erfasst.

Die Studie bestätigt die bereits durch Tietze et al. (1998) vorgelegten Befunde einer relativ sensiblen Kindergartenerziehung und steht in Kontrast zu den Studien von Tausch und Tausch (1998) sowie Tausch et al. (1968) und Röchner (1985), die im Kindergartenalltag eine Atmosphäre ermittelten, welche durch eine geringe Wertschätzung der einzelnen Kinder geprägt war.

8.2.2 Zweite Analyse: Time-/Eventsampling

Untersuchungsverlauf:
Stichprobenbeschreibung
1. Analyse: Caregiver Interaction Scale (Beobachtungsraster 1)
2. Analyse: Time-/Eventsampling (Beobachtungsraster 2)
3. Analyse: Beobachtungskriterien (Beobachtungsraster 3)
4. Analyse: Inhaltsanalyse

Für das Time-Eventsampling (Beobachtungsraster 2) werden nur diejenigen Filmaufnahmen in die weitere Analyse miteinbezogen, deren Aufnahmezeit mindestens 50 Minuten beträgt. Damit scheiden drei Filmaufnahmen mit weniger als 50 Minuten aus (siehe Tabelle 27). Diese Aufnahmen stammen aus der Gruppe Nordrhein-Westfalen.

Tabelle 27: Aufnahmezeiten

Bundes-land	Minuten		Häufig-keit	Prozent	Gültige Prozente	Kumulierte Prozente
Baden-Württem-berg	Gültig	60	23	85,2	85,2	85,2
		64	1	3,7	3,7	88,9
		79	1	3,7	3,7	92,6
		81	1	3,7	3,7	96,3
		83	1	3,7	3,7	100,0
		Gesamt	27	100,0	100,0	
Nord-rhein-Westfalen	Gültig	28	1	2,9	2,9	2,9
		37	1	2,9	2,9	5,9
		46	1	2,9	2,9	8,8
		50	1	2,9	2,9	11,8
		51	1	2,9	2,9	14,7
		53	1	2,9	2,9	17,6
		55	2	5,9	5,9	23,5
		56	2	5,9	5,9	29,4
		57	3	8,8	8,8	38,2
		59	2	5,9	5,9	44,1
		60	11	32,4	32,4	76,5
		62	1	2,9	2,9	79,4
		65	1	2,9	2,9	82,4
		66	2	5,9	5,9	88,2
		68	1	2,9	2,9	91,2
		71	1	2,9	2,9	94,1
		72	1	2,9	2,9	97,1
		77	1	2,9	2,9	100,0
		Gesamt	34	100,0	100,0	

Filter: alle Aufnahmen < 50 min.

Mit den verbleibenden n=58 Aufnahmen wird die Analyse fortgesetzt. Nach dem Filtern der Aufnahmen konnten folgende Mittelwerte für die Beobachtungszeit erfasst werden: In Baden-Württemberg $x=62,48$ min. und in Nordrhein-Westfalen $x=60,39$ min.

Tabelle 28: Aufnahmezeiten Mittelwert

Bundesland		N	Mini-mum	Maxi-mum	Mittel-wert	Standard-abweichung
Baden-Württem-berg	Zeitanteil	27	60	83	62,48	6,739
	Gültige Werte (Listenweise)	27				
Nordrhein-Westfalen	Zeitanteil	31	50	77	60,39	5,931
	Gültige Werte (Listenweise)	31				

Die Videoaufnahmen wurden mit einem Time-/Eventsampling im 60-Sekunden-Intervall ausgewertet. Als Event galt:

- Interaktion:
  ErzieherIn und Kind stehen über eine gemeinsame Handlung oder einen verbalen Austausch in Beziehung.
- Abbruch:
  Die ErzieherIn verlässt den Raum oder spricht mit Erwachsenen, so dass keine Interaktionsmöglichkeit zwischen ErzieherIn und Kind besteht.
- Unklar:
  Weder Interaktion noch Abbruch – z. B. die ErzieherIn sortiert Materialien, schaut sich um etc.

Tabelle 29: Time-/Eventsampling (Beobachtungsraster 2)

Bundesland		N	Mini-mum	Maxi-mum	Mittel-wert	Standard-abweichung
Baden-Württemberg	Topic	27	3	32	14,59	6,801
	Abbruch	27	0	16	4,93	4,260
	unklar	27	0	52	8,00	11,263

	Gültige Werte (Listen-weise)	27				
Nordrhein-Westfalen	Topic	31	9	31	16,45	6,093
	Abbruch	31	0	24	6,32	5,952
	unklar	31	3	26	13,71	6,634
	Gültige Werte (Listen-weise)	31				

In Baden-Württemberg ändern die ErzieherInnen während der Beobachtungszeit bis zu 32-mal das Gesprächs- bzw. Handlungsthema, was einem Mittelwert von $x=14.59$ Topicwechsel entspricht. In der Stichprobe von Nordrhein-Westfalen liegt der Mittelwert bei $x=16.45$. Der Maximalwert liegt hier bei 31 Topicwechseln, der Minimalwert wie in Baden-Württemberg bei 0. Diese Werte geben Hinweise darauf, mit welcher Komplexität ErzieherInnen während des Alltags konfrontiert sind. Vor allem die hohen Standardabweichungen deuten aber auch darauf hin, dass der Alltag im Kindergarten zum Teil äußerst passiv durch die ErzieherIn begleitet wird. Davon kann dann gesprochen werden, wenn die ErzieherInnen nur wenig in die Interaktion mit dem Kind verstrickt sind und dadurch den Kindern wichtige Erfahrungen verwehrt bleiben, die zum Aufbau der Beziehung zwischen ErzieherIn und Kind beitragen, aber auch die Möglichkeit bergen, Momente intensiver Zusammenarbeit vorzubereiten.

Gering war während der Aufnahmezeit der Anteil an Abbrüchen. Dies erstaunt jedoch nicht, schließlich lag der Fokus der Kamera während der Beobachtung auf der ErzieherIn, auch wurde in dem Informationsschreiben (siehe Anhang) auf Folgendes ausdrücklich hingewiesen:

„Worauf Sie achten sollten ist, dass die ErzieherIn, die gefilmt wird, während der Aufnahmen möglichst nicht den Raum verlässt, d. h. evtl. Büroaufgaben, Elterngespräche oder Telefonate in der Zeit von anderen KollegInnen übernommen werden sollten." (Infobrief: Tag mit der Kamera 2003, Anhang Studie).

Trotzdem sind die Aufnahmen nicht frei von Elterngesprächen. Eine strenge Standardisierung sollte bei dieser Studie bewusst vermieden werden, um die Alltagssituation so wenig wie möglich zu verfremden.

Auch der Anteil an unklaren Handlungen der ErzieherInnen dominiert nicht den Alltag. Wie oben bereits beschrieben, wird darunter ein Konglomerat von

Verhaltensweisen verstanden, welches sich weder unter der Kategorie „Interaktion" noch unter „Abbruch" fassen lässt.

Tabelle 30: Interaktionen Mittelwert (Beobachtungsraster 2)

Bundes-land		N	Minimum	Maxi-mum	Mittel-wert	Standardabweichung
Baden-Württem-berg	Interaktion	27	0	6	3,11	1,601
Nord-rhein-Westfalen	Interaktion	31	0	6	2,65	1,518

Durch dieses Time-/Eventsampling war es möglich, die „lang andauernden Interaktionen" von den „kurzfristigen sozialen Kontakten" zu unterscheiden (< 3 min.). Für die ErzieherInnen in Baden-Württemberg wurde ein Mittelwert von $x=3.11$ „lang andauernde Interaktionen" während der Beobachtungszeit ermittelt (siehe Tabelle 30). Hierbei liegt das Maximum bei sechs solcher Interaktionen. In Nordrhein-Westfalen wurde ein Mittelwert von $x=2.65$ „lang andauernden Interaktionen" berechnet. Das Maximum lag auch hier bei sechs „lang andauernden Interaktionen". Entgegen der Erwartung war es möglich, dass sowohl in Baden-Württemberg als auch in Nordrhein-Westfalen während der Beobachtungszeit von 60 Minuten keine „lang andauernde Interaktion" zwischen ErzieherIn und Kind beobachtet werden konnte. Wird davon ausgegangen, dass gerade in diesen Interaktionen ein besonders hohes Potential steckt, um die kognitive Entwicklung der Kinder anzuregen (vgl. Sylva et al. 2003), so weist dieser Befund darauf hin, dass der Alltag im Kindergarten teilweise erhebliche Defizite in Bezug auf die Interaktionskultur zwischen ErzieherIn und Kind aufweist.

Über die Mittelwertvergleiche werden leichte Unterschiede zwischen den beiden Bundesländern deutlich.

Tabelle 31: Mittelwert Time-/Eventsampling (Beobachtungsraster 2)

	Bundesland	N	Mittelwert	Standardabweichung	Standardfehler des Mittelwertes
Interak-tion	Baden-Württemberg	27	3,11	1,601	,308
	Nordrhein-Westfalen	31	2,65	1,518	,273

Topic	Baden-Württemberg	27	14,59	6,801	1,309
	Nordrhein-Westfalen	31	16,45	6,093	1,094
Ab-bruch	Baden-Württemberg	27	4,93	4,260	,820
	Nordrhein-Westfalen	31	6,32	5,952	1,069
unklar	Baden-Württemberg	27	8,00	11,263	2,167
	Nordrhein-Westfalen	31	13,71	6,634	1,192

Durch die Korrelation der Faktoren (Events) „Interaktion", „Topicwechsel", „Abbruch" der Interaktion und investierter „Zeitanteil" in die Interaktion werden die Bedingungen, welche an eine Lernkultur gestellt werden, die sich durch „lang andauernde Interaktionen" ($\geq$ 3 min.) auszeichnet, verdeutlicht (siehe Tabelle 32). Es zeigt sich, dass „lang andauernde Interaktionen" („Zeitanteil") hoch signifikant zusammenhängen mit dem Stattfinden mehrerer solcher Interaktionen zwischen ErzieherIn und Kind(-ern) während der Beobachtungszeit. Mit anderen Worten, wenn „lang andauernde Interaktionen" im Gruppensetting stattfinden, dann ist das kein einmaliges Ereignis, sondern gehört zum Alltagsleben von ErzieherIn und Kind(-ern). Daraus kann geschlossen werden, dass manche ErzieherInnen bereits über Interaktionsmuster verfügen, die gute Voraussetzungen darstellen, um Lern- und Entwicklungsprozesse bei Kindern herauszufordern und zu fördern. Der „Abbruch" von Interaktionen, aber auch häufige „Topicwechsel" sind kennzeichnend dafür, dass keine optimalen Bedingungen für eine durch „lang andauernde Interaktionen" geprägte Lernkultur im Kindergartenalltag vorherrschen.

Tabelle 32: Korrelation Time-/Eventsampling (Beobachtungsraster 2)

		Interaktion	Topic	Abbruch	Zeitanteil Interaktion
Interak-tion	Korrelation nach Pearson	1	,027	-,295(*)	,446(**)
	Signifikanz (2-seitig)		,843	,024	,000
	N	58	58	58	58
Topic	Korrelation nach Pearson	,027	1	-,108	-,387(**)
	Signifikanz (2-seitig)	,843		,420	,003

	N	58	58	58	58
Abbruch	Korrelation nach Pearson	-,295(*)	-,108	1	-,329(*)
	Signifikanz (2-seitig)	,024	,420		,012
	N	58	58	58	58
Zeitanteil Interaktion	Korrelation nach Pearson	,446(**)	-,387(**)	-,329(*)	1
	Signifikanz (2-seitig)	,000	,003	,012	
	N	58	58	58	58

* Die Korrelation ist auf dem Niveau von 0,05 (2-seitig) signifikant.
** Die Korrelation ist auf dem Niveau von 0,01 (2-seitig) signifikant.

Eine relative Differenz zwischen den beiden Stichproben ergibt sich über den beobachteten Zeitanteil an Interaktionen (siehe Tabelle 33). Dies lässt sich über den T-Wert (*3.949*) ablesen (siehe Tabelle 34). Die geringe Irrtumswahrscheinlichkeit deutet auf einen Unterschied zwischen den Varianzen hin. Die hier ermittelten Befunde führen zu der Hypothese, dass sich die beiden Stichproben aufgrund ihrer Handlungsstrukturen unterscheiden.

Tabelle 33: Zeitanteil Interaktionen Mittelwert (Beobachtungsraster 2)

	Bundesland	N	Mittelwert	Standard-abweichung	Standard-fehler des Mittelwer-tes
Zeianteil Interaktion	Baden-Württemberg	27	34,00	14,049	2,704
	Nordrhein-Westfalen	31	21,13	10,726	1,926

Tabelle 34: Zeitanteil Interaktionen Varianzen (Beobachtungsraster 2)

		Levene-Test der Varianzgleichheit				
		F	Signifikanz	T	df	Sig. (2-seitig)
Zeitanteil Interaktion	Varianzen sind gleich	,429	,515	3,949	56	,000

				3,877	48,309	,000
Varianzen sind nicht gleich				3,877	48,309	,000

Tabelle 35: Zwischensubjektfaktoren Bundesland und Einrichtungsform

		Wertelabel	N
Bundesland	1	Baden-Württemberg	27
	2	Nordrhein-Westfalen	31
Einrichtungs-form	1	Ganztagsgruppe	40
	2	Halbtagsgruppe	18

Tabelle 36: Tests der Zwischensubjekteffekte

Quelle	Quadratsumme vom Typ III	df	Mittel der Quadrate	F	Signifikanz
Korrigiertes Modell	2776,628(a)	3	925,543	6,097	,001
Konstanter Term	18085,613	1	18085,613	119,136	,000
b_land	683,085	1	683,085	4,500	,039
gruppe	162,909	1	162,909	1,073	,305
b_land * gruppe	28,762	1	28,762	,189	,665
Fehler	8197,527	54	151,806		
Gesamt	53635,000	58			
Korrigierte Ge-samtvariation	10974,155	57			

a R-Quadrat=,253 (korrigiertes R-Quadrat=,212)

Neben der Güte des Modells lässt sich aus der Tabelle 36 der Einfluss der unabhängigen Variablen „Bundesland" auf die abhängige Variable, in diesem Fall den Zeitanteil, den die ErzieherIn in die Interaktion investiert, ablesen. Mit einer Irrtumswahrscheinlichkeit von *0.039* bzw. *3.9 %* lässt sich die Nullhypothese zurückweisen, dass die investierte Interaktionszeit im Kindergartenalltag zwischen ErzieherIn und Kind in den beiden Bundesländern gleich sei.

Nahe liegend ist hierbei die Vermutung, dass der Unterschied weniger durch das Bundesland als durch das Gruppenmodell beeinflusst wird. Diese Vermutung wird darauf zurückgeführt, dass in Nordrhein-Westfalen die Ganztagsgruppen überwiegen. Aufgrund der Berechnungen muss dieser Einflussfaktor jedoch zurückgewiesen werden (Signifikanz=0.305).

Das quantitativ ermittelte Ergebnis soll im weiteren Untersuchungsverlauf durch qualitative Befunde differenziert werden.

Mit dem Verfahren der Clusteranalyse konnten drei Typen von ErzieherInnen anhand ihres Interaktionshandelns unterschieden werden. Über das Dentrogramm lassen sich folgende Handlungstypen interpretieren:

- Typ A: Zeichnet sich durch wenige Topicwechsel und mehrere „lang andauernde Interaktionen" aus.
- Typ B: Zeigt viele Topicwechsel und wenige „lang andauernde Interaktionen".
- Typ C: Bei Typ C lassen sich weder Topicwechsel noch Interaktionen mit den Kindern beobachten.

Exemplarisch werden hier drei Verlaufsprotokolle angeführt, die die einzelnen Typen repräsentieren, welchen das Interaktionsverhalten der einzelnen ErzieherInnen zugeordnet werden kann. Schwarz markiert ist die Interaktionszeit der ErzieherIn mit dem/n Kind(-ern) während der Aufnahmezeit (60 min.). Am Verlaufsprotokoll können die „lang andauernden Interaktionen" (> 3 min.) und die Topicwechsel der ErzieherInnen während der Aufnahmezeit abgelesen werden. Im Verlaufsprotokoll in Abbildung 22 zeigen sich 10 Topicwechsel, in Abbildung 23 sind 24 Topicwechsel in 55 Minuten erkennbar. Abbildung 22 zeigt fünf „lang andauernde Interaktionen", in Abbildung 23 wird keine „lang andauernde Interaktion" während des Beobachtungszeitraums ersichtlich.

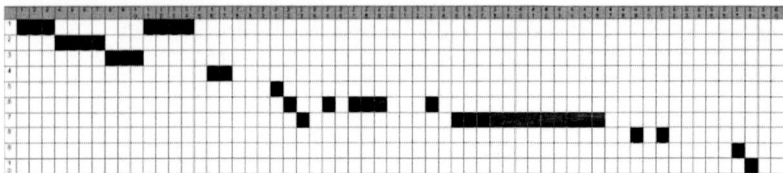

Abbildung 22: Typ A

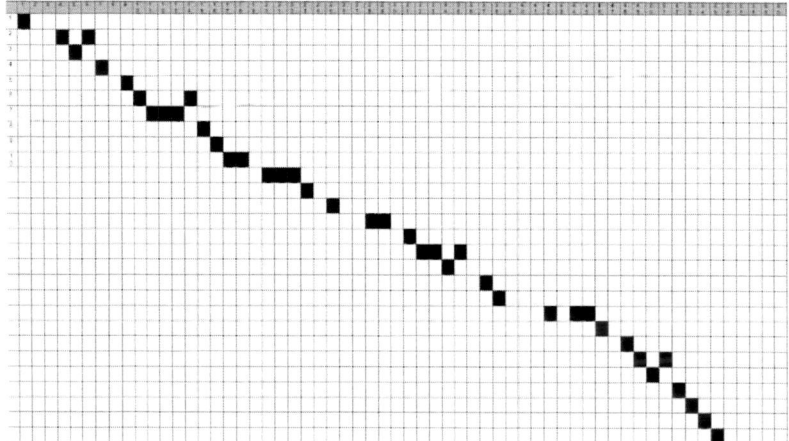

Abbildung 23: Typ B

Abbildung 24 repräsentiert Typ C der Clusteranalyse. Der Zeitanteil, der hier für die Interaktion mit dem/n Kind(-ern) verwirklicht wird, ist relativ gering. Eine Anregung bzw. Unterstützung durch die ErzieherIn erfährt das Kind in diesem Interaktionsraum nur in seltenen Fällen über das direkte Interaktionshandeln.

Abbildung 24: Typ C

Durch die Clusteranalyse wird ersichtlich, dass n=23 ErzieherInnen aus Baden-Württemberg und nur n=14 ErzieherInnen aus Nordrhein-Westfalen dem Typ A zugeordnet werden können, welcher mit wenigen Topicwechseln und mehreren „lang andauernden Interaktionen" die Voraussetzung für einen intensiven Interaktionsprozess mit dem Kind birgt. Dieser Handlungstypus hat das Potential, „dialogisch-entwickelnde Interaktionsprozesse" mit den Kindern aufzubauen und so genannte *„teachable moments"* (Hyun & Marshall 2003) aufzuspüren und damit wichtige Anhaltspunkte zu differenzieren, um das Kind über Prozesse des *„scaffoldings"* (Rogoff 1990) zu unterstützen. Die durch den T-Test ermittelten Varianzen zwischen beiden Stichproben können damit noch einmal bestätigt werden. Mit Typ C werden die ErzieherInnen erfasst, die sich während des Kindergartenalltags auf keine „lang andauernde Interaktion" mit den Kindern einlassen. Auch „kurzfristige soziale Kontakte" sind hier selten zu beobachten. Dieses Verhalten lässt sich als extremste Form des pädagogischen Rückzugs in Bezug auf die Interaktionsprozesse zwischen ErzieherIn und Kind bezeichnen. Typ B entspricht einem sehr engagierten Handeln. ErzieherInnen, die sich diesem Interaktionstyp zuordnen lassen, scheinen jeder Aufforderung der Kinder gerecht werden zu wollen. Dies zeigt sich über die ausgesprochen häufigen Topicwechsel bzw. die vielen „kurzfristigen sozialen Kontakte". Dadurch verringert sich aber die Chance, mit einem Kind über einen längeren Zeitraum in einen Interaktionsprozess verwickelt zu sein und dadurch auch einen „dialogisch-entwickelnden Interaktionsprozess" mit dem Kind aufzubauen. Zwischen den Typen A und B liegt nahezu ein ausgewogenes Verhältnis vor. Typ C wurde in der vorliegenden Untersuchung nur einmal beobachtet. Da davon ausgegangen wird, dass durch die Untersuchung in erster Linie relativ engagierte ErzieherInnen angesprochen wurden, ist es nicht unwahrscheinlich, dass Typ C im Alltag tatsächlich häufiger beobachtet werden kann. Zumindest weisen vergleichbare Studien auf ein ähnlich passives Involvement im Kindergartenalltag von ErzieherInnen hin.

In der Untersuchung von Nickel et al. (1993), Nickel et al. (1980) und Neubauer (1980) wird auf drei ErzieherInnentypen verwiesen. Die AutorInnen unterscheiden eine „ermutigende, anregende, sozial-zugewandte ErzieherIn" von einer „engagiert-strukturierten, emotional-neutralen ErzieherIn" und der „gewährend-inaktiven, neutralen ErzieherIn". Dabei scheint der letzte ErzieherInnentyp mit Typ C aus dieser Untersuchung vergleichbar. Demnach lassen sich in der Kindergartenpraxis vor allem drei Handlungstypen beobachten. Die ErzieherInnen, die sich über ein überaus hohes Maß an Engagement auszeichnen, die inaktiven bzw. passiv begleitenden ErzieherInnen und die ErzieherInnen, die sich in der vorliegenden Studie auf lang andauernde Interaktionen" mit dem Kind einlassen. Diese Interaktionssituation birgt das Potential für „dialogisch-entwickelnde Interaktionsprozesse". Nach derzeitigem Forschungsstand werden diese Interaktionsprozesse als besonders günstig angesehen, um die Entwicklung der Kinder angemessen zu unterstützen (OECD 2004). Im Folgenden wird sich zeigen müssen, ob die „lang andauernden Interaktionen" tatsächlich für „dialogisch-entwickelnde Interaktionsprozesse" genutzt werden.

8.2.3 Dritte Analyse: Beobachtungskriterien

Untersuchungsverlauf:
Stichprobenbeschreibung
1. Analyse: Caregiver Interaction Scale (Beobachtungsraster 1)
2. Analyse: Time-/Eventsampling (Beobachtungsraster 2)

3. Analyse: Beobachtungskriterien (Beobachtungsraster 3)
4. Analyse: Inhaltsanalyse

Im dritten Analyseschritt wird die Untersuchungsperspektive geändert von der ErzieherIn hin zu den Interaktionen. Von den 61 ErzieherInnen wurden bereits drei im 2. Analyseschritt ausgefiltert, wegen einer Aufnahmezeit von weniger als 50 Minuten.

Von den insgesamt ermittelten N=170 „lang andauernden Interaktionen" ($\geq$ 3 min.), die beobachtet werden konnten, werden letztlich n=149[46] transkribiert. Dabei kam es bei zwei ErzieherInnen zu keiner lang andauernden Interaktion während der Beobachtungsphase. Des Weiteren wurden aussortiert alle „lang andauernden Interaktionen", die als leitendes Topic ein Kreisspiel oder ein Lied hatten. Zwei von 61 Aufnahmen konnten wegen mangelnder Tonqualität nicht berücksichtigt werden. Auch im weiteren Forschungsprozess konnten einige „lang andauernde Interaktionen" aus diesem Grund nicht transkribiert werden. Transkribiert wurden letztlich die Aufnahmen von n=53 ErzieherInnen.

Tabelle 37: Statistik untersuchter Interaktionen

N=61 ErzieherInnen	N=2 keine Interaktion
N=170 „lang andauernde Interaktionen"	N=2 < 40 min.
	N=1 < 50 min.
Nicht ausgewertet werden Lieder und Kreisspiele	N=1 (eine Interaktion=Kreisspiel)
	N=2 mangelnde Tonqualität
N=53 ErzieherInnen	
N=163 lang andauernde Interaktionen	mangelnde Tonqualität/Lied/Kreisspiel
N=149 transkribiert	

Als dominierende Sozialform des Kindergartenalltags kristallisiert sich die Kleingruppe heraus. Mit *64.4 %* bestimmt die Kleingruppe mehr als die Hälfte der Interaktionseinheiten.

---

46 Sylva et al. (2003) weisen in ihrer Teilstudie auf eine ähnlich hohe Zahl differenziert ausgearbeiteter Settings (n=141) hin (siehe oben).

Tabelle 38: Sozialform

		Häufigkeit	Prozent
Gültig	Gesamtgruppe	8	5,4
	Kleingruppe	96	64,4
	Dyade	38	25,5
	Dyade & Klein-gruppe	7	4,7
	Gesamt	149	100,0

Die Handlungsformen während der Interaktionen zeigen auf den ersten Blick eine relative Vielfalt. Mit *18.1 %* kommt das Gestalten am häufigsten vor, an zweiter Stelle steht das Regelspiel mit *15.4 %* und mit *14.8 %* nimmt das Gespräch ohne Spiel- und Beschäftigungsgegenstand den dritten Platz ein.

Tabelle 39: Handlungsform

Handlungsform	Häufigkeit	Prozent
Fiktionsspiel/Rollenspiel	13	8,7
Konstruieren – technisch	13	8,7
Gestalten – künstlerisch	27	18,1
HW-Essen/Kochen	13	8,7
Regelspiel	23	15,4
Körper und Bewegung	9	6,0
(Bilder-) Buchbetrachtung	6	4,0
Computer	4	2,7
Gespräch ohne Spiel oder Beschäftigungsgegenstand	22	14,8
Pflegerische Tätigkeit	8	5,4
Sonstiges	11	7,4
Gesamt	149	100,0

Auch in der Untersuchung von Röchner (1985) zum Alltag von ErzieherIn und Kind stehen das Gestalten bzw. Basteln sowie das Gespräch mit den Kindern ohne Spiel- und Beschäftigungsgegenstand im Vordergrund, während das Mitspiel im Rollenspiel relativ selten vorkommt.

Bei den hier untersuchten „lang andauernden Interaktionen" kann nur bei *10.1 %* von geplanten, d. h. bewusst vorbereiteten Interaktionen ausgegangen

werden. Darunter werden Angebote verstanden, die einen vorab geplanten Interaktionsverlauf aufweisen, wie z. B. spezielle Bastelangebote oder Stuhlkreissi-
tuationen mit vorbereiteten Kreisspielen oder Themen. Nicht dazu gezählt wurden didaktische Einheiten wie z. B. der Stuhlkreis, die zwar als beabsichtigte
didaktische Einheit im Gesamttagesablauf vorkommen, aber deshalb nicht grundsätzlich auch schon einen geplanten Interaktionsverlauf repräsentieren.

Tabelle 40: Spontane und vorbereitete Aktivitäten

		Häufigkeit	Prozent
Gültig	Spontane Aktivität	134	89,9
	Vorbereitete Aktivität	15	10,1
	Gesamt	149	100,0

Bei den videographierten Beobachtungen liegt ein relativ ausgewogenes Verhältnis zwischen den verschiedenen Handlungsformen vor, dies kann als besonders
günstige Ausgangslage angesehen werden, das Interaktionshandeln der Erzieher-
Innen in unterschiedlichen Handlungsformen im Kindergartenalltag genauer zu
untersuchen.

Um die Objektivität der Untersuchung zu sichern, wurden alle Aussagen der
ErzieherInnen während der „lang andauernden Interaktionen" transkribiert. Die
Transkripte der $n=149$ Interaktionen haben einen Umfang von $\Sigma=67\ 607$ Wörtern. Über eine Frequenzanalyse mit dem qualitativen Datenanalyseprogramm
MAXqda wurden die Worthäufigkeiten ermittelt (siehe Tabelle 41). Daraus kann
abgelesen werden, dass die direkte Ansprache des Kindes durch „du" und „wir"
relativ häufig genutzt wird. Die deiktischen Adverbien „jetzt" und „hier" weisen
auf einen direkten Gegenstandsbezug bei der Interaktion hin. Nach Bühler wird
durch Zeigwörter wie „hier", „jetzt" und „ich" ein unmittelbarer Bezugspunkt
genannt[47]. Mit „hier" wird auf den Ort, mit „jetzt" auf den Augenblick verwiesen.
Mit dem vorrangigen Gebrauch des Modalverbs „kannst" im Gegensatz zu
„musst" wird ein relativ geringer „Grad an Verpflichtung"[48] zum Ausdruck gebracht. Dadurch kann der Befund aus der ersten Analyse bestätigt werden, der die

---

[47] „An der Lautform der Wörtchen *jetzt, hier, ich,* an ihrem phonemischen Gepräge, ist nichts Auffal-
lendes; nur das ist eigenartig, dass jedes von ihnen fordert: schau auf mich als Klangphänomen und
nimm mich als Augenblicksmarke das eine, als Ortsmarke das andere, als Sendermarke (Senderscha-
rakteristikum) das dritte" (Bühler 1965, 102).
[48] Das zeigt sich z. B. dadurch, dass an Stelle von Direktiva Einladungen ausgesprochen werden. Das
Modalverb dient dazu, Handlungsoptionen zu verdeutlichen.

durch „Wertschätzung und Einfühlungsvermögen" dominierte Atmosphäre im
Kindgartenalltag herausstellt.

Tabelle 41: Worthäufigkeiten (MAXqda)

Wort	Häufigkeit	%	Ranking
Du	2457	7.38	1
Jetzt	1137	3.41	2
Wir	996	2.99	3
Hier	599	1.8	4
Hast	447	1.34	5
Kannst	340	1.02	6
...			
Musst	201	0.6	15

Durch die Transkripte war es möglich, die Aussagen der ErzieherInnen dem
eigens für diese Studie entwickelten Beobachtungsraster zuzuordnen. Das Raster
setzt sich aus 33 Items zusammen, die sich an interaktionistisch-
konstruktivistischen Kriterien orientieren. Die Kriterien wurden theoriegeleitet
konstruiert und über die Videographien verfeinert bzw. für die Situation des
Kindgartenalltags operationalisiert (siehe Kapitel: „Dritter Analyseschritt").

Mit dem Beobachtungsraster wäre es idealtypischer Weise auch möglich ge-
wesen, über 8 Items die Aktivität der Kinder zu erfassen. Leider sind diesbezüg-
lich durch das Setting im Kindergarten Grenzen gesetzt worden. Zwar galt die
ErzieherIn mit ihrem direkte Interaktionsfeld als standardisierter Rahmen für die
Aufnahmen, jedoch war es häufig unvermeidlich, dass einige Kinder mit dem
Rücken zur Kamera saßen oder standen. Dieser Umstand führte dazu, dass die
Aktivität dieser Kinder nur schwerlich eingeschätzt werden konnte bzw. die
Sprachqualität häufig stark beeinträchtigt war, da die Kinder vom Mikrophon
abgewandt sprachen. Beim Filmen von Gruppen „wird es [...] unvermeidbar
sein, dass einzelne Personen nur in der Rückenansicht zu sehen sind und deren
mimische Kommunikationsbeteiligung im Videomaterial nicht unmittelbar zu
beobachten ist" (Huhn et al. 2000, 189). Um die tatsächliche Aktivität der Kinder
während der Interaktion mit der ErzieherIn angemessen einschätzen zu können,
wäre evtl. eine doppelte Kameraführung sinnvoll, wie sie z. B. bei der Untersuchung der frühen Eltern-Kind-Interaktionen zum Einsatz kommt. Für solch ein
Vorhaben wäre eine ErzieherInnen- und eine Kind(-er)kamera notwendig, was
im alltäglichen Kindergartensetting jedoch zu Komplikationen führen könnte.
Anders als im Schulsetting sind die Interaktionen nicht strukturiert bzw. zeitlich
limitiert und im Rahmen des Unterrichts verpflichtend, sondern viel mehr durch

Freiwilligkeit geprägt und durch hohen Wechsel der Positionen bestimmt. Selbst im Anfangsunterricht in der Grundschule kann heute nicht mehr von einer ideal-typischen und für Videostudien günstigen Ausgangsposition des Frontalunter-richts ausgegangen werden. Trotz allem sind aber die Interaktionen klar vonei-nander getrennt, während im Kindergartensetting die ErzieherIn häufig in unter-schiedliche Interaktionen mit unterschiedlichen Topics parallel verwickelt ist (siehe Kapitel: „Zweite Analyse: Time-/Eventsampling"). Eine differenzierte Interaktionsanalyse lässt sich daher möglicherweise am ehesten innerhalb eines vorab strukturierten Settings in einem vom Gesamtgruppengeschehen getrennten Interaktionsraum durchführen, unter Vernachlässigung direkter Aussagen über die Struktur des Alltagshandelns im Kindergarten. Gewisse Abstriche am For-schungsverfahren sind in der Feldforschung jedoch unumgänglich.

Die Items, mit welchen das Interaktionshandeln der ErzieherIn erfasst werden soll, teilen sich in folgende Grobkategorien (siehe Tabelle 42):

Tabelle 42: Grobkategorien (Beobachtungsraster 3)

A:	Handeln	E 0 – E 0.2
B:	Initiieren/Nachspüren	E 1 – E 7
C:	Motivieren	E 8 – E 11
D:	Abwarten/Zuhören	E 12 – E 15
E:	Reagieren	E 16 – E 18
F:	Erweitern	E 19 – E 27
G:	Delegieren	E 28 – E 32
H:	„Dialogisch-entwickelnde Interaktionsprozesse"	E 33

Die Kategorisierung der Aussagen wurde in Drei-Minuten-Intervallen durchge-führt. Im Folgenden werden die spezifischen Befunde zu den einzelnen Grobka-tegorien detailliert erläutert.

Auf den ersten Blick zeigt sich folgende Struktur der Interaktion zwischen ErzieherIn und Kind. Die einzelnen Grobkategorien (siehe Abbildung 25 von links nach rechts A-H) sollen, um einen detaillierten Einblick zu gewähren, ge-trennt diskutiert werden.

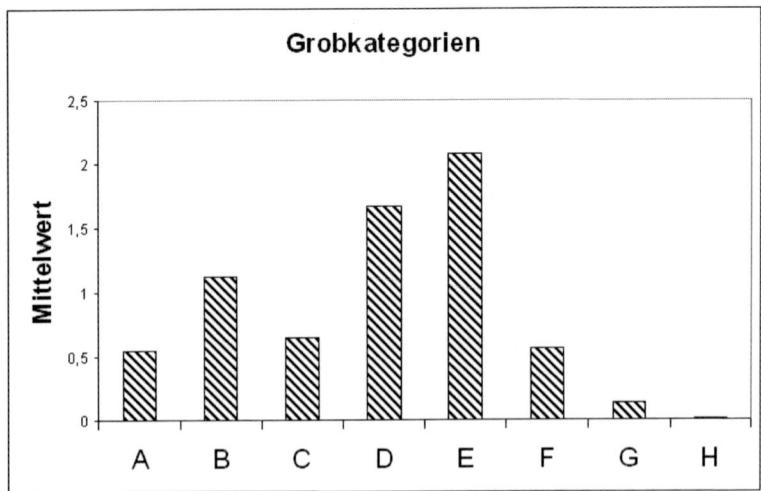

Abbildung 25: Grobkategorien (Beobachtungsraster 3)

Genaue Informationen über die Mittelwerte sowie Minimal- und Maximalwerte
der einzelnen Items des Beobachtungsrasters lassen sich aus Tabelle 57 am Ende
dieses Kapitels auf einen Blick einsehen.

A: Handeln

Tabelle 43: Komplex: Handeln (Beobachtungsraster 3)

Komplex: Handeln	Item (theoriegeleitet - am Datenmaterial operationalisiert[49])
E0	Die ErzieherIn befindet sich in räumlicher Nähe zu den Kindern (max. 150 cm Distanz). z.B. Die ErzieherIn sitzt neben den Kindern, während diese etwas bauen. Die ErzieherIn bleibt bei den Kindern stehen.
E0.1.	Die ErzieherIn handelt nonverbal. Es ist nicht erkennbar, dass die Kinder etwas nachahmen sollen. z.B. Die ErzieherIn schubst die Kinder beim Schaukeln an. Die ErzieherIn baut mit den Kindern mit Konstruktionsmaterialien.

49 Die Beispiele sind idealtypisch. Um die Eindeutigkeit der Items zu erhalten, wurde auf die Ergänzung von Originalzitaten verzichtet.

E0.2.	Die ErzieherIn handelt nonverbal. Dabei kommt es darauf an, dass die Kinder etwas nachahmen sollen. z.B. Die ErzieherIn faltet das Papier. Die ErzieherIn zeigt, wie die Kinder die Säge halten müssen.

Wenn die ErzieherIn auf die Interaktionsweise „räumliche Nähe" (E0) und „handelt nonverbal ohne Nachahmung" (E0.1) zurückgreift, dann wird auf diese Handlungsform innerhalb der Interaktion mehrmals zurückgegriffen. Weniger häufig wird die Interaktionsform benutzt „Die ErzieherIn handelt nonverbal. Dabei kommt es darauf an, dass die Kinder etwas nachahmen sollen". Bei der Interpretation von Abbildung 26 sind unbedingt die Mittelwerte zu beachten!

Tabelle 44: Komplex: Handeln Minimum/Maximumwerte (Beobachtungsraster 3)

	N	Minimum	Maximum
Räumliche Nähe	149	0	13
Handelt nonverbal ohneNachahmung	149	0	11
Handelt nonverbal mitNachahmung	149	0	3
Gültige Werte (Listenweise)	149		

Prinzipiell tauchen ausschließlich der Grobkategorie „nonverbale" Handlungsmuster zuzuordnende Handlungsweisen zwar im Interaktionsraum des Kindergartens auf, haben aber einen geringen Einfluss auf die Interaktion im Vergleich zu z. B. der Grobkategorien „Initiieren" und „Nachspüren" (siehe Abbildung 27). Die Interaktionskomplexe „Initiieren" und „Nachspüren" werden hier zusammen dargestellt, weil sie hier unmittelbar zusammenhängen. Wenn eine Person mit einer anderen Person in Kontakt tritt, wird zunächst initiiert. Von Nachspüren wird gesprochen, wenn noch kein gemeinsamer „Bezugspunkt" aufgebaut ist, aber die ErzieherIn versucht, durch „Nachspüren" (siehe Tabelle 45) an die Gedanken des Kindes anzuknüpfen.

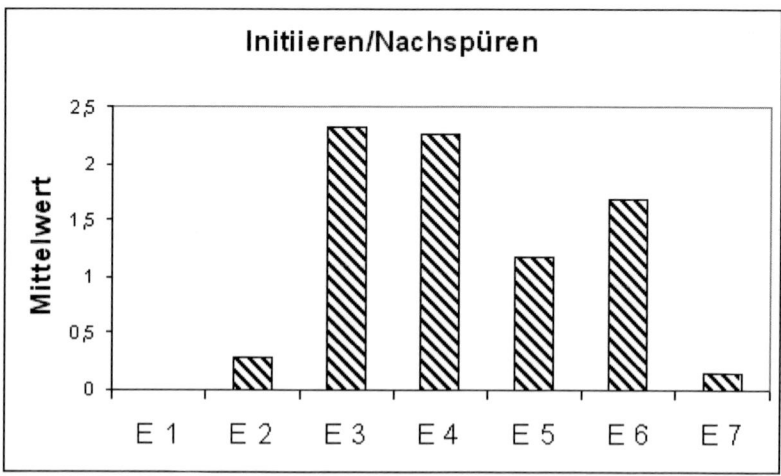

Abbildung 26: Komplex: Initiieren und Nachspüren von links nach rechts E1-E7 (Beobachtungsraster 3)

B: Initiieren/Nachspüren

Tabelle 45: Komplex: Initiieren und Nachspüren (Beobachtungsraster 3)

Komplex: Initiieren	Item (theoriegeleitet – am Datenmaterial operationalisiert) es besteht noch kein gemeinsamer Bezugspunkt
E1	Die ErzieherIn hat Blickkontakt zum Kind.
E2	Die ErzieherIn gibt Impulse ohne Interaktionsaufforderung. z.B. „Du könntest ein Bild malen." „Geh doch in die Bauecke."
E3	Die ErzieherIn benutzt Fragen, die eine Ja/Nein-Antwort fordern (mit Interaktionsaufforderung). z.B. „Möchtest du mitspielen?" „Sollen wir gemeinsam etwas spielen?"
E4	Die ErzieherIn stellt W-Fragen. z.B. „Was hast du denn gestern gemacht?" „Wie gefällt dir unsere neue Leseecke?"
Komplex: Nachspüren	Item (theoriegeleitet – am Datenmaterial operationalisiert)
E5	Die ErzieherIn wiederholt die Aussagen des Kindes. z.B.

	„Das ist also das Auto." „Und hier wohnen die Kinder."
E6	Die ErzieherIn fragt nach, ohne an einen Handlungskontext anzuschließen. z.B. „Was möchtest du denn spielen?" „Erzähl mal, wie möchtest du das spielen?"
E7	Die ErzieherIn spricht in Ellipsen. z.B. „Heute haben wir ..." „Das ist ein ..."

Zur Interaktion wird dabei vor allem aufgefordert durch Fragen, „die nach einer ja/nein-Antwort verlangen" (E3), aber auch durch „W-Fragen" (E4). Direktes Nachfragen und Wiederholen der Aussagen des Kindes (E5) wird dabei am ehesten genutzt, um mit dem Kind Kontakt aufzunehmen. Demnach bevorzugen die ErzieherInnen in dieser Studie eine direkte Interaktionskultur.

C: Motivieren

Tabelle 46: Komplex: Motivieren (Beobachtungsraster 3)

Komplex: Motivieren	Item (theoriegeleitet – am Datenmaterial operationalisiert, ErzieherIn knüpft an den Handlungskontext an)
E8	Die ErzieherIn stellt einen Bezug zu bekannten Sachverhalten oder Kontexten her. z.B. „Wie macht ihr das denn, wenn ihr zu Hause so etwas macht?" „Könnt ihr euch erinnern, als wir im Sommer im Wald waren? Da haben wir auch Frösche beobachtet."
E9	Die ErzieherIn stellt einen Bezug zum gegenwärtigen Sachverhalt her. z.B. „Habt ihr gesehen wie schnell der Stein gesunken ist?" „Schaut mal, hier sind noch mehr."
E10	Die ErzieherIn fragt nach Ursachen und Gründen. z.B. „Warum ist denn das Wasser so schwarz?" „Was passiert wohl, wenn wir diesen Stein herausnehmen?"
E11	Die ErzieherIn sagt, das Kind soll seine Tätigkeit wieder aufnehmen. z.B. „Hast du die Zugbrücke schon fertig? Dann komm ich gleich und schau mir an wie sie funktioniert." „Du wolltest doch wissen, warum wir das so gemacht haben. Dann kannst du jetzt nicht einfach weglaufen."

Bei der Kategorie „Motivieren" (siehe Tabelle 46) steht der „Verweis auf den Gegenstand" (E9) an erster Stelle. Relativ selten knüpfen die ErzieherInnen an das Wissen und die Erfahrungen der Kinder an (E8/E10), indem sie auf „bekannte Sachverhalte verweisen" (E8) oder „nach Ursachen und Gründen" (E10) fragen. Auch das „Zurückführen an den Beschäftigungsgegenstand" (E11) nimmt im Kindergartenalltag anscheinend einen geringen Stellenwert ein.

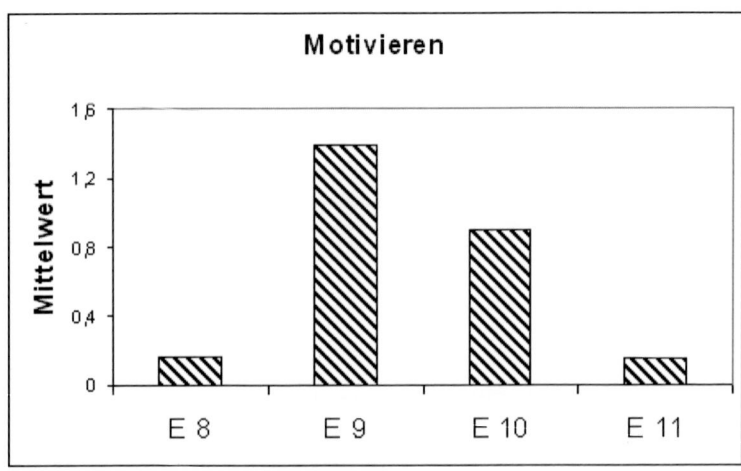

Abbildung 27: Komplex: Motivieren von links nach rechts E8-E11 (Beobachtungsraster 3)

D: Abwarten/Zuhören

Tabelle 47: Komplex: Abwarten/Zuhören (Beobachtungsraster 3)

Komplex: Abwarten Zuhören	Item (theoriegeleitet – am Datenmaterial operationalisiert)
E12	Die ErzieherIn hört zu ohne Blickkontakt.
E13	Die ErzieherIn hört zu und hält den Blickkontakt zum Kind/zu den Kindern.
E14	Die ErzieherIn weist Kinder ab. z.B. „Jetzt spiel ich mit Lea." „Im Moment bin ich hier, später komm ich zu dir."
E15	Die ErzieherIn wartet, bis ein Kind seine Tätigkeit vollendet hat.

Der Grobkategorie „Abwarten und Zuhören" (siehe Tabelle 47) kommt in den beobachteten Sequenzen eine große Bedeutung zu. Das lässt sich an der relativ häufigen Beobachtung der Kategorien E13 und E15 ablesen. Die Kategorien „Die ErzieherIn weist Kinder ab" (E14) oder „die ErzieherIn hört zu ohne Blickkontakt" (E12) konnten dabei nur selten beobachtet werden.

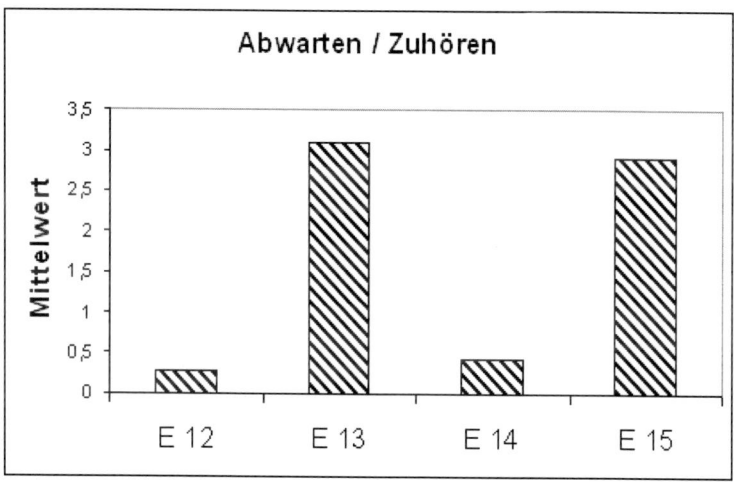

Abbildung 28: Komplex: Abwarten/Zuhören von links nach rechts E12-E15 (Beobachtungsraster 3)

E: Reagieren

An dieser Grobkategorie lässt sich ablesen, wie die ErzieherIn auf Fragen und Handlungen des Kindes reagiert (siehe Tabelle 48).

Tabelle 48: Komplex: Reagieren (Beobachtungsraster 3)

Komplex: Reagieren	Item (theoriegeleitet - am Datenmaterial operationalisiert)
E16	Die ErzieherIn gibt Feedback. z.B. „Ja" oder „Hm" „Damit kenn ich mich nicht aus."
16a	Die ErzieherIn gibt Feedback mit Bemerkungen, wie z.B. „gut", „schön" ohne Interaktionsaufforderung.

	z.B. „Das hast du toll gemacht!" „Das ist aber ein schönes Bild mit den Bäumen."
E17	Die ErzieherIn weist die Kinder/das Kind auf Regeln hin. z.B. „Lass das bitte!" „Das Papier ist nur zum Falten von Papierdrachen!"
E18	Die ErzieherIn gibt Handlungsanweisungen. z.B. „Jetzt schneiden wir den Elefanten aus." „Stell die Schuhe bitte nach draußen."

Das Kommentieren (E16) spielt im Kindergartenalltag während „lang andauernder Interaktionen" die bedeutendste Rolle. Relativ selten wird dagegen ein „Feedback mit Bestätigung" (E16a) gegeben. Auch die Kategorie „die ErzieherIn weist auf Regeln hin" (E17) kann nur selten beobachtet werden. Größere Bedeutung kommt dagegen den „Handlungsanweisungen" (E18) während des Tagesablaufs zu (siehe Abbildung 30). Dies korrespondiert mit Untersuchungen von Barres (1973) und Neubauer (1980), in welchen ebenfalls ein hohes Maß an „verbaler Kontrolle" im Kindergartenalltag nachgewiesen wurde.

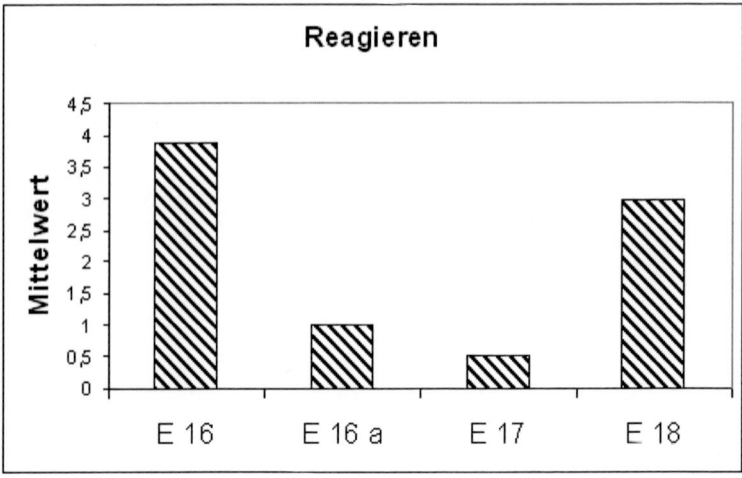

Abbildung 29: Komplex: Reagieren von links nach rechts E16-18 (Beobachtungsraster 3)

F: Erweitern/Differenzieren

Während des Interaktionsverlaufs kommt der Grobkategorie „Erweitern/Differenzieren" die größte Bedeutung zu, um an Lernprozesse der Kinder anzuknüpfen (Burns-Hoffman 1993; Wood et al. 1976; Rogoff 1990) (siehe Kapitel: „Instruktion"). Von umso größerem Interesse ist es daher, ob sich die Items dieser Grobkategorie im Kindergartenalltag beobachten lassen.

Tabelle 49: Komplex: Erweitern/Differenzieren (Beobachtungsraster 3)

Komplex: Erweitern Differenzieren des Handlungskontextes	Item (theoriegeleitet – am Datenmaterial operationalisiert)
E19	Die ErzieherIn bekundet ihr Interesse am Handlungskontext. z.B. „Und wie geht die Geschichte jetzt weiter?" „Das ist eine tolle Burg geworden, sollen wir zusammen noch versuchen, einen Brunnen dazu zu bauen?"
E20	Die ErzieherIn erklärt, wie oder warum etwas so ist wie es ist. z.B. „Hier gibt es kleine Fenster, damit die Pflanzen auch Licht haben." „Damit der Drache nicht wegfliegt, muss er an einer Schnur festgebunden werden."
E21	Die ErzieherIn spricht frühere Erfahrungen an, um auf bereits bekannte Techniken und Wissen zu verweisen. z.B. „Vielleicht könnt ihr das auch so machen, wie wir es an dem Drachen ausprobiert haben?" „Habt ihr euch noch mal im Lexikon das Bild dazu angeschaut?"
E22	Die ErzieherIn ermutigt die Kinder/das Kind zu neuen Erfahrungen, d. h., sie regt das Kind an, etwas auszuprobieren. (Experimentieren) z.B. „Hast du schon einmal versucht, mit den Wasserfarben darüber zu malen?" „Ich würde es einmal mit dem Meißel versuchen, vielleicht klappt es dann."
E23	Die ErzieherIn stellt Fragen, die auf Probleme verweisen. z.B. „Wie kann die Tür geöffnet werden, wenn hier der Brunnen steht?" „Aber wie sollen die Ritter über den Graben kommen?"
E24	Die ErzieherIn benennt, was die Kinder getan oder gesagt haben. (Impuls ErzieherIn) z.B. „Ida hat einfach Sand dafür genommen." „Tim hat dafür die Schere genommen."
E25	Die ErzieherIn greift die Einwände der Kinder/des Kindes auf. (Impuls Kind)

	z.B. „Paul meint, wir könnten hier ein Loch graben, um den Tunnel zu verbinden." „Wie meinst du das Ida?"
E26	Die ErzieherIn bestätigt das Tun der Kinder/des Kindes, indem sie das Handeln kommentiert. Mit Interaktionsaufforderung. z.B. „Wie hast du das denn hinbekommen, dass das Flugzeug so toll fliegt?" „Prima, jetzt hast du ja schon die Hälfte geschafft. Wie willst du das jetzt weiter machen?"
E27	Die ErzieherIn gibt Tipps und konstruktive Hinweise, die das Handeln der Kinder/des Kindes noch verbessern können. z.B. „Damit das Flugzeug besser fliegt, musst du die Tragflächen größer machen." „Wenn du die Umbrüche ganz glatt streichst, dann lässt sich das Papier leichter falten."

Auf den ersten Blick zeigt sich, dass die Kategorie „Erklären" (E20) relativ häufig benutzt wird (siehe Abbildung 31). An zweiter und dritter Stelle stehen das „Ermutigen zum Ausprobieren" (E22) und das „Geben von konstruktiven Hinweisen" (E27) – im direkten Vergleich zu der Kategorie „Erklären" werden jedoch erstaunlich selten „konstruktive Hinweise" gegeben. Auch „Problem-Lösungsprozesse" werden relativ selten zum Anlass für wechselseitige Austauschprozesse genommen. Äußerst selten kann hier beobachtet werden, dass ErzieherInnen an Erfahrungen und Wissen (E21) der Kinder anknüpfen (siehe auch Abbildung 31: E8/E10). Die ErzieherIn nutzt kaum das direkte „Interesse am Handlungskontext" (E19) der Kinder, um mit den Kindern „dialogisch-entwickelnde Interaktionsprozesse" aufzubauen. Unterrepräsentiert scheint im Kindergartenalltag auch das Aufgreifen der Ideen der Kinder, indem die ErzieherIn „benennt, was die Kinder getan oder gesagt haben" (E24) oder auch „Einwände der Kinder aufgreift" (E25). Innerhalb dieser Grobkategorie konnte nur vereinzelt beobachtet werden, dass die ErzieherIn „das Tun des Kindes bestätigt mit einer Handlungsaufforderung" (E26), dies verstärkt die bereits unter dem Komplex „Reagieren": E16a – „Die ErzieherIn gibt Feedback mit Bemerkungen wie z. B. „gut", „schön" ohne Interaktionsaufforderung" nachgewiesenen Befunde, dass das positive Feedback im Alltag des Kindergartens wenig genutzt wird. Um die Bedeutung der Grobkategorie „Erweitern/Differenzieren" im Kindergartenalltag genauer einzuschätzen, muss die am häufigsten genutzte Kategorie „Erklärungen" differenziert werden, damit detaillierte Anhaltspunkte aufgespürt und die Interaktionen zwischen ErzieherIn und Kind im Kindergartenalltag genauer beschrieben werden können.

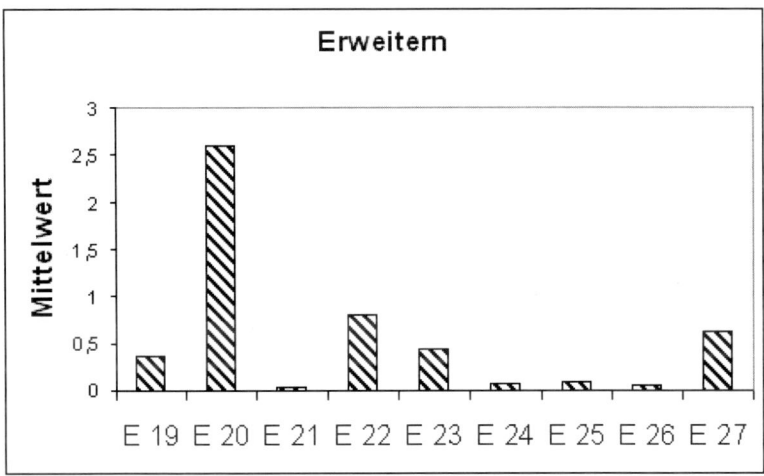

**Abbildung 30: Komplex: Erweitern/Differenzieren von rechts nach links
E19-E27 (Beobachtungsraster 3)**

E: Delegieren

Tabelle 50: Komplex: Delegieren (Beobachtungsraster 3)

Komplex: Delegieren	Übertragen von Zuständigkeiten auf die Kinder
E28	Die ErzieherIn überträgt den Kindern Aufgaben. z.B. "Anton du kannst schon die Zeitungen aus dem Korb in der Abstellkammer holen." "Hannah fragst du in der anderen Gruppe nach, wie viele Kinder in die Kunsthalle mitkommen?"
E29	Die Kinder verrichten Ordnungsdienste. z.B. Die Kinder versorgen ihre Materialien wie Schere, Klebstoff etc. Die Kinder bereiten den Tisch vor für das Frühstück.
E30	Die ErzieherIn verweist auf bestimmte Kinder, die die anderen bei bestimmten Aufgaben unterstützen können. z.B. „Sophia, kannst du es noch mal erklären?" „Aaron zeigt euch, wie ihr den Flieger bauen könnt."
E31	Die ErzieherIn überlässt das Vorgehen/die Organisation den Kindern (Management).

	z.B.
	"Das könnt ihr allein ohne mich."
	"Dazu braucht ihr mich nicht mehr."
E32	Die ErzieherIn fragt die Kinder bei Problemen.
	z.B.
	„Was meint ihr, wie wir das besser organisieren können, dass jeder einmal dran kommt?"
	„Wie können wir das machen, dass alle Menschen etwas sehen können?"

Auch die unter der Grobkategorie „Delegieren" gefassten Items lassen sich im Kindergartenalltag kaum beobachten, d. h. aber, dass Kinder relativ selten mit ihren Kompetenzen ernst genommen werden (siehe Abbildung 32). Bei der Interpretation der Grafik muss auf die relative Darstellung der Ausprägung zum Mittelwert geachtet werden. Das mag in der Hinsicht erstaunen, dass die Erziehung zur „Autonomie" (Priebe & Wolf 2003) eigentlich eines der zentralen Ziele der gegenwärtigen Kindergartenpraxis darstellt. Dieser Hinweis lässt sich nicht nur durch theoretische Feststellungen, sondern auch durch Befunde aus einer zeitgleich durchgeführten Befragungsstudie in der Kindergartenpraxis bestätigen (Akita & Fried 2004; 2005).

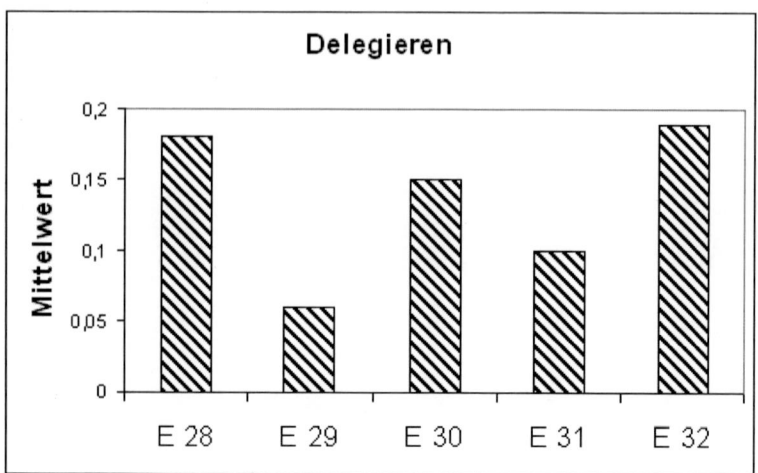

Abbildung 31: Komplex: Delegieren von links nach rechts E28-E32 (Beobachtungsraster 3)

F: Dialogisch-entwickelnde Interaktionsprozesse

Nur in einer der 149 „lang andauernden Interaktionen" ließ sich eine Sequenz eindeutig der Kategorie „Dialogisch-entwickelnde Interaktionsprozesse" zuordnen. Dies erstaunt sehr, da den „dialogisch-entwickelnden Interaktionsprozessen" eine bedeutende Rolle für die Entwicklung des Kindes zugeschrieben wird (vgl. Sylva et al. 2004; Warfield 2001; Rogoff 1990 u. a.). Bei allen anderen ausgewerteten Interaktionen dominiert bzw. steuert die ErzieherIn stark den Interaktionsverlauf.

Tabelle 51: Komplex: Dialogisch-entwickelnde Interaktionsprozesse (Beobachtungsraster 3)

Komplex: Dialogisch-entwickelnde Interaktionsprozesse	Item (theoriegeleitet – am Datenmaterial operationalisiert) Gemeinsamer Bezugspunkt / ErzieherIn und Kind wechseln sich ab beim Strukturieren des Prozesses
E33	ErzieherIn und Kind/Kinder lösen Probleme dialogisch (mindestens 4 Turns). z.B. ErzieherIn und Kind/Kinder tauschen sich aus, stellen gemeinsam Fragen, suchen gemeinsam nach Antworten und ergänzen sich gegenseitig. A: „Wie hast du das gemeint?" B: „Ich glaub wir sollten die Röhren einfach zusammenstecken." A: „Warum läuft das Wasser hier wieder raus?" B: „Das weiß ich jetzt auch nicht wie das kommt." A: „Was meinst du?" B: „Vielleicht haben wir die Röhre nicht richtig zusammengesteckt?" A: „Schau mal, ich glaub hier ist ein Loch?" B: „Stimmt."

Originalbeleg:

| Transkription (60/1): Dauer: 28:11 – 29:00 Sozialform: Kleingruppenaktivität (4-6 Kinder) Kindergarten - Freispielzeit E: „M. wenn du magst kannst du die Kerne direkt auf den Teller legen. Die J. meint wir könnten mal versuchen mit einzupflanzen zu machen." J: „Könnt man ganz gut machen." E: „Könnt man ja mal versuchen, wir haben im Frühjahr auch Sonnenblumensamen in die Erde gelegt." J: „Im Sommer nicht im Frühling." E: „Ach so - im Sommer meinst du? War das schon Sommer? |

> Dann waren wir aber spät dran."
> J: „Oder Winter."
> E: „Ja wenn, dann Frühling oder Sommer. Meistens im Frühling, wenn das Wetter
> warm wird."
> J: „Im Frühlingssommer."
> E: „Im Frühsommer vielleicht – das ist wenn der Sommer grad anfängt und der
> Frühling grad aufhört."
> J: „Ja."
> E: „Ja – das kann sein."

Im Gegensatz dazu stellen sich die Problem-Lösungsprozesse als ein von den ErzieherInnen dominiertes Interaktionsmuster dar. Exemplarisch werden hier einige Belege aus den Originaltranskripten angeführt.

> „V. bei dir fehlt noch was.
> V. schau mal.
> Da rein.
> Ist das richtig so rum?
> Nein – so rum ist nicht richtig.
> Mach mal raus.
> Genau. So." (47/2)

> „Und wie kommt die jetzt wieder rein? – Die Dose?
> Und wie wollt ihr jetzt die Dose wieder rein kriegen?
> Ja, bitte?
> Nicht hochklettern.
> Dann wäre es gut, wenn ihr einen suchen würdet.
> Ich möchte jetzt, dass die Kinder, die die Dose rausgeschmissen haben, dass die jetzt einen langen Stock suchen.
> (...)
> Ich möchte, dass die Kinder, die die Dose rausgeschmissen haben, dass die jetzt die Dose wieder reinholen – vielleicht mit einem Stock, wie es N. vorgeschlagen hat.
> Dann müsst ihr euch etwas anderes einfallen lassen – es gibt noch andere Möglichkeiten."
> (46/4)

> „Alle drei?
> Was ist alle drei?
> Sind das drei Jacken?
> Zähl mal.
> Eins –
> Zwei.
> Ja." (46/2)

> „Und was machen wir jetzt?
> Vielleicht kann die M. etwas rücken.
> Frag sie doch mal.

R., frag mal die M., ob sie ein bisschen rücken kann.
Du musst die M. anschauen.
Vielleicht hier ein bisschen rüber – mit deinem Stuhl.
Dann kann sich die R. auch hinsetzen – sonst ist kein Platz.
Komm mal her.
Schieben wir den Stuhl ein bisschen zur Seite. " (46/1)

„Was denkst du, was du machen sollst?
Ja – auf diese Reihe kommen immer die bunten.
Zum Beispiel haben wir hier ein Bild von einem Baustein. Wo ist der auf der Brücke, hinter der Brücke, vor der Brücke?
Ja?
Wo musst du den wohl hinlegen?
Richtig.
Hier kommen also immer die bunten hin.
Da musst du immer gucken, was das oben – das Bild da oben dir sagt.
Hier überall – müssen Bilder rein, wo etwas –
davor ist. Weil hier immer was davor steht.
Siehst du das?
Gut.
Am besten du machst erst die eine Reihe da.
Und dann noch mal gucken, ob alles richtig ist.
... " (40/1)

„Guck mal, da ist ein Knick im Schlauch.
Ein Knick im Schlauch.
Kannst mal den Schlauch zu mir.
So und jetzt können wir es wieder umdrehen.
So. " (36/1)

Folgender detaillierte Blick zeigt sich über die dritte Analyse (siehe Abbildung 32):

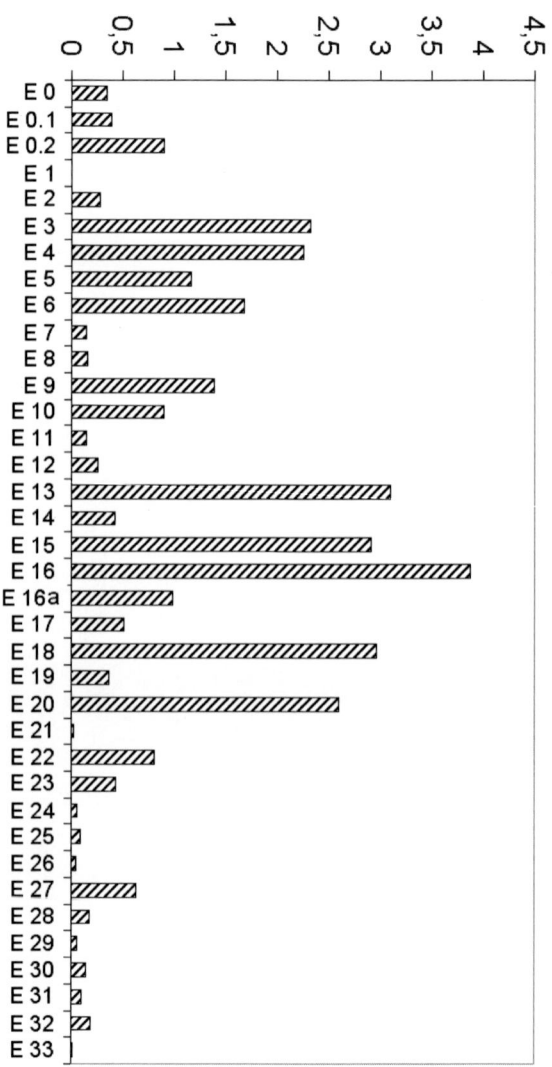

Abbildung 32: Gesamtergebnis (Beobachtungsraster 3)

Dadurch ergibt sich folgendes Ranking:

Tabelle 52: Ranking (Beobachtungsraster 3)

	Item	%
1	E 16 – Die ErzieherIn gibt Feedback/kommentiert.	12.41
2	E 13 – Die ErzieherIn hört zu und hält den Blickkontakt zum Kind.	9.92
3	E 18 – Die ErzieherIn gibt Handlungsanweisungen.	9.51
4	E 20 – Die ErzieherIn erklärt, wie oder warum etwas so ist wie es ist.	8.31

Innerhalb der „lang andauernden Interaktionen" ($\geq$ 3 min.) zeigt sich, dass die ErzieherInnen relativ häufig „Feedback geben/Kommentieren" (E16). Mit *12.41 %* kommt dem Kommentieren der größte Anteil innerhalb der Interaktionen zu. An zweiter Stelle wird hier auf das „Zuhören mit Blickkontakt" (E13) (*9.92 %*) verwiesen, das bestätigt, dass im Kindergarten eine *"Face-to-Face"*-Interaktion als ausgeprägtes Interaktionsmuster vorherrscht. Auch Handlungsanweisungen (E18) bestimmen nach wie vor den Alltag in den Einrichtungen (Barres 1973; Neubauer 1980). Mit *9.51 %* muss dieser Befund kritisch betrachtet werden, insbesondere im Hinblick auf konstruktivistische Erziehungsvorstellungen, deren Ziel es nicht sein kann, die Kinder für eine Tätigkeit zu instrumentalisieren. Mit *8.31 %* kommen aber auch Erklärungen (E20) innerhalb des Interaktionsprozesses relativ häufig vor. Da „Erklärungen" in Bezug auf die Erweiterung der Fähigkeiten des Kindes ein besonderes Potential zur Anregung von Lernprozessen zugeschrieben wird, soll im Folgenden diese Kategorie differenziert betrachtet werden. Ebenso soll das „Kommentieren" (E16) inhaltsanalytisch betrachtet werden, um mehr Klarheit darüber zu erhalten, welche Funktion diesem Handlungsmuster zukommt.

Tabelle 53 gibt detaillierte Informationen über die Mittel-, Minimal- und Maximalwerte der einzelnen Items sowie die Standardabweichung:

Tabelle 53: Items (Beobachtungsraster 3)

	N	Minimum	Maximum	Mittelwert	Standardabweichung
E0	149	0	13	,34	1,510
E0.1	149	0	11	,39	1,206

E0.2	149	0	3	,09	,440
E1	149	0	0	,00	,000
E2	149	0	5	,28	,754
E3	149	0	14	2,32	2,371
E4	149	0	16	2,26	2,602
E5	149	0	7	1,17	1,468
E6	149	0	13	1,68	2,305
E7	149	0	3	,15	,485
E8	149	0	2	,16	,436
E9	149	0	10	1,39	1,877
E10	149	0	1	,09	,283
E11	149	0	4	,15	,498
E12	149	0	27	,26	2,261
E13	149	0	20	3,10	3,888
E14	149	0	5	,42	,831
E15	149	0	18	2,91	3,594
E16	149	0	22	3,88	3,817
E16 a	149	0	8	,99	1,658
E17	149	0	9	,51	1,261
E18	149	0	17	2,97	3,255
E19	149	0	4	,37	,701
E20	149	0	17	2,60	3,097
E21	149	0	1	,02	,141
E22	149	0	10	,81	1,421
E23	149	0	10	,43	1,317
E24	149	0	1	,06	,239
E25	149	0	2	,09	,336
E26	149	0	1	,05	,212
E27	149	0	10	,63	1,265
E28	149	0	5	,18	,546
E29	149	0	1	,06	,239
E30	149	0	3	,15	,425
E31	149	0	2	,10	,381
E32	149	0	4	,19	,644

E33	149	0	1	,01	,082
Gültige Werte (listenweise)	149				

Die hohen Standardabweichungen deuten darauf hin, dass sich die Kindergartenpraxis vor allem in den Items E13, E16, E15, E18 und E20 stark unterscheidet
(siehe Kasten).

> E13 ($s=3.8$): Die ErzieherIn hört zu und hält den Blickkontakt zum Kind/zu den Kindern.
> E16 ($s=3.8$): Die ErzieherIn gibt Feedback.
> E15 ($s=3.5$): Die ErzieherIn wartet, bis ein Kind seine Tätigkeit vollendet hat.
> E18 ($s=3.2$): Die ErzieherIn gibt Handlungsanweisungen.
> E20 ($s=3.0$): Die ErzieherIn erklärt, wie oder warum etwas so ist, wie es ist.

Überwiegend lassen sich durch die Untersuchung geringe Standardabweichungen
bei den einzelnen Items ermitteln. Das deutet darauf hin, dass sich die Elementarpädagogik in Bezug auf „dialogisch-entwickelnde Interaktionsprozesse" in den
n=149 „lang andauernden Interaktionen" kaum unterscheidet. In den überwie-
genden Interaktionen im Kindergarten kommt demnach der Dialog mit den Kindern zu kurz, welcher für wechselseitige Austauschprozesse wichtige Anreize
bietet, um Beziehungen aufzubauen und sensibel Lernprozesse zu stimulieren.
Durch die dialogische Auseinandersetzung können die PädagogInnen Verständnis für die Gedankengänge der Kinder entwickeln und diese adaptiv zu unterstützen versuchen. Insbesondere auf Grund dieser Befundlage (siehe Kapitel: „Konstruktivistische Lern-Lehrformen"), die heute über „*shared thinking*" vorliegt,
muss dieses Ergebnis nachdenklich stimmen. „*Shared thinking*" gilt als Schlüsselvariable für einen erfolgreichen Instruktionsprozess (siehe Kapitel: „Instruktion").

8.2.4 Vierte Analyse: Inhaltsanalyse

Untersuchungsverlauf:
Stichprobenbeschreibung
1. Analyse: Caregiver Interaction Scale (CIS) (Beobachtungsraster 1)
2. Analyse: Time-/Eventsampling (Beobachtungsraster 2)
3. Analyse: Beobachtungskriterien (Beobachtungsraster 3)
4. Analyse: Inhaltsanalyse

Über die Methode der Inhaltsanalyse mit Hilfe des Programms MAXqda wurden
die Kategorien „Erklärung" (E20) und „Kommentieren/Feedback" (E16) weiter
aufgeschlüsselt.

Tabelle 54: Komplex: Reagieren (Beobachtungsraster 3)

Komplex: Reagieren	Item (theoriegeleitet - am Datenmaterial operationalisiert)
E16	Die ErzieherIn gibt Feedback. z.B. „Ja" oder „Hm" „Damit kenn ich mich nicht aus."
E16a	Die ErzieherIn gibt Feedback mit Bemerkungen wie z.B. „gut", „schön" ohne Interaktionsaufforderung. z.B. „Das hast du toll gemacht!" „Das ist aber ein schönes Bild mit den Bäumen."
E18	Die ErzieherIn gibt Handlungsanweisungen. z.B. „Jetzt schneiden wir den Elefanten aus." „Stell die Schuhe bitte nach draußen."
E20	Die ErzieherIn erklärt, wie oder warum etwas so ist wie es ist. z.B. „Hier gibt es kleine Fenster, damit die Pflanzen auch Licht haben." „Damit der Drache nicht wegfliegt, muss er an einer Schnur festgebunden werden."

Die Transkripte der N=149 (Σ=67 607 Wörter / 33 304 verschiedene Wörter)
wurden wie in Tabelle 55 dargestellt, kodiert:

Tabelle 55: Häufigkeiten Reagieren

E18 Handlungsanweisung	E16 Kommentieren/Feedback			
	Reaktion	Bestätigung (E16a)	Kommentieren – Handeln Kind	Kommentieren – Eigenes Handeln und Denken
Σ=1711	Σ=665	Σ=564	Σ=635	Σ=1395

Demnach stellt sich das „Kommentieren" als elementares Handlungsmuster in
der Kindergartenpraxis dar. Dabei überwiegt eindeutig das „Kommentieren des
eigenen Handelns und Denkens" mit Σ=1395 Kodierungen gegenüber den anderen Kategorien. Im direkten Vergleich dazu erfahren die Kinder relativ selten

„Bestätigung" für ihr Handeln. Über problemzentrierte Interviews ließen sich hier die Haltungen, welche hinter diesem Handlungsmuster stecken, hinterfragen, um zuverlässige Aussagen über das Handlungsmotiv der ErzieherInnen machen zu können. Durch die gemeinsame Betrachtung der Videoaufnahmen mit den ErzieherInnen ergaben sich bereits erste Hinweise darauf, dass die ErzieherInnen bewusst das Handeln der Kinder nicht immer bestätigen, um die Kinder in kein Abhängigkeitsverhältnis zu den Erwachsenen zu führen. Dieser Blickwinkel nimmt Bezug auf ein Prinzip der Montessoripädagogik. „Das Kind braucht kein Lob." (Montessori 1989, 106). Montessori stellt bei diesem Prozess die „Bezauberung" oder auch Konzentration, die das Kind während seiner Tätigkeit erfüllt, heraus und verweist mit „Das Kind braucht kein Lob" darauf, dass das Lob der ErzieherInnen den Prozess unterbrechen würde: „Lob durchbricht die Bezauberung" (Montessori 1989, 106). Ob sich dieses Handlungsmuster in seiner praktischen Konsequenz bzw. reduzierten Übertragung günstig auf die Entwicklung der Kinder auswirkt, muss auf Grund der Befundlage aus Studien zur frühen Eltern-Kind-Interaktion (siehe Kapitel: „Eltern-Kind-Interaktion"), aber auch durch Studien zur Interaktion im Schulalltag bezweifelt werden (Rheinberg et al. 2001). Denn differenziertes „Lob" gilt u. a. als „Rückmeldung" für das eigene Handeln und dient dazu, die eigenen Leistungen einschätzen zu können und weitere Lernprozesse daran anzuschließen bzw. aufzubauen. Insbesondere aus sozialkonstruktivistischer Perspektive muss diesem Prozess für den Kompetenzaufbau des Individuums Bedeutung zugeschrieben werden. Mit $\Sigma=1711$ Kodierungen kristallisiert sich das Handlungsmuster „Handlungsanweisungen" als leitendes Motiv der Kindergartenpraxis heraus. Bereits die Ergebnisse der dritten Analyse verweisen auf die Dominanz der „Handlungsanweisungen" im Kindergartenalltag. Mit dieser inhaltsanalytischen Kodierung bestätigt sich dieser Hinweis und wird durch die Summe der Kodierungen zu den Interaktionsmustern „Erklärungen" und „Kommentieren" in seiner Konsequenz vergleichbar. In der Elementarpädagogik werden seit den 1970er Jahren die „Handlungsanweisungen" als dominierendes Handlungsmuster belegt (Tausch & Tausch 1973; 1976).

Über das Analyseverfahren der „mittleren Äußerungslänge" (*Mean Length of Utterance*, MLU[50]) können elaborierte Satzstrukturen von reduzierten Äußerungen unterschieden werden. Da sich die Transkripte in ihrer Komplexität stark unterscheiden, wird versucht, mit dem MLU-Wert diese Besonderheit quantitativ zu beschreiben. Für die Äußerungen der ErzieherInnen konnte über die jeweils

---

[50] Der MLU-Wert wird insbesondere in der Spracherwerbsforschung genutzt; der von Brown eingeführte Faktor ist aber auch stark umstritten (Clahsen 1988). Insbesondere ist dann Vorsicht geboten, wenn über diesen Wert differenzierte Aussagen über die Leistungen der Kinder gemacht werden. Der MLU-Wert dient einer groben quantitativen Einschätzung und kann im Rahmen weiterer Analyseverfahren wichtige Hinweise liefern. Für eine qualitative Einschätzung der Grammatik sind linguistische Detailanalysen unterlässlich (Clahsen 1986).

erste „lang andauernde Interaktion" ein MLU-Wert von 5.871 Wörtern ermittelt werden. Verglichen mit dem durchschnittlichen MLU-Wert von über Dreijährigen, der bei > 4 liegt (Clahsen 1986), zeugen die Sprachäußerungen der ErzieherInnen von einer hohen Adaptivität an das Sprachvermögen der Kinder. Als maximaler Wert der Wortanzahl bei der mündlichen Kommunikation wird bei Erwachsenen derzeit von 14 Wörtern ausgegangen (Schlicker 2003). Die vorliegenden Transkripte weisen eine große Streuung auf. Der maximale MLU-Wert einer Erzieherin lag bei dieser Untersuchung bei 6.85, der minimale bei 2.28 Wörtern. Folgende Transkripte illustrieren das Ergebnis:

Transkript: 10/3 – Auszug (vollständiger Text siehe Transkriptionsband)
MLU-Wert 2.28

„Draht in den Beinen.
Was ist das?
Und das?
Und das?
Und das hier?
Und das?
Doch, das soll ein Schäferhund sein.
Das steht hier untendrunter."
Was ist denn ein „German shepherd" ?
„Hier steht immer auf Englisch, was für Tiere da sind."
Hier steht „Cow" drunter.
Und hier steht „German shepherd".
Hier steht Giraffe drunter.
„Hippo"
Aber hier?
...
Da steht Zebra.
Hier steht „Sheep".
„Pig".
„Lion" – Was ist ein „Lion"?
Ein Löwe – genau.
Da steht „Tiger" – der Tiger.
„Hippo"
Hier steht Giraffe drunter.
„African Elephant".
Auf dem Schwein steht „Pig".
„Cow".
Das kann ich nicht lesen.
„Sheep"
„Cow"
Ja wirklich.
Und das Pferd?
„Lion".
...

Transkript:
4/2 – Auszug (vollständiger Text siehe Transkriptionsband)
MLU-Wert 6.8
Guck mal. Wenn man so läuft zum Beispiel – ja so den Weg, dann kommst du an die Mauer.
Das ist eine Sackgasse, da kannst du nicht durch. Dann musst du dir einen anderen Weg suchen. Guck mal, so zum Beispiel. Hier kannst du auch nicht durch. Guck hier kannst du
auch da hin. Da kannst du nicht an dein Ziel kommen. So Wege – so verwirrte Wege heißen
ja auch Labyrinth.
Das heißt auch das verrückte Labyrinth. Da mit dieser Karte können wir auch die Wege verschieben. Schau mal. Da wo überall diese Pfeile sind. Siehst du so orangene Pfeile?
Da kann man immer so diese Karte einsetzen. Und so – schau mal, was passiert, wenn ich
diese Karte schiebe, schau mal, was passiert mit allen Karten. Dann verschieben sich auch
alle Wege.

Die Kategorie „Erklärungen" (E20) wurde mit Hilfe der von Passmore (1962) ermittelten alltäglichen Verwendungen des Begriffs „Erklärungen" weiter aufge-schlüsselt (siehe Kapitel: „Vierter Analyseschritt"). Wenn davon ausgegangen wird, dass in den Erklärungsmodellen ein hohes Potential steckt, um den Kindern vielfältige Anregungen zu geben, dann verweisen die vorliegenden Ergebnisse auf eine ernüchternde Realität des Alltags im Kindergarten. Über die differen-zierte Inhaltsanalyse konnte für die sechs Subkategorien der Kategorie „Erklä-rungen" (E20) folgendes Ergebnis ermittelt werden (siehe Tabelle 56):

Tabelle 56: Häufigkeiten Erklärungen

E 20 – Erklärung					
Begründung	Definition	E 27 – konstruktive Hinweise	Kausal	Komplex	Umdeutung
Σ=404	Σ=157	Σ=135	Σ=122	Σ=66	Σ=51

Die inhaltsanalytische Durchsicht zeigt, dass die ErzieherInnen unterschiedliche Erklärungsmodelle nutzen. Die „Begründungen und Rechtfertigungen" heben sich mit Σ=406 Kodierungen als eindeutig am häufigsten benutztes Erklärungs-modell von den anderen Modellen ab. Dabei zeigt die inhaltsanalytische Betrach-tung, dass die Kinder über dieses Modell hauptsächlich „Rechtfertigungen" für bestimmte „Handlungsanweisungen" bekommen. Demnach werden die vielen „Handlungsanweisungen" (E18), die den Kindergartenalltag bestimmen, immer-hin nicht willkürlich gegeben, sondern von Begründungen und Rechtfertigungen begleitet, die den Kindern im Ansatz Verständnis für das Handeln liefern können.

Handlungsanweisung + Begründung/Rechtfertigung:

> Ganz wichtig. Ihr dürft euch eine Schippe und einen Eimer holen, aber keine anderen Sachen. **Weil wenn es wirklich noch einmal regnen sollte, müssen wir nicht so viel einräumen.** (30/1)
>
> Wir müssen das anziehen, **es ist doch viel zu kalt.** (43/2)

Im Schaukasten werden exemplarisch einige der kodierten Äußerungen dargestellt. Zum besseren Verständnis wurde dabei neben den Begründungen (**fett**) auch der Kontext abgedruckt. Damit soll ein Einblick in das Vorgehen der Kodierung ermöglich werden. Die aufgeführten Beispiele zeigen, dass im Kindergartenalltag auch reduzierte Formen von Begründungen/Rechtfertigungen verwendet werden, bei denen es den Kindern schwerfallen dürfte, zu verstehen, warum damit eine bestimmte Handlungsweise verbunden sein soll.

Begründungen:

> Und du, ich kann dich nicht auf den Schoß nehmen jetzt, weil ich muss in die Küche gehen Löffel holen und mir auch Hände waschen. (60/1)
>
> R. vielleicht gehst du mal da drüben hin, **damit du besser dran kommst.** (5/1)
>
> Weil das manchmal Keime sind und die sind nicht so gesund. (58/1)
>
> Damit wir alles drauf kriegen. Auch die Arme. (53/1)
>
> Da ist immer ein bisschen schwierig, weil wir nur eine so ne Platte haben, da muss man's immer abbauen. (64/3)
>
> Ich möchte das nicht, **sonst ist T. ganz nass.** (30/3)
> Da stehen die Zeichen drauf, weil H. und ich manchmal bisschen Probleme haben, uns zu merken wer welches Zeichen hat. (28/4)
>
> Vielleicht finden wir noch welche - **es fehlen nämlich noch einige.** (49/2)
>
> Nein - ich hab keine Hähnchenknochen gegeben. **Ich will doch nicht, dass der Hund sich weh macht.** (44/1)
>
> So jetzt eine Nase. Nicht mit blau. **Du hast auch keine blaue Nase.** (34/1)
>
> Reduzierte Formen:
>
> Eine Ente – **hat Schnupfen.** (37/5) - *(weil die Ente Schnupfen hat)*
>
> Nicht zu weit fahren A. - **hier ist der Sandkasten.** (47/3) – *(weil hier ist der Sandkasten)*

Draht in den Beinen. (10/3) – (Die lassen sich so gut bewegen, weil sie Draht in den Beinen haben)

Deine Hose ist zu lang - da kannst du nicht rein. (30/3) – (*weil deine Hose zu lang ist, kannst du hier nicht rein*)

Halt - **die sind vom F**. (55/3)

Definitionen *(Σ=157)* werden im Kindergartenalltag relativ selten bewusst genutzt, um den Wortschatz der Kinder zu erweitern. Definitionen dienen nach der inhaltsanalytischen Betrachtung überwiegend zur Definition von Situationen bzw. von Ausgangsbedingungen. Im Folgenden werden jeweils im Kasten einige der Kategorie zugeordnete exemplarische Aussagen aus dem Kindergartenalltag dargestellt.

Definitionen:

Denn wer zum Schluss den Schwarzen Peter in der Hand hat, hat verloren. (53/3)

Wenn die alten Kinder, die alten Kinder sage ich immer, das sind angehenden Schulkinder, die in die Schule kommen. (41/2)

Das sind jetzt deine Umrisse. Weißt du, wie ein Schattenbild. (53/1)

Das ist schwarz. (16/2)

Das war eine Vier. (39/4)

Des ist rund und des ist eckig. (59/4)

Davor ist. Weil hier immer was davor steht. (40/1)

Mit Skiern kannst du nur Skifahren. Zum Schlittschuhlaufen brauchst du Schlittschuhe. (12/4)

Das ist eigentlich nicht zum Bauen, das ist zum Holz reinlegen und zum Sägen. (52/2)

Eisenbahn oder Lokomotive – die Eisenbahn ist der ganze Zug. (64/3)

Ein Witz ist aber für mich, wenn ich lachen kann, jetzt kann ich nicht lachen. (48/2)

Hört mal, ich finde das unhöflich. Der S. erzählt und ihr hört ihm gar nicht zu – das ist unhöflich. (17/3)

Das ist eine Tür, I. Die kann man auf und wieder zu machen. (32/1)

Der Rechen ist so was, womit man das Laub zusammenmacht. (59/3)

Reduzierte Formen der Definitionen:

Das ist Unterhose, das ist Hose. (55/3)

Müsli – genau.
Ist ja auch gemischt – sind Cornflakes. (11/2)

„Pig" (10/3)

„Konstruktive Hinweise" (E27) stehen mit nur $\Sigma=135$ Kodierungen an dritter Stelle der im Alltag verwendeten Erklärungsmuster. Da „Handlungsanweisungen" den Tagesablauf bestimmen, belegt dieses Ergebnis einmal mehr, dass ErzieherInnen die „lang andauernden Interaktionen" mit dem Kind nicht dafür nutzen, mit dem Kind zusammen einen gemeinsamen Bezugspunkt zu differenzieren, sondern dass die Kommunikation in den meisten Fällen bei einer Reaktion stehen bleibt. „Konstruktive Hinweise" setzen bei einem gemeinsamen Bezugspunkt an und bezwecken, das Handeln der Kinder zu verbessern (siehe Beispiele Kasten).

E27 – Konstruktive Hinweise:

Das ist nur so ein Blatt, dass das stabil zusammen ist

Das ist ein ganz festes Pappblatt. Weil die so sehr weich sind und so schnell knicken liegt da ein Blatt drunter was so ein bisschen Stabilität gibt. Damit das ein bisschen fester ist. Wenn die jetzt so zusammen sind kann man es nicht ganz so doll knicken.
(28/3)

Jetzt hier so. Damit hier in der Mitte die Linie ist. Genau da wo die Linie anfängt - von beiden Seiten. (19/4)

Und jetzt dein Messer abstreichen. Einmal und von der anderen Seite. (13/1)

Mit Wachsmalstiften. Dann musst du hier ganz schwarz mit Wachsmalstiften drüber malen und dann kannst du das wieder abschaben. (12/1)

Nach der Farbe gelb, nach der Farbe blau und nach der Farbe rot - müssen wir schauen. (59/4)

Aber vielleicht kann ich auch weiter unten versperren, damit keiner nach mir kommt und mich raus schmeißt. (56/1)

Wenn du die Nadel etwas weiter hinten anfasst dann fällt dir das vielleicht ein bisschen leichter. Dann schiebst du die nicht so zusammen. (28/2)

Das kann man geschickt mit dem Finger machen. Dass man ganz kleine Löchlein kriegt. (5/1)

Da sind dunkelbraune Haare und hellbraune Haare. Und jetzt schau dir dieses Teil einmal an. Auf welche Seite das gehören könnte. (28/6)
Achte noch mal darauf wie der Kobold am Anfang spricht.
Er macht kein K, sondern ein H. (27/1)

Weißt du was M., spring doch erst auf das Trampolin und wenn du dann vom Trampolin runter springst, dann werfe ich den Ball. (14/1)

Drei oder vier von den großen Samen, die Sonnenblumen sind. Und von den kleinen, kann man richtig oben drauf streuen und dann mit dem Finger ein bisschen Erde draufmachen. Aber immer von einer Sorte in ein Töpfchen. (5/1)

Den Pinsel abstreifen und dann wieder direkt in die Farbe rein (53/1)

Vielleicht auf einmal kann man es nicht machen. Lauf einfach ein Stückchen in die Richtung, vielleicht gibt sie dir Anregungen.
So stopp - geh doch einfach hier näher an die Spinne heran. So oder so. Hier stehen bleiben oder da stehen bleiben. (4/2)

Reduzierte Formen

Am besten drückst du nicht so doll. (34/1)

Augen zu und fühlen. (61/1)

Komm lieber runter. (30/5)

„Kausale" Erklärungen kommen mit $\Sigma=120$ Kodierungen relativ selten im Alltag vor. „Kausal" sind die meisten Erklärungen nur auf Grund der „Wenn-Dann-Beziehung", die durch die Erklärung geäußert wird. Die meisten Äußerungen dienen daher eher dazu, den Alltag zu strukturieren, als dass sie im strengen Sinne logisch-kausale Zusammenhänge verdeutlichen (siehe Beispiele).

Kausale Erklärungen

Lass mal den M. fertig erzählen und dann gucken wir deins an. (5/2)

Ich glaube, dann wäre das Auto platt, wenn da so ein Elefant drauf tritt. (10/3)

Wenn alle durcheinander sprechen, dann kann man gar nichts verstehen. (19/2)

Wenn du das nicht genau weißt, dann probier das hier auf diesem Schmierblatt aus. (16/2)

Wenn du sechs wirst, kommst du in die Schule. (59/1)

Und wenn du zweie davon hast, dann legst du sie auf den Tisch. (54/3)

Dann weiß die K., was ein Rad ist. (17/3)

Wenn viele Menschen da sind, muss man es ein bisschen organisieren. (5/1)

Wenn sie kaputt geht – wenn du sie kaputt machst, dann musst du sie wieder aufbauen. (48/1)

Wenn wir das hier lang schneiden, dann klappt das nicht mit dem Zusammenrollen. (38/1)

Das ist ganz gefährlich, wenn das durchgeht durch die Jacke, dann piekst dich des. (55/6)

Da kann es ja sogar kaputt gehen – wenn jemand drauftritt. (45/3)

Wenn gleich ein Platz ist, dann such ich dich. (33/1)

Und wenn du fertig bist mit aufräumen, dann kannst du weiterbauen. (62/1)

Ich häng den zum Trocknen auf – dann kann man den hinterher wieder anziehen. (13/3)

Wenn du Skifahren möchtest ab morgen, dann brauchst du ganz viel Kraft. (12/2)

Dann sehen die Farben nicht mehr so schön aus. Wenn man die mischt. (41/1)

Du musst auch gucken – dann kannst du es sehen, wer das ist. (59/1)

Wenn du auf die Seite Kleber drauf machst.

Auf die da oder auf die da – dann kannst du's gleich abwischen. (57/2)

Wenn du die Kapuze runtermachst, dann klappt das nicht alleine. (56/2)

Reduzierte Formen:

Die Kinder, die ich will des – kriegen gar nichts. (55/4)

Komplexe Erklärungen finden sich in $\Sigma=64$ Äußerungen. Hier stecken die Erklärungen, die versuchen, den Kindern Hintergrundinformationen und Zusammenhänge zu verdeutlichen. Dieser Erklärungsform muss im Kontext der Anregungen, die das Kind im Kindergarten erfahren kann, die größte Bedeutung zugeschrieben werden (siehe Beispiele).

Komplexe Erklärungen:

Wir haben Ostern ohne dich gefeiert, beim Sommerfest bist du kurz vorbeigekommen. (57/3)

Und damit man das gut erkennen kann, haben wir das auch in einzelne Spalten – damit man das gut erkennen kann.

Hier das Rote, wo du gerade geguckt hast, das heißt S. und das heißt Kuh, weil der S. die Kuh als Zeichen hat. (28/4)

Ein Labyrinth da sind ja so hier – ein Irrgarten. Da kann man so spazieren gehen und kommt in eine Sackgasse ..., dann muss man einen anderen Weg gehen und dann ist er auch wieder zugesperrt. Wenn wir es aufgebaut haben, dann können wir auch sehen, was ein Labyrinth ist.
Da kannst du jetzt einfach so dazwischen diese Karten legen. Dass das alles voll ist. (4/2)

Ja – Für eine einzelne Person ist so ein Auto gut. Für mich, wenn ich zur Arbeit fahr – zum Kindergarten zu euch – wär so ein Auto gut. (16/4)

Das ist unsere von gestern, wo wir deine Schrift festgeklebt haben.
Die haben wir so arg leer gemacht – gestern.
Als wir den Schlupf geklebt haben und dein großes Bild fertig gemacht haben. (57/2)

Die haben alle so komische Namen, weil die aus Skandinavien kommen.
Schweden ist in Skandinavien. Ist ein Land in Skandinavien.
Da heißen die Leute alle ein bisschen anders als bei uns in Deutschland. (12/4)

Die haben wir öfters in der Turnhalle.
Ich hab die so auseinandergenommen. Schön. So.
Hab ich mich da draufgesetzt.
Habe ein Zauberspruch gesagt.
Und dann bin ich mit dieser schönen Kuscheldecke geflogen. (19/2)

Im Frühling, ja – wenn ihr die Bäume angeschaut habt – hat der Baum im Winter keine Blätter und dann hat er die Blätter bekommen und dann kamen die weißen Blüten – und da, wenn ihr vielleicht durch den Garten geht, dann wachsen da Äpfel. (41/2)

Dann kommst du an die Mauer. Das ist eine Sackgasse, da kannst du nicht durch. Dann musst du dir einen anderen Weg suchen. Guck mal, so zum Beispiel. Hier kannst du auch nicht durch. Guck, hier kannst du auch da hin. Da kannst du nicht an dein Ziel kommen. So Wege – so verwirrte Wege heißen ja auch Labyrinth.
Das heißt auch das verrückte Labyrinth. Da mit dieser Karte können wir auch die Wege verschieben. Schau mal. Da wo überall diese Pfeile sind. Siehst du so orangene Pfeile?
Da kann man immer so diese Karte einsetzen. Und so – schau mal, was passiert, wenn ich diese Karte schiebe. Dann hat sich was passiert mit allen Karten. Dann verschieben sich auch alle Wege. Da gab es hier keinen Weg da ist es ja ... hier war es kein Weg, ja? Hier war eine Mauer. Und wenn ich diese Karte jetzt reinschiebe – dann kannst du jetzt hier so durchgehen. Wenn man so die Karten verschiebt, dann kann man sich immer einen neuen Weg schaffen. Zum Beispiel, wenn wir von dieser Seite. Wenn wir zum Beispiel hier so laufen müssen, dann kann man auch verschieben. Guck mal die Bilder drauf, die sind alle auf dieser Karte gezeichnet. ... zum Beispiel – das ist hier. Weil nämlich in diesem Labyrinth sind verschiedene Schätze verborgen und versteckt. (4/2)

Dann hat nämlich der Samen unten auch noch Erde und oben. Und ringsherum ist dann Erde um den Samen. Da kann der Samen nämlich – die Kraft aus der Erde holen. (5/1)

> Die Kinder, die jetzt nicht drangekommen sind, ist gar nicht so schlimm. Ihr macht das morgen ja noch mal. Wir machen das morgen mit den Kindern weiter, H., die nicht drangekommen sind. (33/1)
>
> Aber schau mal – wenn jetzt gar niemand da ist, und du möchtest mal allein damit spielen. Oder der A fliegt gerade mit seinem Flugzeug, dann ist gar niemand da, der das grad aufmachen kann. (62/1)
>
> Genau – dann können sie dich nicht schlagen. Ich brauch jetzt nämlich erst mal eine Zwei, um da ranzukommen. Und wenn der jetzt weg ist, könnt ich dich sofort schlagen und käm da auch durch. (56/1)
>
> Die macht da nämlich ein Brett fertig. Das kommt in Ruheraum wird über die Tür gemacht, dass wir da Matratzen hinlegen können oder eine Decke mit Kissen. Weil der Schrank schon zu klein geworden ist für so viele Kinder, die da Mittagsruhe machen. (11/1)
>
> Jetzt war es ja auch etwas leichter für euch. Das waren Wörter, die wir gerade schon hatten. Ich glaub ich nehm mal für den J. und F. etwas schwieriger. Was wir noch nicht hatten. (27/1)
>
> Das ist ein ... Auto. Messerschmidt. Das ist ein ganz altes Auto. So ein Auto hat mein Opa schon mal gefahren. Die gibt es heute gar nicht mehr. (16/4)

„Umdeutungen" stellen mit $\Sigma=64$ Kodierungen das am seltensten benutzte Erklärungsmuster dar. Wenn davon ausgegangen wird, dass dieser Form der Erklärung vor allem im Zusammenhang mit der „Fehlerkorrektur" eine Bedeutung zugeschrieben werden kann (Oser & Spychiger 2005), dann erstaunt das Ergebnis in der Hinsicht, dass im Kindergarten anscheinend nur selten etwas in den richtigen Kontext gestellt werden muss oder Ansichten so selten „umgedeutet" werden. Dieses Ergebnis scheint, ähnlich wie die „Bestätigung" der Handlungsweisen des Kindes eher auf eine bestimmte „Philosophie" des Kindergartens zu verweisen, welche sich vermutlich über problemzentrierte Interviews klären lassen könnte. Für den Aufbau des Selbstbildes und der Verbesserung von Handlungskompetenzen würden aber solche „Korrekturen" den Kindern weiterführende Lernprozesse eröffnen.

Umdeuten:

> Das ist nicht zum Schlagen.
> Du steckst das in die Ohren. (26/1)
>
> Nein – das ist komplett weiß von beiden Seiten. (28/3)
>
> Ne – einen Hahn bringt sie jetzt mit, weil die Hühner keine Eier gelegt haben. (50/2)

Das muss man nicht ausprobieren. Schau – wir haben hier das Bild nochmal. Da kann man immer ein bisschen gucken. (28/6)

Gelb rot, gelb – ne, des ist blau. (59/4)

Das ist aber eine andere. Das ist eine Straße. (47/1)

Spinne nicht – eine Fliege. Spinnen hab ich hier nicht gesehen. (13/2)

Das kann ja gar nicht sein, das haben wir vom Rudi geschenkt gekriegt. (57/5)

Nein – du hast doch keine schwarze Haare – schau doch mal in der Puppenecke in dem Spiegel an – und guck nach deiner Haarfarbe. (53/1)

Aber das ist nicht unter dem Blatt die Raupe. Das ist eine Raupe auf dem Blatt. (59/3)

Das gehört niemand. Wir können doch alle damit spielen. (51/1)

Das hast du falsch gemacht. Von der Seite musst du anfangen.
Das hast du schon gut gemacht, aber die falsche Seite hast du genommen. (38/2)

So kannst du nicht. Ne, ne, nee. Jetzt muss man erst mal schieben und dann laufen und dann stehen bleiben. Oder so zum Beispiel. (4/2)

Ne – guck mal die kleinen Männchen können solche Schritte nicht machen. Wir können das. Aber die kleinen Männchen. (50/1)

Daneben wäre da, aber er steht da. (40/1)

Reduzierte Formen:

Nein, das ist Weizen (49/2)

Geschnitten werden, heißt des. (58/1)

Ne – wir haben noch einen größeren. (51/1)

Im Schlusskapitel werden alle Ergebnisse abschließend diskutiert und die einzelnen Befunde aufeinander bezogen.

9. Diskussion und Perspektiven

Obwohl den Lernprozessen in der frühen Kindheit während der letzten Jahren eine große Bedeutung für die zukünftige Entwicklung der Individuen zugeschrieben wird, gilt der Kindergarten bis heute als Stiefkind des Bildungssystems. Weder die erste Bildungsreform zu Beginn der 70er Jahre des vergangenen Jahrhunderts noch die Diskussion im Anschluss an die internationalen Vergleichsstudien (OECD; PISA) in den letzten Jahren führten zu einer kontinuierlichen Auseinandersetzung mit dem Feld der vorschulischen Pädagogik. Darauf ist es auch zurückzuführen, dass es bis heute an Studien mangelt, die kontinuierlich das Forschungsfeld und das Wirken der ErzieherInnen reflektieren (Dippelhofer-Stiem 2002). Neben nur zwei großen quantitativen Studien, die sich mit der Qualität der Einrichtungen unter unterschiedlichen Aspekten beschäftigen (Wolf et al. 1999; Tietze et al. 1998), müssen Studien in der Pädagogik der frühen Kindheit vor allem auf kleinere Forschungsarbeiten zurückgreifen und auch Ergebnisse aus dem angloamerikanischen Sprachraum heranziehen. Demnach ist es ein schwieriges Unterfangen, der Komplexität des Feldes auch nur annähernd gerecht zu werden und fundierte Aussagen über den Kindergartenalltag zu treffen. Diese Situation muss bei der Interpretation der Ergebnisse dieser Studie unbedingt berücksichtigt werden.

9.1 Diskussion der Forschungsergebnisse

Die vorliegende Untersuchung setzt bei der Alltagsrealität an, um Aussagen über die Interaktion zwischen ErzieherIn und Kind(-ern) im Kindergarten zu machen. Dabei wurde nach Ireson & Blay (1999) davon ausgegangen, dass sich ErzieherInnen in offenen Lernsituationen am Handeln der Kinder orientieren. Demnach galt es in dieser Studie, „dialogisch-entwickelnde Interaktionsprozesse" mit ihren „Gelegenheitsstrukturen" für subjektive Erfahrungsprozesse des Kindes aufzuspüren. Diese Interaktionsprozesse implizieren gemeinsame Handlungsziele und die Möglichkeit, Entwicklungsprozesse über „*scaffolding*" zu unterstützen (Ireson & Blay 1999). Bisherige Befunde aus der Forschung bezweifeln, dass solche Interaktionsprozesse den Kindergartenalltag bestimmen. „Dialogisch-entwickelnde Interaktionsprozesse" können gegebenenfalls zu „bewusst dialogisch-entwickelnden Denkprozessen" bzw. zu „*sustained shared thinking*" (Sylva et al. 2003; Siraj-Blatchford et al. 2002) führen, welche als besonders effektive Interaktionsformen gelten, um Kinder in ihren Lern- und Entwicklungsprozessen herauszufordern und diese zu erweitern (Göncü & Rogoff 1998; Gauvain & Rogoff 1989).

> „Wenn auch Einschränkungen gemacht werden müssen, so bleiben nach Befragungen und Beobachtungen doch erhebliche Zweifel, ob das Lernen in vielen Kindergärten zielorientiert ist, in rationalen Gesamtzusammenhängen stattfindet und an konkreten Bedürfnissen der Kinder anknüpft" (Röchner 1985, 121).

Brandt & Wolf (1985) stellen heraus, dass der Aspekt der Erziehungskompetenz der ErzieherInnen in Bezug auf die „Anregungen auf der Ebene des Kindes" bezweifelt werden muss. Die Autoren führen dies auf die mangelnde Ausbildungsqualität zurück. Auch Tietze et al. (1998) weisen darauf hin, dass insbesondere die westdeutschen Ganztagseinrichtungen nur über einen „unterentwickelten pädagogischen Tagesplan" verfügen. Sie beschreiben dies als „pädagogischen Rückzug" und dass „Kinder sich selbst überlassen bleiben". Diese Schlussfolgerungen sind kongruent zu den Ergebnissen internationaler Studien, wonach sich PädagogInnen viel zu früh aus dem pädagogischen Prozess zurückziehen (s. o. vgl. Winsler & Carlton 2003; Katz 1999; Kontos 1999). Der Mangel an Interaktionsqualität im Kindergarten kann nach Wolfram (1995) darauf zurückgeführt werden, dass die Beziehung zwischen ErzieherIn und Kind im Situationsansatz nur unzureichend herausgearbeitet wurde. Da der Situationsansatz die Arbeit in den Kindergärten seit den 80er Jahren des letzten Jahrhunderts primär beeinflusst (siehe Kapitel: „Dominierende Einflüsse ab 1980"), weisen die Befunde auf so genannte „blinde Flecken" des pädagogischen Handelns in der Kindergartenpraxis hin.

Auch die hier vorgestellte Studie belegt, dass der Alltag für ErzieherIn und Kind im Kindergarten nur selten zu einem stimulierenden Austausch über die Interaktionsprozesse führt. Zwar stimmen *79 %* der ErzieherInnen der Aussage zu, das „Kind sei AkteurIn seiner Entwicklung" und bestätigen damit den Einfluss konstruktivistischer Bildungsvorstellungen, jedoch bleibt das beobachtete Handeln der ErzieherInnen im Kindergartenalltag weit hinter diesen Ansprüchen zurück. Die Interaktionsprozesse werden vor allem durch die starke Konzentration auf das Alltägliche bestimmt und vernachlässigen Handlungsstrukturen, die zu anregenden und weiterführenden Denkprozessen führen. Das „Gestalten" konnte mit *18.1 %* als häufigste Handlungsform ermittelt werden, in der ErzieherIn und Kinder gemeinsam in eine Interaktion verwickelt sind; umso auffälliger ist es, dass sich diese Situationen nicht als besonders kreative und konstruktive Aushandlungsprozesse im Gesamtergebnis widerspiegeln. Über den Kindergartenall-

tag dominiert vielmehr die Interaktionsform, die sich über direkte „Handlungsanweisungen" an das Kind richtet. Insbesondere durch den 4. Analyseschritt mit
$\Sigma=1711$ Verknüpfungen zu den „Handlungsanweisungen" im Gegensatz zu
$\Sigma=135$ Verknüpfungen, die „konstruktive Hinweise" für das Handeln der Kinder
beinhalten, oder gar nur einer Situation, die auf „dialogisch-entwickelnde Interaktionsprozesse" zwischen ErzieherIn und Kind verweist, wird deutlicht, wodurch die Interaktion zwischen ErzieherIn und Kind(-ern) bestimmt wird. Demnach scheint hier nicht das kreative Gestalten, sondern vielmehr das Ausführen
von bestimmten „Handlungsanweisungen" im Mittelpunkt zu stehen. Auch das
„Regelspiel" mit *15.4 %* und das „Gespräch ohne Spiel- und Beschäftigungsgegenstand" mit *14.8 %* lassen auf Grund der ermittelten Interaktionsstruktur darauf schließen, dass das Kind nur wenig in erweiterte Auseinandersetzungen über
den Gegenstand verwickelt wird und auch nur selten die Kompetenzen des Kindes genutzt werden, um eine gemeinsame bzw. dialogische Auseinandersetzung
zu initiieren. Die starke Alltagsorientierung wird dadurch bestätigt, dass nur
wenige Interaktionssequenzen eindeutigen Bildungsbereichen zugeordnet werden
konnten. Dieser Befund lässt darauf schließen, dass der Alltag häufig mit der
Einübung von Routinen gleichgesetzt wird. So wird der Kindergarten auf den
ersten Blick als relativ unkreativer Interaktionsraum wahrgenommen, da das
Handeln an die Materialien und Möglichkeiten gebunden bleibt, die durch den
Gruppenraum geboten werden. Während bei Kindern unter drei Jahren die All-
tagsorganisation, wie das selbständige An- und Ausziehen, die Koordination von
Messer, Butter und Brot eine große Herausforderung darstellen, bestätigt sich die
Annahme, dass für Kinder ab drei Jahren keine neuen Herausforderungen im
Alltag hinzukommen. Zumindest zeigte sich, dass sich die Kinder während der
Interaktion nur selten veranlasst sahen, Fragen zu stellen. Dieser Befund müsste
durch differenzierte Studien zur Aktivität von Kindern im Kindergartenalltag
genauer analysiert werden. Die mit der vorliegenden Studie ermittelten Befunde
verstärken den Eindruck, dass zwischen Methode und Ziel des Lernens im Kindergarten nicht gründlich genug unterschieden wird. Das durch den Situationsansatz herausgestellte Primat des sozialen Lernens vor dem fachwissenschaftlichen
Lernen wird im Alltag des Kindergartens scheinbar nicht differenziert genug
umgesetzt. Dadurch werden die alltäglichen Routinen unmittelbar zum Lernziel.
Einsiedler hat bereits 1982 auf das Problem der mangelnden Differenzierung
zwischen Ziel und Methode in der Grundschuldidaktik verwiesen. Auch in der
Lernumwelt des Kindergartens scheint dieses Problem vorzuliegen. Wissen-
schaftsorientierung oder Impulse von außen werden im Situationsansatz nicht
abgelehnt, sondern sollen in die soziale Lebenssituation integriert werden. Demnach scheinen die derzeitigen offenen Rahmencurricula den ErzieherInnen zu
wenig Orientierung für das Handeln zu bieten, den Alltag des Kindergartens
anregender zu gestalten. Die durch die Bildungspläne identifizierten Bildungsbe-

reiche könnten hier wichtige Orientierungen und Impulse für das Handeln im
Kindergarten liefern. Für eine „interaktionistisch-konstruktivistische Lernumwelt" fehlen in den bisherigen Bildungsvereinbarungen jedoch auf eine differenzierte Handlungsdidaktik verweisende Ansatzpunkte, die über die Vorstellung
der „aktiv Lernenden" hinausgehen und den ErzieherInnen einen Einblick in die
komplexen mit konstruktivistischen Lernumwelten verbundenen Zusammenhänge gewähren. Eine konstruktivistische Lernumwelt im Kindergarten zu etablieren, ist unmittelbar damit verbunden, ErzieherInnen in der Ausbildung stärker für
die Lernprozesse der Kinder zu sensibilisieren und Wissen darüber zu vermitteln,
wie Lernprozesse angeregt und adaptiv unterstützt werden können. Damit stellt
sich die Forderung, eine Didaktik für den Kindergarten zu entwickeln, die es den
ErzieherInnen ermöglicht, sich stärker in der Rolle einer „LernbegleiterIn" zu
sehen und eine intersubjektive Aushandlungsebene mit dem Kind zum „Alltag"
werden zu lassen. Dabei kann die Auseinandersetzung mit verschiedenen Bildungsbereichen Fragen aufwerfen und zur gemeinsamen Suche nach Antworten
führen. Die Bildungsbereiche müssen als Lernanlässe verstanden werden, durch
die unterschiedliche Bildungsziele verfolgt werden können. Dabei sollte die
adaptive Instruktion das Handeln im Kindergarten in erster Linie bestimmen. Des
Weiteren muss daran gearbeitet werden, Wissenskomplexe zu identifizieren, die
den Kindern den Übergang von der Lernumwelt des Kindergartens in die Grundschule erleichtern. Dazu zählt der Erwerb so genannter Vorläuferkompetenzen
wie z. B. der „Phonologischen Differenzierung", welche die Kinder beim Erlernen der Kulturtechniken erheblich unterstützt (Schneider et al. 1999). Auch in
der Theorie der direkten Instruktion (siehe Kapitel: „Instruktion") wird heute von
dem Primat der aktiv Lernenden ausgegangen, d. h., die Instruktion muss sich
prinzipiell an den Lernenden und ihren Fähigkeiten ausrichten, um Lernprozesse
angemessen zu unterstützen.

Lässt sich die Interaktion zwischen ErzieherIn und Kind(-ern) als Teil einer interaktionistisch-konstruktivistischen Lernumwelt verstehen?

Die für die vorliegende Studie zentrale Fragestellung soll im Folgenden anhand
der Ergebnisse detailliert diskutiert werden. Dabei soll die differenzierte Befundlage zum Anlass genommen werden, Konsequenzen für das pädagogische Handeln im Kindergarten abzuleiten. Die „dialogisch-entwickelnden Interaktionsprozesse" gelten hierbei als zentraler Anhaltspunkt zur Identifikation einer interaktionistisch-konstruktivistischen Lernumwelt (siehe Kapitel: „Konstruktivistische
Interaktionstheorien").
    Die Ergebnisse der Studie zeigten, dass sich die Lernumwelt der Kinder im
Kindergarten in fast allen Gruppen durch eine Atmosphäre der „Wertschätzung"
gegenüber dem Kind auszeichnet (Beobachtungsraster 1). Dabei darf nicht außer

Acht gelassen werden, dass auch Indikatoren von „Ablehnung des einzelnen Kindes" und „Gehorsam und Kontrolle" im Kindergartenalltag vorkommen. Hierbei kann an die Studie von Tietze et al. (1998) angeschlossen werden, die bereits auf eine relativ sensible Kindergartenerziehung verweist (siehe Kapitel: „Erste Analyse: Caregiver Interaction Scale").

Die zweite Analyse machte deutlich, dass sich der Kindergartenalltag für die ErzieherInnen als eine äußerst komplexe Aufgabe darstellt (Beobachtungsraster 2). So wechseln ErzieherInnen bis zu 32-mal während der Beobachtungszeit (60 min.) den Gesprächsgegenstand. Es zeigt sich aber auch, dass ErzieherInnen während der Interaktionen in unterschiedliche Interaktionsprozesse parallel verwickelt sind, d. h., dass ErzieherInnen in hohem Maße belastet sind, wenn sie allen Interaktion gerecht werden wollen. Diese Situation gilt es im Gegensatz zum pädagogischen Feld der Schule herauszustellen. Der pädagogische Handlungsraum des Kindergartens ist durch Freiwilligkeit geprägt und die Interaktionssituationen werden durch einen Wechsel der Interaktionsteilnehmenden bestimmt. Auch die Tatsache, dass die Kinder in verschiedenartigste Situationen verwickelt sind, unterscheidet das Arbeiten der ErzieherInnen vom Handeln im Schulunterricht, der sich vor allem im Anfangsunterricht durch eine starke zeitliche Strukturierung auszeichnet. Dabei lassen sich eindeutige Phasen, in welchen die Kinder mit „freiwilligen" Aufgaben beschäftigt sind, von Phasen mit einem gemeinsamen Ziel unterscheiden. ErzieherInnen haben sich theoretisch mit der Schwierigkeit auseinanderzusetzen, in den unterschiedlichsten Situationen Lernziele zu identifizieren, um das Kind angemessen unterstützen zu können. Diese hohe Komplexität könnte auch ein Grund dafür sein, weshalb das Unterstützen von Lernprozessen durch die Interaktionsprozesse zwischen ErzieherIn und Kind(-ern) im Alltag kaum zu identifizieren ist.

Die Ergebnisse werden hier in Bezug auf den Aufbau der „lang andauernden Interaktion" ($\geq$ 3 min.) (siehe Kapitel: „Dritte Analyse: Beobachtungskriterien") zwischen ErzieherIn und Kind noch einmal diskutiert, um deutlich zu machen, wie ErzieherInnen den Alltag im Kindergarten durch ihr Handeln bestimmen, und um Klarheit darüber zu erlangen, ob das Interaktionshandeln nicht auch Handlungsstrukturen zuließe, welche stärker dem Prinzip der „dialogisch-entwickelnden Interaktionsprozesse" folgen.

Tabelle 57: Grobkategorien Beobachtungsraster 3

A:	Handeln	E0 – E0.2
B:	Initiieren/Nachspüren	E1 – E7
C:	Motivieren	E8 – E11
D:	Abwarten/Zuhören	E12 – E15
E:	Reagieren	E16 – E18
F:	Erweitern	E19 – E27

| G: | Delegieren | E28 – E32 |
| H: | Dialogisch-entwickelnde Interaktionsprozesse | E33 |

Folgender Interaktionsverlauf wird hierbei auf den ersten Blick ersichtlich (siehe Abbildung 34): Die Bereiche „Erweitern" (F), „Delegieren" (G) und „geteilte Denkprozesse" (H) nehmen nur eine untergeordnete Rolle bei den „lang andauernden Interaktionen" im Kindergarten ein, d. h., die ErzieherInnen legen beim Interaktionshandeln ihren Schwerpunkt auf das „Initiieren" (B) und auf das „Reagieren" (E).

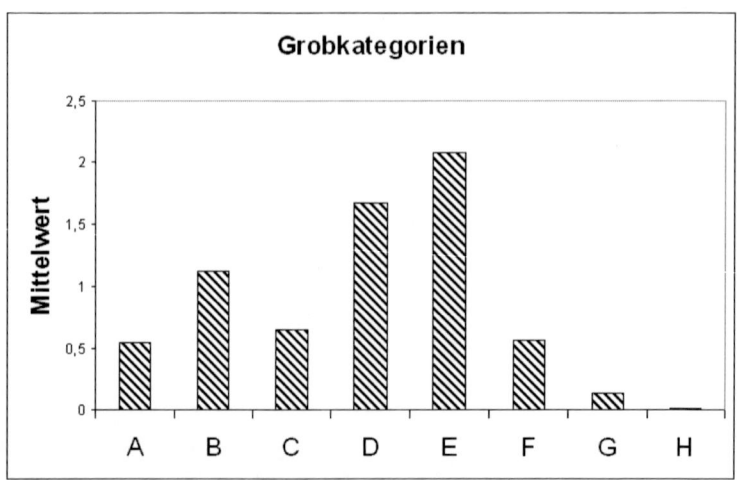

Abbildung 33: Grobkategorien (Beobachtungsraster 3)

Das „Initiieren" zeigt sich dabei als differenziertestes Handlungsmuster; so werden die einzelnen Items in ähnlichem Ausmaß genutzt (siehe Abbildung 27). Der Komplex „Motivieren" ist dagegen unterrepräsentiert (siehe Abbildung 28), was damit zusammenhängen mag, dass die Settings im Kindergarten durch Freiwilligkeit geprägt sind und sich die ErzieherInnen daher weniger verpflichtet sehen, die Kinder für einen Handlungsgegenstand zu interessieren. Das lässt sich insbesondere durch das Item „Die ErzieherIn sagt, das Kind soll seine Tätigkeit wieder aufnehmen" (E11) nachweisen, welches in den beobachteten Situationen nur eine geringe Ausprägung erfährt. In Bezug auf den Wissenserwerb gilt diesem Komplex besondere Aufmerksamkeit. Von großer Bedeutung ist in diesem Zusammenhang auch, dass die ErzieherInnen kaum eine Situation nutzen, um an das bestehende Wissen der Kinder anzuknüpfen (E8). Sie verweisen auch kaum auf „Ursachen und Gründe" (E10) von Ereignissen. Das kann auch damit zusammenhängen, dass der Kindergartenalltag zur Routine geworden ist und daher nur noch selten in Frage gestellt wird. Beide Items könnten zu dem Schluss führen, dass die ErzieherInnen über relativ wenig Wissen verfügen, um Lernprozesse der Kinder angemessen zu unterstützen oder aber, dass die Unterstützung von Lernprozessen im Kindergarten nicht als eigentliches Handlungsmotiv betrachtet wird.

Der Komplex „Abwarten und Zuhören" (D) findet dagegen besondere Berücksichtigung (siehe Abbildung 29), so dass dem Kind genügend Zeit verbleibt, auf das Initiieren der ErzieherInnen zu reagieren. Nur selten kommt es zu Situationen, in welchen ErzieherInnen Kinder „abweisen" (E14), was zunächst ausgesprochen positiv auffällt. Werden aber Aussagen wie: *„Jetzt mach ich das mit Kathrin fertig, dann helf' ich dir bei deiner Burg"*, auch als Abweisen verstanden, dann wird deutlich, dass die hohe Komplexität, d. h. vor allem die parallel laufenden Interaktionen, eventuell auf diese mangelnde Strukturierung der eigenen Interaktionen zurückzuführen ist. Der Aspekt „Abwarten und Zuhören" verweist darauf, dass prinzipiell genügend Zeit besteht, um sich mit dem Kind auch auf erweiterte Auseinandersetzungen einzulassen.

Das „Reagieren" (E) wird vor allem durch zwei Handlungsprinzipien bestimmt (siehe Abbildung 30), die „Handlungsanweisungen" (E18) und das „Kommentieren" (E16). Das Übergewicht an „Handlungsanweisungen" steht konträr zu „Selbständigkeit" und „Autonomie", wozu das Kind im Kindergarten erzogen werden soll (Priebe & Wolf 2003). Dass die „Handlungsanweisungen" den Kindergarten schon nachweislich seit den 1970er Jahren (Barres 1973; Neubauer 1980) wie selbstverständlich dominieren, muss nachdenklich stimmen und weist auf die blinden Flecken im pädagogischen Handeln hin. Das „Kommentieren" hat im Kindergarten eine besondere Funktion und spielt nicht zuletzt für die Sprachunterstützung eine bedeutende Rolle. Auffällig ist, dass dieses didaktische Prinzip den Kindergarten in den unterschiedlichsten Interaktionsbereichen so konsequent durchzieht. Über die inhaltsanalytische Auswertung zeigte sich, dass die ErzieherInnen dabei vor allem ihr „eigenes Handeln und Denken" kommentieren. Mit einer Verknüpfung von $\Sigma=1395$ fällt dieses Handlungsmuster ähnlich stark ins Gewicht wie die „Handlungsanweisungen". Neben dem „Kommentieren" wird auch der „Reaktion" auf die Handlungen der Kinder mit $\Sigma=665$ Verknüpfungen eine relativ hohe Beachtung geschenkt und liegt dabei nur knapp unter dem „Kommentieren des Handelns des Kindes" mit $\Sigma=635$. Demnach scheint die ErzieherIn durchaus Kontakt zu den Kindern zu haben, nutzt diesen aber nicht für eine differenzierte Auseinandersetzung. Den direkt an das Handeln des Kindes gebundenen Aussagen kommt bedeutend weniger Gewicht zu als dem

„Reagieren", welches sich durch „Handlungsanweisungen" (E18) und „Kommentieren des eigenen Denken und Handelns" zeigt. Dieser Befund verdeutlicht, dass die ErzieherInnen vielmehr das Handeln kommentieren, als dass sie sich sensibel in die Handlungsprozesse mit dem Kind involvieren, um sie als Ausgangspunkt für „dialogisch-entwickelnde Interaktionsprozesse" zu nutzen. Es fällt auf, dass die zur Kompetenzunterstützung beitragende Bestätigung des Kindes wenig genutzt wird. Dahinter lassen sich Einflüsse der Montessoripädagogik (siehe Kapitel: „Vierte Analyse: Inhaltsanalyse") erkennen, wonach die Selbsttätigkeit des Kindes nicht etwa durch das Lob der Erwachsenen unterbrochen werden dürfe (vgl. Montessori 1989). Es fragt sich aber, ob nicht auch das positive Feedback im Sinne der Kompetenzunterstützung für den Aufbau des Selbstbildes wesentlich ist, was zumindest in Studien zur frühen Eltern-Kind-Interaktion (Lohaus et al. 2004) und zur schulischen Lernumwelt (Rheinberg et al. 2001) entsprechend interpretiert wird. Dieses Ergebnis sollte daher vor allem in Bezug auf die Unterstützung von Lernprozessen im Kindergarten kritisch reflektiert werden.

Der Komplex „Erweitern/Differenzieren" (F) wird, wie bereits erwähnt, nur wenig genutzt (siehe Tabelle 58), was in Bezug auf die Lernprozesse der Kinder sehr kritisch einzuschätzen ist, denn gerade in einer differenzierten Auseinandersetzung liegen die größten Entwicklungschancen (Burns-Hoffmann 1993; Wood et al. 1976; Rogoff 1990 u. a.) (siehe Kapitel: „Interaktionsforschung").

Tabelle 58: Häufigkeiten Komplex: Erweitern/Differenzieren (Beobachtungsraster 3)

Item	n	Minimal	Maximal	Mittelwert
E20	149	0	17	2,60
E21	149	0	1	,02
E22	149	0	10	,81
E23	149	0	10	,43
E24	149	0	1	,06
E25	149	0	2	,09
E26	149	0	1	,05
E27	149	0	10	,63

Dieser Komplex macht ersichtlich, dass die Items E20, E22, E23 und E27 während einer Interaktion durchaus auch mehrmals genutzt werden (siehe Tabelle 58). Das deutet darauf hin, dass dieses unterstützendes Handlungsmuster an den Interaktionsstil der ErzieherIn geknüpft ist. Das heißt aber auch, dass es nicht durch die Strukturqualität bestimmt wird, sondern vielmehr nicht zur Handlungs-

routine der meisten ErzieherInnen gehört. Das Item „Erklärungen" (E20) findet
dagegen beim Interaktionshandeln eine sehr hohe Ausprägung *(x=2.6)* und wurde
daher über einen vierten Analyseschritt (siehe Kapitel: „Vierte Analyse: Inhaltsanalyse") weiter differenziert.

**Tabelle 59: Komplex: Erweitern/Differenzieren (Beobachtungsraster 3) –
Interpretation 1**

Komplex: Erweitern Differenzieren des Handlungskontextes	Item (theoriegeleitet – am Datenmaterial operationalisiert)
E20	Die ErzieherIn erklärt, wie oder warum etwas so ist wie es ist. z.B. „Hier gibt es kleine Fenster, damit die Pflanzen auch Licht haben." „Damit der Drache nicht wegfliegt, muss er an einer Schnur festgebunden werden."
E22	Die ErzieherIn ermutigt die Kinder/das Kind zu neuen Erfahrungen, d.h. sie regt das Kind an, etwas auszuprobieren. Die ErzieherIn macht einen Vorschlag. (Experimentieren) z.B. „Hast du schon einmal versucht, mit den Wasserfarben darüber zu malen? „Ich würde es einmal mit dem Meißel versuchen, vielleicht klappt es dann."
E23	Die ErzieherIn stellt Fragen, die auf Probleme verweisen. Die ErzieherIn stellt etwas in Frage. z.B. „Wie kann die Tür geöffnet werden, wenn hier der Brunnen steht?" „Aber wie sollen die Ritter über den Graben kommen?"
E27	Die ErzieherIn gibt Tipps und konstruktive Hinweise, die das Handeln der Kinder/des Kindes noch verbessern können. z.B. „Damit das Flugzeug besser fliegt, musst du die Tragflächen größer machen." „Wenn du die Umbrüche ganz glatt streichst, dann lässt sich das Papier leichter falten."

Die Handlungsmuster E19, E21, E24, E25 und E26 konnten kaum beobachtet
werden und wenn, dann wurden sie nur selten im Interaktionsverlauf genutzt.
Demnach lassen sich über diese Items keine differenzierten Aussagen machen.
Generell gilt, dass auch diese Handlungsmuster im Kindergartenalltag vorkommen, bisher jedoch zu keiner eigenen Ausprägung im Handeln der ErzieherInnen
geführt haben. Da sich in diesen Items der direkte Bezug zum Handeln des Kindes widerspiegelt, ist zu hoffen, dass mit dem Einfluss der konstruktivistischen

Lernformen diese Items an Ausprägung in der Interaktion zwischen ErzieherIn und Kind(-ern) gewinnen. Mit der geringen Ausprägung von E26, „Die ErzieherIn bestätigt das Tun der Kinder/des Kindes, indem sie das Handeln kommentiert", wird die bereits oben genannte Besonderheit, die auf die Montessoripädagogik verweist „Das Kind braucht kein Lob […] Lob durchbricht die Bezauberung" (Montessori 1989, 106) bestätigt (E16a). Auch bei Interaktionen, die auf das Erweitern und Differenzieren des Handelns zielen, wird auf die Bestätigung der Handlungen der Kinder kaum zurückgegriffen (siehe oben).

Tabelle 60: Komplex: Erweitern/Differenzieren (Beobachtungsraster 3) – Interpretation 2

Komplex: Erweitern Differenzieren des Handlungskontextes	Item (theoriegeleitet – am Datenmaterial operationalisiert)
E19	Die ErzieherIn bekundet ihr Interesse am Handlungskontext. z.B. „Und wie geht die Geschichte jetzt weiter?" „Das ist eine tolle Burg geworden, sollen wir zusammen noch versuchen, einen Brunnen dazu zu bauen?"
E21	Die ErzieherIn spricht frühere Erfahrungen an, um auf bereits bekannte Techniken und Wissen zu verweisen. z.B. „Vielleicht könnt ihr das auch so machen, wie wir es an dem Drachen ausprobiert haben?" „Habt ihr euch noch mal im Lexikon das Bild dazu angeschaut?"
E24	Die ErzieherIn benennt, was die Kinder getan oder gesagt haben. (Impuls Erz.) z.B. „Ida hat einfach Sand dafür genommen." „Tim hat dafür die Schere genommen."
E25	Die ErzieherIn greift die Einwände der Kinder/ des Kindes auf. (Impuls Kind) z.B. „Paul meint, wir könnten hier ein Loch graben, um den Tunnel zu verbinden." „Wie meinst du das Ida?"
E26	Die ErzieherIn bestätigt das Tun der Kinder/des Kindes, indem sie das Handeln kommentiert. Mit Interaktionsaufforderung. z.B. „Wie hast du das denn hinbekommen, dass das Flugzeug so toll fliegt?" „Prima, jetzt hast du ja schon die Hälfte geschafft. Wie willst du das jetzt weiter machen?"

Dem Komplex „Delegieren" wird im Interaktionshandeln ebenfalls eine untergeordnete Rolle zugeschrieben (siehe Abbildung 32). Die Kinder werden demnach relativ selten in ihren Kompetenzen herausgefordert, den Kindergartenalltag
für sich und die anderen Kinder aktiv mitzugestalten. Der Kindergarten scheint,
abgeleitet aus dem direkten Interaktionshandeln der ErzieherIn, sehr stark durch
die Erwachsenen bestimmt. Das zeigt sich exemplarisch am Verlauf von Problem-Lösungsprozessen, die in den meisten Fällen von den ErzieherInnen gesteuert werden, ohne die Interaktion mit dem Kind für gemeinsame Lösungspro-
zesse zu nutzen (siehe Kapitel: „Dritte Analyse: Beobachtungskriterien").

Dieser Befund über das dominante Verhalten der ErzieherInnen im Interaktionsprozess mit dem Kind wird verstärkt durch die nur einmal beobachteten „Dialogisch-entwickelnde Interaktionsprozesse" (E33), bei $n=149$ ausgewerteten
„lang andauernden Interaktionen" zwischen ErzieherIn und Kind(-ern). Geht man
davon aus, dass in diesen Situationen das höchste Potential steckt, sich den Gedanken der Kinder zu nähern und an deren Lern- und Entwicklungsprozesse
unmittelbar anzuschließen, dann gilt es, das didaktische Handeln der ErzieherInnen in den Blickpunkt der gegenwärtigen Kindergartenreform zu stellen. Ziel
muss dabei sein, den ErzieherInnen die Bedeutung von *„shared thinking"* (Sylva
et al. 2003; Siraj-Blatchford et al. 2002; Göncü & Rogoff 1998; Gauvain & Rogoff 1989) für die Lernprozesse der Kinder und das notwendige Evozieren solcher Prozesse im Kindergartenalltag zu vermitteln. Um diesen Anforderungen
gerecht zu werden, müssen bewusst „dialogisch-entwickelnde Denkprozesse" in
das didaktische Repertoire der PädagogInnen aufgenommen werden. Sie eröffnen
„Gelegenheitsstrukturen" für die Lernenden, mit ihren subjektiven Erfahrungen
an den Prozess anzuknüpfen. Dadurch wird das Individuum „aktiv" in den Interaktionsprozess einbezogen und nimmt direkt Einfluss auf den Interaktionsverlauf. Die wechselseitige Bezugnahme schafft die Gelegenheit, gemeinsame Vorstellungen zu entwickeln oder an Problem-Lösungsprozessen zu arbeiten. Dadurch gelingt es, sowohl „konstruktive" als auch „instruktive" Momente im
Interaktionsprozess zu nutzen, um Ideen zu entwickeln und zu erweitern. Diesen
Interaktionsprozessen wird unter sozialkonstruktivistischem Fokus die wesentliche Rolle für den Lern- und Entwicklungsprozess des Individuums zugesprochen.

Mit Hilfe der Differenzierung der Begriffsklammer „Erklärung" im vierten
Analyseschritt sollte geklärt werden, ob hier diejenigen Anreize zu beobachten
sind, die auf die Lernumwelt im Kindergarten stimulierend wirken, und ob die
ErzieherInnen den Kindern Wissen anbieten, um deren Erfahrungen zu erweitern.

Der Kategorie „Erklärungen" (E20) kommt mit einem Mittelwert von $x=2.6$
eine extreme Ausprägung zu. Sie wurde daher mit Hilfe eines vierten Analyse-
verfahrens inhaltsanalytisch aufgeschlüsselt. In diesem Fall wurde auf die von
Passmore (1962) identifizierten „Spielarten der Erklärung" zurückgegriffen. Die

Ergebnisse liefern ein ernüchterndes Bild. Die erwarteten kognitiven Anreize werden über diese Kategorie nicht vermittelt. Das „Erklären" wird im Kindergarten vor allem durch „Begründungen bzw. Rechtfertigungen" des eigenen Verhaltens dominiert *(Σ=405)*. Die Kinder bekommen zwar Erklärungen für bestimmte Verhaltensweisen, diese führen jedoch nicht genuin zu einem tieferen Verständnis. „Definitionen" wurden mit Σ=*155* Verknüpfungen kodiert, ihnen kommt somit im Vergleich zu den „Rechtfertigungen/Begründungen" eine geringe Bedeutung zu. Dabei würde gerade das Lernumfeld des Kindergartens erwarten lassen, dass dieses Erklärungsprinzip häufig angewendet wird, auch in Anbetracht dessen, dass heute relativ viele Kinder mit Migrationshintergrund den Kindergarten besuchen, die erst dort mit der deutschen Sprache vertraut werden. Demnach scheint eine eher indirekte Sprachunterstützung Vorrang zu haben. Auch „konstruktive Hinweise" *(Σ=135)* und „das Erklären von kausalen Zusammenhängen" *(Σ=120)* werden nur selten dafür genutzt, den Kindern ein tieferes Verständnis zu ermöglichen. Relativ selten werden auch „Umdeutungen" *(Σ=51)* und „komplexe Zusammenhänge" *(Σ=64)* erklärt, die zu einer Aufmerksamkeit führen, welches das Kind für seine Umwelt und die darin zu entdeckenden Zusammenhänge sensibilisiert. Bewusste intellektuelle Anregung erfährt das Kind im Kindergarten über die Kategorie „Erklärungen" nur in seltenen Fällen (siehe Beispiele Kapitel: „Vierte Analyse: Inhaltsanalyse").

Die vorliegende Studie kommt zu dem Ergebnis, dass die Interaktion zwischen ErzieherIn und Kind(-ern) im Kindergarten nur in wenigen Fällen als Teil einer interaktionistisch-konstruktivistischen Lernumwelt gesehen werden kann. Die Analyse der Interaktionen lässt somit darauf schließen, dass ein bewusstes Sprachhandeln, welches hier über die Beobachtungskriterien erfasst werden konnte, derzeit noch nicht zu einer differenzierten Auseinandersetzung mit dem Kind führt. Über die „lang andauernden Interaktionen" ($\geq$ 3 min.) zeigt sich, dass einige ErzieherInnen die direkte „*Face-to-Face*"-Interaktion mit dem Kind nutzen, um mit ihm in Kontakt zu treten und es in seinen Erfahrungsprozessen zu begleiten. Bei diesen Interaktionsprozessen steht das „Kommentieren" und die „Begründungen bzw. Rechtfertigungen" des eigenen Handelns der ErzieherInnen jedoch im Vordergrund. Eine auf „dialogisch-entwickelnden Interaktionsprozessen" basierende Interaktion würde auf „Gleichheit und Solidarität" der InteraktionsagentInnen aufbauen und bezieht die Kinder aktiv in den Interaktionsprozess mit ein. Solche Interaktionsprozesse setzen auf eine Subjekt-Subjekt-Beziehung, die eine intersubjektive Erfahrungsebene ermöglicht. Vor allem die vielen „Handlungsanweisungen" (E18) lassen vermuten, dass die Kinder im Kindergartenalltag eher instruiert werden, als dass Interaktionsprozesse dazu genutzt würden, gemeinsam mit den Kindern konstruktiv Ideen zu entwickeln. Die Interaktion zwischen ErzieherIn und Kind dient demnach nicht „bewusst" dazu, Kinder in

„dialogisch-entwickelnde Denkprozesse" zu involvieren und Gedankengänge zu erweitern.

Nach der Analyse des Alltags im Kindergarten muss zum einen davon ausgegangen werden, dass die ErzieherInnen dem Kind möglichst viel Freiraum gewähren wollen, um seinen Spielprozess nicht zu unterbrechen (Montessori 1989). Diese Annahme wird durch das vorherrschende „Idealbild", das „Kind als AkteurIn", unterstützt. Ein wesentliches Problem besteht darin, dass die direkte Instruktionsmethode als Widerspruch zu der heutigen Erkenntnis der „aktiv Lernenden" bzw. der konstruktivistischen Lerntheorien gesehen wird (McWilliam et al. 2002, Katz 1999). Die Ergebnisse der Studie unterstützen diese Hypothese. Demnach wird die Theorie der „aktiv Lernenden" unmittelbar verbunden mit der Theorie des von „Instruktionen und Instrukteuren möglichst unabhängigen Lernen[s]" (vgl. Weinert 1996, 31). Der angebliche Widerspruch behindert aber eine angemessene Unterstützung der Lernenden und führt dazu, dass sich die PädagogInnen häufig viel zu früh aus dem pädagogischen Prozess zurückziehen (s. o. vgl. Winsler & Carlton 2003; Katz 1999), so dass in der vorliegenden Studie kaum erweiterte Auseinandersetzungen (siehe Abbildung 31 – Erweitern/Differenzieren (F)) mit dem Interaktionsgegenstand beobachtet werden konnten. Vielmehr scheinen die Interaktionen zwischen ErzieherIn und Kind häufig beim „Initiieren" und „Reagieren" stehen zu bleiben. Dieses Phänomen wird in der angloamerikanischen Literatur als „early childhood error" (Kontos 1999) bezeichnet.

Zum anderen steht die ideelle Vorstellung vom Kind als „AkteurIn seiner Entwicklung", das seine Entwicklung selbstbestimmt vorantreibt, konträr zu den häufigen „Handlungsanweisungen" (E18), die sich als Hauptinteraktionsmuster im Kindergartenalltag herausstellten. Hier scheint ein Reflexionsdefizit des alltäglichen Handelns vorzuliegen. Aber auch die Items „Kommentieren" (E16) und „Erklärungen" (E20) weisen nach der inhaltsanalytischen Auswertung darauf hin, dass die ErzieherInnen das Handeln der Kinder sowie deren Kompetenzen zu wenig nutzen, um eine Interaktion aufzubauen. Das führt schließlich dazu, dass die Interaktionen beim „Initiieren" stehen bleiben oder durch Impulse der ErzieherIn in Form der „Handlungsanweisungen" gesteuert werden. Das Augenmerk der ErzieherInnen liegt darauf, das Kind zur Tätigkeit zu führen, nicht aber darauf, ernsthaftes Interesse an dem Tun der Kinder auszubilden. Dadurch bleibt die Beziehung zwischen ErzieherIn und Kind an der Oberfläche, denn die ErzieherInnen richten ihre Aufmerksamkeit nicht auf die individuellen Kompetenzen des Kindes", sondern vertrauen darauf, dass das Kind naturgemäß kompetent ist („Kind als AkteurIn"). Damit stellen sich zwei Handlungsprobleme heraus. Zum einen die an der Oberfläche verharrende Beziehung zwischen ErzieherIn und Kind. Denn erst über die erweiterten und differenzierten Interaktionsprozesse wird das Kind zum wahren Gegenüber, d. h. zum Subjekt der Handlung, wodurch eine intersubjektive Erfahrungsebene entsteht, wie sie z. B. im Prozess des „*sustained shared thinking*" (vgl. Sylva et al. 2003) zum Ausdruck kommt. Um eine intersubjektive Erfahrungsebene zu konstruieren, bedarf es „dialogisch-entwickelnder Interaktionsprozesse". Zum anderen gelingt es der ErzieherIn ohne diese differenzierte Auseinandersetzung mit dem Kind nicht, an dessen konkretem Handeln anzusetzen und es „angemessen" im Sinne von Vygotsky „in der Zone der nächstfolgenden Entwicklung" zu fördern und zu unterstützen. Durch „dialogisch-entwickelnde Interaktionsprozesse" kann es den PädagogInnen gelingen, sich dem Denken der Kinder zu nähern und auch so genannte „Denkfehler" der Kinder aufzudecken. Das Hervorrufen „kognitiver Konflikte" führt zu neuen Denkstrukturen (Ireson & Blay 1999) bzw. einem Transitionalstadium beim Kind; dies gilt derzeit als Phase höchster Lernbereitschaft des Subjekts (siehe Kapitel: „Instruktion") (vgl. Fried 2005; Wilkinson 1982). Die Unterstützung („*scaffolding*") der Erwachsenen setzt hier an und soll das Kind dazu befähigen, den Schritt in die nächstfolgende Entwicklungsstufe wahrzunehmen.

Dass den Kindern durch instruktives Handeln nicht Freiräume genommen werden, sondern vielmehr Gelegenheitsstrukturen eröffnet werden, kann anhand der detaillierten Analyse eines ausgewählten Interaktionsprozesses im Kindergarten gezeigt werden. Exemplarisch wird im Folgenden an einem Transkript der vorliegenden Studie verdeutlicht, welche „Gelegenheitsstrukturen" dem Kind durch geschicktes Interaktionshandeln eröffnet werden können. Diese hier exemplarisch durchgeführte Betrachtungsweise gilt es, mit Hilfe weiterer Forschungsarbeiten zu differenzieren (siehe Kapitel: „Forschungsdesiderate").

Dabei werden die Analyseverfahren der Studie zur Verdeutlichung der „Sichtstrukturen" im Interaktionsprozess genutzt. Durch die semantisch-grammatikalische Inhaltsanalyse sollen die sich für die Lernenden eröffnenden „Gelegenheitsstrukturen" veranschaulicht werden. Exemplarisch zeigt sich dabei die Adaptivität der Kodierung (Beobachtungsraster 3) an den Äußerungen der ErzieherInnen. Mit diesem Beispiel soll aber in erster Linie auf eine stimulierende Elementarpädagogik verwiesen werden, die für die Kinder Anknüpfungspunkte bietet, Vorstellungen und Wissen zu erweitern. Der Bezug zum Kind und zu seinen Erfahrungen wird hier über „Nachfragen" gesichert. Der „Verweis auf den Gegenstand" (E9) und das „Erklären" (E20) sind beim Einführen in neue Themen für die Lernenden von besonderer Bedeutung, um mit bisherigem Wissen an den Interaktionsprozess anzuknüpfen. Zur Klärung und Differenzierung des Themas wählt die ErzieherIn „Definitionen" (siehe Tabelle 56) und verdeutlicht exemplarisch „komplexe Zusammenhänge", die für die Auseinandersetzung zentral sind. Hier zeigen sich die in „dialogisch-entwickelnden Interaktionsprozessen" für den Lernprozess liegenden Möglichkeiten. Durch diese Interaktionsprozesse werden dem Kind „Gelegenheitsstrukturen" eröffnet, sich mit seinen subjektiven Erfahrungen zu involvieren. Die „Sichtstrukturen", durch die das didaktische Handeln beobachtbar wird, müssen in der Ausbildung von Erziehe-rInnen bewusst eingesetzt werden, um ihnen eine Reflexionsebene zu eröffnen, sich gezielt mit der Bedeutung von „Gelegenheitsstrukturen" im Interaktionspro-zess auseinanderzusetzen. Das Schaffen solcher „Dialogfelder" sollte insbeson-dere unter dem Aspekt einer interaktionistisch-konstruktivistischen Bildung im Kindergarten als zentral angesehen werden.

Tabelle 61: Beispiel: Gelegenheitsstrukturen in der ErzieherIn-Kind-Interaktion

Zeitinter-vall	3. Analyse/ 4. Analyseschritt	Kurz-Transkript Nr. 4/2[51]	Semantisch-grammatikalische Ebene „Gelegenheitsstrukturen" für das Kind
0-3 min.	E18 – Handlungs-anweisung	Also – jetzt müssen wir mal die Wege machen. ...	
	E3 – Ja/Nein	Ah – du hast ja dieses Spiel noch nie gespielt, stimmt es?	Ausgangssituation des Spiels wird geklärt – die ErzieherIn
	E16 – Feedback E9 – Verweis auf den Gegenstand	Ich zeig dir dann, wie es geht. Guck mal – hier sind solche kleinen Karten	versichert sich, dass das Kind das Spiel noch nicht kennt „Stimmt es?" Signal zur Verständnissicherung (Kind
	E3 – Ja/nein E6 – Nachfragen	und da sind ja immer so Wege drauf und da musst du zwischen diesen, die fest angeklebt sind – so da ist ja auch so ein Weg. Weißt du, was ein Laby-rinth? Ein Labyrinth?	kann bestätigen oder vernei-nen). Hier fehlt die Kopula „ist", der Nebensatz hat kein Prädi-kat – Hinweis auf Sprecherin mit DaZ[52]-Hintergrund. Das „Labyrinth" wird als Schlüsselwort benannt, allerdings in Form einer Frage – das Kind erhält die Möglichkeit, selbst den Begriff zu erklären.
	E20 – Erklärung Komplexer Sachverhalt		Die Frage wird in elliptischer Form wiederholt; das Kind somit erneut eingeladen, sich zu äußern.
		Da muss man es noch mal erzählen, was ein Labyrinth ist.	

---

51 Vollständiges Transkript siehe Band II Transkriptionen.
52 Die Abkürzung „DaZ" steht für „Deutsch als Zweitsprache".

		Da ist ja auch ein Bild drauf.	
	E16 – Feedback	Ein Labyrinth da sind ja so hier – ein Irrgarten. Da kann man so spazieren gehen und kommt in eine Sackgasse ..., dann	Mit diesem Hinweis wird die folgende Erklärung des Begriffs „Labyrinth" eingeleitet – eine Möglichkeit, die sprachlichen Erläuterungen zu veranschaulichen.
	E20 – Erklärung Begründung Definition E16 – Feedback	muss man an einen anderen Weg gehen und dann ist er auch wieder zugesperrt. Wenn wir es aufgebaut haben, dann können wir auch sehen was ein Labyrinth ist. Da kannst du jetzt einfach so dazwischen diese Karten legen. Dass das alles voll ist. .. ... ja – über alle die Karten hinlegen. Das ist ein bisschen zu schwer für den M. (Antwort) Das ist ein Spiel für Schulanfänger. Ja – da kommt auch noch eine.	Mit „Irrgarten" wird ein Synonym für den zu erklärenden Begriff verwendet. Durch den hier eingeführten deutschen Ausdruck wird die Möglichkeit eröffnet, das Wortfeld (*verirren – Garten*) durchschaubarer zu gestalten. Benennung der Zielgruppe
3-6 min	E16 – Feedback E9 – Verweis auf den Gegenstand	Dann haben wir jetzt alle... Schau mal, wenn du die so hinlegst, dann ist es eine Mauer dazwischen – und wenn du es so hinlegst, dann ist es ein Weg, da kann man hier durchgehen. So ist es eine Sackgasse.	
	E18/E20 – Erklärung Definition Begründung E9 – Verweis auf den Gegenstand	... aha –Warte, die brauchen wir. Das ist eine Karte zum Schieben. Weil das ist nämlich ein Labyrinth.	
	E20 – Erklärung Definition Konstruktiver Hinweis Definition	Guck mal. Wenn man so läuft zum Beispiel – ja so den Weg, dann kommst du an die Mauer. Das ist eine Sackgasse, da kannst du nicht durch. Dann musst du dir einen anderen Weg suchen.	Durch die abwechselnde Verwendung der bedeutungsähnlichen Wörter *verschieben* und *verrücken* wird einerseits die Bedeutung klarer, andererseits aber auch das in dem Namen des Spiels enthaltene Wortspiel „Das heißt auch das verrückte Labyrinth" aufgegriffen (Adjektiv bzw. Partizip hat hier zwei Bedeu-

| | | Guck mal, so zum Bei-spiel. Hier kannst du auch nicht durch. Guck, hier kannst du auch da hin. Da kannst du nicht an dein Ziel kommen. So Wege – so verwirrte Wege heißen ja auch Labyrinth. Das heißt auch das verrückte Labyrinth. Da mit dieser Karte können wir auch die Wege verschieben. Schau mal. Da wo überall diese Pfeile sind. Siehst du so orangene Pfeile? Da kann man immer so diese Karte einsetzen. Und so – schau mal, was passiert, wenn ich diese Karte schiebe, schau mal, was passiert mit allen Karten. […] | tungen! „Verrückt" im Sinne von „irr sein" oder „ver-stellt"). |

9.2 Forschungsdesiderate

Zukünftige Forschungsarbeiten sollten in erster Linie darauf zielen, eine konti-nuierliche Bildungsforschung im Kindergarten voranzutreiben, um eine differen-zierte Weiterentwicklung des pädagogischen Handelns zu gewähren und so die Elementarpädagogik zu professionalisieren. Es gilt, eine klare Vorstellung darü-ber zu erlangen, welche Aufgaben dem Elementarbereich im Zusammenhang mit den Bildungs- und Lernprozessen der Kinder zukommen. Erste Ansatzpunkte finden sich an der Schnittstelle zwischen Kindergarten und Grundschule bzw. anhand der Frage, welche Kompetenzen dem Kind den Übergang in die Grund-schule erleichtern können. Die internationalen Vergleichsstudien wie TIMSS und PISA haben in den letzten Jahren bereits angesetzt, die schulische Lernumwelt genauer zu untersuchen und die Stärken und Schwächen der einzelnen Bildungs-systeme herauszuarbeiten. Der Vergleich internationaler Bildungssysteme eröff-net nicht nur die Möglichkeit, Differenzen und Gemeinsamkeiten der Bildungs-systeme zu beschreiben, sondern insbesondere die Chance, das kulturspezifische Denken der Disziplin, aber auch die in der Gesellschaft traditionell verankerten Blickwinkel kritisch zu hinterfragen und so Veränderungen zu bewirken. Der OECD-Jahresbericht "Bildung auf einen Blick" (2004) macht deutlich, dass die

Bundesrepublik Deutschland im internationalen Vergleich relativ wenig in Bildung investiert. Dabei liegt der Schwerpunkt der finanziellen Investition auf Studium und Berufsqualifikation. Der Bildung von Kindern in den ersten Lebensjahren, wie z. B. der Sprachförderung, wird eine relativ geringe Bedeutung zugeschrieben. Dies ist unverständlich, da in den ersten Lebensjahren der Grundstein für den künftigen Bildungsweg gelegt wird. Eine hohe Sprachkompetenz z. B. erleichtert den Kindern den Einstieg in das formelle Bildungssystem. Hier konkretisiert sich die Notwendigkeit, die Aufgaben der Elementarpädagogik klar herauszuarbeiten und so in der Gesellschaft ein größeres Bewusstsein für diese Entwicklungsphase zu etablieren. Um einen internationalen Vergleich der einzelnen Vorschulsysteme zu ermöglichen, muss ein entsprechendes methodisches Instrumentarium erstellt werden. Durch die Ausarbeitung von Curricula im Elementarbereich liegen bereits erste Ankerpunkte vor, das Bildungsverständnis auf diesem Feld zu beschreiben und zu vergleichen. Diese Möglichkeit führte bereits zu einem vielseitigen Austausch über vorschulische Bildungssysteme und muss durch empirische Studien zur Umsetzung der Bildungsarbeit im Elementarbereich in den einzelnen Ländern fortgesetzt werden. Mit der IGLU-Studie wurde ein erster Schritt getan, auch den Elementarbereich in die internationalen Vergleichsstudien einzubeziehen. Diesen Prozess gilt es aufrechtzuerhalten und weiter fortzusetzen. Aus dieser Forderung ergeben sich die nachfolgenden fünf Thesen:

These 1: Die vorschulischen Bildungssysteme müssen zentraler Bestandteil internationaler Vergleichsstudien bzw. einer kontinuierlichen Bildungsforschung werden, um kulturspezifische Sichtweisen und Handlungsstrukturen aufzubrechen und so die Elementarpädagogik weiterzuentwickeln.

Die hier vorgelegte Videostudie ließ deutlich werden, dass das Interaktionshandeln im Kindergarten in weiten Teilen noch keine interaktionistisch-konstruktivistische Lernumwelt bereitstellt. Geht man davon aus, dass für den vorschulischen Bildungsbereich heute international vor allem konstruktivistische Bildungsansätze forciert werden (Bertram & Pascal 2002), die der Entwicklung des Kindes Priorität gegenüber spezifischen Bildungsinhalten einräumen, so gilt es, zukünftige Forschungsarbeiten auf die Umsetzung der konstruktivistischen Bildungsprogramme auszurichten. Die hier vorgelegte Studie kann auf ein Handlungsdefizit verweisen, welches sich dadurch auszeichnet, dass die theoretischen Bildungsansprüche sich im Interaktionshandeln der ErzieherInnen kaum wiederfinden. Aus der Erfahrung der Bildungsreform der 1970er Jahre muss die Konsequenz gezogen werden, dass die gegenwärtigen Bildungsbemühungen um den elementarpädagogischen Bereich nur dann eine Chance haben, sich in der Praxis zu bewähren, wenn die Arbeit im Kindergarten durch eine wissenschaftliche

Begleitung bzw. durch Studien evaluiert und so eine Weiterentwicklung der Elementarpädagogik ermöglicht wird.

These 2: Um die Umsetzung der konstruktivistischen Bildungsprogramme voranzutreiben, muss durch Begleitstudien das Interaktionshandeln im Kindergarten-Alltag genauer erforscht und verbessert werden.

Über die Theoriediskussion der vorliegenden Videostudie haben sich folgende Ansatzpunkte als zentrale Merkmale einer Lernumwelt herausgestellt, die die Entwicklung des Kindes günstig beeinflussen können:

- Die emotionale Beziehung zwischen ErzieherIn und Kind (Tausch et al. 1973; Brandt & Wolf 1985; 1987; Pianta & Nimetz 1991; Howes et al. 1992; Eliker & Fortner-Wood 1995; Kugelmass 2000)
- Das Involvement der ErzieherIn in der Interaktion mit den Kindern (Wilcox-Herzog & Ward 2004; Howes & Smith 1995)
- Der Umgang mit Problem-Lösungsprozessen bzw. die Veranschaulichung von Denkprozessen (Mauritzson & Säljö 2001; Hugh & Donaldson 1979; Pramling 1990; 1996)
- Spezifische Formen der Interaktion, wie z. B. bestimmte Frageformen (Kontos & Dunn 1993; McCartney 1984; Aalsvoort 2003; Renninger 1998; Wood 1992; Wilcox-Herzog & Ward 2004)
- Die Aushandlungsprozesse zwischen ErzieherIn und Kind (Rogoff 1990; Sylva et al. 2003; Makin 2004)

Diese theoriegenerierten Merkmale wurden in der vorliegenden Studie auf die Lernumwelt des Kindergartens übertragen. Dabei sollten die unmittelbar beobachtbaren Interaktionsstrukturen der ErzieherIn im Interaktionsprozess mit dem Kind erfasst werden. Diese unmittelbar beobachtbaren Interaktionsstrukturen werden als „Sichtstrukturen" bezeichnet, darunter werden die Grundformen des pädagogischen Handelns mit seinen Freiräumen und Einschränkungen verstanden. Die vorliegende Studie zeigte, dass die „emotionale Beziehung" zwischen ErzieherIn und Kind(-ern) im Kindergartenalltag überwiegend durch die Verhaltensweisen bestimmt wird, welche sich als „Wertschätzendes Eingehen auf das Kind" beschreiben lassen. Auch das „Involvement der ErzieherIn" in den Interaktionsprozess mit den Kindern ist relativ gut ausgeprägt, was sich in dieser Studie vor allem über die Komplexe „Initiieren" und „Abwarten/Zuhören" belegen ließ. Auch „spezifische Frageformen" werden von den ErzieherInnen genutzt, um in Kontakt mit den Kindern zu treten. Diese führen jedoch nur in seltenen Fällen zu differenzierteren „Austauschprozessen zwischen ErzieherIn und Kind", was angesichts der in solchen Prozessen liegenden Möglichkeiten auf ein

Problemfeld verweist, welches durch zukünftige Forschungsarbeiten noch genauer untersucht werden muss. In Ansätzen lässt sich die Interaktion zwischen ErzieherIn und Kind(-ern) als „fragend-entwickelnde Interaktion" beschreiben. Der an „dialogisch-entwickelnde Interaktionsprozesse" gestellte Anspruch schließt neben einer geschickten Fragetechnik auch ein, das Kind als gleichberechtigtes Gegenüber ernst zu nehmen, welches mit seinen Kompetenzen zum Dialog herausgefordert wird. „Problem-Lösungs-Situationen" spielen im Alltag des Kindergartens nur eine untergeordnete Rolle, und wenn eine solche Situation auftaucht, dann wird sie stark durch die ErzieherIn gesteuert (siehe Kapitel: „Vierte Analyse: Inhaltsanalyse"). Dabei steht die „fragend-entwickelnde Interaktion" im Vordergrund, die sich insbesondere durch die internationalen Vergleichsstudien im Anschluss an die TIMS-Studie als kulturspezifisches Skript im Unterricht herausstellt und häufig durch die starke Fokussierung der Lehrkräfte nur wenig Gelegenheitsstrukturen zulässt, welche die Kinder zu eigenständigen und alternativen Lösungswegen führen (vgl. Helmke & Hesse 2002). Insgesamt ergibt sich daraus ein Bild der Kindergartenpraxis, das den Kindern zwar einen Erfahrungsraum zur Verfügung stellt, nicht aber zu einer differenzierten Auseinandersetzung im Interaktionsprozess zwischen ErzieherIn und Kind führt. Für die überwiegende Zahl der beobachteten ErzieherInnen scheint ein solch differenziertes Interaktionsmuster nicht Teil des pädagogischen Handelns zu sein. Als blinde Flecken der pädagogischen Interaktion in der Kindergartenpraxis lassen sich folgende Bereiche identifizieren:

- Der Umgang mit Problem-Lösungsprozessen bzw. die Veranschaulichung von Denkprozessen (Mauritzson & Säljö 2001; Hugh & Donaldson 1979; Pramling 1990,1996)
- Spezifische Formen der Interaktion, wie z. B. bestimmte Frageformen (Kontos & Dunn 1993; McCartney 1984; Aalsvoort 2003; Renninger 1998; Wood 1992; Wilcox-Herzog & Ward 2004)
- Die Aushandlungsprozesse zwischen ErzieherIn und Kind (Rogoff 1990; Sylva et al. 2003; Makin 2004)

Demnach müssen, um das pädagogische Handeln in den Einrichtungen zu erweitern, sowohl „Problem-Lösungsprozesse" als auch „gemeinsame Austauschprozesse" bzw. die auf dem „shared thinking" basierenden Interaktionsprozesse zwischen ErzieherIn und Kind als didaktisches Prinzip der Arbeit im Kindergarten erkannt werden. Die Kommunikation zwischen ErzieherIn und Kind erweist sich anhand der empirischen Befunde als entscheidender Zugang zu den Denkprozessen der Kinder (Kontos & Dunn 1993; McCartney 1984; Aalsvoort 2003; Renninger 1998; Wood 1992; Wilcox-Herzog & Ward 2004; Rogoff 1990; Sylva et al. 2003; Makin 2004; Mauritzson & Säljö 2001; Hugh & Donaldson 1979).

„Dialogisch-entwickelnde Interaktionsprozesse" (siehe Kapitel: „Konstruktivistische Interaktionstheorien") können diesen Ansprüchen gerecht werden. Folgende These kann daraus für eine zukünftige Weiterentwicklung des pädagogischen Feldes abgeleitet werden:

These 3: Das pädagogische Handeln der ErzieherInnen gilt es zu professionalisieren, indem insbesondere der didaktische Handlungsprozess in der Elementarpädagogik weiter differenziert wird. Dabei kommt den „dialogisch-entwickelnden Interaktionsprozessen" zwischen ErzieherIn und Kind(-ern) ein zentraler Stellenwert zu.

Die als "dialogisch-entwickelnde Interaktionsprozesse" bezeichneten Interaktionsmuster ermöglichen es, wechselseitig und über einen längeren Zeitraum, gemeinsam an der Lösung von Problemen zu arbeiten und neue Gedanken zu entwickeln. Diese „Austauschprozesse" lassen sich über „spezifische Frageformen" verwirklichen. Für das Lernen in offenen Lernsituationen bieten „dialogisch-entwickelnde Interaktionsprozesse" die Möglichkeit, an den Kompetenzen der Kinder anzusetzen und „scaffolding" bzw. „guided participation" an der Aktivität des Kindes auszurichten (Ireson & Blay 1999).
Um in der Praxis ein größeres Bewusstsein für die Lern- und Bildungsprozesse der Kinder zu etablieren, wird es in Zukunft darum gehen müssen, ErzieherInnen verstärkt in Aus- und Fortbildung für das pädagogische Handeln und die damit verbundenen „Gelegenheitsstrukturen" für das Kind zu sensibilisieren. Der Fragestil der ErzieherInnen bestimmt, welche Freiräume den Kindern für alternative Lösungswege gewährt werden. „Dialogisch-entwickelnde Interaktionsprozesse" ermöglichen es, an die Erfahrungen und die Gedanken der Kinder anzuschließen und ihnen damit Gelegenheitsstrukturen zu eröffnen, sich in den Interaktionsprozess zu involvieren. Die Theorie der „Cognitive Guided Instruction" [CGI] belegt, dass sich über die Sensibilisierung für die Vorstellungen der Kinder auch die Instruktionstechniken der PädagogInnen verändern (Vacc & Bright 1999). PädagogInnen, die nach diesem Ansatz arbeiten, betrachten die Annahmen der Kinder als zentral für die Instruktion, sie unterstützen Problem-Lösungsprozesse und Diskussionen über die unterschiedlichen Gedankengänge der Kinder, sie hören mehr zu und fragen die Kinder nach deren Vorstellungen. Schließlich sind sie eher in der Lage, die Kinder durch angemessene Instruktionen zu unterstützen (Vacc & Bright 1999). Das Bewusstsein über die Bedeutung des Verstehens der Gedankengänge der Kinder für eine angemessene Unterstützung kann als Schlüsselkompetenz betrachtet werden, die einem konstruktivistischen Instruktionsansatz nahekommt.
Eine weitere Möglichkeit, die Lern- und Bildungsprozesse der Kinder in den Mittelpunkt des pädagogischen Handelns zu stellen, wird derzeit in Beobach-

tungsverfahren gesehen, welche anstreben, das pädagogische Handeln der ErzieherInnen zu professionalisieren (Viernickel & Völkel 2005). Diese Verfahren
stehen zurzeit im Mittelpunkt der Reformbewegung im Kindergarten und nehmen auch zunehmend Einfluss auf die pädagogische Arbeit und die Ausbildung
der ErzieherInnen (vgl. Kapitel: „Gegenwärtige Bildungs- und Lerncurricula").
Diese Beobachtungsinstrumente bzw. Assessment- und Dokumentationsverfahren bergen das Potential, die Alltagsbeobachtungen zu strukturieren und auf
bestimmte Lernprozesse des Kindes auszurichten. Sie bieten den ErzieherInnen
die Möglichkeit, sich auch für das Handeln und die Kompetenzen der Kinder zu
sensibilisieren. Offen bleibt dabei aber, auf welche Weise die ErzieherInnen im
Rahmen der Interaktion an die Gedankengänge der Kinder anschließen können.
Eine Fixierung auf die Beobachtungsinstrumente birgt dabei die Gefahr, das
Kind zum reinen Beobachtungsobjekt werden zu lassen und somit die in diesen
Verfahren liegenden Möglichkeiten nicht hinreichend auszuschöpfen. Hier muss
der Aspekt der intersubjektiven Beziehung herausgearbeitet und, wie in der vorliegenden Studie, der Fokus auf die Interaktion gerichtet werden. Dokumentationsverfahren bergen das Potential, Erkenntnisse für ein differenzierteres pädagogisches Handeln bereitzustellen. Der Einsatz von Dokumentationsverfahren dient
dazu, ErzieherInnen für die Entwicklungs- und Lernprozesse des jeweiligen Kindes zu sensibilisieren, um individuelle Lernwege adaptiv zu unterstützen. Die
intersubjektive Erfahrungsebene zwischen ErzieherIn und Kind gilt für „dialogisch-entwickelnde Interaktionsprozesse" als zentral. Im Zentrum der Reformbewegung steht demnach das Kind als Subjekt im Kindergartenalltag.

Transkription (60/1)[53]:
Dauer: 28:11 – 29:00
Sozialform: Kleingruppenaktivität (4-6 Kinder)
Kindergarten - Freispielzeit
E: M. wenn du magst, kannst du die Kerne direkt auf den Teller legen.
Die J. meint, wir könnten mal versuchen, mit einzupflanzen zu machen.
J: Könnt man ganz gut machen.
E: Könnt man ja mal versuchen, wir haben im Frühjahr auch Sonnenblumensamen in die
Erde gelegt.
J: Im Sommer, nicht im Frühling.
E: Ach so – im Sommer meinst du? War das schon Sommer?

E: Ja wenn, dann Frühling oder Sommer. Meistens im Frühling, wenn das Wetter warm
wird.
J: Im Frühlingssommer.
E: Im Frühsommer vielleicht – das ist wenn der Sommer grad anfängt und der Frühling
grad aufhört.

---

53 Beispiel für einen „dialogisch-entwickelnden Interaktionsprozess" im Kindergartenalltag (Originalbeleg E33).

| J: | Ja. |
| E: | Ja – Das kann sein. |

These 4: Für die Elementarpädagogik muss eine Didaktik entwickelt werden, die den ErzieherInnen hilft, eine interaktionistisch-konstruktivistische Lernumwelt zu schaffen.

Während in der vorliegenden Studie die „Sichtstrukturen" des Interaktionsprozesses zwischen ErzieherIn und Kind im Mittelpunkt standen, müssen weitere Forschungsbemühungen die Bedeutung und die Möglichkeiten der sich daraus eröffnenden „Gelegenheitsstrukturen" für die Kinder genauer untersuchen. Dadurch soll mehr Wissen darüber erlangt werden, wie „Sicht- und Gelegenheitsstrukturen" zusammenhängen. Um eine differenzierte Didaktik auszuarbeiten, sind Hinweise notwendig, wie junge Kinder die Möglichkeit nutzen, ihre eigenen Erfahrungen in den Interaktionsprozess mit Erwachsenen einzubringen. Zu dieser Problematik liegen für den grundschulpädagogischen Bereich bereits Untersuchungen von Sodian (2006) vor, die belegen, welcher Vorteil in einer Didaktik steckt, die sich nicht nur um die Vermittlung und Bereitstellung von Lernumwelten bemüht, sondern eine Lernumwelt anbietet, die zu einer Reflexion über den Lerngegenstand führt.

Grundsätzlich muss das bisherige Selbstverständnis des Berufsbildes der ErzieherInnen neu diskutiert werden. Konstruktivistische Bildungsansätze, wie sie sich in den letzten Jahren international in der Elementarpädagogik etablieren, fordern PädagogInnen, die sich auf den Lernprozess der Kinder einlassen und sich als „LernbegleiterIn" begreifen. Dazu ist es nötig, die bisherige Breitbandausbildung im Hinblick auf verschiedene Handlungsfelder der Sozialpädagogik abzulösen und einen Ausbildungsgang zu etablieren, welcher sich stärker an den Theorien der Entwicklungspsychologie und der pädagogischen Didaktik sowie Diagnostik orientiert. Dieser Forderung muss auch deshalb nachgekommen werden, weil an ErzieherInnen zunehmend die Anforderung gestellt wird, auch präventiv zu arbeiten, d. h., Entwicklungsrisiken von Kindern zu erkennen und diese Kinder entsprechend zu unterstützen und zu fördern. Der Pluralisierungsprozess in der Gesellschaft verlangt von den PädagogInnen ein differenziertes und individuelles Handeln. In Zukunft müssen aber auch Forschungsbefunde von der Praxis stärker wahrgenommen werden als bisher. Forschung und pädagogische Praxis müssen näher zusammenrücken, um die Elementarpädagogik zu professionalisieren. Die bisherige Kluft zwischen „Theorie" und „Praxis" gilt es dabei zu überwinden. Dafür wird es nötig sein, die Forschungsbefunde aus der Pädagogik der frühen Kindheit stärker als bisher publik zu machen und so größeren Einfluss auf den Ausbildungs- sowie Handlungsprozess in der Kindergartenpraxis zu nehmen und einen wechselseitigen Kontakt zu forcieren. Nur so kann gesichert werden, dass aktuelle Forschungsergebnisse tatsächlich auch die PädagogInnen erreichen. Grundsätzlich muss im Zuge einer internationalen Veränderung der Ausbildungsstruktur an den deutschen Hochschulen auch darüber nachgedacht werden, ob es nicht sinnvoll wäre, PädagogInnen über Masterstudiengänge für den frühpädagogischen Arbeitsbereich zu professionalisieren. Diese Ausbildungsform hätte den enormen Vorteil, die Kluft, die zwischen Forschung und Ausbildung in diesem pädagogischen Feld existiert, zu überwinden. Darüber hinaus würden sich dadurch auch die Einstellungschancen der PädagogInnen auf dem europäischen Arbeitsmarkt verbessern, da in anderen europäischen Ländern die Ausbildung der ElementarpädagogInnen bereits auf dem Hochschulniveau angesiedelt ist. Das führt zu der letzten These:

These 5: Die Ausbildungsstruktur der ErzieherInnen muss sich an das Berufsbild der ElementarpädagogIn angleichen.

Das Forschungsfeld der Elementarpädagogik gilt es in Deutschland in den nächsten Jahren weiterzuentwickeln, um die Ansprüche, die an eine kontinuierliche Bildungsforschung des Kindergartens gestellt werden, zu erfüllen. Dazu wird es nötig sein, auch die Hochschullandschaft zu verändern und mehr Forschungsmöglichkeiten an den Hochschulen zuschaffen. Nur so kann die Elementarpädagogik den Anforderungen gerecht werden, die an sie gestellt werden: Den Kindergarten als Bildungsinstitution auszubauen und seine informelle Bildungs- und Erziehungsarbeit durch eine professionell gestaltete Lernumwelt zu ergänzen.

10. Literatur

Aalsvoort, G. M. van der (2003). Kognitive Kompetenzverbesserung bei Vorschulkindern mit Schulerfolgsrisiko. *Psychologie in Erziehung und Unterricht, 50,* 199-209.

Aden-Grossmann, W. (2002). Kindergarten. Eine Einführung in seine Entwicklung und Pädagogik. 3. vollst. überarb. Aufl. Weinheim: Beltz.

Ahnert, L. (2004). Bindungsbeziehungen außerhalb der Familie. Tagesbetreuung und Erzieherinnen-Kind-Bindung. In: Ahnert, L. (Hg.). Frühe Bindung. Entstehung und Entwicklung. München: Ernst Reinhardt. 256-280.

Akhtar, N. et al. (1991). Directive Interactions and Early Vocabulary Development. The Role of Joint Attentional Focus. *Child Language, 18,* 41-49.

Akita, K. & Fried, L. (2004). Forschungsdesign. „Research on the activies in early childhood program". Unveröffentl. Paper.

Akita, K. & Fried, L. (2005). Symposium EECERA Dublin. Unveröffentl. Paper.

Anderson, R. C. & Freebody, P. (1981). Vocabulary knowledge. In J. Guthrie (Ed.). *Comprehension and teaching: Research reviews.* Newark, DE: International Reading Association. 77-117.

Andresen, H. (2002). Interaktion, Sprache und Spiel. Zur Funktion des Rollenspiels für die Sprachentwicklung im Vorschulalter. Tübingen: Gunter Narr.

Anning, A. et al. (2004). Early Childhood Education. Society and Culture. London: SAGE Publications.

Arnett, J. (1989). Caregivers in Day-Care Centers: Does Training Matter? *Journal of Applied Developmental Psychology, 10/4,* 541-552.

Aubrey, C. et al. (2000). Early Childhood Research. London; New York: Routledge Falmer.

Babad, E. (1987). Nonverbal and Verbal Behavior of Preschool, Remedial, and Elementary School Teachers. *American Educational Research Journal, 24/3,* 405-415.

Bales, R. (1975). Die Interaktionsanalyse ein Beobachtungsverfahren zur Untersuchung kleiner Gruppen. In: König, R. (Hg.). Beobachtung und Experiment in der Sozialforschung. 8. Aufl. Köln: Kipenheuer & Witsch.

Ballauff, Th. & Schaller, K. (1973). Pädagogik. Eine Geschichte der Bildung und Erziehung. Bd. 3. 19./20. Jahrhundert. München: Karl Abler.

Barnes, D. & Todd, F. (1995). Communication and Learning Revisited. Making Meaning through talk. Portsmouth, NH: Boyton/Cook Publishers. 79.

Barnett, S. (2004). Better Teachers, Better Preschools: Student Achievement Linked to Teacher Qualifications. *Preschool Policy Matters (NIEER).* 2, 1-12.

Barres, E. (1973). Erziehung im Kindergarten. Eine empirische Untersuchung – zugleich ein hochschuldidaktischer Versuch. 3. Aufl. Weinheim: Beltz.

Bartholomäus, W. (1999). Erziehung als gestaltete Beziehung. Akzente einer intersubjektiven Pädagogik. In: Fuhr, Th. & Schultheis, K. (Hg.). Zur Sache Pädagogik. Untersuchungen zum Gegenstand der allgemeinen Erziehungswissenschaft. Bad Heilbrunn: Klinkhardt. 166-180.

Bedrova, E. & Leong, D. J. (2004). Chopsticks and counting chips: Do play and foundational skills need to compete for the teacher's attention in an early childhood classroom? In: Spotlight on young children and play, ed. D. Koralek, 4-11. Washington, DC: NAEYC.

Beebe, B. & Lachmann, F. M. (2004). Säuglingsforschung und die Psychotherapie Erwachsener. Wie interaktive Prozesse entstehen und zu Veränderungen führen. Stuttgart: Klett.

Bennett, N. & Jourdan, J. (1975). A Typology of Teaching Styles in Primary Schools. *British Journal of Educational Psychology, 45,* 20-28.

Berg, D. & Imhof, M. (2006). Aufmerksamkeit und Konzentration. In: Rost, D. H. (Hg.). Handwörterbuch Pädagogische Psychologie. 3. überarb. und erw. Aufl. Weinheim: Beltz. 42-49.

Berger, P. A. & Luckmann, T. (1970). Die gesellschaftliche Konstruktion der Wirklichkeit. Frankfurt a. M.: Fischer.

Bergmann, J. A. (1985). Flüchtigkeit und methodische Fixierung sozialer Wirklichkeit. *Soziale Welt, Zeitschrift für sozialwissenschaftliche Forschung und Praxis, Sonderband 3,* 299-320.

Berk, L. & Winsler, A. (1995). Scaffolding Children's Learning: Vygotsky and Early Childhood Education. Washington, DC: NAEYC.

Bernfeld, S. (1976). Sisyphos oder die Grenzen der Erziehung. 2. Aufl. Frankfurt: Suhrkamp.

Bers, M. U. et al. (2004). Teaching and Learning when No One Is Expert: Children and Parents Explore Technology. *Early Childhood Research & Practice, 6/2,* http://ecrp.uiuc.edu/v7/walsh.htm. Download: 06.07.2005.

Bertau, M. C. & Speck-Hamdan, A. (2004). Förderung der kommunikativen Fähigkeiten im Vorschulalter. In: Faust, G. et al. (Hg.). Anschlussfähige Bildungsprozesse. Bad Heilbrunn: Klinkhardt. 105-118.

Bertram, T. & Pascal, C. (2002). Early Years Education: An International Perspective. London: Research Report. http://www.inca.org.uk 1.01.2006.

Bildung auf einen Blick (2004). Zentrum für Forschung und Innovation im Bildungswesen, Indikatoren für Bildungssysteme. Organisation für Wirtschaftliche Zusammenarbeit und Entwicklung (Hg.). Heidelberg: Elsevier Spektrum Akad. Verlag.

Bildungspläne. Bildungsserver: http://www.bildungsserver.de/zeigen.html?seite=2027. Download: 07.2007

Blatchford, P. (2003). A Systematic Observational Study of Teachers' and Pupils' Behaviour in Large and Small Classes. *Learning and Instruction, 13,* 569-595.

Bornstein, M. H. & Tamis-LeMonda, C. S. (1989). Maternal Responsiveness and Cognitive Development in Children. In: Jossey-Bass (1989). *New Directions for Child Development, 43,* 49-61.

Bortz, J. & Döring, N. (1995). Forschungsmethoden und Evaluation für Sozialwissenschaftler. 2. Auflage. Berlin, Heidelberg: Springer.

Bos, W. & Koller, H.-Ch. (1996). Die Kombination qualitativer und quantitativer Methoden bei der Ermittlung von Antworttypologien in einer empirischen Untersuchung zur Hochschuldidaktik. In: Bos, W. & Tarnai, Ch. (Hg.). Ergebnisse qualitativer und quantitativer empirischer pädagogischer Forschung. Münster: Waxmann. 57-72.

Bos, W. & Koller, H.-Ch. (2002). Triangulation. Methodische Überlegungen zur Kombination qualitativer und quantitativer Methoden am Beispiel einer empirischen Studie aus der Hochschuldidaktik. In: König, E. & Zedler, P. (Hg.). Qualitative Forschung. Grundlagen und Methoden. 2. Aufl. Weinheim: Beltz. 271-285.

Bos, W. & Tarnai, Ch. (1999). Content Analysis in Empirical Social Research. *International Journal of Educational Research, 31,* 659-671.

Bos, W. (1989). Reliabilität und Validität in der Inhaltsanalyse. Ein Beispiel zur Kategorienoptimierung in der Analyse chinesischer Textbücher für den muttersprachlichen Unterricht von Auslandschinesen. In: Bos, W. & Tarnai, Ch. (1989). Angewandte Inhaltsanalyse in Empirischer Pädagogik und Psychologie. Münster: Waxmann. 61-72.

Brandt, W. & Wolf, B. (1985). Erzieherverhalten und Lernumwelt des Kindergartens. In: Nickel, H. (Hg.). Sozialisation im Vorschulalter. Weinheim: VCH. 122-140.

Bransford, J. D. & Heldmeyer, K. (1983). Learning from Children Learning. In: Bisanz, J. et al. (Eds.). Learning in Children. Progress in Cognitive Development Research. New York: Springer. 171-190.

Brazelton, B. T. et al. (1974.). The Origins of Reciprocity. In: Lewis, M. & Rosenblum, L. A. (Eds.). The Effect of the Infant on its Caregiver. New York: Wiley-Interscience. 49-76.

Bredekamp, S. (1997). NAEYC Issue Revised Position Statement on Developmentally Appropriate Practice in Early Childhood Programs. *Young Children, 52/2,* 34-40.

Brown, A. L. (1997). Guided Discovery in a Community of Learners. In: McGilly, K. (Ed.). Classroom Lessons. Integrating Cognitive Theory and Classroom Practice. Cambridge: MIT Press. 229-270.

Bruner, J. & Haste, H. (Eds.) (1987). Making Sense. The Child's Construction of the World. London: Methuen.

Bruner, J. (2002). Wie das Kind sprechen lernt. 2. Aufl. Bern: Huber.

Bühler, K. (1965). Sprachtheorie. Die Darstellungsfunktion der Sprache. 2. Aufl. Stuttgart: Kohlhammer.

Bundesministerium für Familie, Senioren, Frauen und Jugend (BMFSFJ) (2005). Zwölfter Kinder- und Jugendbericht. Berlin.

Burns-Hoffman, R. (1993). Scaffolding Children's informal Expository Discourse Skills. Paper presented at biennial meeting of the society for research in child development. ED362292.

Buysse, V. et al. (1999). Quality of Early Childhood Programs in Inclusive and Noninclusive Settings. *Exceptional Children, 65*.3, 301-314.

Carr, Margret (2002). Assessment in Early Childood Settings. Learning Stories. London: Sage Publishing.

Carson, J. L. & Parke, R. D. (1996). Reciprocal Negative Affect in Parent-Child Interactions and Children's Peer Competency. *Child Development, 67*, 2217-2226.

Charlesworth, R. et al. (1991). Kindergarten Teachers Beliefs and Practices. *Early Child Development and Care, 70*, 17-35.

Chavajay, P., and Rogoff, B. (1999). Cultural variation in management of attention by children and their caregivers. *Developmental Psychology*, 1999, *35*, 1079-1090.

Clahsen, H. (1986). Die Profilanalyse. Ein linguistisches Verfahren für die Sprachdiagnose im Vorschulalter. Berlin: Marhold.

Clahsen, H. (1988). Normale und Gestörte Kindersprache. Linguistische Untersuchungen zum Erwerb von Syntax und Morphologie. Amsterdam: John Benjamins Publishing Company.

Colberg-Schrader, M. & Krug, M. (1999). Arbeitsfeld Kindergarten. Pädagogische Wege, Zukunftsentwürfe und berufliche Perspektiven. Weinheim: Juventa.

Colberg-Schrader, M. (1994). Der Situationsansatz. *Kinderzeit, 4*, 40-43.

Condon, W. S., & Sander, L. W. (1974). Neonate movement is synchronized with adult speech: interactional participation and language acquisition. *Science, 183*, 99 -101.

Dahlberg, G. (2004). Kinder und Pädagogen als Co-Konstrukteure von Wissen und Kultur. Frühpädagogik in postmoderner Perspektive. In: Fthenakis, W. E. & Oberhuemer, P. (Hg.). Frühpädagogik   international. Bildungsqualität im Blickpunkt. Wiesbaden: VS. 13-30.

De Haan, G. & Rülcker, T. (Hg.) (2003). Hermeneutik und geisteswissenschaftliche Pädagogik. Frankfurt/M.: Peter Lang.

De Kruif, R. E. L. et al. (2000). Classification of Teachers' Interaction Behaviors in Early Childhood Classrooms. *Early Childhood Research Quarterly, 15/2*, 247-268.

Der Bayerische Bildungs- und Erziehungsplan für Kinder in Tageseinrichtungen bis zur Einschulung. (2006). Bayerisches Staatsministerium für Arbeit und Sozialordnung, Familie und Frauen & Staatsministerium für Frühpädagogik München (Hg.). Weinheim: Beltz.

Deutscher Bildungsrat. (Hg.) (1973). Empfehlungen der Bildungskommission. Strukturplan für das Bildungswesen. Stuttgart: Klett.

Deutsches Jugendinstitut (Hg.) (1974). Vorschulische Erziehung in der Bundesrepublik. Eine Bestandsaufnahme zur Curriculumentwicklung. München: Juventa.

Deutsches Jugendinstitut (Hg.) (2002). Sprachförderung im Vor- und Grundschulalter. Konzepte und Methoden für den außerschulischen Bereich. München: DJI.

Dippelhofer-Stiem, B. (2002). Kindergarten und Vorschulkinder im Spiegel pädagogischer Wertvorstellungen von Erzieherinnen und Eltern. *Zeitschrift für Erziehungswissenschaft, 5/4*, 655-671.

Dittrich, G. et al. (2001). Wenn Kinder in Konflikt geraten. Eine Beobachtungsstudie in Kindertagesstätten. Neuwied: Luchterhand.

Dockett, S. & Perry, B. (1996). Young Children's Construction of Knowledge. *Australian Journal of Early Childhood, 21/4*, 6-11.

Dombra, A. et al. (1997). The Creative Curriculum for Infants and Toddlers. Washington, DC: Teaching Strategies Inc.

Edwards, S. (2003). New Directions: Charting the Paths fort the Role of Sociocultural Theory in Early Childhood Education and Curriculum. *Contemporary Issues in Early Childhood, 4/3*, 251-266.

Effective   Provision   of   Pre-School   Education   Project   /EPPE-Project: http://ioewebserver.ioe.ac.uk/ioe/cms/get.asp?cid=2773 12.12.2005.

Einsiedler, W. (1982). Didaktik der Grundschule. Einführung in Theorie und Konzeptionen des Grundschulunterrichts. Nürnberg: Institut für Grundschulforschung.

Einsiedler, W. (1997). Unterrichtsqualität und Leistungsentwicklung. In: Weinert, F. E. & Helmke, A. (Hg.). Entwicklung im Grundschulalter. Weinheim: Beltz. 223-258.

Einsiedler, W. (2003). Unterricht in der Grundschule. Nürnberg: Institut für Grundschulforschung.

Elicker, J. & Fortner-Wood, C. (1995). Adult-Child Relationship in Early Childhood Programs. *Young Children, 51,* 69-78.

Elschenbroich, D. (2001). Weltwissen der Siebenjährigen. Wie Kinder die Welt entdecken. München: Kunstmann.

Emde, R. N. (1983). The Prerepresentational Self and Its Affective Core. *Psychoanalytic Study of the Child, 38,* 165-192.

Engler, S. (2003). Zur Kombination von qualitativen und quantitativen Methoden. In: Friebertshäuser, B. & Prengel, A. (Hg.). Handbuch Qualitative Forschungsmethoden in der Erziehungswissenschaft. Weinheim: Juventa. 118-130.

Erickson, F. (1992). Ethnographic Microanalysis of Interaction. In: LeComte et al. (Eds.). The Handbook of Qualitative Research in Education. San Diego, CA: Academic Press.

Fagott, B. & Kavanagh, K. (1993). Parenting during the second year: effects of children's age, sex and attachment classification. *Child development 1993/64,* 258-271.

Finn, J. D., & Achilles, C. M. (1999). Tennessee's class size study: Findings, implications, misconceptions. *Educational Evaluation and Policy Analysis, 21 (2),* 97-109.

Fliedner, R. (2004). Erwachsenen-Kind-Interaktionen in Familien und Kindergärten. Eine Methode zur Feststellung unterschiedlicher Qualitätsniveaus kognitiver Förderung. Frankfurt: Lang.

Fried, L. & Büttner, G. (2004). Weltwissen von Kindern. Zum Forschungsstand über die Aneignung sozialen Wissens bei Krippen- und Kindergartenkindern. Weinheim: Beltz.

Fried, L. (1985). Prävention bei gefährdeter Lautbildungsentwicklung. Eine Untersuchung über die Fördermöglichkeiten von Kindergartenkindern. Weinheim: Beltz.

Fried, L. (1989). Werden Mädchen im Kindergarten anders behandelt als Jungen? Analysen von Stuhlkreisgesprächen zwischen Erzieherinnen und Kindern. *Zeitschrift für Pädagogik 35,* 271-492.

Fried, L. (2001). Kindergarten- und Vorschulpädagogik. In: Roth, L. (Hg.). Pädagogik. Handbuch für Studium und Praxis. 2. überarb. und erw. Aufl. München: Oldenburg. 670-681.

Fried, L. (2002). Qualität von Kindergärten aus der Perspektive von Erzieherinnen. Eine Pilotuntersuchung. *Empirische Pädagogik 16,* 191-209.

Fried, L. (2003). Pädagogische Programme und subjektive Orientierungen. In: Einführung in die Pädagogik der frühen Kindheit. Weinheim: Beltz. 54-85.

Fried, L. (2004): Kindergartenkinder ko-konstruieren ihr Wissen über die soziale Welt. Eine Exploration inszenierter Handpuppenspiele. In: Fried, L. & Büttner, G. (Hrsg.). Weltwissen von Kindern. Zum Forschungsstand über die Aneignung sozialen Wissens bei Krippen- und Kindergartenkindern. Weinheim und München: Juventa. 55-77.

Fried, L. (2005). Wissen als wesentliche Konstituente der Lerndisposition junger Kinder - Theorie, Empirie und pädagogische Schlussfolgerungen. Expertise im Auftrag des DJI. München: DJI.

Fried, L. et al. (1992). Elementarpädagogik. Empirische Pädagogik 1970-1990. Weinheim: Deutscher Studien Verlag. 197-263

Friede, Ch. K. (1981). Verfahren zur Bestimmung der Intercoderreliabilität für nominalskalierte Daten. *Zeitschrift für empirische Pädagogik, 5*, 1-25.

Fröbel, F. (1986). Briefe und Dokumente über Keilhau. Godesberg: Kipper.

Frye, D. & Moore, C. (1991). Children's Theory of Mind. Hillsdale, NJ: Lawrence Erlbaum Associates Inc, US.

Fthenakis, W. E. & Oberhuemer, P. (2004). Frühpädagogik international. Wiesbaden: VS.

Fthenakis, W. E. & Textor, M. R. (Hg.) (2000). Pädagogische Ansätze im Kindergarten. Weinheim: Beltz.

Fthenakis, W. E. (1998). Erziehungsqualität: Operationalisierung, empirische Überprüfung und Messung eines Konstrukts. In: Fthenakis, W. E. & Eirich, H. (Hg.). Qualität von Kinderbetreuung. Weinheim: Beltz. 52-74.

Fthenakis, W. E. (2000). Die Ausbildung von Erzieherinnen und Erziehern: Strategiekonzepte zur Weiterentwicklung von Ausbildungsqualität. Vortrag Fachtagung.

Fthenakis, W. E. (2003). Pädagogische Qualität in Tageseinrichtungen für Kinder. In: Fthenakis, W. E. (Hg.). Elementarpädagogik nach Pisa. Wie aus Kindertagesstätten Bildungseinrichtungen werden können. Freiburg: Herder.

Fthenakis, W. E. et al. (2005). Auf den Anfang kommt es an: Perspektiven für eine Neuorientierung frühkindlicher Bildung. Berlin: Bundesministerium für Bildung und Forschung.

Fuchs, R. (1999). Kommunikatives Handeln in Situationsorientierten Ansätzen. Ein Beitrag zur Umsetzung in elementarpädagogischer Praxis. Köln: Hundt Druck GmbH.

Fuhrman, L. N. & Walden, T. (1990). Effect of Script Knowledge on Preschool Children's Communicative Interactions. Developmental Psychology, 26/2, 227-233.

Gansel, Ch. & Jürgens, F. (2002). Textlinguistik und Textgrammatik. Eine Einführung. Wiesbaden: Westdeutscher Verlag.

Gauvain. M. & Rogoff, B. (1989). Collaborative Problem Solving and Children's Planning Skills. *Developmantal Psychology, 25,* 139-151.

Gehrau, V. (2002). Die Beobachtung in der Kommunikationswissenschaft. Konstanz: UVK-Verl.-Ges.

Gerspach, M. (2000). Einführung in pädagogisches Denken und Handeln. Stuttgart: Kohlhammer.

Gerstenmaier, J. & Mandel, H. (1995). Wissenserwerb unter konstruktivistischer Perspektive. *Zeitschrift für Pädagogik, 41,* 867-887.

Gewerkschaft Erziehung und Wissenschaft. (2000). Ist doch alles eins! Oder: Was ist Fachlichkeit? Zur Qualitätsdebatte in Kindertagesstätten. Saarbrücken: Reha-Druck.

Giesecke, H. (1997). Die pädagogische Beziehung. Pädagogische Professionalität und die Emanzipation des Kindes. Weinheim: Juventa.

Girolametto, L. et al. (2000). Directiveness in Teachers' Language Input to Todders and Preschoolers in Day Care. *Journal of Speech, Language, and Hearing Research, 43,* 1101-1114.

Gisbert, K. (2004). Lernen lernen. Weinheim: Beltz.

Glaserfeld, E. v. (2001). Aspekte einer konstruktivistischen Didaktik. In: Schwetz, H. et al. (Hg.). Konstruktives Lernen mit neuen Medien. Innsbruck: Studien-Verlag.

Göncü, A. & Rogoff, B. (1998). Children's Categorization With Varying Adult Support. *American Educational Research Journal, 35/2,* 333-349.

Göncü, A. & Weber, E. (2000). Preschoolers' Classroom Activities and Interactions with Peers and Teachers. *Early Education and Development, 11/1,* 93-107.

Goossens, F. A., & van Ijzendoorn, M. H. (1990). Quality of infants' attachments to professional caregivers: Relation to infant-parent attachment and day-care characteristics. *Child Development, 61,* 832-837.

Gopnik, A. et al. (1999). How Babies Think. London: Weidenfeld and Nicolson.

Gößling, H. J. (2004). Subjektivität und Intersubjektivität. In: Historisches Wörterbuch der Pädagogik. Benner, D. & Oelkers, J. (Hg.). Weinheim: Beltz. 971-987.

Grimm, H (1999). Störungen der Sprachentwicklung. Göttingen: Hogrefe.

Grimm, H. (2003). Störungen der Sprachentwicklung. 2. überarb. Aufl. Göttingen: Hogrefe.
Grossmann, K. E. (2004). Theoretische und historische Perspektiven der Bindungsforschung. In: Ahnert, L. (Hg.). Frühe Bindung. Entstehung und Entwicklung. München: Reinhardt. 21-41.
Gstettner, P. (1977). Pädagogische Interaktionen: Aspekte ihrer Theoretisierung und Erforschung. *Zeitschrift für Pädagogik, 23/2,* 475-482.
Gudjons, H. (1995). Pädagogisches Grundwissen. 4. überarb. und erw. Aufl. Bad Heilbrunn: Klinkhardt.
Hagen, A. & Roßbach, H.-G. (1987). Zur Erfassung der pädagogischen Umwelt im Kindergarten. In: Kluge, N. & Fried, L. (Hg.). Spielen und Lernen mit jungen Kindern. Neuere Ergebnisse frühpädagogischer Forschung. Frankfurt: Peter Lang. 203-222.
Harms, Th. et al. (2004). Early Childhood Environment Rating Scale, Revised Edition (ECERS-R). New York: Teachers College Press.
Harvey, L. & Green, D. (2000). Qualität definieren. Fünf unterschiedliche Ansätze. In: Helmke, A. et al. (Hg.). Qualität und Qualitätssicherung im Bildungsbereich: Schule, Sozialpädagogik, Hochschule. *Zeitschrift für Pädagogik, Beiheft 41,* 17-40.
Hatch, A. (2002). Doing Qualitative Research in Education Settings. New York: State University of New York.
Hausendorf, H. & Quasthoff, U. (1996). Sprachentwicklung und Interaktion. Eine linguistische Studie zum Erwerb von Diskursfähigkeit. Opladen: Westdt. Verlag.
Hausendorf, H. & Wolf, D. (1998). Erzählentwicklung und –didaktik. Kognitions- und interaktionstheoretische Perspektiven. *Der Deutschunterricht, 1,* 38-58.
Hedegaard, M. (2005). The Zone of Proximal Development as Basis for Instruction. In: Daniels, H. (Ed.). An Introduction to Vygotsky. Second Edition. London: Routledge. 227-252.
Heid, H. (2000). Qualität: Überlegungen zur Begründung einer pädagogischen Beurteilungskategorie. In: Helmke, A. et al. (Hg.). Qualität und Qualitätssicherung im Bildungsbereich: Schule, Sozialpädagogik, Hochschule. *Zeitschrift für Pädagogik, Beiheft 41,* 41-54.
Helle, H. J. (1992). Verstehende Soziologie und Theorie der Symbolischen Interaktion. 2. Aufl. Stuttgart: Teubner.
Helmke, A. & Hesse, H.-G. (2002). Kindheit und Jugend in Asien. In: Krüger, H. H. & Grunert, C. (Hg.). Handbuch Kindheits- und Jugendforschung. Opladen: Leske + Budrich. 439-474.
Helmke, A. et al. (2000). Qualität und Qualitätssicherung im Bildungsbereich. Zeitschrift für Pädagogik, 41, Beiheft. 7-14.
High/Scope Perry Preschool study through age 27. Ypsilanti, MI: High/Scope Press.
Hirsch-Pasek, K. & Michinik Golinkoff, R. (2003). Einstein Never Used Flashcards. How Our Children Really Learn-and Why They Need to Play More and Memorize Less. USA: Rodale.
Hohmann, M. & Weikart, D. P. (1995). Educating Young Children. Active Learning Practices for Preschool and Child Care Programs. Michigan: High Scope Educational Research Foundation.
Holmes, J. (2002). John Bowlby und die Bindungstheorie. München: Reinhardt.
Hong, S. B. & Broderick, J. T. (2003). Instant Video Revisiting for Reflection: Extending the Learning of Children and Teachers. *Early Childhood Research and Practice, 5/1,* http://ecrp.uiuc.edu/v7/walsh.htm. Download: 06.07.2005.
Howes, C. & Smith, E. W. (1995). Relations Among Child Care Quality, Teacher Behavior, Children's Play Activities, Emotional Security and Cognitive Activity in Child Care. *Early Childhood Research Quarterly, 10/4,* 381-404.
Howes, C. & Stewart, Ph. (1987). Child's Play with Adults, Toys, and Peers: An Examination of Family and Child-Care Influences. *Developmental Psychology, 23/3,* 423-430.
Howes, C. & Whitebook, M. (1991). Solving California's Child Care Crisis. An Assessment of a Proposal to Weaken Regulations and Limit Funding. Berkeley, CA: California Policy Seminar.
Howes, C. et al. (1992). Thresholds of Quality: Implication for the Social Development of Children in Center-Based Childcare. *Child Development, 63,* 449-460.

Hug, Th. (2004). Pädagogik, Konstruktivistische. In: Krüger, H.-H. & Grunert, C. Wörterbuch Erzie-hungswissenschaft. Wiesbaden: UTB. 358-364.

Hughes, M. & Donaldson, M. (1979). Use of hiding games for studying the coordination of view-points. *Educational Review, 31,* 133-140.

Hughes, M. & Westgate, D. (1997). Assistants as Talk-Partners in Early-Years Classrooms: Some Issue of Support and Development. *Educational Review, 49/1,* 5-12.

Hughes, M. & Westgate, D. (1998). Possible Enabling Strategies in Teacher-Led Talk with Young Pupils. *Language and Education, 12/2,* 174-191. Berkely: Research Report No 143.

Huhn, N. et al. (2000). Videografieren als Beobachtungsmethode in der Sozialforschung. In: Heinzel, F. (Hg.). Methoden der Kindheitsforschung. Ein Überblick über Forschungszugänge zur kindli-chen Perspektive. Weinheim: Juventa. 185-202.

Hyun, E. & Marshall, J. D. (2003). Teachable-Moment-Oriented Curriculum Practice in Early Child-hood Education. *Journal of Curriculum Studies,* 35/1, 111-127.

Iben, G. (1974). Kompensatorische Erziehung. Analysen amerikanischer Programme. 3. Aufl. Mün-chen: Juventa.

ILMES. Internet-Lexikon der Methoden der empirischer Sozialforschung. Qualitative Sozialfor-schung. W. Ludwig-Mayerhofer Last update: 30 Dec 1999. http://www.lrz-muenchen.de/~wlm/ilmes.htm. Download: 08.08.2008

Ingenkamp, K. (1997). Lehrbuch der Pädagogischen Diagnostik. Studienausgabe. 4. Aufl. Weinheim: Beltz.

Ireson, J. & Blay, J. (1999). Constructing Activity: Participation by Adults and Children. *Learning and Instruction,* 9, 19-36.

Izard, C. et al.. (1991). Emotional Determinants of Infant-Mother Attachment. *Child Development, 62/5,* 906-917.

Jacobs, G. M. (2001). Providing the Scaffold: A Model for Early Childhood/Primary Teacher Prepa-ration. *Early Childhood Education Journal,* 29/2, 125-130.

Jacobs, J. K. et al. (1999). Integrative Qualitative and Quantitative Approach to the Analysis of Video Data on Classroom Teaching. *International Journal of Educational Research, 31,* 717-724.

Jingbo, L. & Elicker, J. (2005). Teacher-Child Interaction in Chinese Kindergartens: An Observa-tional Analysis. *International Journal of Early Years Education, 13/2,* 129-143.

Joas, H. (1988). Symbolischer Interaktionismus. Von der Philosophie des Pragmatismus zu einer soziologischen Forschungstradition. *Kölner Zeitschrift für Soziologie und Sozialpsychologie, 40/2,* 417-446.

Joas, H. (1991). Rollen- und Interaktionstheorien in der Sozialisationsforschung. In: Hurrelmann, K. & Ulrich, D. (Hg.). Neues Handbuch der Sozialisationsforschung. Weinheim: Beltz. 137-152.

Jonassen, D. H. (1994). Thinking Technology: Toward a Constructivist Design Model. *Educational Technology, 34/3,* 34-37.

Joos, Y. et al. (2002). Spielerische Förderung. In: Walter, C. & Fasseing, K. (Hg.). Kindergarten. Grundlagen aktueller Kindergartendidaktik. Winterthur: ProKiga-Lehrmittelverlag. 235-248.

Jordan, B. & Henderson, A. (1995). Interaction Analysis: Foundations and Practice. *The Journal of the Learning Sciences, 4/1,* 39-103.

Karmiloff, K. & Karmiloff-Smith, A. (2001). Pathways to Language. Cambridge Mass: Harvard University Press.

Katz, L. (1996). Qualität der Früherziehung in Betreuungseinrichtungen: Fünf Perspektiven. In: Tietze, W. (Hg.). Früherziehung. Berlin: Luchterhand. 226-239.

Katz, L. (1999). Curriculum Disputes in Early Childhood Education. http://www.ericdigests.org/2000-3/disputes.htm. Download: 15.03.2005.

Kelle, H. & Breidenstein, G. (1999). Alltagspraktiken von Kindern in ethnomethodologischer Sicht. In: Honig, M.-S. et al. (Hg.). Aus der Perspektive von Kindern? Zur Methodologie der Kindheits-forschung. Weinheim: Juventa. 97-111.

Keller, H. (1998). Die Rolle der Eltern für die Interaktionsregulation in der frühen Kindheit. *VHN* *67/1*, 1-11.

Keller, J. A. & Novak, F. (1993). Kleines pädagogisches Wörterbuch. 8. Aufl. Freiburg: Herder.

Kempfert, G. & Rolff, H. G. (2002). Pädagogische Qualitätsentwicklung. 3. Aufl. Weinheim: Beltz.

Kempfert, G. & Rolff, H. G. (2005). Qualität und Evaluation. 4. überarb. und erw. Aufl. Weinheim: Beltz.

Kemple, K. M. et al. (1997). Teachers' Interventions in Preschool and Kindergarten Children's Peer Interactions. *Journal of Research in Childhood Education*, 12/1, 34-47.

Klann-Delius, G. (2004). Die sprachliche Formatierung von Beziehungserfahrungen. In: Ahnert, L. (Hg.). Frühe Bindung. Entstehung und Entwicklung. München: Ernst Reinhardt. 162-174.

Kolonko, B. & Krämer, I. (1993). Beobachtungshilfe zu r Beobachtung von Kommunikation in Kindergarten und Schule. Ulm: Kinders.

König, A. (2000). „Integration" aus der Perspektive von nicht-professionellen und professionellen PädagogInnen: Eine Erkundungsstudie. Landau: unveröff. Diplomarbeit.

König, A. (2003). Prävention/Prozessqualität. In: Deutsches Jugendinstitut (Hg.). Nonformale und informelle Bildung in der Kinder- und Jugendhilfe. Band 2. Expertisen. München: DJI. 77-88.

König, A. (2005). Vom „Kind" zum „Schulkind" – Rollenwechsel oder Rollenmix? *Grundschule, 1*, 12-15.

Kontos, S. & Dunn, L. (1993). Caregiver Practices and Beliefs in Child Care Varying in Developmental Appropriateness and Quality. Perspectives in Developmentally Practice. *Advances in Early Education and Day Care*, 5, 53-74.

Kontos, S. & Keyes, L. (1999). An Ecobehavioral Analysis of Early Childhood Classrooms. *Early Childhood Research Quartely, 14/1*, 35-50.

Kontos, S. & Wilcox-Herzog, A. (1997). Influences on Childrens Competence in Early Childhood Classroom. *Early Childhood Research Quarterly, 12*, 247-262.

Kontos, S. & Wilcox-Herzog, A. (1997). Teachers' Interactions with Children. Why Are They so Important. *Young Children, 52/2*, 4-12.

Kontos, S. & Wilcox-Herzog, A. (2002). Teacher Preparation and Teacher-Child Interaction. www.eric.ed.gov. Download: 18.07.2005.

Kontos, S. (1999). Preschool Teachers' Talk, Roles, and Activity Settings During Free Play. *Early Childhood Research Quarterly, 14*, 363-382.

Kontos, S. et al. (1995). Quality in Family Child Care and Relative Care. New York: Teachers College Press.

Kontos, S. et al. (2002). An Eco-Behavioral Approach to Examining the Contextual Effects of Early Childhood Classrooms. *Early Childhood Research Quarterly, 17*, 239-258.

Kooj, R. van der (1997). Untersuchungen zu problematischen Erziehungsstilen: Eine Zwischenbilanz. *Heilpädagogische Forschung, 23/3,*132-139.

Krapp, A. (2001). Interesse. In: Rost, D. H. (Hg.). Handwörterbuch Pädagogische Psychologie. 2. überarb. und erw. Aufl. Weinheim: Beltz. 286-294.

Krappmann, L. & Kleineidam, V. (1999). Interaktionspragmatische Herausforderungen des Subjekts. In: Leu, H.R. & Krappmann, L. (Hg.). Zwischen Autonomie und Verbundenheit. Frankfurt: Suhrkamp. 241-265.

Krappmann, L. & Oswald, H. (1992). Auf der Suche nach den Bedingungen entwicklungsförderlicher Ko-Konstruktion in der Interaktion gleichaltriger Kinder. Aus: Sozialer Konstruktivismus. Beiträge des Forschungsbereichs Entwicklung und Sozialisation. 40. Berlin: Max-Planck-Institut für Bildungsforschung. 87-102.

Kreppner, K. (2004). Eltern-Kind-Beziehung. Forschungsbefunde. www.familienhandbuch.de/cmain/f_Fachbeitrag/a_Familienforschung/s_301html. Download: 11.07.2005

Kron, F. W. (2004). Grundwissen Didaktik. 4. Aufl. München: UTB.

Kugelmass, J. W. & Ross-Bernstein, J. (2000). Explicit and Implicit Dimensions of Adult-Child Interactions in a Quality Childcare Center. *Early Childhood Education Journal, 28/1*, 19-27.

Laevers, F. (Hg.) (1997). Die Leuvener Engagiertheits-Skala für Kinder LES-K. dt. Fassung der Leuvener Involvement Scale for Young Children. Leuven: Centrum voor ErvaringsGericht Oderwijs - V.Z.W.

Laewen, H.-J. & Andres, B. (2002). Bildung und Erziehung in der frühen Kindheit. Weinheim: Beltz.

Lefrancois, G. R. (1976). Psychologie des Lernens. Berlin: Springer.

Lenzen, Dieter et al. (1989) (Hg.). Pädagogische Grundbegriffe. Band 1 und 2. Frankfurt: Rowohlt.

Leutner, D. (2001). Instruktionspsychologie. In: Rost, D. H. (Hg.). Handwörterbuch Pädagogische Psychologie. 2. überarb. und erw. Aufl. Weinheim: Beltz. 267-275.

Lexikon der Neurowissenschaft (2000). Bd. 1-4. Heidelberg: Springer.

Lexikon der Psychologie (1995). Lexikon-Institut Bertelsmann (Hg.). Gütersloh: Bertelsmann.

Lipowsky, F. (2002). Zur Qualität offener Lernsituationen im Spiegel empirischer Forschung – Auf die Mikroebene kommt es an. In: Drews, U. & Wallrabenstein (Hg.). Freiarbeit in der Grundschule. Arbeitskreis Grundschule. 126-159.

Lohaus, A. et al. (2004). Frühe Eltern-Kind-Interaktion. In: Ahnert, L. (Hg.). Frühe Bindung. Entstehung und Entwicklung. München: Reinhardt. 147-161.

Lorenzer, A. (1977). Sprachspiel und Interaktionsformen. Frankfurt: Suhrkamp.

Mahony, G. & Wheeden, C. A. (1999). The Effect of Teacher Style on Interactive Engagement of Preschool-Aged Children with Special Learning Needs. *Early Childhood Research Quaterly, 14/1*, 51-68.

Makin, L. (2004). „Would you like to pack away now?" A Collection of Recent Research. 6-11.

Masschelein, J. (1991). Kommunikatives Handeln und pädagogisches Handeln. Weinheim: Deutscher Studien Verlag.

Mauritzson, U. & Säljö, R. (2001). Adult Questions and Children's Responses: Coordination of Perspectives in Studies of Childrens´s Theories of other Minds. *Scandinavian Journal of Educational Research,* 45/3, 213-231.

Mayr, T. & Ulich, M. (1998). Kinder gezielt beobachten. In: Kita aktuell BY 1/1999, 4-6.

McCartney, K. (1984). The effect of quality day care environment upon children's language development . *Developmental Psychology 20,* 244-260.

McWilliam, R. A. et al. (2002). The Observed Construction of Teaching: Four Contexts. *Journal of Research in Childhood Education,* 16/2, 148-161.

Meng, K. (1989). Erzählen und Zuhören im Kindergarten. In : Ehlich, K. & Wagner, R. K. (Hg.). Erzähl-Erwerb. Bern. 11-30.

Merkens, H. & Seiler, H. (1978). Interaktionsanalyse. Stuttgart: Kohlhammer.

Merkens, H. (2006) (Hg.). Erziehungswissenschaft und Bildungsforschung. Wiesbaden: VS.

Metzler Philosophie Lexikon. (1999). Prechtel, P. & Burkard, F. P. (Hg.). 2. erw. und aktualisierte Aufl. Stuttgart: Metzler.

Miller, R. (1996). The Developmentally Appropriate Inclusive Classroom in Early Education. Albany, NY: Delamar.

Mollenhauer, K. (1977). Interaktion und Organisation in pädagogischen Feldern. *Zeitschrift für Pädagogik, 13, Beiheft,* 39-56.

Montessori, M. (1989). Die Macht der Schwachen. Freiburg: Herder.

Moriarty, V. & Siraj-Blatchford, I. (1998). An Introduction to Curriculum for 3 to 5 Year-Olds. Nottingham: Education Now Books.

Müller, K. (1996). Erkenntnistheorie und Lerntheorie. Geschichte ihrer Wechselwirkung vom Repräsentationalismus über den Pragmatismus zum Konstruktivismus. In: Müller, K. (Hg.). Konstruktivismus. Lehren, Lernen, Ästhetische Prozesse. Frankfurt: Luchterhand. 24-70.

Netz, T. (1998). Erzieherinnen auf dem Weg zur Professionalität. Bern: Lang.

Neubauer, E. Ch. (1980). Erziehungsstrategien von Kindergärtnerinnen zur Bewältigung sozialer Konflikte bei Vorschulkindern. *Psychologie, Erziehung, Unterricht, 30,* 257-266.

Neubauer, E. Ch. (1983). Der Zusammenhang zwischen unterschiedlichen Methoden zur Erfassung des Erziehungsverhaltens von Kindergärtnerinnen. *Psychologie, Erziehung, Unterricht, 30*, 262-272.

Neubauer, E. Ch. (1986). Erzieherverhalten bei der Bewältigung sozialer Konflikte. Bergheim (A): AVM-Verlag.

New, R. & Mallory, B. (1994) Introduction. The Ethic of Inclusion. In: Mallory, B. (Hg.) Diversity and Developmantally Appropriate Practices. Callenges for Early Childhood Education. New York: Teachers College Press. 1-13.

New, R. S. (2004). Kultur und Curriculum: Reflexionen über „entwicklungsangemessene Praxis" in den USA und Italien. In: Fthenakis, W. E. & Oberhuemer, P. (Hg.). Frühpädagogik international. Bildungsqualität im Blickpunkt. Wiesbaden: VS. 31-56.

Neyer, F. et al. (1998). Bindung, Gehemmtheit, soziale Netzwerke und die Entwicklung sozialer Beziehungen im Kindergarten. *Zeitschrift für Entwicklungspsychologie und Pädagogische Psychologie, 30/2*, 70-79.

NICHD Early Child Care Research Network (1996). Characteristics of Infant Child Care: Factors Contributing to Positive Caregiving. *Early Childhood Research Quaterly, 11*, 269-306.

Nickel, H. (1976). Die Lehrer-Schüler-Beziehung aus der Sicht neuerer Forschungsergebnisse. Ein transaktionales Modell. *Psychologie in Erziehung und Unterricht, 23*, 153-172.

Nickel, H. (1985). Institutionelle vorschulische Sozialisation im deutschen Sprachraum. In: Nickel, H. (Hg.). Sozialisation im Vorschulalter. Weinheim: VCH. 1-17.

Nickel, H. (Hg.) (1985). Sozialisation im Vorschulalter. Trends und Ergebnisse institutioneller Erziehung. Weinheim: Edition Psychologie.

Nickel, H. et al. (1993). Erzieher, Eltern und Kinder im Vorschulbereich. In: Nickel (Hrsg.). (1993). Psychologie der Entwicklung und Erziehung. Pfaffenweiler: Centaurus. 106-120.

Nickel, H., Schenk, M. & Ungelenk, B. (1980). Erzieher- und Elternverhalten im Vorschulbereich. Empirische Untersuchungen in Kindergärten und Initiativgruppen. München: Reinhardt.

Niggli, A. (2005). Die Passung von Instruktion und Selbstlernen als Grundwelten arrangierter Lernwelten. In: Voß, R. (Hg.). LernLust und EigenSinn. Systemisch-konstruktivistische Lernwelten. Heidelberg: Carl-Auer. 42-53.

Nutbrown, C. (2006). Key Concepts in Early Childhood Education & Care. London: SAGE Publications.

Nyssen, E. & Schön, B. (1995). Perspektiven für pädagogisches Handeln. Eine Einführung in Erziehungswissenschaft und Schulpädagogik. Weinheim: Juventa.

OECD Early Childhood Policy Review (2004). 2002-2004 Hintergrundsbericht. München: DJI.

Oelkers, J. (2001). Einführung in die Theorie der Erziehung. Weinheim: Beltz.

Oerter, R. & Montada, L. (Hg.) (2002). Entwicklungspsychologie . 5. vollst. überarb. Aufl. Weinheim: Beltz.

Oerter, R. (1999). Psychologie des Spiels. Weinheim: Beltz.

Olson, S. L. et al. (1984). Mother-Infant Interaction and the Development of Individual Differences in Children's Cognitive Competence. *Developmental Psychology, 20/1*, 166-179.

Oser, F. & Spychinger, M. (2005). Lernen ist schmerzhaft. Zur Theorie des Negativen Wissens und zur Praxis der Fehlerkultur. Weinheim: Beltz.

Papousek, H. & Papousek, M. (1978). Interdisiplinary Parallels in Studies of Early Human Behaviour. From Physical to Cognitive Needs, from Attachment to Dyadic Education. *International Journal of Behavioral Development 1*, 37-349.

Papousek, H. & Papousek, M. (1987). Intuitive Parenting. A Dialectic Counterpart to the Infant's Integrative Competence. In: Osofsky, J.D. (Ed.). Handbook of Infant Development. New York: Wiley. 669-720.

Passmore, J. (1962). Explanation in Everyday Life, in Science and in History. *History and Theory: Studies in the Philosophy of History, 2*, 105-123.

Penn, H. (2004). Understanding Early Childhood. Issues and Controversies. Berkshire (UK): Open University Press.

Perrez et al. (2001). Psychologie der pädagogischen Interaktion. In: Krapp, A. & Weidenmann, B. (Hg.). Pädagogische Psychologie. Ein Lehrbuch. 4. vollst. überarb. Aufl. Weinheim: Beltz. 357-414.

Perry, B. & Dockett, S. (1998). Play, Argumentation and Social Constructivismus. Early Child Development and Care, 140, 5-16.

Perry, M. et al. (1993). Asking Questions in First-Grade Mathematics Classes: Potential Influences on Mathematical Thought. Journal of Education Psychology, 85/1, 31-40.

Petillion, H. (2001). Soziale Beziehungen. In: Rost, D. H. (Hg.). Handwörterbuch Pädagogische Psychologie. 3. überarb. und erw. Aufl. Weinheim: Beltz. 650-656.

Petko, D. et al. (2003). Methodologische Überlegungen zur videogestützten Forschung in der Mathematikdidaktik. ZDM 35/6, 265-280.

Pettinger, R. & Süßmuth, R. (1983). Programme zur frühkindlichen Förderung in den USA und in der Bundesrepublik Deutschland. Zeitschrift für Pädagogik, 29/3, 391-405.

Pianta, R. C. & Nimetz, S. L. (1991). Relationsships between Children and Teachers: Associations With Classroom and Home Behavior. Journal of Applied Developmental Psychology, 12, 379-393.

Pianta, R. C. (1994). Patterns of Relationship between Children and Kindergarten Teachers. Journal of School Psychology, 32, 15-31.

Pianta, R. C. (1997). Adult Child Relationships Processes and Early Schooling. Early Education and Development, 8/1, 11-26.

Pianta, R. C. (1999). Enhancing relationships between children and teachers. Washington, DC: American Psychological Association.

Pianta, R. C. (2005). Features of Pre-Kindergarten Programs, Classrooms, and Teachers: Do They Predict Observed Classroom Quality and Child Teacher-Interaction? Applied Developmental Science, 9/3, 144-159.

Pramling, I. (1990). Learning to Learn. A Study of Swedish Preschool Children. New York: Springer.

Pramling, I. (1996). Understandling and Empowering the Child as a Learner. In: Olsen, D. R. & Torrance, N. (Eds.). Education and Human Development. Malden: Blackwell. 565-590.

Preiser, S. (2003). Pädagogische Psychologie. Weinheim: Juventa.

Prengel, A. (2006). Pädagogik der Vielfalt. 3. Aufl. Wiesbaden: VS.

Prenzel, M. et al. (2000). Interessenentwicklung in Kindergarten und Grundschule: Die ersten Jahre. In: Schiefele, U. & Wild, K. P. (Hg.). Interesse und Lernmotivation. Untersuchungen zu Entwicklung, Förderung und Wirkung. Münster: Waxmann. 11-30.

Priebe, M. & Wolf, B. (2003) Autonomie. In: Wolf, B.; Stuck, Andrea & Hippchen, G. (Hrsg.). Der Situationsansatz im Zeitvergleich und Längsschnitt. Einschätzungen von Erzieherinnen, Untersuchungsleiterinnen, Lehrern, Kindern und Eltern. Aachen: Shaker.

Psychologie-Lexikon (1999). Tewes, U. & Wildgrube, K. (Hg.). 2. überarb. und erw. Aufl. München: Oldenburg.

Rahm, S. (2005). Einführung in die Theorie der Schulentwicklung. Weinheim: Beltz.

Rauschenbach, Th. et al. (Hg.) (2004). Non-formale und informelle Bildung im Kindes- und Jugendalter. Konzeptionelle Grundlagen für einen Nationalen Bildungsbericht. Bonn: BMBF.

Reble, A. (1999). Geschichte der Pädagogik. Dokumentationsband. 4. Aufl. Stuttgart. Klett.

Reble, A. (1999). Geschichte der Pädagogik. Hauptband. 19. durchges. Aufl. Stuttgart: Klett.

Reich, K. (1998). Die Ordnung der Blicke. Band 1 & 2. Neuwied: Luchterhand.

Reich, K. (2005). Konstruktivistische Didaktik auf dem Weg, die Didaktik neu zu erfinden. In: Voß, R. (Hg.). LernLust und EigenSinn. Systemisch-konstruktivistische Lernwelten. Heidelberg: Carl-Auer. 179-190.

Reich, K. (2006). Systemisch-konstruktivistische Pädagogik. Einführung in Grundlagen einer interaktionistisch-konstruktivistischen Pädagogik. Weinheim: Beltz.

Reichert, H. (2000). Neurobiologie. 2. Aufl. neu überarb. und erw. Aufl. Stuttgart: Thieme.

Reinmann-Rothmeier, G. & Mandl, H. (2001). Unterrichten und Lernumgebungen gestalten. In: Krapp, A. & Weidenmann, B. (Hg.). Pädagogische Psychologie. Weinheim: Beltz. 603-646.

Renninger, K. A. (1998). Developmental Psychology and Instruction: Issue from and for Practice. In: Sigel, I. E. & Renninger, K. A. (Eds.), Handbook of Child Psychology (5th ed.), 4, Child Psychology in Practice. New York: John Wiley and Sons. 211-274.

Renninger, K.A. & Wozniak, R. H. (1985). Effect of Interest on Attentional Shift, Recognition, and Recall in Young Children. Developmental Psychology, 21/4, 624-632.

Reyer, J. (2001). Von der Anstalt zur „Lebensform". Die Reform des Kindergartens zwischen 1890 und 1930. In: Konrad, F.-M. (Hg.). Kindheit und Familie. Münster: Waxmann. 23-50.

Reyer, J. (2006). Einführung in die Geschichte des Kindergartens und der Grundschule. Bad Heilbrunn: Klinkhardt.

Rheinberg, F. et al. (2001). Die Erziehenden und Lehrenden. In: Pädagogische Psychologie. Krapp, A. & Weidenmann, B. (Hg.). Weinheim: Beltz. 271-356.

Roberts, K. H. & Rost, D. H. (1974). Analyse und Bewertung empirischer Untersuchungen. 2. überarb. und erw. Fassung. Weinheim: Beltz.

Robinsohn, S. B. (1967) Bildungsreform als Revision des Curriculum. Neuwied u. Berlin: Luchterhand.

Röchner, M. (1985). Erziehungseinstellungen, Erziehungsverhalten und curriculare Konzepte von Erzieherinnen in Kindergärten. In: Nickel, H. (Hg.). Sozialisation im Vorschulalter. Weinheim: Edition Psychologie. 109-121.

Röchner, M. (1987). Erziehungspraxis im Kindergarten. Curricula, Einstellungen und Verhalten. In: Wolf, B. (Hg.). Zuwendung und Anregung. Lernumweltforschung zur Sprachentwicklung im Elternhaus und Kindergarten. Weinheim: Deutscher Studien Verlag. 159-187.

Rogoff, B. & Lave, J. (1984). Everyday Cognition: Its Development in Social Context. Cambridge, MA: Harvard University Press.

Rogoff, B. (1990). Apprenticeship in Thinking: Cognitive Development in Social Context. New York: Cambridge Harvard University.

Röhner, C. (2003). Kinder zwischen Selbstsozialisation und Pädagogik. Opladen: Leske und Budrich.

Rosemann, B. & Bielski, S. (2001). Einführung in die Pädagogische Psychologie. Weinheim: Beltz.

Ross, H. S. & Lollies, S. P. (1989). A Social Relations Analysis of Toddler Peer Relationships. Child Development, 60, 1082-1091.

Roux, S. (2002). Wie sehen Kinder ihren Kindergarten? Theoretische und empirische Befunde zur Qualität von Kindertagesstätten. Weinheim: Juventa.

Rubenstein Reich, L. (1994). Circle Time in Preschool: An Analysis of Educational Praxis [sic!]. European Early Childhood Education Research Journal, 2/1, 51-59.

Rubin, K. H. et al. (1998). Intrapersonal and Maternal Correlates of Aggression, Conflict and Externalizing Problems in Toddlers. Child Development, 69/6, 1614-1629.

Ruf, U. & Goetz, N. B. (2005). Dialogischer Unterricht als pädagogisches Versuchshandeln. Instruktion und Konstruktion in einem komplexen didaktischen Arrangement. In: Voß, R. (Hg.). Unterricht aus konstruktivistischer Sicht. Die Welten in den Köpfen der Kinder. Weinheim: Beltz. 66-84.

Sammet, J. (2004). Kommunikationstheorie und Pädagogik. Studien zur Systematik „Kommunikativer Pädagogik". Würzburg: Königshausen & Neumann.

Santos, R. M. et al. (1997). Integrating Research on Effective Instruction with Instruction in the Natural Environment for Young Children With Disabilities. Exceptionality, 7(2), 97-129.

Scarr, S. et al. (1994). Measurement of Quality in Child Care Centers. Early Childhood Quaterly, 9, 131-151.

Schäfer, G. (1999). Frühkindliche Bildungsprozesse. Herausforderungen einer Pädagogik der Frühen Kindheit. Neue Sammlung, 39, 213-226.

Schäfer, K.-H. (1980). Interaktion als Grundbegriff in der Pädagogik. Hagen: Fernuniversität.

Schäfer, K.-H. (1992). Kommunikative Pädagogik oder Didaktik. In: Reiner, G.-B. (Hg.). Pädagogische Konzeptionen. Donauwörth: Auer Verlag. 237-268.

Schäfer, K.-H. (2005). Kommunikation und Interaktion. Grundbegriffe einer Pädagogik des Pragmatismus. Wiesbaden: Verlag für Sozialwissenschaften.

Schaub, H. & Zenke, K. G. (2000). Wörterbuch Pädagogik. 4. grundlegend überarb. Aufl. München: DTV.

Schiefele, U. & Wild, K. P. (2001). Interesse und Lernmotivation. Untersuchungen zu Entwicklung, Förderung und Wirkung. Münster: Waxmann.

Schiller, W. (1999). Adult/child Interaction: How Patterns and Perceptions Can Influence Planning. *Early Child Development and Care, 159*, 75-92.

Schlicker, I. (2003). Sekundäre Oralität als Form moderner Medienkommunikation. Linguistische Untersuchungen zur Sprache der Fernsehnachrichten. Bochum: Dissertation.

Schmid, C. et al. (2002). Lernen. In: Walter, C. & Fasseing, K. (Hg.). Kindergarten. Grundlagen aktueller Kindergartendidaktik. Winterthur: ProKiga-Lehrmittelverlag. 119-134.

Schmidt-Denter, U. (1985). Kontaktinitiativen von Vorschulkindern und ihre soziale Bedeutung. In: Nickel, H. (Hg.). Sozialisation im Vorschulalter. Weinheim: Edition Psychologie. 9-23.

Schmidt-Denter, U. (1987). Kognitive und sprachliche Entwicklungsförderung im Vorschulalter. In: Oerter, R. & Montada, L. (Hg.). Entwicklungspsychologie. Ein Lehrbuch. 2. Aufl. München: Psychologische Verlagsunion. 814-853.

Schmücker, G. & Buchheim, A. (2002). Mutter-Kind-Interaktion und Bindung in den ersten Lebensjahren. In: Strauss, B. et al. (Hg.). Klinische Bindungsforschung. Stuttgart: Schattauer. 173–190.

Schneider, W. et al. (1999). Frühe Prävention von Lese-Rechtschreibproblemen: Das Würzburger Trainingsprogramm zur Förderung sprachlicher Bewußtheit bei Kindergartenkindern. *Kindheit und Entwicklung, 8/3*, 147-152.

Schnorr, H. C: (1997). Die sozialisierende Funktion früher Dialoge zwischen Mutter und Kind. *Frühförderung interdisziplinär, 16*, 66-74.

Schölmerich, A. & Weßels, H. (1998). Beobachtungsmethoden und Auswertungsverfahren in der Entwicklungspsychologie. In: Keller, H. (Hg.). Lehrbuch Entwicklungspsychologie. Bern: Hans Huber. 243-260.

Schründer-Lenzen, A. (2003). Triangulation und idealtypisches Verstehen in der (Re-) Konstruktion subjektiver Theorien. In: Friebertshäuser, B. & Prengel, A. (Hg.). Handbuch Qualitative Forschungsmethoden in der Erziehungswissenschaft. Weinheim: Juventa. 107-117.

Schultheis, K. (1999). Die pädagogische Situation. Überlegungen zu einem Grundbegriff der Allgemeinen Pädagogik. In: Fuhr, Th. & Schultheis, K. (Hg.). Zur Sache Pädagogik. Untersuchungen zum Gegenstand der allgemeinen Erziehungswissenschaft. Bad Heilbrunn: Klinkhardt. 303-317.

Schweinhart, L. J. & Weikart, D.P. (1997). The High/Scope Preschool Curriculum Comparison Study Through Age 23. *Early Childhood Research Quarterly, 12/2*, 117-143.

Schweinhart, L. J., Barnes, H.V. & Weikart, D. P. (1993). Significant benefits: The

Seidel, T. (2003). Lehr-Lernskripts in Unterricht. Münster: Waxmann.

Seidel, T. et al. (Hg.) (2004). Technischer Bericht zur Videostudie „Lehr-Lern-Prozesse im Physikunterricht". Kiel: IPN.

Seitz, H. & Capaul, R. (2005). Schulführung und Schulentwicklung. Stuttgart: Haupt.

Sheridan, S. & Pramling Samuelsson, I. (2001). Children´s Conceptions of Participation and Influence in Pre-school: A Perspective on Pedagogical Quality. *Contemporary Issues in Early Childhood, 2/2*, 169-194.

Shore, R. et al. (2004). Child Outcome Standards in Pre-K Programs: What Are Standards; What Is Needed to Make Them Work? *NIEER, 5*. 1-10.

Short-Meyerson, K. J. & Abbeduto, L. J. (1997). Preschoolers' Communication during Scripted Interaction. *Journal of Child Language, 24*, 469-493.

Sigel, I. (1984). Distanzierungstheorie/Folgerungen für die Entwicklung der symbolischen Repräsentation. In: Fthenakis, W. (Hg.). Tendenzen der Frühpädagogik. Schwann. 257-276.

Simó, S. et al. (2000). Mutter-Kind-Interaktion im Verlaufe der ersten 18 Lebensmonate und Bindungssicherheit am Ende des 2. Lebensjahres. *Psychologie in Erziehung und Unterricht, 47,* 118-141.

Siraj-Blatchford, I. & Siraj-Blatchford, J. (2006). A Guide to Developing the ICT Curriculum for Early Childhood Education. London: Early Education.

Siraj-Blatchford, I. (1999). Early Childhood Pedagogy. Practice, Principles and Research. In: Mortimore, P. (Ed.). Understanding Pedagogy and its Impact on Learning. London: Paul Capman. 20-45.

Siraj-Blatchford, I. et al. (2002). Researching Effective Pedagogy in Early Years (R EPEY). Research Report No 356.

Slavin, R. E. (Ed.). (1996). Education for All. Contexts of Learning. Lisse: Swets & Zeitlinger B.V.

Sodian. B. et al. (2006). Die Natur der Naturwissenschaften verstehen. Implementierung wissenschaftstheoretischen Unterrichts in der Grundschule. In Prenzel, M. & Allolio-Näcke , L. (Hrsg.), Untersuchungen zur Bildungsqualität von Schule. Abschlussbericht des DFG-Schwerpunktprogramms (S. 147-160). Münster: Waxmann.

Stapf, A. & Stapf, K. (1991). Aufmersamkeitsverhalten bei Hochbegabten Klein- und Vorschulkindern. In: Barchmann, H. et al. (Hg.). Aufmerksamkeit und Konzentration im Kindesalter. Interdisziplinäre Aspekte. 1. Aufl. Berlin: Gesundheit GmbH. 100-111.

Stapf, K. H. et al. (1972). *Psychologie des elterlichen Erziehungsstils.* Bern und Stuttgart: Huber und Klett.

Statistisches Bundesamt. Pressekonferenz: „Kindertagesbetreuung in Deutschland". http://www.destatis.de/presse/deutsch/pk/2004/kindertages:stat_zahlen.htm. Download: 17.06.2006

Stegmüller, W. (1969). Das ABC der modernen Logik und Semantik. Der Begriff der Erklärung und seine Spielarten. Probleme und Resultate der Wissenschaftstheorie und Analytischen Philosophie, Band 1. Berlin: Springer.

Stern, E. & Schumacher, R. (2004). Intelligentes Wissen als Lebensziel. In: Hansel, T. (Hg.). Frühe Bildungsprozesse und schulische Anschlussfähigkeit. Herbolzheim: Centaurus Verlag. 104-111.

Stern, E. (2005). Der Aufbau von Wissen im frühen Kindesalter – Neuere Ergebnisse aus Psychologie und Neurowissenschaften. Unveröffentlichter Vortrag: Universität Dortmund. 08.11.2006.

Straka, G. A. & Macke, G. (2002). Lern-Lehr-theoretische Didaktik. Münster: Waxmann.

Stremmel, A. J. (1993). Responsive Teaching: A Culturally Appropriate Approach. In: V.R. Fu, A. J., Stremmel & Trepte (Eds.). Papers from the European Forum for Child Welfare and NAEYC Conferences, Hamburg and Denver 1991 and 1992.

Sturzbecher, D. (Hg.) (2001). Spielbasierte Befragungstechniken. Interaktionsdiagnostische Verfahren für Begutachtung, Beratung und Forschung. Göttingen: Hogrefe.

Sullivan Palincsar, A. (2005). Social Constructivist Perspectives on Teaching and Learning. In: Daniels, H. (Ed.). An Introduction to Vygotsky. Second Edition. London: Routledge. 285-314.

Sylva, K. & Nabuco, M. (1996). Research on Quality in the Curriculum. *International Journal of Early Childhood, 28/2,* 1-6.

Sylva, K. et al. (2003). The Effective Provision of Pre-School Education Project. Findings from the Pre-school Period. London: Institute of Education. University London.

Sylva, K. et al. (2003b). Assessing Quality in the Early Years: Early Childhood Environment Rating Scale. Extension (ECERS-E). Four Curricular Subscales. Staffordshire: Trentham Books Limited.

Sylva, K. et al. (2004). The Effective Provision of Pre-School Education Project – Zu den Auswirkungen vorschulischer Einrichtungen in England. In: Faust, G. et al. (Hg.). Anschlussfähige Bildungsprozesse im Elementar- und Primarbereich. Bad Heilbronn: Verlag Julius Klinkhardt. 154-167.

Sylva, K. et al. (2006). Capturing Quality in Early Childhood through Environmental Rating Scales. *Early Childhood Research Quartely 21/1,* 76-92.

Tausch, A. et al. (1968). Variablen und Zusammenhänge der sozialen Interaktion in Kindergärten. *Psychologische Rundschau, 19,* 267- 279.

Tausch, A. et al. (1973). Effekte kindzentrierter Einzel- und Gruppengespräche mit unterpriviligierten Kindergarten- und Grundschulkindern. *Psychologie in Erziehung und Unterricht, 20,* 77-88.

Tausch, A.-M. et al. (1968). Variablen und Zusammenhänge der sozialen Interaktion in Kindergärten. *Psychologische Rundschau, 19,* 268-279.

Tausch, R. & Tausch, A.-M. (1998). Erziehungspsychologie. Begegnungen von Person zu Person. 11. korr. Aufl. Göttingen: Hogrefe.

Tenorth, H.-J. (2003). Klassiker der Pädagogik. Zweiter Band. Von John Dewey bis Paulo Freire. München: Beck.

Thiel, Th. (1989). Videotechnik in der Psychologie. Eine erkenntnistheoretische Analyse. In: Keller, H. (Hg.). Handbuch der Kleinkinderforschung. Berlin: Springer. 295-311.

Thiesen, P. (2004). Beobachten und Beurteilen in Kindergarten, Hort und Heim. Weinheim: Beltz.

Tietze, W. & Rossbach, H.-G. (1993). Institutionelle Erfahrungsfelder für Kinder im Vorschulalter. Zur Entwicklung vorschulischer Erziehung in Deutschland. In: Tietze, W. & Rossbach, H.-G. (Hg.). Erfahrungsfelder in der frühen Kindheit. Freiburg: Lambertus. 98-125.

Tietze, W. & Viernickel, S. (2002). Ein Nationaler Kriterienkatalog. Weinheim: Beltz.

Tietze, W. (2006). Pädagogische Qualität in Tageseinrichtungen für Kinder. Weinheim: Beltz.

Tietze, W. et al. (1998). Wie gut sind unsere Kindergärten? Eine Untersuchung zur pädagogischen Qualität in deutschen Kindergärten. Neuwied: Luchterhand.

Tietze, W. et al. (2001). Kindergarten-Skala. Revidierte Fassung (KES-R). 3. überarb. Aufl. Frankfurt: Luchterhand.

Tietze, W. et al. (2005). Kinder von 4 bis 8 Jahren. Zur Qualität der Erziehung und Bildung in Kindergarten, Grundschule und Familie. Weinheim: Beltz.

Tobin J. J. et al. (1989). Preschool in Three Cultures. London: Yale Press.

Tomasello, M. & Farrar, M. J. (1986). Object Permanence and Relational Words. A Lexical Training Study. *Journal of Child Language, 13,* 495-505.

Tomasello, M., & Todd, J. (1983). Joint attention and lexical acquisition style. *First Language, 4,* 197- 212.

Treumann, K. P. (1998). Triangulation als Kombination qualitativer und quantitativer Forschung. In: Abel, J. et al. (Hg.). Einführung in die Empirische Pädagogik. Stuttgart: Kohlhammer. 154-182.

Tronick, E. Z. & Cohn, J. F. (1989). Infant-Mother Face-to-Face Interaction. Age and Gender Differences in Coordination and the Occurence of Miscoordination. *Child Development, 60/1,* 85-92.

Tsang, W. K. (2004). Teachers´ Personal Practical Knowledge and Interactive Decisions. *Language Teaching Research, 8/2,* 163-198.

Tzuriel, D. et al. (1999). Effects of the „Bright Start" Program in Kindergarten on Transfer and Academic Achievement. *Early Childhood Research Quarterly,* 14/1, 111-141.

Ulich, D. (1976). Pädagogische Interaktion. Theorien erzieherischen Handelns und sozialen Lernens. Weinheim, Basel: Beltz.

Ulich, D. (1994). Sozialisations- und Erziehungseinflüsse in der emotionalen Entwicklung. In: Enzyklopädie der Psychologie. Pädagogische Psychologie. Band 1. Psychologie der Erziehung und Sozialisation. Schneewind, K. A. (Hg.). Göttingen: Hogrefe. 229-257.

Vacc, N. N. & Bright, G. W. (1999). Elementary Preservice Teachers' Changing Beliefs and Instructional Use of Children's Mathematical Thinking. *Journal for Research in Mathematics Education, 30/1,* 89-110.

Viernickel, S. & Völkel, P. (2005). Beobachten und dokumentieren im pädagogischen Alltag. Freiburg: Herder.

Viernickel, S. (2000). Spiel, Streit, Gemeinsamkeit. Landau: Empirische Pädagogik.

Völkel, P. (2002): Geteilte Bedeutung – Soziale Konstruktion. In: Laewen & Andres (Hrsg.). Bildung und Erziehung in der frühen Kindheit. Neuwied, Kriftel, Berlin: Luchterhand.

Voß, R. (Hg.) (2005). LernLust und EigenSinn – Systemisch-konstruktivistische Lernwelten. Heidelberg: Auer.

Walsh, D. J. (1991). Extending the Discourse on Developmental Appropriateness: A Developmental Perspective. *Early Education and Development, 2/2*, 109-119.

Walsh, G. & Gardner, J. (2005). Assessing the Quality of Early Years Learning Environments. *Early Childhood Research & Practice, 7/1*, http://ecrp.uiuc.edu/v7/walsh.htm. Download: 06.07.2005.

Walsh, St. (2002). Construction or Obstruction: Teacher Talk and Learner Involvement in the EFL Classroom. *Language Teaching Research, 6/1*, 3-23.

Walter, C. & Fasseing, K. (2002). Das Unterrichtskonzept des deutsch-schweizerischen Kindergartens. In: Walter, C. & Fasseing, K. (Hg.). Kindergarten. Grundlagen aktueller Kindergartendidaktik. Winterthur: ProKiga-Lehrmittelverlag. 135-158.

Walter, C. & Fasseing, K. (Hg.) (2002). Kindergarten. Grundlagen aktueller Kindergartendidaktik. Winterthur: ProKiga – Lehrmittelverlag.

Warfield, J. (2001). Teaching Kindergarten Children to Solve Problems. *Early Childhood Education Journal, 28/3*, 161-167.

Watkins, C. & Mortimore, P. (1999). Pedagogy: What do we know? In: Mortimore, P. (Ed.). Understanding Pedagogy and its Impact on Learning. London: Paul Chapman Publishing Ltd. 1-19.

Weikart, D. P. (1975). Über die Wirksamkeit vorschulischer Erziehung. *Zeitschrift für Pädagogik, 21/4*, 489-510.

Weinert, F. E. (1983). Die Beeinflussbarkeit der kindlichen Entwicklung durch die Elementarschule. In: CIEL II Fallstudie zu einem Förderungsprogramm der Stiftung Volkswagenwerk zur Elementarerziehung. Garlichs, A. et al. (Hg.). Göttingen: Vandenhoeck & Ruprecht. 46-57.

Weinert, F. E. (1996a). Lerntheorie und Instruktionsmodelle. In: Weinert, E. F. (Hg.). Psychologie des Lernens und der Instruktion. Göttingen: Hogrefe. 1-48.

Weinert, F. E. (1996b). Psychologie des Lernens und der Instruktion. In: Birbaumer, N. et al. (1996). Enzyklopädie der Psychologie. Göttingen, Bern, Toronto, Seattle: Hogrefe. 119-153.

Welzel, M. & Stadler, H. (2005). Nimm doch mal die Kamera! Zur Nutzung von Videos in der Lehrerbildung – Beispiele und Empfehlungen aus den Naturwissenschaften. Münster: Waxmann.

Wertsch, J. V. (1984). The zone of proximal development: Some conceptual issues. In: B. Rogoff & J.V. Wertsch (Eds.), Children's learning in the zone of proximal development (pp. 45-64). San Francisco, CA: Jossey-Bass.

Westhoff, K. & Hagemeister, C. (2001). Konzentrationstraining. In: Klauer, K. J. (Hg.). Handbuch kognitives Training. Göttingen: Hogrefe. 515-537.

Whitebook, M. et al. (1989). Who Cares? Child Care Teachers and the Quality of Care in America. Oakland, CA: Child Care Employee Project.

Wilcox-Herzog, A. & Ward, S. L. (2004). Measuring Teachers' Perceived Interactions with Children: A Tool for Assessing Beliefs and Intentions. *Early Childhood Research & Practice, 6/2*. http://ecrp.uiuc.edu/v6n2/herzog.html. Download: 17.07.2006.

Wilkinson, A. C. (1982). Partial Knowledge and Self-Correction: Developmental Studies of a Quantitative Concept. *Developmental Psychology, 18*, 874-891.

Williams, L. R. (1994). Developmentally Appropriate Practice and Cultural Values. A Case in Point. In: Mallory, B. & New, S. (Eds.) Diversity and Developmantally Appropriate Practices. Callenges for Early Childhood Education. New York: Teachers College Press. 137-165.

Winkel, R. (Hg.) (1987). Pädagogische Epochen. Düsseldorf. Schwann.

Winkelmann, W. et al. (1977). Kognitive Entwicklung und Förderung von Kindergarten- und Vorschulklassenkindern. Bericht über eine längsschnittliche Vergleichsuntersuchung zum Modellversuch des Landes Nordrhein-Westfalen. Bd. 1. Kronberg: Scriptor.

Winsler, A. & Carlton, M. (2003). Observations of Children's Task Activities and Social Interactions Relation to Teacher Perceptions in a Child-Centered Preschool: Are We Leaving Too Much to Chance? *Early Education and Development, 14/2*, 155-178.

Wolf, B. (1987). Zum Konstrukt der emotionalen Zuwendung von Erzieherinnen im Kindergarten. *Psychologie, Erziehung und Unterricht, 34*, 223-336.

Wolf, B. et al. (1998). Macht sich „Kindersituationen" bei Kindern bemerkbar? Der Situationsansatz in der Evaluation. *Empirische Pädagogik, 12/3*, 271-295.

Wolf, B. et al. (1999). Der Situationsansatz in der Evaluation. Ergebnisse der Externen Empirischen Evaluation des Modellvorhabens „Kindersituationen". Landau: Empirische Pädagogik.

Wolf, B. et al. (2001). Erhebungsmethoden in der Kindheitsforschung. Aachen: Shaker.

Wolf, B. et al. (2003). Kurzfristige Stabilität der Erfassung der pädagogischen Qualität in Kindergärten. Empirische Pädagogik, 17/1, 87-103.

Wolf, W. (1973). Ein Flussdiagramm als Hilfe zur Beurteilung empirischer Untersuchungen. Zeitschrift für Pädagogik, 19/1, 63-76.

Wolfram, W.- W. (1995). Präventive Kindergartenpädagogik. Weinheim: Juventa.

Wood, D. (1992). Culture, Language and Child Development. *Language and Education, 6/2*, 123-140.

Wood, D. et al. (1976). The Role of Tutoring in Problem-Solving. *Journal of Child Psychology and Psychiatry, 17*, 89-100.

Youniss, J. (1994). Soziale Konstruktion und psychische Entwicklung. Frankfurt: Suhrkamp.

Zimmer, J. (1973). Curriculumentwicklung im Vorschulbereich. München: Piper.

Zimmer, J. (2000). Der Situationsansatz in der Diskussion und Weiterentwicklung. In: Fthenakis, W. E. & Textor, M. R. (Hg.). Pädagogische Ansätze im Kindergarten. Weinheim: Beltz. 94-114.

Zimmer, J. (Hg.) (1974). Curriculumentwicklung im Vorschulbereich. München: Piper.

Zollinger, B. (Hg.) (2000). Kinder im Vorschulalter. 2. unveränd. Aufl. Stuttgart: Haupt.

VS Forschung | VS Research
Neu im Programm Erziehungswissenschaft

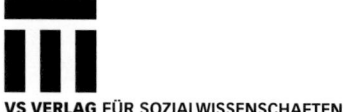

VS Forschung | VS Research
Neu im Programm Kommunikation